ECRITS RUSSES

Ecrits de jeunesse

http://www.librairieharmattan.com
diffusion.harmattan@wanadoo.fr
harmattan1@wanadoo.fr

ISBN : 2-296-01341-4
EAN : 9782296013414

Georges Gurvitch

ECRITS RUSSES

Ecrits de jeunesse

Textes traduits et édités par Cécile Rol et Mikhaïl Antonov

L'Harmattan
5-7, rue de l'École-Polytechnique ; 75005 Paris
FRANCE

L'Harmattan Hongrie
Könyvesbolt
Kossuth L. u. 14-16
1053 Budapest

Espace L'Harmattan Kinshasa
Fac. des Sc. Sociales, Pol. et Adm. ;
BP243, KIN XI
Université de Kinshasa – RDC

L'Harmattan Italia
Via Degli Artisti, 15
10124 Torino
ITALIE

L'Harmattan Burkina Faso
1200 logements villa 96
12B2260
Ouagadougou 12

Collection Logiques sociales

Sociologies européennes
Série dirigée par Christian Papilloud et Cécile Rol

L'Europe hante la sociologie. Elle est sa mauvaise conscience et sa tradition, son horizon et son mythe. *Sociologies Européennes* l'interroge. Cette série se consacre à la connaissance des transformations qui ont affecté et affectent les sociétés et les cultures de l'Europe. Elle accorde une large place à la recherche fondamentale en histoire et en théorie des sciences de la société et de la culture. Elle soutient le développement innovant d'outils de contextualisation et de conceptualisation basés sur les discours et les pratiques socio-culturelles en Europe. Elle accueille des travaux contemporains à dominante universitaire qui portent sur le problème plus général du changement social, tout en aménageant des passerelles pour l'essai ou le témoignage.

Déjà parus

Georges Gurvitch, *Ecrits allemands-III, Sociologie*, textes édités par Christian Papilloud et Cécile Rol, 2006.
Georges Gurvitch, *Ecrits allemands-II, Philosophie du droit, philosophie sociale et phénoménologie*, textes édités par Christian Papilloud et Cécile Rol, 2005.
Georges Gurvitch, *Ecrits allemands-I, Fichte*, textes édités par Christian Papilloud et Cécile Rol, 2005.

Sommaire

Avant-Propos

Les publications que Georges Gurvitch fit en Russie, à la veille d'un exil dont le menu détail échappe encore en grande partie, restent largement méconnues. La traduction d'écrits de jeunesse choisis a pour but de rendre accessibles les textes phares qui ont jalonné son parcours intellectuel dans le monde académique russe afin qu'une vue d'ensemble de sa pensée soit plus aisée. Le souhait d'éclairer la « mésintelligence réciproque » que suscita son œuvre sur la scène française émarge cependant le problème de langue et de « vocabulaire » auquel il fut parfois réduit (Renard, 1934 : 80 ; Roux, 1994 : 55-56).

D'une part, cet « heureux malentendu » (Duvignaud, 1995 : 139) déborde sur la question des influences et des schèmes de pensée russes imprégnant ses écrits. Il « est vrai que je suis d'origine russe et devenu Français je ne peux pas effacer certains réflexes nationaux de mon pays d'origine » avouait-il à son ami Jean Wahl (Gurvitch à Wahl, Lettre du 13.08.1952, Fonds Jean Wahl, sans côte – IMEC), reconnaissant explicitement l'empreinte de la culture russe, de ses anciens professeurs, mais encore la relation proprement affective qu'il avait pour la Russie.

D'autre part ensuite, comment Gurvitch a-t-il combiné ces influences russes aux traditions française et allemande dont il s'est nourri ? Quels usages, quels transferts a-t-il opéré ? Et dans quelle mesure ceux-ci ont-ils participé à remettre « en cause une part indéchiffrée de la vie collective » des sciences humaines françaises, pour reprendre les termes de Duvignaud (Duvignaud, 1995 : 139) ?

La contextualisation des traductions des écrits russes du jeune Gurvitch ici présentés ne permet ni de répondre définitivement à ces questions, ni de dresser un inventaire précis des influences russes sur sa pensée. Cette tâche, qui va bien au-delà des seuls écrits de jeunesse, comporte en outre d'importants écueils relevant plus d'une monographie que de traductions choisies, quand bien même elles soient commentées. Ces traductions permettent néanmoins d'esquisser une première hypothèse. L'arrière-plan de la philosophie juridique russe, extrêmement florissante à la veille de 1917, a fortement déterminé l'accès de Gurvitch aux sociologies française et allemande naissantes – du moins en ce qui concerne deux de leurs axes majeurs : la question des jugements de valeurs et la sociologie comme trait d'union entre les vocations irrémédiablement distinctes du savant et du politique.

Notice éditoriale

Ce volume réunit les traductions de trois écrits que Gurvitch a publiés en usse : 1) « *Pravda Voli Monarshej » de Théophane Prokopovitch et ses sources européennes (Grotius, Hobbes, Pufendorf)* (1915) ; 2) *Rousseau et la Déclaration des droits. L'idée des droits inaliénables dans la doctrine politique de J.-J. Rousseau* (1918) ; 3) enfin un article intitulé « L'idée des droits naliénables de l'homme dans la doctrine politique des XVII° et XVIII° iècles » (1922).

Ces trois textes forment un ensemble homogène. Chronologiquement 'abord, bien que « L'idée des droits inaliénables de l'homme dans la doctrine olitique des XVII° et XVIII° siècles » parut en 1922, Gurvitch avait déjà fait ne conférence sur ce thème en 1920, avant de quitter la Russie. On peut penser ue ce texte en est sinon le manuscrit, du moins sa révision. Que Gurvitch ait ltérieurement daté son article de 1921 (cf. Gurvitch, 1932 : 91 ; 165-166) onstitue un indice supplémentaire de l'antériorité de sa rédaction. Thématiuement et formellement ensuite, ces écrits, tous dédiés à l'histoire de la philoophie juridique, ont été rédigés dans le cadre de son cursus universitaire.

*

* *

Dans l'ensemble, nous avons opté pour le principe de la fidélité aux origiaux. Hormis mention contraire en note, les crochets que nous avons inclus envoient aux ajouts et aux corrections apportées. En revanche, les parenthèses, s passages rayés et les italiques sont conformes à l'original.

Il nous faut avertir le lecteur de divers problèmes rencontrés lors de ces aductions, à commencer par le caractère d'écrits de jeunesse qui marque ces xtes. Du fait d'importantes répétitions et contradictions, nous avons parfois ris la liberté de scinder en deux – ou en trois – de nombreuses « phrases ngues et lourdes, surchargées d'incidentes, de redondances, d'ambiguïtés » et ui posèrent plus tard tant de difficultés à la secrétaire de Gurvitch, Yvonne oux (Roux, 1994 : 56). Signalons ensuite la fantaisie avec laquelle le jeune urvitch citait ses sources. Les citations russes et allemandes ont toutes été aduites. En revanche, et malgré l'harmonisation relative que nous y avons pportée, les citations en anglais et en latin ont été laissées telles quelles, vu ur fréquent décalage aux originaux. Pour cette même raison, nous avons enoncé à signaler les termes ou citations en français dans l'original tout omme à les référencer à des éditions plus récentes. Notons toutefois que ces oblèmes ne sont pas à mettre au seul compte de la jeunesse de Gurvitch. 'une part, nous avons tenu compte du « grand nombre de fautes d'impression ..] impossible à éviter vu les conditions extrêmement difficiles de publication » qui prévalaient alors, comme le reconnaissait d'ailleurs Gurvitch lu même en s'excusant dès la première page de son *Rousseau* (Gurvitch, 1918 : Ces circonstances expliquent en partie l'absence de bibliographies ainsi que déformation de certaines citations[1]. D'autre part, la difficulté de l'écriture Gurvitch est une constante de son œuvre. Partagée entre le rationalisme de pensée française et le romantisme de la tradition allemande, ainsi que le su gérait Bastide (Bastide, 2001 : 93-94), sa pensée était encore et surtout ancr dans la langue russe. Ce syncrétisme n'a pas seulement redoublé la « mésinte ligence » réciproque (Renard, 1934 : 80) dont ses premiers ouvrages fure souvent l'objet en France et en Allemagne. Il explique encore que Gurvitch « gardé, dans sa façon de parler et parfois d'écrire, quelque chose qui pe surprendre l'auditeur ou le lecteur français non prévenu » (Délibération de section de philosophie de l'Université de Paris du 06.07.1948, Dossier F 28495 – A.N.).

Cette première série de problèmes fut loin d'être la seule épine aux tradu tions rassemblées. Le cas du terme russe « Pravda », signifiant à la fois vérit justice, droit puis certitude morale, permet d'aborder un second type de diff cultés de traduction. On sait par exemple que dans sa thèse de 1931, Gurvitc attribuera au droit social chacune de ces facettes, ce qui suffit à indiquer tou la répercussion théorique du problème. Pour s'en tenir ici à son incidenc formelle, nous ne mentionnerons que le titre de l'ouvrage de Prokopovitc auquel Gurvitch consacrait son premier écrit – dans son titre intégral : *Prava Voli Monarshej vo opredelenii naslednika derzhavy svoei. Ustavom derzha neishego gosudaria nashego. Petra velikogo, otsa otechestva, imperatora samoderzhtsa vserossiiskogo* (1722). La version anglaise la plus récente d livre de Prokopovitch propose le titre de *The Justice of the Monarch's Right t Appoint the Heir to His Throne* (1996), mais à consulter les premières tradu tions qu'il connut, l'unanimité était loin d'être de mise. En français, celle c 1727 s'intitule *Le Droit de la Volonté du Monarque*, avec pour autre varian *Le droit du souverain à la nomination de son successeur*[2]. Plus récemmen dans leur *Histoire de la littérature russe*, Etkind, Lévitsky et Weinstein prop sent le titre de « *La Juste Volonté des monarques* » (Etkind & alii, 1992 : 324 Quant à Gurvitch, il fut longtemps hésitant. En 1923, il proposait de traduire e allemand le titre de son opuscule par « *Das Recht des Monarchenwillens vo Theophan Prokopovitch und seine westeuropäischen Quellen* » (Gurwitsc 1922/23a : 117, note), mais la traduction française fut sujette à plus de tergiver

1 Werner le soulignait également à l'occasion de l'article sur Rousseau que Gurvitch publiait e 1922, et où s'inspirant largement de son mémoire, il ne prit pas la peine de revenir sur des citatior – pourtant en français dans le texte – souvent méconnaissables : « On lira sans doute avec intér cet exposé, qui met en lumière, une fois de plus, l'impulsion décisive que le philosophe genevois donnée au développement de l'idéalisme en Allemagne. Il est regrettable pourtant que les citation en français, des textes de Rousseau, soient défigurées par tant de fautes d'impression » (Werne 1923 : 376).

2 Sur ce sujet, cf. l'introduction à la traduction anglaise de Lentin (cf. Lentin, 1996 : 6).

sations. Il finira par se ranger à une solution qui a pour elle l'élégance de contourner le problème : *La doctrine politique de F. Prokopovitch et ses sources européennes (Grotius, Hobbes, Pufendorf)*. Nous avons ici opté pour la translittération chaque fois que Gurvitch mentionne le livre de Prokopovitch dans le corps de son texte, ainsi que dans le titre même de l'ouvrage qu'il lui dédiait. Le texte est ainsi traduit par « *Pravda Voli Monarshej* » *de Théophane Prokopovitch et ses sources européennes (Grotius, Hobbes, Pufendorf)*.

Dans ses bibliographies françaises, Gurvitch a souvent présenté le second texte de ce volume par *La philosophie sociale de Rousseau*. La difficulté de traduction étant moindre que dans le cas du texte précédent, nous sommes restés plus fidèles à l'original, en conservant son sous-titre : *Rousseau et la Déclaration des droits. L'idée des droits inaliénables dans la doctrine politique de J.-J. Rousseau*. Quant à l'article que Gurvitch faisait paraître en 1922, il en a proposé les variantes suivantes : « L'idée des droits imprescriptibles de l'homme dans la doctrine politique du XVII°-XVIII° siècles » (Gurvitch, 1932 : 165-166, note 4) ou encore « L'idée des droits intangibles de l'homme dans la doctrine politique du XVII°-XVIII° siècles » (ibid. : 91, note 1). Nous avons adopté ici une traduction plus proche du titre initial et de celui que proposait Swedberg en 1982 : « L'idée des droits inaliénables de l'homme dans la doctrine politique des XVII° et XVIII° siècles ».

Mentionnons enfin que la translittération des noms russes n'est pas toujours homogène. Dans l'ensemble, nous l'avons harmonisée et modernisée. Cependant, lorsque nous référons aux traductions que Gurvitch fit lui-même de certains passages de ses écrits russes, les translittérations suivent l'original cité, bien qu'elles ne correspondent pas toujours à la translittération moderne. C'est aussi le cas lorsque nous référons à la littérature secondaire, où les translittérations varient selon que les sources soient allemandes, françaises ou anglaises. Pour ne citer qu'un exemple, le nom de Taranovsky apparaît ainsi sous les écritures suivantes : Taranovsky, Taranowsky.

*
* *

Du fait des exils successifs, mais aussi parce que Gurvitch fut, de l'aveu de tous, « un homme dans le fond extrêmement secret » (König, 1999, Bd. 18 : 368 ; cf. également Simirenko, 1973 : 86), peu d'éléments sont disponibles sur les premières années de sa carrière intellectuelle. Le rapport éditorial qui se trouve en fin de volume se base ainsi sur une littérature secondaire des plus clairsemée, ainsi que sur quelques données d'archives issues de recherches qui furent laborieuses. Il s'agit des fonds Braudel (Paris), Duvignaud (Caen), Frank (Columbia), Goldenweiser (Columbia), Jazsenko (Stanford), Kareev (Moscou), König (Köln), Mauss (Caen), Milioukov (Moscou), Nikolaevsky (Stanford), Ossorguine (Paris), Vichniak (Bloomington) et Wahl (Caen). Le concours d'autres fonds plus institutionnels nous fut également indispensable pour affiner la contextualisation de ces textes : les dossiers Gurvitch aux Archives Nationales (Paris), à la Bibliothèque Nationale de France (Paris), aux Archives Départementales du Bas-Rhin (Strasbourg), aux Archives Nationales Historiques Centrales (Saint-Pétersbourg), aux Archives d'Etat (Saint-Pétersbourg), aux Archives Nationales de la Fédération de Russie (Moscou), à la maison d'édition Mohr & Siebeck (Tübingen), aux Archives Nationales d'Estonie (Tallinn) et enfin aux Archives Historiques d'Estonie (Tartu)[3]. Notons enfin que le fonds Gurvitch, assez muet sur cette période de jeunesse, est actuellement en cours de traitement par le service d'archives de l'Ecole des Hautes Etudes en Sciences Sociales. Les côtes que nous utilisons dans les commentaires sont donc provisoires.

En annexes, le lecteur trouvera diverses traductions permettant de pallier relativement à ce manque de données : des extraits de poèmes tirés d'un recueil que Gurvitch publiait en 1911, l'introduction manuscrite de son mémoire sur *Prokopovitch*, deux recensions de son *Rousseau*, ainsi que des articles plus tardifs dédiés à la mémoire des professeurs qui dirigèrent ses travaux. A ces données s'ajoutent enfin la traduction de plusieurs extraits du dossier maçonnique russe de Gurvitch.

*

* *

L'appui de nombreuses personnes nous a été particulièrement précieux au cours de ces recherches et de ces traductions. Nous exprimons une reconnaissance toute particulière à Mmes Marie Avril, Paulette Braudel, Marion Colas, Yamina Irid, Céline Kabanov, Brigitte Mazon, Marie-Annick Morrisson, Tatjana Shor ainsi que MM. Georges Balandier, Jury Doykov, Jean Duvignaud, Alexandre Goriounov, Sergej Isakov, Serge Jonas, Christian Papilloud, Andreï Poliakov, Edward A. Tiryakian, et Bernard Valade. Nous adressons également nos remerciements à l'Association *Anamnèse* IMEC/Caen et aux Presses de l'Université d'Etat de Saint-Pétersbourg, en particulier à leur directeur, M. Eugeni Novikov, pour leur concours à ce projet de traduction.

3 Pour les références et citations des archives de Russie et d'Estonie, nous sommes restés fidèles au système de notation en vigueur dans ces pays. Le premier chiffre identifie le fonds, le deuxième le catalogue, et le troisième le dossier. Cette base est fixe ; seul le numéro des documents varie.

Introduction

La confrontation avec les écrits du jeune Gurvitch impose un premier constat. A la différence de sa production ultérieure, ces écrits se caractérisent par une unité thématique forte et homogène : l'histoire de la philosophie du droit. Si l'évolution de sa pensée pose la question de l'articulation entre cette unité et les divers domaines dont Gurvitch a plus tard traité, on y reconnaîtra déjà les traces du holisme si spécifique de sa sociologie ou des paliers en profondeur.

Retracer la genèse de ces écrits de jeunesse constitue ainsi un enjeu de taille pour mieux comprendre les racines de son œuvre, ses multiples transformations et ses influences. Plus que toute autre période de sa vie, la jeunesse de Gurvitch est toutefois entourée d'un épais silence et force est de constater, en faisant écho à Swedberg, « There is not very much information on Gurvitch's earliest days » (Swedberg, 1982b : 67). Les quelques jalons biographiques qui suivent permettent de camper brièvement le décor qui a précédé la parution de ces premiers textes : Dans quel contexte le jeune Gurvitch a-t-il grandi ? Quel cursus a-t-il suivi ? Comment et dans quelles circonstances s'est-il déroulé ? Enfin, à quelles problématiques le jeune lycéen a-t-il voué les premières lignes de ce qui devait devenir sa « vocation » pour la sociologie ?

On constatera qu'ils portent en germe les grands axes de ses prises de positions sociales et politiques ultérieures : une révulsion profonde pour la guerre, une distance aux débats religieux, un engagement politique pluriel et subsumé à l'analyse scientifique, et enfin l'accentuation de la dimension sociale du droit.

*

* *

Gurvitch naît le 20 octobre 1894 (2 novembre dans le nouveau calendrier) à Novorossisk, au bord de la mer noire, dans une famille d'origine juive et aisée convertie tardivement à l'orthodoxie, probablement pour les besoins de la profession de son père (cf. Duvignaud, in : Farrugia, 2000 : 288)[1]. « Officiellement de confession israélite » mais n'appartenant « au fond à aucune religion particu-

1 Cette identité de « juif excommunié » qui lui a parfois été attribuée (Freyre, 2005 : 155) fut ceci dit commune à de nombreux Juifs Russes, qui pour accéder à une position académique ou un poste à hautes responsabilités, étaient tenus à l'époque de renoncer à leur confession initiale. A titre d'exemple, voir les mémoires de Joseph V. Hessen, le père de l'ami intime de Gurvitch, qui raconte en détail les motifs de sa conversion (Hessen, 1937 : 106-107).

lière »[2], Gurvitch ne semble pas avoir grandi dans un milieu de fervents prati quants, quand bien même cette constellation devait lui laisser une indéniabl religiosité, comme l'indique explicitement son dossier maçonnique[3].

Son père, David Nikolaevitch (Nathanovitch) Gurvitch, était directeur de l « Banque commerciale trans-asiatique », une banque fondée par le célèbr commerçant russe Andreï Poutilov. Il s'éteint durant la Révolution, atteint de l tuberculose. Peu de choses sont connues sur sa mère, Paulina (Fruma-Pesja[4] Abramovna Gurvitch, née Chabadt. Née en 1866[5], elle meurt le 21 octobre 193 à Strasbourg, où elle est enterrée[6]. Gurvitch eut également un frère cadet Léontij[7].

2 Cf. Archives des Loges russes, Etoile du Nord (1924-1970), Dossier Gurvitch, XI, 2, notice d 27.04.1927, n° 8/214 – BNF.

3 Dans l'enfance et l'adolescence, Gurvitch suivra les grandes règles de sa confession. Le 24 avri 1912, il passe ainsi son examen de religion auprès du rabbin de Riga avec mention très bien, au lie de l'examen de catéchisme imposé au lycée (14-3-68460, n° 8 – CGIA). De même, le 19 mai 1917 il se mariait à Petrograd avec Dolly Isaevna Churgina, jeune étudiante en histoire de presque troi ans sa cadette (elle est née le 29.04.1897 à Grodno), selon le rite israélite. A l'âge adulte, Gurvitc ne semble pas avoir systématiquement respecté les grandes fêtes juives. « Ce soir je me suis rend chez vous [...] mais vous étiez absent. J'ai complètement oublié qu'aujourd'hui on fête le Nouve an juif. Tous mes voeux les plus cordiaux ! » écrivait-il par exemple à Vichniak en 1927 (Gurvitc à Vichniak, Lettre du 28.11.1927 – Vichniak Collection, Lilly Library). Quelques mois plus tôt i précisait lors de son initiation maçonnique ne pas avoir « de soucis religieux », « ne pratiquan aucune religion » et refuser tout dogme (Archives des Loges russes, Etoile du Nord (1924-1970) Dossier Gurvitch, XI, 2, notice du 15.04.1927, n° 5/211 – BNF). A Tatiana Frank, il confirmera n « pas s'intéresser à la philosophie religieuse, et au fur et à mesure de son développement intellectuel », éprouver « de moins en moins d'intérêt pour cet aspect de la philosophie » (Gurvitch à T Frank, Lettre du 16.03.1955 – CUL/BA/F). Il reconnaissait néanmoins noir sur blanc ne « pas êtr athée » mais « théiste ». Pour Gurvitch « l'athéisme est une conception naïve » dans la mesure o « le Relatif ne peut pas exister sans l'Absolu et qu'il doit exister quelque chose d'absolu au-dessus de toute la relativité » (Archives des Loges russes, Etoile du Nord (1924-1970), Dossier Gurvitch, XI, 2, notice du 15.04.1927, n° 5/211 – BNF). Gurvitch était certain que ce « théisme » portait de « accentuations peu visibles pour les non-spécialistes » (ibid. ; cf également Reiss, 1957 : 7)

4 Ce prénom juif fut remplacé dans l'emploi officiel par son second prénom russe : « Paulina ».
Ce fut aussi le cas du grand-père de Gurvitch, Nathan, qui adopta le prénom de Nikolaï, ainsi que de la femme de Gurvitch, Deborah Churgina, qui prit le nom de Dolly (cf. 402-1-8003, n° 1.7 – EAA).

5 Dans son dossier de naturalisation, Gurvitch indique que sa mère est âgée de 62 ans lorsqu'il adressa sa demande (Gurvitch, Demande du 18.01.1929, Dossier 14877X29 – A.N).

6 Le couple des Gurvitch l'hébergeait avec lui depuis les tractations de Gurvitch pour s'installer en France. Elle quittera la Russie « subitement » pour les rejoindre à Berlin fin juillet 1924 (Gurvitch à Mohr & Siebeck, Lettre du 5.08.1924, n° 20892 – AMS).
Paulina Gurvitch décédera à Strasbourg des suites d'une « rupture des vaisseaux du cœur » (Gurvitch à Vichniak, Lettre du 09.11.1937 – Vichniak Collection, Lilly Library). Georges et Dolly Gurvitch publieront une notice nécrologique à sa mémoire dans les *Poslednie novosti*, en date du 23.10.1937, n° 6055.

7 Mention en est faite dans le dossier étudiant de Gurvitch aux Archives historiques d'Estonie à Tartu (Acte de citoyenneté d'honneur de David N. Gurvitch et de sa famille, 402-1-8003, n° 1.9-10 – EAA), ainsi que dans un article de Doykov (Doykov, 1996 : 143). Gurvitch s'inquiètera beaucoup pour son frère resté en Russie (cf. Gurvitch à Goldenweiser, Lettre du 01.02.1929 – CUL/BA/G). Il parviendra à le faire venir en Allemagne, où Léontij était « sous la tutelle d'une dame de Heidelberg » (ibid., Lettre du 14.06.1939). Les pistes se brouillent à partir de 1939, lorsque les « autorités allemandes bombardent [Gurvitch] de lettres », souhaitant « renvoyer [s]on frère en Russie » mais

Enfant, Gurvitch « grandi[t] dans le même village que Visinsky[8]. Un 'isinsky qu'il détesterait plus tard avec toute sa colère d'homme capable de randes haines, autant que de grandes affections » (Freyre, 2005 : 153). Gur-itch y mène une « vie large et heureuse » (Durry, 1966 : 184). On sait qu'il ad-nirait « le cuisinier de ses parents qui présidait aux marmites en grande tenue e cosaque, sabre au côté, où le jeune homme consacrait à des rêves de théâtre[9] : temps économisé sur les leçons » (ibid.) que des « gouvernantes françaises » ii donnaient à la maison (Notice individuelle, Fonds Gurvitch, 1944, c.p.)[10]. iurvitch est surtout un « enfant précoce » qui voue un « appétit vorace » à la cture (Swedberg, 1982b : 67). A quatorze ans, il dévore ceux qui sont alors dulés : Marx, Engels, Plekhanov, Lénine – et s'en inspire déjà pour « haran-ue[r] les foules » (Roux, 1994 : 49).

Dans un décret du 8 mars 1905, Nicolas II octroie la citoyenneté d'honneur la famille des Gurvitch. Du fait des affaires de son père, les déménagements

« sans en avoir la possibilité » (ibid.).

La translittération de Freyre est sujette à caution. Il s'agit d'Andrej Januarievitch Vychinski (1883-1954). Né à Odessa dans une famille d'origine polonaise, Vychinski suit ses parents à Bakou avant de passer son baccalauréat en 1901. En 1902, il s'inscrit à la faculté de droit de l'Université de Kiev, mais il en est d'emblée exclu du fait de sa participation au mouvement révolutionnaire. Social-Démocrate, il connaît la prison en 1905, où il fait connaissance de Staline. En 1906, il retourne à l'Université de Kiev et termine ses études en 1913. Durant la révolution, Vychinski est commissaire de milice à Moscou ; c'est lui qui signera en 1917 le mandat d'arrêt de Lénine. En 1920, il devient bolchevique, s'assurant une brillante carrière. Avocat au parquet puis enseignant, il est nommé président de l'Université de Moscou entre 1925-1928. En 1931 il devient Procureur Général de Russie, puis en 1935, de l'URSS. Il conduira tous les grands procès de l'époque, participant aussi à celui de Nürnberg. En 1940 il est nommé ministre adjoint des affaires étrangères, avant de prendre la tête de ce ministère en 1949. En parallèle, Vychinski continuera sa carrière académique, publiant plusieurs travaux sur le droit criminel notamment. A la mort de Staline, il part aux Etats-Unis comme représentant de l'URSS auprès de l'ONU. Il meurt à New York peu après, en 1954.

On retrouvera une trace de cet engouement pour les planches dans sa « Sociologie du théâtre » parue en 1956 (cf. Gurvitch, 1956 : 205). Il habite également sa conception de la sociologie, qu'il définissait comme une « mise en relief du caractère dramatique, souvent même tragique, de la réalité sociale » (Gurvitch, in : Duvignaud, 1959 : 23 ; également Janne, 1990 : 27).

Tout « enfant, il apprend le français avec une gouvernante française (qu'il aimait), l'allemand avec une gouvernante allemande (qu'il détestait), l'anglais et l'espagnol avec des professeurs » affirmait Yvonne Roux dans le même sens (Roux, 1994 : 49). Rares sont toutefois les documents qui attestent que Gurvitch ait appris ces deux dernières langues dès l'enfance. Au lycée, il suit des cours de latin, de français et d'allemand. C'est dans cette dernière langue qu'il se spécialise lorsqu'il entre à l'université (cf. Certificat de fin d'études secondaires, 14-3-68460, n° 7 – CGIA ; Attestation d'examen d'allemand de l'Université de Juriev, 402-1-8003, n° 24 – EAA). En revanche, et bien que Gurvitch ait apparemment donné des conférences à la London School of Economics dès 1938 (Dossier F^{17} 28495 – A.N.), il semble que ses connaissances en anglais restaient rudimentaires. C'est ainsi qu'il arrive à New York à l'automne 1940, « sachant à peine lire et ne sachant pas parler l'anglais » (Gurvitch, 1969 : 91). « Au début, nous étions tout à fait perdus à New York sans connaître la langue anglaise. Ce n'est que maintenant que nous nous en remettons un peu » avouait-il encore à Tatiana et Michel Ossorguine. Et Dolly de surenchérir : « nous commençons plus ou moins à baragouiner l'anglais, mais l'année prochaine G. D. doit présenter ses conférences en anglais. Nous avons essayé de l'apprendre à l'école, mais nous n'avons pas réussi ; maintenant nous prenons des leçons privées (ayant déjà changé trois fois de professeur) ; je vois combien il faut encore apprendre pour atteindre un résultat positif » (Georges et Dolly Gurvitch à Tatiana et Michel Ossorguine, Lettre du 23.03.1941, Fonds Ossorguine, F D Rés. 841 (1) (12) 2ff. – BDIC).

se succèdent, qui le rapprochent du grand Nord. Gurvitch semble en avoir gar un certain faible pour le nomadisme[11]. Il fréquente successivement les écoles Bakou, Odessa et Rostov sur le Don[12] – sur les mêmes bancs qu'Alexand Koyré (Schuhl, 1967 : 331). Le 15.08.1908, il s'inscrit au lycée Nicolas I Riga pour préparer son baccalauréat. « Etudes solides, brillantes, un rien fanta ques : il lui arrive de 'sécher' les cours du collège pour assister à un concert, ce avec l'approbation ultérieure de son père » (Roux, 1994 : 49). Quatre a plus tard, en 1912, Gurvitch restait fidèle à sa réputation de « lycéen brillant q n'apprenait guère ses leçons, mais en quelques jours au dernier instant fais avec facilité le bref effort qui assurait son succès aux compositions, comn plus tard aux examens » (Durry, 1966 : 183). Il décroche son baccalauréat ha la main. De fait, sa « conduite parfaite, son zèle et sa maîtrise des sciences furent saluées (Certificat de fin d'études secondaires, Dossier 14-3-68460, n° – CGIA). Mais si ses résultats furent excellents en tout point, ce ne fut pas cas en mathématiques où Gurvitch ne reçut « que » la mention bien. Il obtena ainsi la « médaille d'argent » pour la promotion de 1912 (402-1-8003, n° 1.6 – EAA).

Un lycéen engagé

1911. Durant sa préparation au baccalauréat, Gurvitch fait une rencontre q le « remplit d'épouvante » (Gurvitch, 1969 : 80). Elle se nomme Hegel et cet révulsion l'accompagnera sa vie durant. Le jeune homme y décelait le dang de mettre la science sous la tutelle d'une apologie politique de l'ordre existan L'allégorie du « temple de païens / Où dans les ténèbres, la foule des idoles trouvé soutien », ainsi que le formulait Gurvitch dans un poème de 1911, n'e pas le seul indice de cette dénonciation (Gurvitch, 1911 : 8).

> « Je crus trouver chez [Hegel], comme dans un verre grossissant, la source de tout ce qui m'inquiétait dans le marxisme, rajoutait-il plus explicitement dans son esquisse autobiographique. Au déterminisme économique se contredisant lui-même m'a paru correspondre chez Hegel une logonomie logomachique qui remplace la réalité par des synthèses arbitraires [...]. On me disait que je ne pouvais pas rester marxiste sans être hégélien ; or j'éprouvais Hegel comme un

11 « Je remarquerais que le profane est toujours nomade. Il ne reste pas longtemps à la même place inscrivait Mirkine-Guétzevitch dans le dossier maçonnique de Gurvitch (Archives des Log russes, Etoile du Nord (1924-1970), Dossier Gurvitch, XI, 2, notice du 15.04.1927, n° 5/211 BNF). On retrouve le même constat chez Balandier, décrivant Gurvitch comme un « grar voyageur des espaces intellectuels » (Balandier, 1972 : 6).

12 « Je ne sais pas si vous connaissez ce détail de ma biographie que j'ai passé mes années de Lycée *Rostov sur Don*, qui m'ont appris de considérer tout danger comme un *divertissement amusant* confiait Gurvitch à Duvignaud à l'occasion des lettres de menaces qu'il reçut de l'*O.A.S.* en 196 (Gurvitch à Duvignaud, Lettre du 16.12.1961, Fonds Duvignaud, Correspondance, Dossier Gu vitch, DVG2.C03 – IMEC).

tel repoussoir et une telle servitude que je voyais approcher l'écroulement de toute la conception qui avait présidé à l'éveil de mon esprit. Comme un homme sur le point de se noyer, j'ai cherché la dernière planche de salut dans la lecture de la *Philosophie du Droit* de Hegel... Le résultat fut désastreux ! Mon indignation ne connut pas de bornes : 'la synthèse de la société civile et de la famille dans l'Etat' prussien, incarnation de la morale concrète, en confirmant mes pires appréhensions quant aux résultats pratiques du nécessitarisme déterministe, consomma ma rupture totale avec le marxisme et l'hégélianisme, tels que je pouvais évidemment les comprendre et les connaître à dix-sept ans » (Gurvitch, 1969 : 80)

Lorsque König lui reprochait en 1963 que Hegel fût son « origine intellectuelle », Gurvitch s'en défendra toujours aussi clairement : « dès mes premières lectures de Hegel, faites alors que j'étais encore au lycée, j'en ai retiré le plus profond dégoût intellectuel. C'est ce dégoût qui a conduit à ma rupture avec le marxisme officiel [...]. Tout mon développement philosophique aussi bien que sociologique s'est fait contre Hegel » (Gurvitch à König, Lettre du 04.11.1963, Fonds König, 1671, n° 29 – HASK).

Or si Gurvitch a souvent clamé que Hegel devait précipiter sa rupture avec le marxisme dès 1911, on remarquera pourtant un premier hiatus qui restera déterminant sa vie durant quant au problème du savant et du politique. Car c'est en effet seulement à partir de cette date que Gurvitch, intimement convaincu que « le régime tzariste était pourri et n'attendait qu'une chiquenaude pour s'effondrer » (Gurvitch, in : Duvignaud, 1959 : 25), s'enrôle et « milit[e] secrètement dans le parti de la Révolution » (Durry, 1966 : 184). Il y « tint une place considérable » (ibid.) dans la mesure où il co-dirigeait la section russe du parti social-démocrate letton (Archives des Loges russes, Etoile du Nord (1924-1970), Dossier Gurvitch, XI, 2, notice du 15.04.1927, n° 5/211 – BNF ; Gurvitch, in : Duvignaud, 1959 : 24). Mais c'est ici qu'apparaît un second hiatus révélant un décalage analogue au premier. « Nous étions trois camarades », se souviendra-t-il plus tard non sans quelques inexactitudes : « Koutchner (employé à la société des chemins de fer)[13], Ulrich (lycéen de deux ans plus âgé que moi[14]) et moi-même, à Riga » (Gurvitch, in : Duvignaud, 1959 : 24). « Nous

13 Pavel Ivanovitch Koutchner (Knyshev) (1889-1968) est né à Grodno, la ville natale de Dolly Gurvitch. Il fit ses études au lycée de Riga, devenant membre des SD dès 1905. Il s'affiliera aux bolcheviques à la veille de 1917. Durant la Révolution, il est élu aux Soviets de Moscou, avant de s'engager en 1920 dans la guerre civile comme « chef-idéologue » de l'Armée Rouge au Turkestan. La fin du conflit le ramènera à une vie plus strictement académique, bien qu'il ne soit devenu professeur que tardivement, en 1959.

14 Wasilij Wasiljevitch Ulrich (1889-1951) « était le fils d'un vieux révolutionnaire letton et russifié, très russifié même, et marié avec la nièce d'un sénateur [...] très réactionnaire, Reinbot » (Gurvitch, in : Duvignaud, 1959 : 24). Il était cependant bien plus âgé que Gurvitch ne s'en souvenait. Militant pour la révolution dès 1908, il affirmera son obédience bolchevique dès 1910. C'est aussi à cette date que sa femme, Anna Davidovna Kassel (1892-1974), devint bolchevique avant d'être rapidement promue secrétaire de Lénine. De 1912 à 1914, Ulrich s'inscrit à l'Institut polytechnique de Riga et travaille en parallèle comme employé de bureau. En 1915, il est mobilisé dans l'Armée

étions tous les trois, chefs de la section russe du parti socialiste où l'on n'admettait pas la distinction entre bolcheviks et mencheviks » (ibid.)[15]. Or si Koutchner ne se ralliait définitivement aux bolcheviks qu'à la veille de 1917, on notera qu'Ulrich avait changé de camp dès 1910. Des trois amis, Gurvitch était ainsi le seul à chercher une troisième voie entre les deux courants, synthèse qu'il entendait trouver d'ailleurs moins par le biais d'une action politique que par une élucidation proprement scientifique.

Les éléments attestant de cette hésitation et de ce malaise initial sont particulièrement nombreux dès cette époque, bien que les plus fiables soient plus tardifs. Dans un entretien du 12 avril 1927, Gurvitch le reconnaîtra lui-même sans ambages. Non seulement il avouait n'avoir « jamais été un politicien pratique » mais aussi avoir toujours été « absolument isolé d'un point de vue politique et social parce qu'il n'a jamais partagé les principes politiques de ceux avec qui il travaillait, et inversement, il n'a jamais travaillé avec ceux dont il partageait les principes. Politiquement, il se définit comme socialiste neutre – très proche du Labour Party anglais » (Archives des loges russes, Etoile du Nord (1924-1970), Dossier Gurvitch, XI, 2, notice du 12.04.1927, n° 8/214 – BNF). En 1959, les confessions que Gurvitch faisait à Duvignaud sur le manque de flair qui le caractérisait alors sont tout aussi éloquentes. « Koutchner [...] avait le caractère le plus brutal et nous le considérions comme le futur dictateur. Ulrich avait le caractère le plus doux et le plus sensible de nous trois ; nous disions qu'après la révolution il deviendrait directeur de tous les jardins d'enfants en Russie. Reste moi que l'on considérait comme trop raisonneur et à qui on prédisait un avenir d'avocat ou de professeur ! » (Gurvitch, in : Duvignaud, 1959 : 24). A peu de choses près, les prévisions des trois amis tombèrent presque juste. Le brutal Koutchner deviendra « un professeur inoffensif d'ethnologie à l'université de Moscou » (ibid.). Inversement, Wassilij Ulrich, – dont Gurvitch se sentait le plus proche « par son caractère tendre et sa compréhension d'autrui » – devint général puis « président du Tribunal révolutionnaire [et] n'a pas joué un rôle particulièrement reluisant, puisqu'il a fait condamner

russe sur le front allemand, acquérant le grade d'officier en 1917. Dès 1918, il s'engage dans la Tcheka puis le NKVD, d'abord comme agent secret à Petrograd, puis au département des finances. En 1919, il est nommé à la tête du département des armées navales du Sud. Il organisera alors la répression et la fusillade des officiers blancs de Crimée en 1922. Bien que ne disposant pas de formation juridique, il est nommé juge à la Cour suprême en 1924. Deux ans lui suffiront pour prendre la direction de la Cour militaire à la Cour Suprême de 1926 à 1948. Il y traitera des affaires les plus aiguës de l'époque : le cas Trotsky entre 1936 et 1938, l'affaire Toukhatchevski en 1937, l'affaire Savinkov, etc. Ulrich fut aussi l'auteur d'un opuscule sur le matérialisme historique en 1929. Proche de Staline et de Beria qu'il consultait systématiquement pour les procès, cette personnalité cynique et sans pitié reste connue comme l'un des maillons essentiels du système de la guillotine stalinienne. On rapporte que sa seule passion fut de collectionner les papillons et les cafards.

15 Duvignaud reprendra souvent cette formule, décrivant un Gurvitch « aussi peu menchevik que bolchevik, uniquement enflammé par l'idée-force d'une démocratie sociale » (Duvignaud, 1995 : 137).

et fusiller tous ses anciens amis » (ibid.). Quant à Gurvitch, fort de ses succès, il s'engageait effectivement dans un cursus universitaire.

Les premières années universitaires

Le 9 juin 1912, Gurvitch adresse une demande au recteur de l'Université de Juriev pour s'inscrire à la faculté de Droit (402-1-8003, n° 1.5 – EAA), l'une des rares à ne pas respecter le pourcentage d'admission des Juifs alors imposé sur le territoire de l'empire russe (cf. Isakov, 1995 : 24). Gurvitch y suivra entre autres les cours des professeurs A. S. Jazsenko, Th. W. Taranovsky, M. E. Krasnoszen, L. A. Schalland, A. Freitag-Loringoven, P. P. Postouroslev, M. I. Dogel et enfin A. S. Nevrozov. Ces cours traitaient de théorie générale du droit (encyclopédie du droit), de l'histoire du droit russe, de philosophie du droit, d'histoire du droit romain, d'économie politique, de statistique, de droit canon et enfin de droit international (ibid. : 26 ; Livret d'étudiant, 402-1-8003, n° 1.18-1.24 – EAA).

Sur les six semestres passés à l'université, du premier en 1912 jusqu'au dernier au printemps 1915, Gurvitch ne restera toutefois pas dans son université de Province. Comme bon nombre de ses congénères russes de l'époque (cf. Weill, 1979 : 203-225 ; Weill, 1996), il fera d'abord amende honorable au sacro-saint voyage d'études en Europe, à Heidelberg puis à Leipzig. « Les deux premières années de [s]es études supérieures (1912-1914) – passées en Russie l'hiver, en Allemagne l'été » (Gurvitch, 1969 : 81) le poussent à jeter son dévolu sur Stirner et les néo-kantiens en tous genres. Mais si Gurvitch espérait y trouver l'antidote à sa révulsion pour Hegel, cette expérience devait se solder par une double désillusion. Intellectuellement d'abord, ces années allemandes provoqueront « en [lui] une forte réaction contre le néo-kantisme de toute obédience, contre son idéalisme platonicien camouflé, contre son antipsychologisme et contre son antisociologisme assez primitifs. Ni la discussion entre Tarde et Durkheim, ni le formalisme sociologique de Simmel première manière, ne [lui] donnant satisfaction, [il se] tournai[t] vers Wilhelm Wundt », puis rapidement vers Bergson et Fichte (Gurvitch, 1969 : 81-82). Politiquement ensuite, durant son séjour en Allemagne, Gurvitch « rencontre Lénine, invité par le groupe d'étudiants auquel il appartient : un Lénine passionné par le combat idéologique » (Duvignaud, 1969 : 183 ; cf. également Roux, 1994 : 49). Il en gardera de forts « préjugés contre Lénine, le politicien-intellectuel » (Freyre, 2005 : 159), « au profit d'une conception plus révolutionnaire » (Gurvitch, in : Duvignaud, 1959 : 24) voire d'un « idéal libertaire » (Duvignaud, 1995 : 138).

De retour en Russie, la guerre éclate. N'étant « pas appel[é] à faire le service militaire » (Notice individuelle du 05.12.1935, Dossier F^{17} 28495 – A.N.), Gurvitch se tient loin du front. Il bénéficie d'un sursis jusqu'en 1921, à condition de poursuivre ses études (Certificat de comparution pour l'accomplissement du service militaire du 16.02.1915, Riga, 14-3-68460, n° 11 – CGIA). Il pouvait s consacrer aux deux mémoires universitaires qui devaient lui assurer se premiers succès académiques, l'un sur Prokopovitch (1915), l'autre su Rousseau (1917).

Pravda Voli Monarshej
de Théophane Prokopovitch
et ses sources européennes
(Grotius, Hobbes, Pufendorf)

Sous la direction, et avec une préface
du Professeur Th. W. Taranovsky

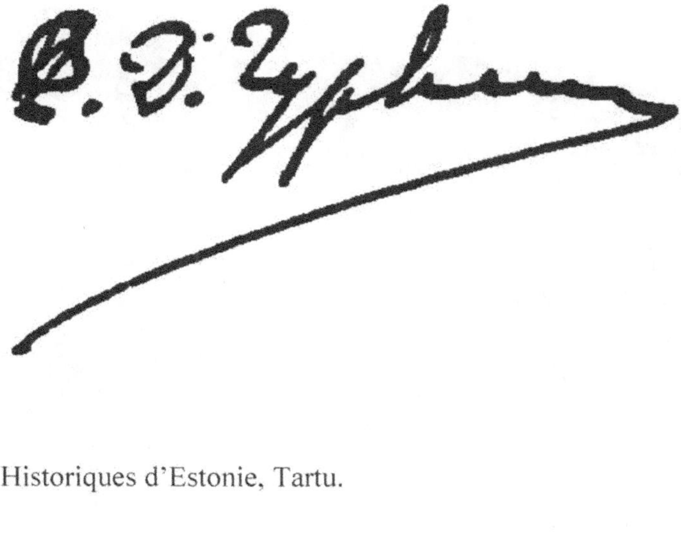

Source : Archives Historiques d'Estonie, Tartu.

L'auteur consacre ce premier ouvrage
à son maître et ami,
au très estimé et cher Monsieur
Mikhaïl Andreevitch Schebuev

Préface

Jusqu'à présent, notre littérature scientifique ne comporte pas d'ouvrage xposant de manière systématique la doctrine de *Pravda Voli Monarshej*, pas lus que d'une analyse de l'influence que l'école du droit naturel a exercée sur lle. *Pravda Voli Monarshej* le mérite pourtant. Le contenu de ce livre ne se mite pas à la question spécifique de la succession du trône. Elle inclut en outre n nombre de problèmes fondamentaux quant à la construction juridique de 'absolutisme monarchique qui plaident pour que cette œuvre de Théophane rokopovitch soit considérée comme « une encyclopédie abrégée du droit onstitutionnel » (pour reprendre les termes de W.O. Kljutchevsky à propos de e livre), – ou du moins comme un traité de droit public de caractère général, isant à jeter les bases idéologiques de l'organisation de l'Etat et de son admi-istration à l'époque de Pierre le Grand. C'est pourquoi le manque d'une echerche particulière sur ce traité de droit public constitue une regrettable acune de notre littérature historico-juridique. J'aurais moi-même souhaité la ombler, mais diverses préoccupations m'ont empêché de faire ce que je n'étais proposé il y a longtemps. J'ai donc pris la décision de déléguer cette âche à mes élèves, en inscrivant au concours de l'Université de Juriev, primé ar une médaille, l'étude du texte et des sources de *Pravda Voli Monarshej*. 'espérais que parmi les travaux soumis au concours, il s'en trouverait un qui épassât les limites de l'exercice scolaire et atteigne le niveau d'une recherche cientifique. Heureusement, mes espoirs ont été comblés. Avec mon appui, le avail de G. D. Gurvitch a non seulement remporté la médaille d'or de la aculté de Droit, mais a également été publié dans *Les écrits scientifiques de Université de Juriev*.

Nous proposons ici ce travail à l'attention des lecteurs, qui fournit, pour la remière fois dans notre littérature, un exposé systématique de la doctrine poli-que de *Pravda Voli Monarshej* en éclaircissant la question de ses sources uropéennes. Parmi ces sources, on compte les thèses majeures des trois aîtres de l'école du droit naturel au XVII° siècle – Hugo Grotius, Thomas obbes et Samuel Pufendorf (il y a longtemps déjà qu'on a émis l'hypothèse de ur influence sur *Pravda Voli Monarshej*) – ainsi que les thèses juridiques du élèbre théologien protestant I. F. Buddeus (A. S. Lappo-Danilevsky a récem-ent montré que ses thèses furent l'une des sources probables d'où Théophane rokopovitch a puisé maintes idées pour son traité de droit public).

G. D. Gurvitch a exposé le contenu de la doctrine politique de *Pravda Voli Monarshej* en détail et d'une manière systématique. Il a étudié la question des ources européennes de ce traité à la fois du point de vue de l'attitude générale, idéologique et méthodologique de Théophane Prokopovitch envers l'école d droit naturel, en y estimant la possibilité d'emprunts particuliers d'idées et d concepts politiques et juridiques.

Cependant, je me vois obligé d'attirer tout particulièrement l'attention c lecteur sur la relation de Prokopovitch à Hobbes. L'auteur a démontré, très cla rement à mon avis, que Prokopovitch resta étranger à la doctrine stricteme rationaliste de Hobbes sur le contrat social. Or, une fois ce constat fait, l'aute nie complètement tous les emprunts partiels que Prokopovitch a tirés ch Hobbes. Il le dénie si opiniâtrement d'ailleurs que même là où il met en lumiè des ressemblances, il évoque néanmoins d'autres sources et souligne le cara tère indirect de cette influence. Sur ce point, je pense que l'auteur est coupab d'une extrême rigidité de jugement. La divergence idéologique des principes de méthode n'exclut pas la possibilité d'un emprunt direct de certaines idée Tout du moins pas pour les penseurs qui ne se sont pas tenus à une cohérenc stricte dans leur approche philosophique, et encore moins pour ceux qui ne s rattachent à aucune discipline en particulier, ou qui tendent à un certain éclec tisme superficiel. C'est notamment le cas de Théophane Prokopovitch et c *Pravda Voli Monarshej*. Le caractère superficiel de son éclectisme est pater sur le problème de synthèse des deux fondements théoriques du pouvoir, l'u contractuel, l'autre théocratique. Évidemment, d'autres aspects de son œuvr portent la marque de ce même éclectisme superficiel. Une fois qu'il s'était fix un but bien défini, Prokopovitch puisait des matériaux partout où il pouvait le trouver pour l'achever ; il en a aussi emprunté à Hobbes, bien qu'il resta pro fondément étranger à sa théorie rationaliste, que Prokopovitch n'a d'ailleur pas compris du tout.

Sans partager les conclusions de l'auteur quant à la relation de Prokopovitc à Hobbes, je n'ai toutefois pas dirigé ce travail d'une main autoritaire. La pro fondeur générale du travail de Gurvitch lui confère à mes yeux le droit l'imprescriptibilité de ses jugements. On pourrait les contester, mais, selon mo il ne faudrait pas les changer.

Prof. Th. Taranovsk

Partie 1

Exposé systématique de la doctrine politique[1] de *Pravda Voli Monarshej*

Pravda Voli Monarshej est un traité politique écrit pour une raison particulière,– défendre « Le Règlement sur la succession au trône » promulgué en 1722 par Pierre le Grand. Compte tenu du but particulier de cette publication, on n'y a pas formulé de doctrine politique systématique. On voit bien ici que ses divers raisonnements ne suivent aucune méthode pour défendre la thèse principale de ce traité – le droit du monarque à léguer son trône. C'est pourquoi il faut justement considérer cet ouvrage comme une totalité lorsqu'on cherche à analyser sa doctrine politique, et nous devons le faire en proposant un système qui fait d'ailleurs défaut à ce traité lui-même.

En bref, notre exposé obéit au plan suivant. Nous commencerons par la conception de Prokopovitch sur le pouvoir suprême, cette question étant fondamentale pour toute doctrine politique, et particulièrement pour celle de l'absolutisme. Le caractère illimité d'un pouvoir suprême ainsi que la confusion entre la souveraineté de l'Etat et celle d'un organe particulier fournissent en effet à l'absolutisme une base très forte[2]. Nous examinerons ensuite la doctrine de Prokopovitch en ce qui concerne les sujets du pouvoir suprême, c'est-à-dire les formes politiques. Nous verrons que Prokopovitch ne fut pas cohérent lorsqu'il constatait d'une part l'existence de formes politiques mixtes, et d'autre part la

1 Certes, nous employons ici le terme de « politique » dans son sens large, en entendant par « doctrine politique » toute doctrine concernant l'Etat. Dans un sens plus strict, on emploiera le terme de « politique » pour désigner la science de la réalisation de buts particuliers de l'Etat (Cf. Jellinek, *Allgemeine Staatslehre*, 1905, pp. 17-19) ; on opposera « l'élément politique » de telle ou telle doctrine à « l'élément dogmatique » (i.e. juridique) aussi bien qu'à l'élément purement théorique (philosophique) ; Cf. Rehm, *Geschichte der Staatsrechtswissenschaft*, 1896, p.1.

2 Ces deux thèses sont en effet les pré-requis nécessaires pour *toute* conception absolutiste (et pas seulement ceux de la théorie de *l'absolutisme monarchique*). Ainsi, l'absolutisme démocratique de Rousseau admet non seulement le caractère juridiquement illimité du pouvoir souverain, mais encore la concentration de ce pouvoir dans un seul organe : le « *peuple* ». Concéder un caractère juridiquement illimité au pouvoir souverain, ainsi que la plupart des théoriciens l'ont fait jusqu'alors, ne suffit pas à l'absolutisme. Dans la mesure où l'on attribue le pouvoir suprême à l'Etat comme s'il s'agissait d'une personne morale totale, dans la mesure où l'on admet la possibilité d'une division des fonctions de ce pouvoir entre des organes différents (« la séparation des pouvoirs » pour reprendre les termes de Montesquieu), et enfin que l'on inscrit le pouvoir suprême dans des cadres juridiques définis, voilà qui le restreint *in concreto* de sorte que la puissance illimitée de l'Etat sur l'individu se trouve bornée parce qu'« un pouvoir restreint l'autre pouvoir ». Montesquieu y voyait le gage de la liberté.

possibilité de limiter le pouvoir du monarque par un contrat. La question des origines du pouvoir suit logiquement la doctrine des sujets du pouvoir. Prokopovitch n'effleure pas une fois la question de l'origine et des fondements de l'Etat, ni même du pouvoir comme tel (exception faite du discours sur les caractéristiques du pouvoir souverain d'après l'Ecriture Sainte), mais la pose seulement *in concreto* à propos des diverses formes politiques. D'un côté, il retrouve ces fondements dans la volonté divine, et de l'autre dans la volonté populaire, de sorte qu'il articule ces deux sources dans une relation que nous examinerons dans un troisième temps. Prokopovitch n'analyse profondément que la genèse d'une seule forme politique, à savoir la monarchie absolue et héréditaire (ici il s'agit aussi de « la monarchie de la Grande Russie très glorieusement épanouie de nos jours »), et dont le système interne attire toute son attention.

Nous commencerons la description de ce système par les devoirs du monarque, lesquels coïncident avec les buts de l'Etat. Ensuite, nous étudierons la liste des « droits du monarque » que Prokopovitch a dressée. Admettant que le monarque serait le seul sujet du pouvoir suprême, Prokopovitch conclut que le monarque aurait le droit de disposer de son pouvoir, dont celui de léguer son trône par testament constitue l'une des formes possibles. Il identifie toutefois l'étude des « droits du monarque » avec la question de la succession au trône, véritable fil directeur de ce traité que nous analyserons par la suite.

Nous finirons l'étude du système de la monarchie absolue et héréditaire ainsi que celle de la doctrine politique de Prokopovitch par une analyse des devoirs qui appartiennent aux ressortissants de cette monarchie.

1. Le pouvoir suprême

La souveraineté du pouvoir est le trait caractéristique de l'Etat. Prokopovitch le désigne par le terme de « Majestat » ou majesté. La *Majestat* constitue « l'honneur le plus sublime qui n'est attribué qu'aux autorités les plus hautes et qui exprime non seulement leur dignité la plus élevée dans le monde, n'ayant comparaison qu'avec celle de Dieu, mais encore leur pouvoir législatif très efficace, prononçant les jugements ultimes, établissant les règles les plus sûres et ne se soumettant elles-mêmes à aucune loi » (p. 619, c.1, v. 17)[3].

Pour justifier cette définition du pouvoir suprême, Prokopovitch cite le *De jure belli ac pacis* de Hugo Grotius (L. 1, Cap. 3, § 7, I)[4]. Les caractères particuliers du pouvoir suprême, d'après Théophane, sont les suivants :

3 Cité d'après *Le Recueil Complet des Lois*, volume VII, n° 4870, en nous référant à la page, la colonne et la ligne : p. (*pagina*), c. (*columna*), v. (*versus*), c. 1 – colonne gauche, c. 2 – colonne droite.

4 Dans *Pravda Voli Monarshej*, ce passage n'est pas cité correctement : le numéro du paragraphe est omis.

1. Le pouvoir suprême « *n'est soumis à aucune autre autorité humaine* » (p. 619, c.1, v. 39) ; il est « l'autorité sublime, la plus haute ».
2. *Le pouvoir suprême n'est pas lié par les lois*, il est *legibus soluta*, « et de par cela on le nomme, pour autant qu'il l'est, suprême, le plus haut et l'ultime. Comment pourrait-il être soumis aux lois humaines ? S'il l'était, il ne serait plus suprême. Cependant, même quand les monarques suivent les prescriptions des lois civiles, ils le font volontairement, sans y être contraints » (p. 619, c.2, v. 20).
3. *Ensuite, le pouvoir suprême est un pouvoir irresponsable.* Il n'est responsable que devant Dieu et « n'est soumis à aucun jugement humain » (p. 621, c. 1, v. 29), car « celui qui juge l'autre n'est point l'assujetti mais le gouvernant ; et de ce fait, l'assujetti ne peut juger celui auquel il est soumis » (p. 621, c. 2, v. 8). L'Ecriture Sainte défend la même thèse : elle « démontre la puissance que Dieu a donnée aux Tsars : personne n'a le droit d'interroger le Tsar sur ses affaires ou lui demander ce qu'il fait » (p. 620, c. 1, v. 31). Par ailleurs, l'exemple du roi David est très significatif. Ayant commis de graves crimes, il s'adressait à Dieu en ces mots : « *Tibi solo peccavi* » (p. 620, c. 2, v. 35). Ainsi, le pouvoir suprême « n'est pas soumis au jugement des hommes et ne peut être jugé que par Dieu seul » (p. 621, c. 1, v. 1).
4. Enfin, le pouvoir suprême « *est un pouvoir absolument imprescriptible* » (p. 621, c. 1, v. 30). N'étant borné par aucun règlement humain, le pouvoir suprême est néanmoins soumis à l'autorité de Dieu ainsi qu'« aux lois de Dieu qui sont écrites dans les cœurs humains et qui sont fixées dans le Décalogue afin qu'on leur obéisse » (p. 619, c. 1, v. 41).

Cependant, il n'est pas évident de savoir si Prokopovitch admet que le pouvoir suprême est limité juridiquement par la loi divine et naturelle, ou s'il l'est seulement moralement, comme le disait Hobbes, « *in foro interno* ». N'étant pas juriste, Théophane ne fait évidemment aucune différence entre les limites juridiques et les limites morales du pouvoir suprême. Le fait que ce pouvoir soit juridiquement limité par la loi naturelle implique l'affirmation du droit à la résistance passive des sujets, c'est-à-dire le droit d'échapper aux commandements du souverain qui contreviennent à la loi divine et naturelle. Or Prokopovitch reste absolument muet sur cette question, ce qui atteste de sa croyance au caractère complètement illimité du pouvoir suprême. Mais d'autre part, et bien qu'il ne le fasse que par allusion ou en passant, Prokopovitch mentionne toutefois la possibilité de limiter le pouvoir du monarque par le contrat. Ainsi, il admet que le contrat, tout comme la loi divine et naturelle, sont obligatoires au pouvoir suprême (p. 626, c. 1, v. 14).

2. La classification des formes politiques et la subdivision des monarchies

Parmi les détenteurs du pouvoir suprême on peut compter : soit une seule personne, soit quelques personnes, soit tous. Selon le nombre de titulaires de la souveraineté, Prokopovitch distingue trois « formes du haut gouvernement » (p. 623, c. 2, v. 20), en d'autres termes, trois formes politiques. Il s'agit de :

1) La démocratie ou pouvoir du peuple : « les affaires les plus importantes du pays [y] sont gérées par le consentement de tous les habitants » (p. 623, c. 2, v. 21).
2) L'aristocratie – où « le pays n'est géré ni par la volonté de tout le peuple, ni par la volonté d'une personne, mais par quelques hommes choisis par les états » (p. 623, c. 2, v. 29).
3) La monarchie, « c'est-à-dire l'autocratie où l'Etat est entièrement remis dans les mains d'une personne » (p. 623, c. 2, v.35).

A côté de ces trois formes fondamentales, Prokopovitch admet aussi l'existence de formes politiques mixtes dérivant de ces formes fondamentales (p. 623, c. 2, v. 38). Hormis ces formes mixtes, *Pravda Voli Monarshej* mentionne également les « monarchie limitées » ; on y compte les monarchies où « au moment de l'élection du premier monarque, on avait fixé des contrats validés par la volonté ou le serment de celui-là, et dont l'infraction constituerait la cause pour ôter le pouvoir au monarque » (p. 629, c. 1, v. 14). Sans mettre en doute la possibilité d'une telle forme politique, Théophane la juge toutefois particulièrement inappropriée. Une telle monarchie « ne serait pas une monarchie pure, et surtout elle serait prédisposée à des malheurs incessants (car les gens méchants sont toujours capables de trouver une mauvaise interprétation aux bonnes œuvres du monarque) ; cette monarchie constituerait ainsi une forme tout à fait différente de celle qui est le sujet de notre propos ici » (p. 626, c. 1, v. 19). Nous voyons donc que Prokopovitch limite ici la portée de cette règle et ne traite que de la monarchie absolue.

Outre la différenciation entre monarchies « limitées » et absolues, *Pravda Voli Monarshej* opère une autre distinction basée sur une seconde *fundamentum divisionis*, à savoir : la distinction entre les monarchies héréditaires et électives. « Il y a des monarchies où la succession au trône n'est pas respectée, mais après la mort d'un monarque, le peuple en élit un autre par consentement mutuel, et ce, malgré les enfants de celui qui est décédé » (p. 624, c. 1, v. 2). « Il existe aussi des monarchies héréditaires où le fils succède à son père, ou bien le frère succède à son frère, voire même où la fille succède à son père ; de cette façon on garde le sceptre dans une maison en le passant de main en main ; et au cas où la succession était interrompue, c'est au peuple qu'il reviendrait de choisir par consentement un autre monarque. On a jadis connu beaucoup de ces ıonarchies. Il en existe aussi de nos jours, et parmi elles on trouve la monarhie de la Grande Russie très glorieusement épanouie » (p. 624, c. 1, v. 10).

Prokopovitch prête une grande importance à la dernière distinction qu'il ient d'établir et analyse très scrupuleusement les avantages et défauts relatifs à hacun des types de monarchie, profitant d'en tirer un argument supplémentaire n faveur de la succession au trône par testament. Théophane nous dit ainsi u'on justifie habituellement la monarchie élective par les raisons suivantes :

1) (p. 629, c. 2, v. 35) l'existence d'une compétition noble entre les enfants d'origine aristocratique qui peuvent prétendre être élus, alors que dans la monarchie héréditaire ce stimulus fait défaut ;
2) (p. 630, c. 1, v. 7) le fait que le monarque élu sur le trône soit plus « modeste », car il éprouve une reconnaissance pour le peuple qui « l'a porté si haut » (p. 630, c. 1, v. 9) ; et
3) (p. 630, c. 1, v. 12), le fait que la monarchie élective conduit le meilleur sur le trône, tandis que dans la monarchie héréditaire, tout dépend du hasard.

Cependant, contre ces conclusions et en faveur de la monarchie héréditaire, rokopovitch avance les arguments suivants, « très solides et nombreux » :

1) (p. 630, c. 1, v. 28) En dépit des arguments qui défendent la monarchie élective, « dans la monarchie héréditaire les enfants d'origine noble sont plus souvent commis aux offices honnêtes qu'ils ne le sont dans la monarchie élective » (ibid.), car le monarque héréditaire ne craignant pas, à la différence d'un monarque élu, qu'après sa mort le trône passe aux mains d'une famille étrangère, s'occupe très soigneusement de la formation de ses sujets et ne s'inquiète pas de leur concurrence avec ses enfants ;
2) (p. 630, c. 2, v. 23) L'assertion que le monarque élu serait plus juste que celui qui a hérité du trône est complètement fausse car ceux qui « des lieux bas sont élevés aux hauteurs » (p. 630, c. 2, v. 29) oublient d'habitude leur « bassesse » initiale et s'abusent d'un pouvoir bien inattendu ;
3) (p. 631, c. 1, v. 29) Prokopovitch reporte l'analyse du dernier argument contre la monarchie héréditaire pour le reprendre après avoir mentionné les avantages de cette forme monarchique. Les émeutes et rebellions sont beaucoup plus rares dans les monarchies héréditaires que dans les monarchies électives car les sujets, « sachant l'autorité du souverain imprescriptible » (p. 631, c. 1, v. 35), n'éprouvent aucune envie envers lui, et même ne lui « en veulent pas » (ibid.) ;
4) (p. 631, c. 2, v. 7) Le monarque élu ne possède pas d'autorité suffisante aux yeux de ses sujets, particulièrement de ceux qui sont influents. Par

contre, dans la monarchie héréditaire on voit dans le peuple « une ce taine peur naturelle ainsi qu'un respect envers son souverain » (p. 63 c. 2, v. 25) ;

5) (p. 631, c. 2, v. 41) Le monarque héréditaire « s'inquiète avec zèle de belle vie de son Etat comme on le fait de sa maison » (p. 631, c. 2, 41). En revanche, le souverain élu ne s'inquiète que de sa propre ma son, alors que les intérêts de celle-ci ne coïncident jamais avec les int rêts de l'Etat ;
6) (p. 632, c. 2, v. 2) Tandis que dans les monarchies héréditaires les su cesseurs achèvent d'habitude ce que leurs prédécesseurs ont cor mencé, prolongeant ainsi leur politique, une telle continuité n'exis pas dans les monarchies électives et « il arrive souvent que le monarqu nouvellement élu laisse volontairement de côté les œuvres commencé par son prédécesseur, quand il ne les détruit pas définitivement » (632, c. 2, v. 10) ;
7) (p. 632, c. 2, v. 21) Dans les monarchies électives, la succession a trône est toujours accompagnée par des perturbations assez graves de vie politique, alors que dans les monarchies héréditaires la successic se déroule sans confusion;
8) (p. 633, c. 1, v. 5) Enfin, ce n'est pas le meilleur mais le plus ambitieu qui accède au trône dans la monarchie élective ; les électeurs comm les élus agissent, non pas au nom du bien public, mais selon leu propres intérêts égoïstes : cette situation n'aurait pas lieu dans monarchie héréditaire.

Les partisans de la monarchie élective évoquent pourtant souvent un trè grave inconvénient, typique de la monarchie héréditaire : les qualités persor nelles du monarque ne dépendent que du sort, et celui-ci veut souvent que le indignes montent sur le trône ; c'est la raison « des malheurs de l'Etat » (p. 63 c. 2, v. 32). Cet inconvénient ne peut être corrigé que par un seul moyen investir le monarque du droit de léguer son trône par testament – « ce qu corrige absolument le seul et unique défaut en cette monarchie régulière (i. héréditaire) » (p. 633, c. 2, v. 18).

3. Les arguments contractuels et théologiques pour étayer la monarchie

Le constat d'une telle variété de formes politiques suggère à Prokopovitc l'idée de leur origine. Le pouvoir souverain peut appartenir ou bien à une seul personne, ou bien à plusieurs, ou encore à tous. Ainsi, la question se pose d savoir quels sont les fondements de ce pouvoir. Admettant le pouvoir souverai principalement comme un fait, notre auteur cherche, sinon à prouver, du moin à étayer ce droit exceptionnel du pouvoir d'une seule personne méticuleuse ment et spécialement choisie. En d'autres termes, il ne pose la question des fondements du pouvoir suprême qu'*in concreto* quant aux formes politiques particulières. Ceci dit Théophane ne fournit de construction détaillée que d'une seule forme politique – « la monarchie autocratique » à laquelle il prête ensuite toute son attention.

Pour argumenter la vocation exceptionnelle du monarque en tant que porteur du pouvoir suprême, les théoriciens européens de la monarchie absolue puisaient à une double source : ou bien l'autorité divine, basant ainsi le droit au pouvoir du monarque sur le seul commandement direct de Dieu, ou bien l'autorité de la collectivité sur laquelle le monarque régit en fondant ce droit sur le contrat par lequel les sujets lui aliènent leurs droits. Prokopovitch accepte ces deux sources à la fois, et fonde le droit du monarque au pouvoir (ainsi que de tout organe souverain en général) en même temps sur le commandement direct de Dieu et sur la volonté populaire.

D'après Théophane, chaque porteur de la souveraineté est redevable, pour sa vocation exceptionnelle, au commandement de Dieu. « Les souverains eux-mêmes ne peuvent attribuer leur autorité, si haute fut-elle, à aucun de leurs mérites personnels. Or si aucun mérite ne peut être apprécié dans le sens où l'attribution de la couronne royale en serait la récompense immédiate ... chaque souverain, qu'il ait obtenu le sceptre par succession ou par élection, *l'obtient de Dieu* : car c'est par Dieu que les tsars gouvernent et que les puissants écrivent la vérité, et c'est par le Très Haut qu'ils reçoivent la couronne et la force » (p. 616, c. 1, v. 41 et suiv. ; p. 616, c. 2, v. 10). Pour cette raison, les lois qui « viennent des souverains aux gens ... exigent qu'on leur obéisse dûment ... non seulement sous la menace de la colère du gouvernant, mais aussi par peur de la colère divine » (p. 604, c. 2, v. 3)... « et de cette façon, elles reposent sur la force qui vient du Très Haut » (p. 604, c. 2, v. 24).

Bien qu'il ait déjà fourni tant de preuves théoriques en faveur de la monarchie absolue, Prokopovitch ne s'arrête pas là. Après un nombre de thèses proprement théologiques, *Pravda Voli Monarshej* déduit encore le droit du monarque au pouvoir « de l'intention de tout le peuple par laquelle la monarchie fut introduite et supposée se perpétuer » (p. 623, c. 2, v.14).

« Chaque forme de gouvernement, et la monarchie héréditaire en particulier, tire son origine d'un consentement primordial du peuple sur tel ou tel point » (p. 624, c. 1, v. 22). Ainsi, le pouvoir du monarque a pour fondement un contrat par lequel « le peuple refuse sa volonté commune (ou, dans un autre passage, « sa volonté pour le gouvernement en commun » [p. 625, c. 2, v. 3]) et la donne à son monarque » (p. 625, c. 1, v. 36). Nous voyons que, selon Prokopovitch, la somme des individus, devenus sujets en passant le contrat, se présente comme une certaine unité – « le peuple » ayant « la volonté commune » ou plus exactement la volonté « du gouvernement en commun ». Le peuple n'est donc pas constitué par le contrat mais il lui préexiste, de sorte qu'il peut participer au contrat comme l'une des parties contractantes. Ainsi, Prokopovitch se base sur l'idée d'une *souveraineté populaire première.*

Le consentement du peuple est le véritable fondement de toute monarchie, sans exception aucune. Certes, dans la réalité historique il existe des monarchies qui « puisent leur origine d'une figure très puissante parmi les hommes et qui avait conquis le peuple par la violence » (p. 624, c. 1, v. 29) ; c'est-à-dire qu'elles ont surgi grâce à la force brute. Pourtant, même dans ces monarchies, le pouvoir factice est renforcé par le consentement du peuple : celui-ci « s'incline devant le pouvoir et s'y soumet volontairement » (p. 624, c. 1, v. 40). Ainsi, « on trouvera toujours cette volonté populaire respective à l'origine de ce genre de monarchie » (p. 624, c. 2, v. 11).

Prokopovitch présume donc que l'origine de la monarchie élective serait la volonté populaire, qu'il définit comme suit : « nous voulons unanimement, dit le peuple à son premier monarque, que tu nous aies sous ton gouvernement pendant toute ta vie et pour notre bien commun ; nous refusons notre volonté et t'obéissons sans nous réserver la moindre liberté pour les affaires communes, mais cela ne dure que jusqu'à ta mort ; après celle-ci, nous récupèrerons de nouveau notre volonté pour décider unanimement à qui nous accorderons le pouvoir suprême sur nous-mêmes en pensant aux qualités respectives des prétendants » (p. 624, c. 2, v. 16).

« Dans la monarchie héréditaire on eut aussi une autre volonté populaire envers le premier souverain : nous voulons unanimement que tu nous aies sous ton gouvernement pour toujours et pour notre bien commun ; mais étant donné que tu es mortel, tu dois nous laisser un autre souverain héréditaire ; nous refusons notre volonté pour toujours et nous ne la récupèrerons jamais à l'avenir, même après ta mort, de sorte que nous nous obligeons par un sermon éternel à t'obéir, à toi comme à tes successeurs, et nous y obligerons nos descendants aussi » (p. 624, c. 2, v. 28).

On voit clairement que pour Prokopovitch le droit du monarque au pouvoir est basé à la fois sur le commandement de Dieu et sur la volonté populaire. Interrogeons-nous donc sur les rapports entre ces deux éléments apparemment si hétérogènes dans le cadre de la doctrine de Prokopovitch.

Afin de comprendre la question ainsi posée, il faut avant tout noter que l'alliance de l'idée théocratique et de l'idée contractuelle est une démarche logiquement possible, et fut d'ailleurs un phénomène assez fréquent dans l'histoire de la pensée politique. Mais elle ne le fut qu'à une condition : le fondement divin est à la base du principe du pouvoir, alors que le choix *in concreto* de chaque représentant du pouvoir est réservé au peuple et à sa libre délibération. C'est par exemple le cas de la doctrine traditionnelle de l'Eglise catholique[5] telle que Thomas d'Aquin l'a très explicitement formulée et que divers

5 La doctrine de la souveraineté primaire du peuple fut formulée pour la première fois dans le catholicisme du XI° siècle par le moine allemand Manhold de Lautenbach, dans le but de rabaisser le pouvoir laïc face au pouvoir spirituel. On retrouve de manière générale la même connotation

auteurs jésuites ont fixée par la suite, comme Bellarmin, Suarez et d'autres. Selon Thomas d'Aquin, il est nécessaire de distinguer trois éléments : 1) son commencement ou son origine ; 2) son emploi ; 3) sa forme ou sa nature. Or, seule la nature du pouvoir provient de Dieu tandis que son acquisition et son emploi sont des questions purement humaines[6]. Les doctrines de Bellarmin et de Suarez sur les fondements du pouvoir sont un prolongement logique des thèses de Thomas d'Aquin. Ils nous enseignent que le pouvoir suprême a bien Dieu pour origine, même si celui-ci n'en investit pas à chaque fois chaque représentant concret, puisqu'il le rend (d'après la loi naturelle) à tout le peuple : c'est ainsi le peuple qui peut, à sa propre discrétion, investir telle ou telle personne de ce pouvoir[7]. Celle-ci reçoit donc son pouvoir non de l'intervention directe de la divinité mais par le mandat du peuple. On résumait d'ailleurs cette doctrine ainsi : « *Omnis potestas a deo per populum* »[8].

C'est à bon escient que nous nous sommes arrêtés en détail sur la théorie des théologiens catholiques qui mêlent les argumentaires contractuels et théologiques. Car ce détour démontre que, dans son aspiration à réconcilier ces deux principes, Prokopovitch ne pouvait pas recourir directement à la doctrine catholique. Comme nous l'avons vu, Théophane Prokopovitch considère *chaque monarque particulier* comme un élu de Dieu dont il base le pouvoir sur son commandement *direct*. Par conséquent, Prokopovitch considère que chaque porteur de la souveraineté est redevable de sa destinée exceptionnelle *à la fois* au commandement divin *et* à la volonté populaire. Mais comment réconcilie-t-il ces deux principes hétérogènes qui sont à la base du pouvoir monarchique ? Théophane n'avait évidemment qu'une seule issue : il lui fallait admettre que le commandement divin et la volonté populaire coïncident par leur contenu, ou pour le dire encore en d'autres termes, admettre que le commandement divin ne s'accomplit pas par le biais de moyens miraculeux et surnaturels mais au contraire naturellement – la volonté populaire est toujours guidée par la sagesse divine. Tel fut le chemin qu'il suivit.

« Il faut savoir, – affirme Prokopovitch, – que dans les monarchies électives, dans [les monarchies] héréditaires, ainsi que dans les autres formes politiques, la volonté populaire *ne se réalise pas sans la Providence ... mais qu'elle agit en étant inspirée par l'intervention de Dieu* ; les Saintes Ecritures nous l'enseignent clairement, comme nous l'avons déjà vu plus haut : il n'y a aucun pouvoir qui ne provienne de Dieu. C'est pourquoi tous les devoirs, ceux des sujets envers leur monarque comme du monarque pour le bien de ses sujets, ne pro-

dans toute la doctrine de l'Eglise catholique. Cf. M. Kovalevsky, *De la démocratie directe à la démocratie représentative et de la monarchie patriarcale au parlementarisme*, tome 1, p. 317 [en russe] ; Rehm, *Geschichte der Staatsrechtswissenschaft*, 1896, pp. 165-167 ; Taranovsky, *La dogmatique du droit public positif en France sous l'Ancien Régime*, p. 598 [en russe].

6 Cf. Tchitchérine, *Histoire des idées politiques*, Moscou, 1869, tome 1, p. 188 [en russe] ; Duguit, *Traité de droit constitutionnel*, tome 1, pp. 24-25, Paris, 1911.

7 Tchitchérine, *op. cit.*, tome. 1, pp. 380 et 398-399 ; Gierke, *Althusius*, Breslau, 1913, p. 63.

8 Hitier, *La doctrine de l'absolutisme*, p. 49.

viennent pas seulement de la volonté populaire mais aussi de la volonté divine » (p. 625, c. 1, v. 10). C'est donc sur l'intervention de la volonté divine dans le procès de nomination du monarque que Prokopovitch construit la force obligatoire absolue du contrat de soumission réciproque entre les sujets et le monarque. « Le peuple ... ne peut ni le démettre (le monarque) ni lui ôter sa volonté une fois qu'il la lui a offerte, car en ce cas le peuple perdrait lui-même sa volonté et son pouvoir. D'ailleurs, même si le peuple voulait opiniâtrement changer à nouveau sa volonté, *il ne pourrait cependant jamais changer la volonté de Dieu inspirant la volonté populaire, et qui fut la cause* de l'établissement de cette monarchie et de la nomination du premier monarque » (p. 625 c. 2, v. 38).

Ainsi, nous voyons que la doctrine de Prokopovitch, comme celle des théologiens catholiques, peut être caractérisée par la formule « *Omnis potestas a deo per populum* ». Mais cette formule prend dans son cas un tout autre sens. Dans la théorie catholique cette formule signifie : le pouvoir est dérivé de Dieu comme un principe, et le droit du gouvernant au pouvoir est dérivé du peuple. Chez Théophane en revanche, le droit de *chaque gouvernant particulier* est dérivé de Dieu mais Dieu ne nomme pas le souverain immédiatement, sinon par le truchement de la volonté populaire qu'il guide. Il est donc évident que dans ce dernier cas, tout système politique qui surgit dans l'histoire obtient sans exception la caution divine, bien qu'ici il ne s'agisse pas seulement de la monarchie absolue (par ailleurs, on se rappellera aussi de la monarchie constitutionnelle qui, selon Théophane, « est indirecte et soumise à d'incessants malheurs »). C'est pourquoi la formule « *Omnis potestas a deo per populum* », en particulier dans le sens que Prokopovitch lui prête, devient de ce fait un moyen efficace pour plaider plutôt en faveur des limitations du pouvoir monarchique qu'en faveur de l'absolutisme. Or c'est bien dans ce sens-là que la formule précitée apparaît dans l'histoire de la pensée politique européenne[9]. Enfin, on ne peut pas négliger que pour Prokopovitch *vox populi est vox dei* – toutes les perturbations de l'ordre existant, comme la rébellion du peuple contre les gouvernants par exemple, sont alors la conséquence logique de la volonté divine[10].

Si Théophane évite ces conclusions, ce n'est donc qu'en sacrifiant à la logique de l'exposé. Ainsi que nous l'avons vu, pour notre auteur, la volonté populaire n'est l'expression de la volonté divine que dans le cas de la genèse

9 Cf. Taranovsky, *op. cit.*, pp. 598-601. La formule « *omnis potestas a deo per populum* » fut employée au sein du parlementarisme français pour apporter un soutien théorique à « la monarchie légitime ». « Une fois que l'on a constaté, – pensaient-t-ils (les partisans de la « monarchie légitime »), – que le commandement de Dieu se révèle de fait par les commandements humains, alors il faut reconnaître que la sanction divine existe aussi pour toutes les limites et bornes du pouvoir royal qui sont fixés dans le processus historique de la naissance et du développement de l'Etat ».

10 C'est exactement l'interprétation que le grand poète et démocrate du XVII° siècle, Milton, a eue du principe théocratique (cf. *Defensio pro populo anglicano*). Cf. Gierke, *op. cit.*, p. 69 ; Tchitchérine, *op. cit.*, tome 2, p. 46.

riginaire de telle ou telle forme politique ; par la suite elle perd cette caracté-istique et peut même la contredire (cf. ci-dessus). Mais dans ces conditions une uestion persiste : pourquoi donc « au moment du choix du premier monarque » a volonté populaire coïncide-t-elle par son contenu avec la volonté divine ? Car n effet, nous sommes ici confrontés à l'alternative : soit la volonté populaire omme telle exprime la volonté de Dieu, et par conséquent elle le fait toujours, oit elle ne coïncide avec la volonté divine que sous certaines conditions, uquel cas il n'existe aucun rapport stable entre ces deux principes (sur lesquels e base, selon Théophane, le pouvoir monarchique), de sorte que toute émarche pour les réconcilier est forcément un échec...

. *L'ordre intérieur de la monarchie absolue*

Nous avons étudié la doctrine de Prokopovitch quant aux origines et aux ondements de la monarchie absolue héréditaire. Demandons nous maintenant uelles sont les caractéristiques de l'ordre intérieur de cette monarchie dans le aité de Théophane ?

a) Avant tout, il s'agit de savoir quel est, d'après notre auteur, le sens même e l'existence de cet ordre ; quel est le but de la concentration du pouvoir sou-erain dans les mains du monarque, ou en d'autres termes, quels sont ses evoirs ? Prokopovitch défend que le devoir principal du monarque est le souci u bien commun de ses sujets. Conformément à la double source du pouvoir onarchique, *Pravda Voli Monarshej* caractérise ce « devoir » comme étant érivé « de la volonté de tout le peuple par laquelle la monarchie fut introduite maintenue, ainsi qu'on le suppose », mais aussi de la volonté divine exprimée ans les Saintes Ecritures.

« Tout ... pouvoir suprême ne suit qu'un seul but : le bien de tout le euple » (p. 629, c. 1, v. 30) ; et c'est ce but que le peuple impose au monarque ans la formule même du contrat à conclure : « nous voulons unanimement, dit peuple, que tu nous aies toujours sous ton gouvernement, pour notre bien ommun » (p. 624, c. 2, v. 30). Or Dieu impose la même charge au monarque : le devoir s'impose aux monarques, un devoir que Dieu lui-même leur npose » (p. 622, c. 1, v. 7)..., « celui de faire en sorte que ses sujets soient ienheureux, et chercher pour eux la meilleure des directions, eu égard à la iété comme à la vie honnête » (p. 622, c. 1, v. 14). En particulier, « le tsar doit inquiéter que ses sujets soient bienheureux 1) que dans l'Etat existe une vraie stice pour protéger les sujets offensés contre leurs offenseurs, 2) que l'Etat spose d'une armée forte et expérimentée pour protéger le patrimoine contre s ennemis, 3) enfin, qu'on ait la meilleure des éducations, ce pourquoi le tsar it veiller à ce qu'il y ait les meilleurs enseignants possibles, spirituels comme vils, et en assez grand nombre » (p. 622, c. 1, v. 17).

Tels sont les devoirs du monarque. Théophane trouve néanmoins nécessai d'y ajouter ceci : « Il suffit au peuple de savoir que le monarque doit s'inquiét du bien du peuple, alors que dans les affaires du gouvernement, ce n'est pas son peuple mais à Dieu seul que le monarque est soumis, face à Dieu seul qu' est responsable, et il n'est jugé que par le jugement de Dieu » (p. 629, c. 1, 34).

b) Du fait de ses nombreux devoirs, le monarque se trouve en possession c droits illimités. Grâce au contrat de soumission et au commandement de Die le monarque concentre dans ses mains tout le pouvoir suprême, toute la « *m jestas* » dont nous connaissons déjà les caractéristiques. Pour Prokopovitch, monarque est le seul détenteur du pouvoir suprême – il le détient de maniè indépendante, quelles que soient les circonstances. Les notions d'Etat et c personne morale font complètement défaut au texte de *Pravda Voli Monarshe* car le monarque n'est pas ici un organe de l'Etat, mais le propriétaire d'un pou voir qu'il a acquis du propriétaire précédent – le peuple. Néanmoins, mêm après le contrat, le peuple constitue toujours une certaine unité. Les droits d monarque étant équivalents à ceux d'un organe (i.e. ses fonctions), ils sont dor liés aux droits privés du monarque en tant que personne physique. Sous c angle, Prokopovitch reconnaît que le monarque a le droit d'aliéner son pou voir ; dans les cas où Théophane évoque les « droits privés du monarque », s'agit de cas particuliers de cette aliénation.

Une exception est faite uniquement pour le premier des droits énumérés, savoir le droit du monarque à réglementer la vie privée des sujets. « Le mona que souverain est dans son plein droit, nous dit Prokopovitch, lorsqu'il com mande à son peuple non seulement ce qui est utile pour le bien du patrimoin mais aussi tout ce qui lui plait à condition que cela ne nuise pas aux intérêts d peuple et ne soit pas contraire à la volonté divine...(p. 628, c. 2, v. 29), y com pris tous les usages civils et ecclésiastiques (*sic* !), les changements de cou tumes, l'utilisation des vêtements et des maisons, les rangs, ordres et cére monies des fêtes, des mariages, des funérailles et caetera, et caetera » (p. 628, c 2, v. 37). C'est-à-dire que le monarque a le droit d'intervenir par mainte tracasseries futiles dans la vie privée des sujets, comme c'était le cas durant le réformes de Pierre le Grand[11]. Il est d'ailleurs évident qu'admettre de tels pou voirs au monarque équivaut à la négation absolue des droits et de la libert civile des sujets.

Comme nous l'avons dit plus haut, tous les autres « droits monarchiques que Prokopovitch mentionne ne sont que des cas particuliers de l'aliénation d pouvoir. Parmi ces droits on compte :

1) Le droit du monarque à abdiquer. « Le monarque lui-même peut à so bon gré abdiquer de son trône (p. 629, c. 1, v. 1)... et la jouissance d

11 Par ailleurs, une telle intervention est une caractéristique générale de l'Etat dit « policier ».

ce droit tient au fait qu'en rendant sa liberté au souverain, le peuple ne lui enlève aucune de ses volontés » (p. 629, c. 1, v. 7)[12].

2) Le droit du monarque à choisir un co-gouvernant. « Le souverain peut prendre quelqu'un d'autre comme son adjoint, chose que firent d'ailleurs plusieurs empereurs romains qui se réservaient le nom d'Auguste-César mais n'attribuaient à leurs adjoints que le nom de César » (p. 629, c. 1, v. 14). Théophane ajoute à ce droit le droit correspondant pour le monarque de destituer son adjoint : « Le souverain peut révoquer son adjoint » (p. 629, c. 1, v. 21).

3) Le droit du monarque à diviser l'Etat et à en distribuer les parts entre ses enfants. Prokopovitch trouve divers exemples historiques pour étayer ce droit, concluant que cette pratique est juste (p. 639, c. 2, v. 5), quand bien même il reconnaisse qu'un tel morcellement de l'Etat soit très dangereux pour le bien commun. « Les monarques souverains ... peuvent ... diviser et encore diviser leur Etat, dont ils peuvent donner plusieurs parties à leurs fils » (p. 638, c. 2, v. 38). « A propos des exemples concernant la division de l'Etat, nous ne l'approuvons pas et ne pouvons approuver cette pratique : elle est trop nuisible en tout point à l'Etat » (p. 639, c. 1, v. 13). Si Prokopovitch se réfère donc à ce droit pour légitimer le legs du trône par testament, son flair lui permet toutefois de comprendre que ce « droit naturel » du monarque n'est plus en vigueur dans le monde contemporain ; il a été aboli, pour ainsi dire, par la loi positive. On peut déjà en trouver une allusion dans la mention même de ce droit au cours de l'analyse historique des exemples qu'il donne. Mais bien plus éloquent encore est son silence absolu quant à la possibilité d'une telle division de l'Etat lorsque Théophane décrit l'ordre de succession au trône. Prokopovitch trouve en effet tout à fait évident que la succession au trône se fasse en fonction du droit d'aînesse.

c) Prokopovitch égrène ces divers « droits du monarque » (qui ne sont que des cas particuliers du droit qu'il possède d'aliéner le pouvoir) afin de prouver le bien-fondé du legs du trône par testament. Il le considère comme un exemple précis, un résultat logique du développement de la doctrine du droit individuel dont le monarque dispose par rapport au pouvoir, de sa position de porteur unique de la souveraineté. Autrement dit, Prokopovitch a failli comprendre la nature juridique de la succession au trône comme institution relevant strictement du droit public : d'où le fait que dans son argumentation il « prenne

12 Remarquons qu'aujourd'hui le fait qu'un monarque abdique de son trône n'a rien à voir avec l'aliénation du pouvoir, car n'ayant pas de droits qui soient indépendants du pouvoir, le monarque ne peut les abandonner. En abdiquant, le monarque n'abandonne que les droits qu'on lui reconnaît en tant qu'organe (*auf Organstellung*), les droits qu'il possède comme personne privée. Pourtant, si on admet avec Prokopovitch l'existence d'un droit indépendant du trône d'un monarque, alors l'abdication devient le cas particulier de l'aliénation du pouvoir (cf. ci-dessous).

exemple sur le pouvoir de tous les parents en général », c'est-à-dire en tissant une analogie avec la succession dans le domaine privé. Pourtant, dans *Pravda Voli Monarshei*, la plupart des exemples sont tirés du domaine du droit public ; on le voit clairement dans le fait même que Prokopovitch soit obligé d'exposer dans ce traité (qu'il écrivit dans le but de confirmer ce droit au monarque) toute la doctrine politique que nous venons de caractériser.

Essayons donc de suivre en bref le développement de l'argumentation de Prokopovitch. Pour ce faire, nous devrons exposer une fois encore tout le contenu de *Pravda Voli Monarshej*, mais en empruntant cette fois-ci le système que Prokopovitch y a lui-même introduit. En effet, les arguments en faveur du droit du monarque à léguer son trône par testament, droit que Théophane déduit de l'« exemple du pouvoir de tous les parents en général », sont les suivants :

1) Bien que les parents portent le devoir que Dieu et la raison naturelle leur imposent de soutenir leurs enfants et leur transmettre un héritage, ce devoir n'est point valable pour les enfants « méchants et désobéissants » ; si leurs enfants sont indignes, les parents, vexés, sont alors en droit de les chasser de la maison ainsi que de les déshériter (p. 607, c. 1, v. 9 et suiv.). Cette règle est d'autant plus juste dans le cas du souverain et de ses enfants, étant donné que ces derniers sont aussi les sujets de leur père (p. 615, c. 1, v. 9).
2) Il existe des cas où les parents non seulement peuvent déposséder leurs enfants de tout soutien et d'héritage, mais où encore ils doivent le faire (p. 607, c. 2, v. 39). Quant au monarque, il en est doublement responsable : comme père il doit s'inquiéter que son fils « ne soit pas nuisible à sa maison », et comme souverain il est obligé de « veiller à ce que son fils ne soit nuisible ni au bien commun ni à tout le pays » (p. 615, c. 2, v. 28).
3) Le droit des parents à déshériter leurs enfants est confirmé par la législation positive – comme par exemple le Code Justinien où sont énumérées 14 raisons pour une telle dépossession (Prokopovitch les reprend d'ailleurs toutes) (p. 608, c. 1, v. 41). Cependant, si les lois civiles investissent les parents, ordinaires mortels, de ce droit, alors il est évident que ce droit revient également aux parents-monarques car sinon « ils seraient moindres que les parents simples » (p. 615, c. 1, v. 40) et on ne comprendrait pas comment ils pourraient « donner aux autres plus qu'ils ne possèdent eux-mêmes » (p. 609, c. 2, v. 9).
4) L'Ecriture Sainte nous dit la même chose, ce qui est particulièrement important (p. 609, c. 2, v. 8). Il est impossible que « Dieu enlève aux parents-monarques ce qu'il donne aux parents ordinaires » (p. 609, c. 2, v. 9).
5) Le droit des parents à déshériter leurs enfants est patent dans le cas d'une adoption, cette coutume étant très répandue chez les Anciens (p.

610, c. 1, v. 6). « Surtout, le souverain peut observer soigneusement cette coutume quant aux buts de sa maison et de tout l'Etat » (p. 615, c. 2, v. 18).

6) Cette idée est également confirmée par « les grands pouvoirs qu'ont les parents de châtier et punir leurs enfants » (p. 610, c. 2, v. 19). Ainsi, « Hugo Grotius, ce glorieux légiste, dans ses réflexions très sages sur le droit de la paix et de la guerre, au livre II, paragraphes 5 et 7 (étrangement, Prokopovitch omet le chapitre – Cap. V) démontre en recourant à de très anciens auteurs » (p. 610, c. 2, v. 22), que dans les époques les plus reculées, on accordait aux parents le droit de vendre leurs enfants comme esclaves ou de les condamner à mort. Bien qu'on ne puisse approuver ces coutumes que des « peuples honnêtes » ne sauraient admettre, elles « nous fournissent toutefois des matériaux pour réfléchir au pouvoir illimité qu'ont les parents sur leurs enfants » (p. 611, c. 1, v. 27), y compris le droit des parents à les déshériter. « Sans aucun doute le souverain a-t-il un pouvoir analogue » (p. 615, c. 2, v. 32) ; il peut évidemment condamner à mort ses enfants, et ce non seulement comme souverain mais aussi en tant que père : « pour autant qu'il ... n'ait aucun autre tribunal pour juger son fils coupable » (p. 615, c. 2, v. 25), il est en droit de le déposséder du droit d'accéder au trône.

7) Le même droit découle de la défense législative de « l'honneur des parents » (p. 611, c. 2, v. 25). L'Ecriture Sainte condamne à mort les actes d'offense et de désobéissance aux parents : le meurtre des parents est reconnu par tous les peuples comme le crime le plus grave, et il est châtié des plus sévèrement. Cependant, si un fils désobéissant mérite la mort, alors il est évident qu'on « peut à juste titre le priver du don (i.e. de l'héritage) » (p. 613, c.1, v. 1). C'est d'autant plus juste pour un fils de monarque, car en négligeant son père-monarque, il « détruit son honneur suprême, son honneur de père et de souverain absolu » (p. 616, c. 1, v. 12).

8) Enfin, il faut dire que le fils n'a aucun droit à l'héritage de ses parents ; le père n'a aucun devoir envers son fils, ce pourquoi l'héritage est un « don effectué volontairement » (p. 613, c. 2, v. 17). « Nous voyons encore plus nettement à travers l'exemple des parents-monarques », que leurs enfants ne peuvent ni mériter ni même exiger le même statut qu'eux (p. 616, c. 1, v. 27). Si l'on osait objecter à tout cela qu'il « appartient aux parents de s'inquiéter ... de ce que leur enfant soit en tout point semblable à eux ... et que pour cette raison il appartient au père, pour autant qu'il soit monarque, de ne pas priver son fils de cet honneur » (p. 617, c. 1, v. 2), il faudrait répondre que : 1. Les parents-monarques doivent s'inquiéter que leurs enfants deviennent en tout point pareils à eux, « en sagesse, en bonnes mœurs et en toutes vertus, mais non en ce qui concerne le pouvoir suprême et l'honneur ; sinon il

faudrait que l'enfant, dès la naissance et malgré l'immaturité de son bas âge, gouverne effectivement avec son père sans attendre qu'il meure – ce qui ne se pratique jamais » (p. 617, c. 1, v. 14). 2. La faiblesse de cette objection devient patente « à l'exemple des autres fonctionnaires », car ni l'ecclésiastique, ni le voïvode, ni « le maire, ni l'enseignant de philosophie, ni les autres … ne sont obligés d'élever leurs enfants au même rang que le leur » (p. 617, c. 2, v. 13 et v. 17), et cela est également valable pour les tsars. 3. Certes, on conviendra que « les tsars-parents doivent élever leurs enfants de sorte qu'ils deviennent dignes du sceptre …, mais du fait même de cette obligation, il est évident que le tsar ne doit pas faire de son fils un tsar, ni à côté, ni après lui » (p. 617, c. 2, v. 23). 4. Enfin, il est évident que ni un père ordinaire ni un tsar ne doit « mettre ses enfants sur un pied d'égalité avec lui-même… au cas où… ils seraient impropres et indignes » (p. 617, c. 2, v. 36 et v. 38).

Tels sont les arguments que *Pravda Voli Monarshej* emprunte au droit privé.

Se référant préalablement à « la prédiction décourageante du très sage Ecclésiaste quant aux héritiers inconnus » (p. 618, c. 1, v. 8), notre auteur emprunte divers arguments relevant du droit public. Tout d'abord, le droit du monarque à léguer le trône par testament s'éclaire, d'après Prokopovitch, par la nature même du pouvoir suprême que le souverain possède. Comme nous le savons déjà, ce pouvoir est « fort et n'est soumis ni aux lois, ni aux jugements des hommes » (p. 621, c. 2, v. 12). Suivant le principe « *legibus solutio* », on voit qu'il « n'existe pas de loi sur la succession à laquelle le souverain serait obligatoirement soumis »[13] (p. 621, c. 2, v. 39). Inversement, même si en raison d'une profonde irresponsabilité du pouvoir suprême « cela constituerait un péché que le monarque léguât son héritage à son fils cadet en ignorant son aîné et ses autres fils, il serait toujours du devoir des sujets que d'obéir à la volonté de leur monarque » (p. 621, c. 2, v. 24).

Ensuite, notre auteur fait découler ce droit du monarque de l'analyse des fondements du pouvoir monarchique. Comme nous l'avons vu, le pouvoir qui appartient au monarque, selon *Pravda Voli Monarshej*, se base à la fois sur le commandement de Dieu et sur la volonté du peuple, ces deux sources étant

13 En ce qui concerne la référence à la « *legibus solutio* » du pouvoir suprême faite par Prokopovitch afin de montrer que le monarque n'est soumis à aucune loi sur la succession au trône, on doit remarquer que cet argument ne s'harmonise pas avec d'autres présupposés de notre auteur. Comme nous l'avons vu, il accepte (bien que sous réserve) la possibilité restreindre le pouvoir du monarque par certaines stipulations du contrat, i.e. il reconnaît donc *la force obligatoire du contrat pour le monarque aussi*. Pourtant en ce cas, rien ne l'empêche de construire la loi de la succession au trône comme l'une des conditions de ce contrat (ce qu'ont fait la plupart des théoriciens de l'école du droit naturel). Il est révélateur que par la suite, dans sa polémique contre les partisans de la succession légitime au trône, Prokopovitch n'essaie jamais de démontrer le *caractère non-obligatoire* de l'expression de la volonté populaire, mais son *inutilité*.

mployées pour prouver et étayer le droit du monarque à léguer son trône par estament.

Etant donné que chaque souverain, qu'il soit « élu ou qu'il ait obtenu le rône par succession, l'obtient de Dieu » (p.616, c. 2, v. 10), alors « le fils du ouverain (ne peut manifestement pas) exiger la couronne royale de son père omme si la chose lui était due » (p. 616, c. 1, v. 17). Les descendants du souerain régnant n'ont aucun droit qui soit indépendant de la volonté divine. Par et argument on affirme le droit du monarque à léguer son trône par testament ; n l'affirme, pour ainsi dire, de manière négative.

L'argument positif est fourni par l'analyse du contenu du contrat de soumision entre le souverain et les sujets. Nous connaissons déjà la formule de ce ontrat : « nous voulons unanimement que tu nous aies toujours sous ton gouernement pour notre bien commun, mais étant donné que tu es mortel tu dois onc nous laisser un souverain héréditaire » (p. 624, c. 2, v. 30). Selon Prokoovitch, il découle de ce contrat que : « le peuple doit avoir pour monarque un ouverain légitime, qui sera donc choisi par le monarque précédent, peu nporte que ce soit le fils aîné, le cadet, ou que ce ne soit pas son fils. Etant onné que le peuple a accordé au monarque le pouvoir qu'il possédait, comient peut-il s'opposer à ce que le souverain ne choisisse pas son fils aîné, mais on fils cadet ou quelqu'un qui n'est pas son fils comme son successeur ? Le euple ne possède point la volonté d'en prendre la décision puisqu'il en a ivesti son monarque ; aussi, en voulant contredire le monarque dans le choix e son successeur, le peuple se contredirait lui-même et transgresserait son ngagement » (p. 626, c. 1, v. 25). D'après notre auteur, le contrat qui fonde la ionarchie absolue et héréditaire ne change jamais de contenu. Futiles sont les rguments des partisans de la succession légitime qui tiennent que le peuple, yant renié son droit en faveur du monarque héréditaire, peut en même temps ivestir de ce droit toute la dynastie, toute la ligne descendante du « premier ionarque », et par conséquent ôte à ce dernier le droit de léguer le trône par stament, car « le souverain ne pourrait pas arracher à son fils le sceptre par stament pour autant que ce pouvoir dépasse le domaine de sa volonté et ppartient … d'emblée à son fils » (p. 626, c. 2, v. 11). Selon Théophane, cette pinion « est trop faible, voire même inepte : quel peuple oserait s'en remettre aveuglément à des gens qu'il ne connaît pas puisqu'ils ne sont pas encore és » (p. 626, c. 2, v. 15) ? Une telle délibération de la part du peuple serait omplètement absurde. Premièrement, elle contreviendrait au bien commun, et euxièmement, elle transgresserait en même temps les droits et les intérêts du onarque ; elle ne pourrait donc pas se présenter comme l'expression de la connaissance du peuple (ibid.). A partir du constat que les souverains « sont bres dans le choix de leurs héritiers » (p. 629, c. 2, v. 12), notre auteur tire ifin, par analogie avec les autres droits du monarque (ce que nous avons déjà démontré), la conclusion que ceux-ci se présentent comme des exempl particuliers de l'usage que fait le souverain de son droit à aliéner le pouvoir[14].

Telles sont les raisons que Prokopovitch égrène en faveur du droit monarque à léguer le trône par testament. Toutefois, son argumentation sur sujet ne se limite pas à ces arguments. En plus de la constatation du dr formel du monarque, *Pravda Voli Monarshej* suggère également quelques idé sur la *légitimité* de ce système. Non seulement le monarque est dans son ple droit, mais dans certaines conditions il est encore obligé de désigner son su cesseur par testament, s'il en va du « bien commun » par exemple. Pour « bien commun » de l'Etat, il est effectivement nécessaire que le successeur s « bon, gaillard, habile et il faut non seulement qu'il soit capable de sauvegard le patrimoine dans son intégrité, mais aussi qu'il essaie de perfectionner qu'il trouverait en cours de transformation » (p. 622, c. 2, v. 38). Pour cet raison, le monarque contribuerait à nuire au « bien commun » s'il n'écartait p « l'héritier mauvais et dilapidateur». Que les qualités personnelles du monarq dépendent de la chance – voilà le seul désavantage de la monarchie héréditai en comparaison de la monarchie élective (cf. ci-dessus). Il est donc du devc du monarque de l'écarter en instituant le legs du trône par testament, une iss qui est la meilleure garantie du bien-être de l'Etat.

Ainsi, selon Prokopovitch, dans la monarchie héréditaire « l'autocrate jo du pouvoir (et sous certaines conditions, il en est aussi responsable) en éta complètement exempt des interventions et controverses quant au pouvoir décider de son héritier, qu'il veuille l'accorder à son fils ou à une autre pe sonne qu'il choisit parmi ses fils ou non » (p. 639, c. 2, v. 1).

Nous voyons que *Pravda Voli Monarshej* considère la volonté du monarq précédent comme la seule légitimité de l'ayant-droit au trône. En même temp Prokopovitch ne rejette pas définitivement la succession par droit d'aînesse : règle générale veut qu'en cas d'incertitude sur la volonté du monarque défun ce droit rentre en vigueur.

Prokopovitch envisage l'ordre suivant pour la succession au trône. Si tou les fils du monarque sont également dignes de la couronne royale, « qu'aucun d'entre eux ne porte la moindre faute, vice ou défaut », alors le trôn est transmis, « selon l'ordre naturel, au fils aîné et premier du monarque » (623, c. 1, v. 28). Si « le fils aîné se montre incapable de régner » ou bien s'il e malin et ingrat, alors le monarque peut et doit léguer le trône au fils qui suit e âge. « Au cas où le monarque se trouve si malheureux que parmi ses fils il n voit personne de doué et capable de régner, alors il doit chercher une autr personne douée et noble, et en faire son héritier » (p. 623, c. 2, v. 2). Si l monarque venait à mourir sans laisser de testament, *le peuple doit* alor « deviner par tous les moyens justes quelle était la volonté du souverain

14 Ce droit est aussi étayé par le recours à 47 exemples historiques empruntés à l'Ecriture Sainte ; c pp. 634-641.

lequel de ses fils il aurait pu choisir comme héritier, au cas où il aurait exprimé son avis à ce propos » (p. 627, c. 2, v. 1).

Pour définir correctement la volonté du monarque défunt, Prokopovitch propose au « peuple » les moyens suivants :

1. Il faut que le peuple définisse avant tout « si le monarque aimait tous ses enfants également ou non (la différence peut être ici très grande et importante) (p. 627, c. 2, v. 9)... et si l'on sait que le monarque préférait un fils à l'autre et que de cette manière on devine qu'il aurait certainement légué son trône au fils aimé, alors il appartient au peuple d'en faire son souverain héréditaire, à condition que la chose soit possible sans émeutes ni rébellions. Peu importe que ce fils aimé soit bon ou méchant ..., en y découvrant la volonté divine même, et au cas où l'héritier serait malfaisant, il faudrait le supporter de la même manière qu'on porte sa croix et sa pénitence, sans indignation, pour autant que Dieu l'impose » (p. 627, c. 2, v. 14). « Si on sait que le monarque aimait tous ses enfants également (v. 2) ... (ou que) le décalage de son amour ne fut pas assez important (v. 10), alors, en suivant l'ordre naturel, le peuple doit prendre pour souverain le fils aîné ou le fils le plus âgé, sans considérer ses qualités personnelles » (p. 628, c. 1, v. 6).
2. Au cas où l'on « ignore si le souverain aimait ses enfants également ou non » (p. 627, c. 2, v. 30), le peuple doit définir « le caractère de l'ancien monarque et ses préférences majeures » (p. 627, c. 2, c. 8). Si l'on juge qu'un des fils ressemble en tout point à son père tandis que « l'autre lui est bien différent » (v. 37), on peut en conclure que « c'est le premier que son père aimait » (v. 42) et dont il voulait faire son héritier.
3. Enfin, si le souverain défunt n'a laissé qu'un fils « qui ne fut pas écarté de la succession par la volonté du monarque, et même si l'on sait que ce fils est méchant et ne fut pas aimé par son père, alors même en ce cas le peuple doit reconnaître ce fils comme son monarque héréditaire » (p. 628, c. 1, v. 13) parce que le souverain défunt ne souhaitait probablement pas l'écarter du trône, « ne voulant pas laisser la couronne royale s'échapper de sa maison. Ainsi, le peuple doit suivre malgré tout la volonté de son monarque, même s'il n'en connaît pas exactement le contenu et qu'il ne fait que l'interpréter » (p. 628, c. 1, v. 20). « En cas d'absence de fils, on applique cette même logique aux filles du monarque (c'est-à-dire qu'on adopte ici le système de Castille, qui était alors en vigueur dans les pays où le pouvoir des femmes n'était pas exclu comme en France (c'est-à-dire quand il s'agit de la loi salique))..., ou on l'applique aux autres membres de la famille » (p. 628, c. 1, v. 38).

   En cas de fin d'une dynastie et que son dernier représentant serait mort sans laisser de testament, « la volonté donnée aux anciens monarques revient au peuple » (p. 628, c. 2, v. 7).

d) Dans les sous-parties précédentes, nous avons étudié le système du pouvoir suprême dans la monarchie. Interrogeons-nous maintenant sur le statut des sujets dans cette monarchie.

D'après Prokopovitch, la monarchie absolue distingue clairement entre gouvernants et assujettis. Poursuivre le but ultime de l'Etat – le bien commun –, constitue la vocation première[15] et le devoir du souverain, celui-ci n'en étant responsable que devant Dieu. Après avoir transmis au monarque l'ensemble de tous ses droits et après avoir laissé le monarque concentrer dans ses mains toute la « *Majestat* », « le peuple » s'oblige de ce fait à obéir de façon absolue et indiscutable à tous ses commandements ; « le peuple assujetti » n'a plus de droits, seulement des devoirs[16]. Cependant, il faut noter que dans *Pravda Voli Monarshej* le sujet de toutes ces obligations n'est pas un citoyen pris à part, mais le peuple tout entier dans son unité. Le peuple existait comme tel avant la monarchie et il continue son existence sous le règne d'un monarque comme après la fin de son règne (l'interruption d'une dynastie), de sorte que pour Prokopovitch *« le peuple » est toujours une personne morale.* Par ailleurs, Prokopovitch ne touche pas à la question des devoirs et droits *des sujets en tant qu'individus*.

Quels sont les devoirs du peuple ? Théophane répond à cette question ainsi. « Le peuple doit exécuter tous les commandements de l'autocrate sans aucune réplique ou objection … ; étant donné que le peuple a renoncé à sa volonté en la transmettant à son monarque, comment peut-il manquer à ses ordres, ses lois et ses règlements ou y émette la moindre réserve » (p. 625, c. 1, v. 31) ? « C'est pourquoi le peuple ne peut pas juger des affaires de son souverain » (p. 625, c. 2, v. 1). « De surcroît, le peuple ne peut rien ordonner à son monarque » (p. 625, c. 2, v. 13). « Le peuple doit accepter comme souverain direct et légitime celui qui fut choisi par l'ancien monarque à lui succéder après sa mort » (p. 626, c. 1, v. 25). « Il appartient (au peuple) de supporter l'incompétence et la méchanceté de chaque souverain » (p. 626, c. 1, v. 10) parce qu'il « ne peut ni écarter le monarque, ni lui reprendre sa volonté une fois qu'il la lui a transmise (p. 625, c. 2, v. 38) … et ne peut pas contremander la volonté divine qui animait la volonté populaire et qui agissait de pair avec celle-ci » (p. 625, c. 1, v. 5).

Nous voyons que tous les « devoirs » énumérés ci-dessus se laissent réduire à l'obéissance passive aux ordres du monarque. On peut se demander si pour Prokopovitch ce devoir était absolu, ou si notre auteur y a apporté des exceptions, et au cas échéant, s'il a admis la résistance passive. Nous avons déjà eu l'occasion de noter que *Pravda Voli Monarshej* ne donne aucune réponse claire

15 Cf. l'expression révélatrice de Prokopovitch : « au pouvoir suprême est suspendu tout le bien-être du pays » (p. 606, c. 1, v. 2).

16 Néanmoins, il faut mentionner qu'en guise de devoir, Prokopovitch reconnaît involontairement qu'un droit très important revient au peuple : le droit d'interpréter la volonté du monarque précédent (cf. ci-dessous).

à cette question[17]. Théophane n'affirme nulle part que les sujets doivent *exécuter* également les ordres contredisant les commandements divins, et on ne trouve pas la moindre trace qui stipule l'exemption du devoir d'obéissance. Il n'en reste pas moins que ce silence atteste plutôt de l'inclination de l'auteur de *Pravda Voli Monarshej* à constater le caractère absolu du devoir d'obéissance.

Cherchant à appliquer de manière cohérente le principe de succession testamentaire, Théophane attribue également au peuple, à côté de devoirs passifs, un devoir actif, à savoir : « deviner (en cas d'incertitude) par tous les moyens justes quelle était la volonté du souverain ». De cette façon, le peuple n'est point un exécuteur passif de la volonté souveraine (en général, c'est à ce seul rôle que la doctrine de Prokopovitch confine le peuple), et Prokopovitch l'appelle à accomplir une fonction active – reconnaissant le peuple comme un interprète compétent de la volonté du monarque précédent, et, par conséquent, le peuple choisit donc parfois le successeur au trône. En tout état de cause, Prokopovitch ignorait toute l'importance de ce devoir et du *droit* correspondant qu'il donnait au peuple.

Cependant, imposer ce devoir au peuple ne signifie en rien *le reconnaître comme un organe indépendant de l'Etat*, organe qui en situation d'incertitude est appelé à se prononcer sur la volonté du souverain défunt. Ainsi, en cas d'absence de testament, le peuple réalise la fonction d'un organe constitutif pour le nouveau monarque. L'existence d'un tel organe conduit manifestement à substituer au principe de succession par testament celui de succession par élection, – ce que Prokopovitch conteste avec beaucoup d'ardeur.

En fait, le principe de la succession au trône par testament, un principe établi par Pierre le Grand et que Théophane argumente dans ce traité, fut réduit dans la pratique russe à des élections factices de monarques, alors que c'étaient les cercles des courtisans et la garde qui jouèrent le rôle du peuple. Aussi, à chaque fois qu'un changement de personne occupant le trône avait lieu, il prenait les traits d'un coup d'Etat. De cette manière, au cours de la première moitié du XVIII° siècle, le principe de succession testamentaire est devenu la cause de maintes perturbations, disloquant la structure de l'Etat russe, jusqu'à ce qu'il fusse abrogé par Paul Ier, en 1797.

7 Prokopovitch dit : « Même si le monarque avait tort en léguant la couronne à son fils cadet, ou ... à quelqu'un autre ..., le peuple serait toujours obligé d'obéir à son monarque sans manifester son mécontentement, sans douter de lui ni le condamner même en pensées » (p. 621, c. 2, v. 24). Malgré le ton catégorique de cette prescription, il ne s'agit ici que de *résistance active*, non de résistance passive. Or la résistance du peuple, en cas de legs illégitime du trône, ne peut être que passive ; en se soumettant à un tel acte, les sujets « n'exécutent rien » et ne font rien.

᾿artie 2

Les doctrines de Hugo Grotius, Hobbes et Pufendorf comme sources de *Pravda Voli Monarshej*

La doctrine politique de *Pravda Voli Monarshej* n'est aucunement originale. .a plupart des preuves que Théophane avance pour justifier le droit du ıonarque à léguer son trône par testament sont empruntées, comme on le voit u premier coup d'œil, aux idées générales de l'école européenne du droit aturel, notamment dans la forme que ces idées ont reçue dans l'œuvre des ɛprésentants du courant dit absolutiste de cette école, à savoir Hugo Grotius, Iobbes et Pufendorf.

Toute la biographie de Prokopovitch[18], élève d'un collège jésuite romain 'inspirant de Galilée[19], Bacon et Descartes[20], et qui, en tant que théologien, ympathisait avec le luthéranisme[21], suffit à indiquer qu'il fut fondamentaleıent influencé par la pensée politique européenne et que pour cette raison il a u tirer sa doctrine politique des « maîtres si importants » d'Europe. On dispose 'ailleurs de preuves encore plus directes attestant que l'auteur de *Pravda Voli Ionarshej* connaissait les œuvres des penseurs politiques européens.

Premièrement, dans son traité, Théophane se réfère maintes fois (trois fois : . 610, c. 2, v. 22 ; p. 619, c. 1, v. 27, note 1 ; p. 634, c. 2, v. 4) au « glorieux ıaître de la science du droit », Hugo Grotius, ainsi qu'à son « très sage disɔurs, le *De jure belli ac pacis* ». A chaque fois, il précise les sources de sa ɛférence (bien qu'aucune de ces citations ne soit tout à fait correcte : a) dans la tation à la page 610 « Livre 2, § 5 et 7 » il a omis le chapitre (Cap. V) ; b) ans la citation à la page 619 « Livre 1, Cap. III, § 1 » il a confondu le paraɾaphe (1 au lieu de 7) ; c) dans la citation à la page 634 « Livre 2, Cap. 7, § 2 » il a de nouveau confondu le paragraphe (12 au lieu 18)). Cependant, ·algré les erreurs de citation, leur caractère détaillé témoigne indubitablement ı faveur de l'hypothèse que Prokopovitch utilisait l'édition originale du *De ıre belli ac pacis* de Grotius.

Prokopovitch ne cite ni Hobbes ni Pufendorf, mais on dispose de témoiıages directs précisant qu'il connaissait leurs œuvres. Dans *Les règles éta-*

Cf. la biographie de Prokopovitch dans les travaux de Titlinov, *op. cit*, Morozov, *op. cit.*, Pekarsky, *La Science et la Littérature sous Pierre le Grand*, tome 1, SPb., 1802 [en russe], et Tchistovitch, *Théophane Prokopovitch et son époque*, SPb., 1808 [en russe].

Morozov, *Théophane Prokopovitch comme écrivain*, SPb., 1880, pp. 157-158 [en russe].

Titlinov, Théophane Prokopovitch, in : *Dictionnaire biographique de la Russie*, p. 402 [en russe] ; Morozov, *op. cit.*, pp. 129, 159.

Samarine, *Théophane Prokopovitch et Stéphane Javorsky*, Moscou, 1880 [en russe].

blies pour les études, appendice au *Règlement Spirituel* (1720), Théopha réserve la 5ème année scolaire aux recherches sur la politique abrégée de P fendorf[22] – il s'agit évidemment ici du *De officio hominis et civis*. En outre, faut remarquer que les œuvres de Pufendorf rencontraient un très grand succ en Russie. Dès le manuel du baron Guisen[23] de 1705 sur l'instruction et l'éduc tion du tsarévitch, les travaux de Pufendorf sont mentionnés par deux fc parmi les livres à étudier avec l'élève de la famille royale, à savoir : *Introdu tion à l'histoire* et « un petit livre sur les devoirs de l'homme et du citoyen » L'*Introduction à l'histoire* de Pufendorf fut traduite en russe en 1718 par père Gavriil Buzsinsky[25], puis rééditée en 1724. En 1721 Pierre le Grand coı mandait au Synode d'effectuer la traduction du *De officio hominis et civ*. Cette traduction fut réalisée par l'ecclésiastique Kretchetovsky, et après avc reçu « l'approbation » du monarque, elle fut imprimée en 1726[26]. Ainsi, le *L officio* de Pufendorf était un traité bien connu en Russie à l'époque de Pierre Grand, et on a de bonnes raisons de penser que Prokopovitch en connaissait contenu.

Une autre source probable de *Pravda Voli Monarshej*, peut être trouvée, toute apparence, dans les thèses du célèbre théologien protestant I. Ph. Bu deus[27] avec qui Prokopovitch entretint une correspondance amicale[28]. Il exis plusieurs articles sur le problème du droit de la plume de Buddeus, articles qu' a d'ailleurs rassemblés dans son *Exercitatio juris naturalis de testamentis sur morum imperantium, speciatim Caroli II, Hispaniae regis*, Halle, 1700, ain que dans son *Exercitatio juris naturalis de succesionibus primogenitorur* Halle, 1695[29]. Comme il se situait, du fait de ses convictions théoriques, con plètement (à quelques négligeables nuances près) sur le terrain des doctrines c

22 Morozov, *op. cit.*, p. 238.

23 Cf. Pekarsky, *op. cit.*, tome 1, pp. 90-107.

24 Pekarsky, *op. cit.*, tome 1, pp. 138-139.

25 Pekarsky, *op. cit.*, tome 1, p. 325 ; Tchistovitch, *op. cit.*, pp. 329-330. Selon l'aveu de Rod schevsky, Théophane « connaissait » également cette traduction.

26 Pekarsky, *op. cit.*, tome 1, p. 213 ; Tchistovitch, *op. cit.*, pp. 329-330. Par la suite, on a aussi tr duit en russe d'autres travaux de Pufendorf : *De jure naturae et gentium*, *De statu rei public liber unus*. Cf. Pekarsky, *op. cit.*, tome 1, pp. 256-257.

27 Cf. A. S. Lappo-Danilevsky, « L'idée de l'Etat et les étapes principales de son développement Russie à partir de l'époque de l'émeute jusqu'à l'époque des réformes », *La voix du passé*, 191 décembre, p. 28, note 1 [en russe].

28 Par ailleurs, Théophane a envoyé à Buddeus la copie de la lettre des théologiens de la Sorbon (1717) quant à la réunion des églises orthodoxe et catholique. Grâce à cela, Buddeus eut la poss bilité d'écrire un ouvrage spécialement consacré à la critique de cette lettre. Cf. Tchistovitch, *o cit.*, p. 44, note ; Morozov, *op. cit.*, p. 214 ; Titlinov, *op. cit.*, pp. 402, 429 (dans cet ouvrag Buddeus caractérisait d'ailleurs Prokopovitch comme « *vir summus, natalium non minus et mun ris, quo in aula magni principis fugnitur splendore, quam eruditione et virtute eminens* »). D même, on peut supposer que Prokopovitch fut cet « ami de Moscou » qui fournissait à Budde divers matériaux pour son traité polémique contre *La pierre de la foi* de Stéphane Javorsky. C Titlinov, *op. cit.*, p. 29 ; Tchistovitch, *op. cit.*, pp. 367, 371.

29 Dans l'article que nous venons de mentionner, le Professeur Lappo-Danilevsky met la dernière c ces thèses au premier rang, alors que celle-ci n'a qu'une importance secondaire.

Grotius et Pufendorf, Buddeus n'arrivera pas à éclaircir toutes les questions que Prokopovitch étudiait. Surtout, il s'en tiendra essentiellement aux raisonnements de caractère théorique. C'est pourquoi nous pensons qu'il est possible de ne pas analyser les conceptions de Buddeus dans le cadre de la comparaison des doctrines que nous proposons ci-dessous, et nous nous limiterons à quelques remarques sur ce sujet.

Telles sont les données les plus tangibles en ce qui concerne les liens entre l'auteur de *Pravda Voli Monarshej* et les représentants de l'école du droit naturel. L'analyse théorique et la comparaison de la doctrine politique de *Pravda Voli Monarshej* avec les doctrines politiques respectives de Grotius, Hobbes et Pufendorf (et, dans une certaine mesure, de Buddeus), nous permettra de déceler les influences de ces auteurs sur Prokopovitch ainsi que d'en apprécier la mesure.

Dans la littérature russe, l'analyse approfondie des sources de *Pravda Voli Monarshej* n'a pas encore été entreprise. Pourtant, on considère que la doctrine politique de *Pravda Voli Monarshej* constitue principalement une réception des idées de Hobbes (cf. par exemple : Kokoschkine, *Leçons de droit public général*, 1912, p. 22 ; Reisner, « Le bien public et l'Etat absolu », *Vestnik prava*, 1902, n° 9-10, p. 23 ; Taranovsky, « Hobbes », *Nouveau Dictionnaire Encyclopédique de Brockhaus et Efron*, tome XIII, p. 846 ; Lutsch, article paru dans le recueil *Le XVIII° siècle en Russie*, Moscou, 1910 ; Lazarevsky, *Le droit public russe*, tome 1, 1913, p. 173 ; Schalland, *Le droit public russe*, Juriev, 1908, p. 5 ; Lappo-Danilevsky, « L'idée de l'Etat et les étapes principales de son développement en Russie à partir de l'époque des émeutes jusqu'à l'époque des réformes », *Golos minuvchego*, 1914, pp. 27-28 ; Platonov, *Leçons d'histoire russe*, SPb., 1908, p. 494. Seul Vladimirsky-Budanov dans sa *Revue de l'histoire du droit russe* (Kiev, 1909) réfère à la doctrine de Grotius en tant que source principale de la doctrine de *Pravda Voli Monarshej*). Il nous appartiendra de vérifier la justesse de ce point de vue général.

Afin de proposer la comparaison la plus claire possible, nous exposerons les doctrines respectives de Hugo Grotius, Hobbes et Pufendorf[30] en fonction de l'analyse de chaque question traitée par Prokopovitch et selon le même système que celui qu'il employait. Cette méthode nous permettra de tracer les lignes de ressemblance et de divergence entre la doctrine de *Pravda Voli Monarshej* et ses sources présumées.

Nous pensons qu'il convient toutefois de commencer notre comparaison détaillée des divers points de ces doctrines politiques par une caractéristique générale de la méthodologie rationaliste de l'école du droit naturel en étudiant son influence sur le développement des idées de Prokopovitch.

30 Nous citons les sources selon Hugo Grotius, *De jure belli ac pacis*, Amsterdam, 1735 ; Hobbes, *De Cive*, Amsterdam, 1742 ; Pufendorf, *De officio hominis et civis*, Giessae, 1741 ; Buddeus, *Selecta juris naturae et gentium*, Halle, 1748.

Chapitre 1
Les Fondements Logiques de l'École du Droit Naturel et la Méthode de Prokopovitch

Dans l'histoire de la pensée, le début des Temps Modernes se caractérise par le triomphe du rationalisme ; la raison humaine, déduisant de vérités évidentes une vision du monde véritablement systématique, est proclamée seule source de la connaissance. Libérée de toutes les autorités caractéristiques du Moyen-Âge, la pensée humaine se prend elle-même comme point de départ. Partant, la philosophie se sépare de la théologie, et la science se sécularise.

Dans le giron des sciences du droit et de l'Etat, ce nouveau courant de pensée conduit à la naissance de l'école du droit naturel, une école qui pendant deux siècles (XVII-XVIII° s.) règnera sans la moindre concurrence en concentrant dans ses mains toute la recherche scientifique sur le droit et sur l'Etat. Dans toutes les sphères du droit il devient évident que les normes existantes ne correspondent en rien aux nouveaux rapports économiques, sociaux et politiques. Il fallait donc trouver de nouveaux fondements rationnels au droit pour en déduire les normes juridiques particulières capables de concorder avec ces changements de la réalité. C'est ce que l'école du droit naturel a accompli à travers la méthode déductive et rationaliste. Au XVII° siècle, l'école du droit naturel s'est fixée pour but de justifier l'ordre public nouveau. Etant donné que cet ordre avait pris la forme de l'absolutisme monarchique, c'est donc lui qui fut au cœur des formulations rationalistes des doctrines jus-naturalistes du XVII° siècle. Hugo Grotius, Thomas Hobbes et Samuel Pufendorf furent ainsi les représentants les plus éminents du courant absolutiste.

Hugo Grotius cherchait à baser sa doctrine sur la charpente solide d'un droit naturel immuable (Proleg., 30), les principes de ce droit étant entés sur le terrain du rationalisme, sans aucun lien avec une quelconque autorité extérieure. « Primum mihi cura haec fuit, – dit-il, – ut eorum quae ad jus naturae pertinent probationes refferem ad notiones quasdam tam certas ut eas nemo negare possit nisi sibi vim inferat. Principia enim ejus juris, si modo animum recte advertas, per se patent atque evidentia sunt » (Proleg, 39). Les lois naturelles déduites de ces axiomes sont absolument immuables, de sorte que Dieu lui-même ne peut les modifier (L. I, Cap. I, § X, p. 5). Surtout, elles sont « locum aliquem haberant, etiamsi daremus,... non esse Deum, aut non curari ab eo negotia humana » (Proleg., 11).

Grotius oppose au droit naturel immuable (*jus naturae*) le droit volontaire ou positif (*jus voluntarium*) (L. I, Cap. I, § XIII), ce dernier ayant sa source dans la volonté divine (dans ce cas *jus divinum*) ou bien dans la volonté humaine (*jus humanum*). L'Ecriture Sainte recourt à la fois aux normes du droit naturel et au *jus voluntarium*. Il serait donc incorrect d'identifier l'Ecriture Sainte avec la loi naturelle (Proleg., 48, 50. L. I, Cap. I, § XIII).

Il en découle que la révélation divine ne peut faire office de preuve absolue pour Grotius ; aussi ne prend-il des exemples de l'Ecriture Sainte que pour étayer les conclusions qu'il tire de la raison. Cependant, Grotius n'est pas assez certain de ce nouveau chemin et il surcharge ainsi son œuvre de citations infinies des Anciens et de l'Ecriture Sainte, ou encore d'exemples historiques. Cette construction scolastique encombrante, mais qui faisait autorité, devait appuyer les arguments libres de la raison.

Chez Hobbes, célèbre représentant de l'école du droit naturel et successeur de Grotius, l'analyse de cette problématique est beaucoup plus libre de ces références aux autorités extérieures. Après avoir fait de l'égoïsme, cette caractéristique fondamentale de la nature humaine, une prémisse empirique, Hobbes développe sa philosophie sociale avec une cohérence déductive et mathématique (*more geometrico*). Du point de vue de sa méthode, Hobbes, qui a fondé une théorie gnoséologique originale réunissant l'empirisme anglais au rationalisme continental (sous la forte influence de Descartes), est le rationaliste par excellence. Pour Hobbes, les formes les plus hautes de la connaissance ne sont accessibles qu'à la raison : philosopher c'est compter les conceptions, i.e. en faire des additions et soustractions. Suivant ce principe, Hobbes construit sa théorie politique dont les fondements « ex veris principiis evidenti nexu derivatae (sunt) » (Praefatio)[31].

La révélation divine ne représente pas pour Hobbes une source indépendante de la connaissance. Il base sa philosophie sociale sur des principes qui sont indépendants de l'Ecriture Sainte, et même parfois qui la contredisent (comme par exemple le principe de l'égoïsme). Et quand bien même Hobbes juge nécessaire de consacrer les chapitres XI, et partiellement IV, XVI, XVII et XVIII, aux citations tirées de l'Ecriture Sainte, il le fait seulement pour démontrer que sa doctrine ne lui est pas contraire[32] (cf. *Praefatio*).

Prokopovitch va encore plus loin – il reconnaît sans ambiguïtés que le droit naturel et « la théologie morale » sont deux sciences tout à fait différentes et indépendantes l'une de l'autre, ce pourquoi il ne voit aucune nécessité d'étayer les principes de sa doctrine en se référant à l'Ecriture Sainte. On chercherait d'ailleurs en vain des références bibliques dans son traité.

1 Cf. Berolzheimer, *System der Rechts- und Wirtschaftsphiosophie*, Munich, 1904, B. I, pp. 13-15 ; Windelband, *Geschichte der neueren Philosophie*, Leipzig, 1911, B. I, pp. 150-153.

2 Néanmoins, il convient de remarquer que la sécularisation du droit naturel chez Hobbes n'est pas aussi poussée que chez Grotius. En définissant la loi comme le commandement de celui qui est le plus élevé, Hobbes est contraint de baser sur la *volonté divine* (Cap. III, 33), force obligatoire de la loi naturelle, celle-ci « donnant des ordres de la raison juste quant à ce qu'il faut faire et qu'il faut éviter en vue de sa préservation » (Cap. II, § 1), aussi n'est-elle pas une loi stricto sensu. Cf. la remarque un peu exagérée de Rehm, *op. cit.*, p. 215 : « Toutefois, des conceptions anciennes et nouvelles sont souvent mises côte à côte et s'entremêlent. Ainsi, Hobbes ne voit-il pas encore complètement la source du droit naturel en Dieu ; le droit naturel est pour lui une partie du droit divin ».

Selon Pufendorf, il existe une différence entre la science du droit naturel e la théologie morale, différence qui porte à la fois sur les principes et sur le con tenu : « In jure naturale aliquid faciendum adseritur quia per rectam rationem idem per ad socialitatem inter homines necessarium colligitur » (Praefacio, 2), tandis qu'au contraire, « *Theologus moralis in eo ultimo adquiescit, quia Deus in scripturis sacris ita iussit* » (ibid.). De plus, « Jus naturale magnam partem circa formandas hominis *exteriores actiones* versetur. Ast theologia morali non suffivit…, sed in eo maxime laborat, ut *animus eusque motus interni* ad placitum Numinis figantur » (Praefacio, par 7). De là suit que « Si aliqua sint, quae divinis litteris agere aut omittere iubeamur, quorum neccessitatem tamen *ratio* sibi relicta perspicere nequit, illa *extra jus naturale esse* » (Praefacio, § 4), – c'est-à-dire que le droit naturel peut ne pas accepter ce qui es juste du point de vue théologique, vu qu'il en est complètement indépendant Aussi Pufendorf ne construit-il sa théorie que sur la base du droit naturel, pa démonstration et déduction[33].

Telle est l'architecture logique des constructions théoriques de l'école du droit naturel. Demandons-nous maintenant quelle méthode Prokopovitch a adoptée pour l'argumentation de ses thèses. Le développement de la pensée de notre auteur permet-il de déceler l'influence de la méthodologie rationaliste ? Nous nous voyons effectivement obligés d'y répondre par l'affirmative.

Prokopovitch base principalement sa théorie sur les faits de « la raison naturelle ». Il essaie de démontrer que « la succession au trône » ne contredit pas « la vérité évidente » et « correspond à la raison naturelle saine » (p. 606, c. 2 v. 23). Selon notre auteur, cette raison dispose d'un nombre de vérités évidentes, de « lois naturelles » qui « sont solides en elles-mêmes, car l'homme sain d'esprit ne peut penser autrement » (p. 608, c. 1, v. 42). Dans son traité Théophane se réfère sans cesse à ces « lois naturelles » (p. 607, c. 1, v. 12 et 30 ; p. 606, c. 2, v. 23 ; p. 616, c. 1, v. 24 ; p. 618, c. 1, v. 2 ; p. 619, c. 22, v 1 et v. 19 ; p. 642, c. 1, v. 34, etc.). Mais en parallèle de la raison naturelle, et contrairement aux penseurs européens dont il prend l'exemple, Prokopovitch reconnaît aussi une autre source tout à fait indépendante – la révélation divine. Comme nous l'avons vu, dans *Pravda Voli Monarshej* les thèses de l'Ecriture Sainte ne sont pas utilisées à titre de renfort supplémentaire aux arguments de la raison, mais elles se présentent comme un facteur indépendant et complémentaire.

Prokopovitch poursuit son argumentation dans deux directions parallèles : chaque idée est à la fois déduite de l'Ecriture Sainte et de la raison naturelle que « Dieu a inscrite dans les cœurs humains ». Formellement, ces deux sources sont égales, mais on peut voir sans peine que ce sont les *arguments rationalistes* qui forment le centre de gravité de tout son traité. La doctrine qu'il

33 Buddeus, la quatrième source d'influence probable sur *Pravda Voli Monarshej*, fut aussi complètement pénétré par le rationalisme. Comme Pufendorf, Buddeus ne construit sa doctrine que sur le terrain du droit naturel raisonné sans se référer aux arguments de l'Ecriture Sainte.

expose ne serait pas principalement changée quand bien même on laissait de côté les arguments théologiques[34].

En tous les cas, à partir de ce que nous venons de dire[35], on ne peut ignorer que du point de vue méthodologique, Prokopovitch fut influencé par l'école du droit naturel. Dans les chapitres suivants il nous appartient d'étudier dans quelle mesure l'influence des représentants de cette école a déterminé la formation de sa doctrine politique.

Evidemment, il y a des exceptions quant aux fondements mêmes de l'autorité : les arguments de l'Ecriture Sainte donnent au pouvoir du monarque un fondement théocratique en plus du fondement jusnaturaliste et rationaliste. En outre, ces deux fondements se trouvent, comme nous l'avons déjà démontré (cf. chapitre 3 de la 1re partie), dans une opposition irréductible. Sur la synthèse des principes contractuel et théocratique et sur les conditions logiques de leur coexistence, cf. ci-dessous, chapitre 4 de la 2ème partie.

On peut aussi se rappeler que l'auteur de *Pravda Voli Monarshej* fut un ecclésiastique, ce qui le poussait à faire des références à l'Ecriture Sainte.

Chapitre 2
Le Pouvoir Suprême

La notion de « souveraineté », cette caractéristique fondamentale du pouv politique, n'a été construite qu'au fil du long développement historique de lutte de l'Etat naissant contre les trois autres forces politiques du Moyen-Â qui le rivalisaient et disputaient sa suprématie. Ces trois forces hostiles à l'E furent l'Eglise catholique, le Saint Empire Romain Germanique et le pouv féodal. L'indépendance de la suprématie du Pape, l'indépendance de l'E national contre les prétentions de l'empereur à créer un Etat universel, enfin soumission des seigneurs féodaux possédant les fonctions du pouvoir public se posant en tant qu'élément hétérogène à l'Etat – voici le contenu primaire la notion de souveraineté qui, dans la science, désignait la victoire de l'Etat s ses adversaires médiévaux.

L'Etat nouveau, créé sur les ruines du féodalisme, a principalement pris forme de la monarchie. Aussi, dans la conscience politique de l'époque, notion de suprématie de *l'Etat* se confond-elle avec la notion de suprématie *monarque*, ce que renforçait la méconnaissance de la nature de l'Etat en ta qu'unité corporative et personne morale. Toutes ces circonstances conduisaie à assimiler la souveraineté de l'Etat à celle de l'organe du pouvoir, et par co séquent, la question des rapports entre l'Etat et les autres unités publiques confond avec la question de l'organisation même de l'Etat.

Grâce à ce raccourci de la problématique, la théorie de la souveraineté, tant qu'indépendance et suprématie de l'Etat, s'était transformée en une théor de la *souveraineté monarchique* qui devait faire face et s'entrelacer à la théor de la *souveraineté populaire*.

Dès le début du Moyen-Âge, on rencontre la doctrine selon laquelle peuple est la source de tout pouvoir. Enracinée dans la vieille tradition de « *lex regia* », de la tradition biblique, des relations contractuelles entre le suz rain et son vassal ainsi que dans les élections du Pape et de l'Empereur du Sai Empire Romain Germanique[36], cette doctrine fut utilisée à la fois po argumenter les prétentions du Pape sur le pouvoir public, pour renforcer l droits de l'Empereur[37], et enfin pour soutenir les idéaux démocratiques (sous l traits de la *doctrine de la souveraineté populaire*[38]). C'est notamment de cet

36 Cf. ci-dessous : Gierke, *op. cit.*, p. 77.

37 Notamment par les légistes pour qui la souveraineté était donnée une fois pour toute par le peuple l'Empereur ; Gierke, *op. cit.*, p.77.

38 Les démocrates les plus éminents du Moyen-Âge furent Marcile de Padoue et Nicolas de Cuse : Rehm., *op. cit.*, pp. 185-191 ; Gierke, *op. cit.*, pp. 125-126. Ils enseignaient que la souveraine populaire primaire est inaliénable : la nomination du monarque se veut seulement comme *co cessio*, non comme *translatio juris*.

doctrine que se revendiquaient les adversaires de la souveraineté monarchique – les monarchomaques[39].

Ainsi, ces deux théories, apparemment différentes de par leur origine comme leur contenu premier, se rencontrent et se mêlent : elles désignent toutes deux la même notion, c'est-à-dire non pas le pouvoir suprême de l'Etat mais dans l'Etat, non pas la suprématie de l'Etat mais celle de l'organe.

C'est dans ce même esprit que Bodin développait sa théorie de la souveraineté où il donnait à cette notion une formulation juridique définitive[40] et qui servit de fondement aux doctrines des représentants du courant absolutiste de l'école du droit naturel – Hugo Grotius, Hobbes et Pufendorf.

Poursuivant le but particulier de son œuvre, le problème du droit international, Grotius ne formule pas de doctrine achevée sur le pouvoir suprême, se limitant à quelques idées générales. La « Potestas civilis » – le pouvoir d'Etat – se présente d'après Grotius comme « facultas moralis civitatem ubernandi » (L. 1, Cap. III, § 6, 1). Ce pouvoir est nommé suprême (*summa*) en tant que ses actions « alterius juri non subsunt, ita ut alterius voluntatis humanae arbitrio irriti possint reddi. Alterius cum dico, ipsum excludo, qui summa potestate utitur ; cui voluntatem mutare licet » (L. 1, Cap. III, § 7, 1). A qui appartient donc ce pouvoir ?

Grotius trace une distinction entre deux sujets du pouvoir suprême : le sujet commun (*subjectum commune*) et le sujet privé (*subjectum proprium*) – le premier étant l'Etat lui-même, tandis que le second est « persona una pluresque pro cujusque gentis legibus ac moribus » (L. 1, Cap. III, § 7, 3). Nous voyons donc que Grotius est très proche de la doctrine contemporaine de la souveraineté (la souveraineté comme l'une des caractéristiques de la personne juridique – de l'Etat). Pourtant, Grotius manquait de matériaux pour poursuivre cette approche : il n'a pas distingué assez nettement entre les conceptions de peuple et d'Etat (cf L. 2, Cap. IX, § 8, 1 ; L. 2, Cap. III, § 19, 2 ; L. 2, Cap. XV, § 16, 1 ; L. 2, Cap. XVI, § 16, 1) ce pourquoi le « *subjectum commune* » de Grotius n'est finalement rien d'autre que le peuple entier[41], et la souveraineté de l'Etat la souveraineté populaire. Etant donné que celle-ci, d'après Grotius, peut être complètement et irrévocablement transmise au monarque (cf. L. 1, Cap. III, § 8), la souveraineté de l'Etat coïncide d'après lui avec celle du monarque[42].

Grotius ne dresse pas de liste des caractéristiques spécifiques du pouvoir suprême. Néanmoins, évoquant l'indépendance comme étant l'une d'entre elles, il en mentionne également d'autres. Grotius reconnaît ainsi que le pouvoir

39 Cf. Rehm, *op. cit.*, pp. 215-218 ; Gierke, *op. cit.*, pp. 142-149 ; Kovalevsky, *De la démocratie directe à la démocratie représentative et de la monarchie patriarcale au parlementarisme*, tome 2, p. 325 [en russe].

40 Cf. Taranovsky, *op. cit.*, pp. 481-482 ; Kovalevsky, *op. cit.*, tome 1, p. 322 ; Rehm, *op. cit.*, p. 229 ; Gumplowicz, *Geschichte der Staatstheorien*, 1905, p. 148.

41 Cf. Tchitchérine, *Histoire des doctrines politiques*, 1872, V. 2, p. 17 [en russe] ; Gierke, *op. cit.*, p. 173.

42 Cf. Jellinek, *op. cit.*, pp. 446-447 ; Gierke, *op. cit.*, pp. 172-174.

suprême n'est pas lié par ses propres lois, i.e. qu'il est « legibus soluta » parce que « se per modim legis id est per modum superioris obligare nemo potest : et hinc est quod legum auctores habent jus leges suas mutandi » (L. 2, Cap. IV, § 12, 1). La seconde caractéristique du pouvoir suprême est l'irresponsabilité – Grotius emploiera cette caractéristique par la suite afin de défendre la souveraineté monarchique dans sa polémique contre les monarchomaques. « In imperiis dit-il, quia progressus in infinitum non datur, omnino in aliqua aut persona, aut coetu consistendum est, quorum peccata, quia superioremse judisem non habent, Deus sibi curae, peculiari esse testatur » (L. 1, Cap. III, § 8, 14). Enfin, une certaine indivisibilité est caractéristique du pouvoir souverain comme tel : « summum imperium unum quiddam (est[43]) per se indivisum, constans ex illis patribus, quas supra enumeravimus, addita summitate » (L. 1, Cap. III, § 17, 1). Pourtant, Grotius ne conclut pas de cette dernière caractéristique que les formes politiques sont impossibles (ce que fit Bodin). En revanche il tiendra compte dans ce cas de la distinction qu'il avait tracée entre la souveraineté de l'Etat et celle d'un organe (ibid.).

A côté de sa définition formelle du pouvoir public, Grotius donne aussi une définition de son contenu. Mais à la différence de son précurseur Bodin et de ses successeurs Hobbes et Pufendorf, il n'énumère pas les droits particuliers du pouvoir suprême. Il ne désigne (et ici Grotius suit Aristote) ici que ses fonctions générales. Selon Grotius, ces fonctions se résument à des mesures communes (par exemple l'adaptation ou la dérogation aux lois), ou bien à des actions particulières qui sont utiles à l'Etat. La première fonction est « *ars architectalis* » (i.e. le pouvoir législatif) ; la seconde fonction se divise en « *ars conculatrix* » (i.e. le pouvoir exécutif) et « *ars judicialis* » (i.e. le pouvoir judiciaire)[44] (L. 1, Cap. III, § 6, 1).

D'après Grotius, bien qu'il ne soit limité par aucun autre pouvoir, le pouvoir suprême est néanmoins lié juridiquement aux lois divines et naturelles. « Ad observationem ..., dit-il, juris naturalis et divini, adde gentium ... roges omnes tenentur » (L. 1, Cap. III, § 16, 1)[45]. Par conséquent, les contrats conclus par le monarque sont obligatoires pour lui. De cette manière le pouvoir peut, sans perdre son caractère souverain, être borné par certaines conditions : les lois constitutionnelles, (ibid. ; cf. également L. 1, Cap. IV, § 12 ; L. 2, Cap. XIV, § 2, 1).

Si le souverain transgresse les lois divines et naturelles, il libère les sujets du devoir de lui obéir : « si quid imperent natural juri aut divinis praeceptis contrarium non esse faciendum quod jubent » (L. 1, Cap. IV, § 1, 3)[46].

43 Dans le texte on a : *notandum, quandam... sit.*

44 Grotius (selon son propre aveu) emprunte ces termes à Aristote, mais leur donne un nouveau contenu.

45 Dans le texte on a : « *Nec jam de observatione... loquor, ad quam...* ».

46 Sur le devoir d'obéissance, voir la section 4 du chapitre V du présent ouvrage.

Au contraire de Grotius et de Bodin, qui percevaient le pouvoir suprême comme un fait, Hobbes en déduit les caractéristiques essentielles et le contenu positif à partir du « *pactum unionis* » qui sert de base à l'Etat. « In omni civitate, dit-il, homo ille, vel concilium *illud, cujus voluntati singuli voluntatem suam subjecerunt, summam potestatem*, sive summum Imperium, sive Dominium *habere dicitur* » (Cap. V, § 11).

Nous voyons que Hobbes attribue en définitive le pouvoir suprême aux organes publics. Bien que pour l'auteur du *De Cive*, l'Etat se présente déjà comme une personne morale[47], celle-ci n'existe que grâce à l'organe souverain qui la représente (Cap. VI, § 19) et qui se confond complètement avec elle. L'organe souverain obtient ses droits non pas de l'Etat, mais directement des individus particuliers : « potestas et jus imperandi in eo consistit, quod unusquisque civium omnem suam vim et potentiam in illum hominem vel concilium transtulit » (Cap. V, § 10 ; cf. aussi tout le chapitre VII).

Ainsi construit, le pouvoir ne connaît pas de bornes ; il lui a été transmis « droit en tout » (« *jus in omnia* »), un droit qui dans l'état de nature appartient à chaque individu (Cap. 1, § 10). C'est pourquoi l'on désigne le pouvoir suprême comme pouvoir absolu. « Manifestissimum est, dit Hobbes, in omni civitate, perfecte esse summum in aliquo imperium, quo majus ab hominibus jure conferri non potest, sive quo majus nemo mortalium habere potest in se ipsum. Imperim autem, quo majus ab hominibus transferri non potest vocamus *absolutum* » (Cap. VI, § 13) ; « si enim potestas ejus limitaretur, necesse est, ut id fiat a majori potestate : oportet enim eum, qui limites praescribit, majorem potentiam habere, qua mis qui limitibus cohibetur » (Cap. VI, § 18).

De cette caractéristique fondamentale du pouvoir suprême dérivent ses autres qualités propres. Le pouvoir suprême se tient au-dessus des lois et n'est pas limité par les normes qu'il a mises en œuvre, sinon les deux facettes, l'impérative et l'attributive, coïncideraient dans la même personne : « (nec[48]) tenetur is, cui summum imperium commissum est legibus civilibus » (Cap. VI, § 14 ; Cap. XII, § 4). Ensuite, le pouvoir suprême n'est pas responsable : « Quicquid is fecerit impune esse » (Cap. VI, § 12). Enfin, le pouvoir suprême est un et indivisible ; comme tel, il est concentré uniquement et irrévocablement dans un seul organe (cf. Cap. VI, § 18, § 17 ; Cap. XII, § 5) – on ne peut imaginer aucune forme mixte ni aucune forme limitée par de quelconques conditions (Cap. VII, § 4 et la note).

D'après Hobbes, la conception du pouvoir suprême en tant que pouvoir absolu implique non seulement l'absence de limites quelconques par un autre pouvoir, mais aussi son indépendance juridique par rapport aux lois naturelles et divines. Hobbes n'admet ces dernières qu'en tant que limites morales au pou-

47 « Civitas est, dit-il, persona una, cujus voluntas ex pactus plurium hominum pro voluntate habenda et ipsorum omnium ; ut singulorum viribus et facultatibus uti possit ad pacem et defensionem communem » (Cap. V, § 4).

48 Dans le texte on a : « neque igitur… ».

voir du souverain, mais non comme bornes juridiques – elles n'obligent qu'« i foro interno » (Cap. VI, § 13, note ; Cap. XIII, § 2). Cette construction es indissociable de toute la doctrine de Hobbes sur les lois naturelles, doctrin selon laquelle les lois, bien qu'éternelles et immuables, ne possèdent pas d force obligatoire dans l'état de nature (Cap. III, § 27) et ne gagnent leur carac tère juridiquement obligatoire que grâce à l'Etat qui garantit la paix. Il appar tient donc au pouvoir public d'interpréter les lois naturelles (Cap. XII, § 1 Cap. XV, § 17) et de définir leur contenu intrinsèque (Cap. VI, § 16). Ainsi, le lois naturelles et divines ne limitent pas le pouvoir suprême, ce dernier étan juridiquement omnipotent et ayant « *jus ad omnia* ». Ce caractère illimité d pouvoir est nécessaire, car indispensable au bien commun : « Nam qui sati habet virium ad omnes protegendos, satis quoque habet ad omnes oppri mendos » (Cap. VI, § 13, note).

La doctrine du pouvoir suprême de Pufendorf se présente comme une com binaison des théories de Grotius et de Hobbes que nous venons d'exposer. A l'instar de Hobbes, Pufendorf n'accepte pas le pouvoir suprême en tant que fait mais il déduit ses caractéristiques et son contenu à partir des contrats qu fondent l'Etat lui-même. De ces contrats, on voit surgir une « persona morali composita, cuius voluntas ex plurium pactis implicita et unita, pro voluntat omnium habetur ; ut singulorum viribus et fa[c]ultatibus ad pacem et securi tatem communem uti possit » (L. 2, Cap. VI, § 10). Quant à Pufendorf, il consi dère la volonté de la personne morale qu'est l'Etat comme pouvoir suprême Toutefois, dans sa doctrine comme dans celle de Hobbes, le vrai sujet de la sou veraineté n'est pas l'Etat, mais son organe souverain[49] qui l'absorbe. Ainsi chez Pufendorf la souveraineté de l'Etat coïncide-t-elle également avec celle d l'organe (L. 2, Cap. VI, § 5, 6, 11 ; Cap. VII, § 9)[50].

Quels sont les caractères principaux de cette souveraineté ? Pufendorf e propose une liste systématique : « Habet, dit-il, hoc omne imperium, quo uni versa aliqua civitas regitur, in qualibet reipublicae forma, *ut sit summum* i. e. i sui exercitio a nullo homine tanquam superiore, dependens, sed ex propri inducio et arbitrio sese exserens ; sic ut ejusdem actus a nemine, tandis supe riore, querant irriti reddi » (L. 2, Cap. IX, § 1). (Remarquons que cette défini tion coïncide presque mot à mot avec celle de Grotius, cf. L. 1, Cap. III, § 7, 1).

De l'indépendance du pouvoir suprême découle logiquement son impunité « imperium … nemini mortalium obstrictum (est) ad redendas rationes » et pa

49 Gierke, *op. cit.*, pp. 193-194, 88 (note 1) ; les conséquences de ce fait sont surtout apparentes dan la théorie de Pufendorf sur « la souveraineté limitée ». Evoquant la limitation du pouvoir d monarque par les lois constitutionnelles, Pufendorf identifie complètement le pouvoir et son repré sentant (L. 2, Cap. IX, § 4 ; cf. ci-dessous).

50 Cependant, cette fusion n'est pas aussi complète que chez Hobbes. 1) A la base de l'Etat il y a deu contrats – d'union et de soumission –, de sorte qu'après avoir écarté l'organe souverain, l'Eta continue d'exister en tant que « *imperfecta forma* » (L. 3, Cap. X, § 4). Comme Grotius, Pufendor construit un statut du monarque choisi, ses successeurs étant les usufructuaires, non les propriétai res du pouvoir (L. 2, Cap. IX, § 7 et Cap. X, § 8 ; cf. ci-dessous : chapitres III et V (section 2)).

onséquent, il n'est pas soumis à la punition et à la coercition humaines (*poenis umanis aut coercitioni*) (L. 2, Cap.IX, § 2).

Ensuite, de cette même caractéristique du pouvoir suprême dérive sa supériorité aux lois : il est « legibus humanis et civilibus, ut talibus, sit superius, iisemque a deo directe non obstringatur » (L. 2, Cap. IX, § 3), vu que ce pouvoir st lui-même source des lois.

Enfin, le pouvoir souverain est un pouvoir sacré et imprescriptible : « habet .. peculiarem sanctimoniam summum imperium, ut non solum ejus iussis legiimis resistere nefas sit, sed et ejusdem asperitas... (et) morositas a civibus sit atienter ferenda » (L. 2, Cap. IX, p. 4).

Par ailleurs, en plus de ces quatre caractéristiques, Pufendorf en mentionne ncore une autre – celle de l'unité et de l'indivisibilité du pouvoir suprême. 'outes les parties du pouvoir suprême sont entrelacées, de sorte que dans haque forme politique pure, elles doivent être concentrées dans les mains 'une seule personne ou d'une seule assemblée (L. 2, Cap. VII, § 9). C'est ourquoi Pufendorf classe les formes mixtes parmi les formes impures (L. 2, 'ap. VIII, § 12).

De même que Grotius, Pufendorf considère les lois naturelles et divines omme des limites au pouvoir suprême (L. 2, Cap. XII, § 8). Une fois ce constat osé, Pufendorf lie le souverain aux contrats que ce dernier a conclus, et il dmet également que le pouvoir suprême puisse être borné par les lois fondaıentales ou constitutionnelles – c'est-à-dire par les conditions du contrat.

Si le pouvoir souverain est indépendant, dit Pufendorf, cela n'implique pas u'il soit absolu pour autant. A côté de l'« *imperium absolutum* » il y a aussi « *imperium limitatum* » (L. 2, Cap. IX, § 5). « Id quod factum, dum ad certas ges circa administrationem partium imperii in delatione regni regem adstrinerunt » (L. 2, Cap. IX, § 6)[51].

Pour amorcer la comparaison des doctrines que nous venons d'exposer avec théorie de Prokopovitch, remarquons au préalable que l'histoire de la onception de l'« autocratie » en Russie ressemble, dans plusieurs de ses caracristiques importantes, à l'histoire de la conception la « souveraineté » en ccident. De même qu'en Occident la « souveraineté » désignait initialement le ouvoir de l'Etat indépendant, de même chez nous, ainsi que l'a démontré le rof.[esseur] Klutchevsky[52], le terme d'« autocratie » fut employé par ceux qui oulaient souligner à travers lui l'indépendance du monarque de Moscou par pport à tout pouvoir extérieur. Le terme d'« autocrate », qui est la traduction ı grec « *autocrator* », a été introduit dans le titre même du monarque de loscou à partir d'Ivan III. Ce terme (tout comme le mot « tsar ») fut le signe

Dans la quatrième source probable de *Pravda Voli Monarshej*, i.e. les thèses de Buddeus, les caractéristiques du pouvoir suprême ne sont pas discutées. Buddeus ne parle que de la liberté du souverain par rapport aux lois civiles (*leges civiles*). Mais, Buddeus la soumet toutefois au droit divin et naturel, ainsi qu'aux lois fondamentales et constitutionnelles. cf. *Ex. iur. nat. de test. imp. spec Car II, H. R.* Cap. I, § 24, § 32, § 38.

Boïarskaya Duma, Moscou, 1902, p. 246 [en russe] ; cf. Kovalevsky, *op. cit.*, Vol. I, pp. 318-320.

que le souverain de Moscou ne se reconnaissait point comme vassal du Kh des Tatares, et qu'il possédait un pouvoir indépendamment de toute autre aut rité. Ce n'est qu'avec le temps que le mot « autocrate » reçut une autre signi cation : ce terme désignait alors non seulement l'indépendance de l'Etat, ma encore le caractère illimité du pouvoir du monarque. Ivan le Terrible[53] fut premier à employer le terme d'« autocrate » dans cette acception. « Le souv rain est dit autocrate en ce seul sens : il décide lui-même », objectait-t-il Kourbsky en faisant valoir le pouvoir du tsar contre les prétentions des boyarc Dans certains documents de l'époque de Pierre le Grand, le terme d'« aut crate » fut employé dans cette dernière signification. On traduisit des langu étrangères le terme de « souverain » par celui d'« autocrate » (ou encore p « samovlastnyj »). Prokopovitch emploie lui-aussi ce terme dans le même sen l'ordre politique « où... l'Etat tout entier est détenu dans les mains d'u personne, dit-il, est désigné comme monarchie, c'est-à-dire comme autocratie (p. 625, c. 2, v. 35) et Prokopovitch ne cesse d'employer le mot « autocrate pour désigner le souverain (cf. p. 621, c. 2, v. 19, v. 25, v. 35). Pourtant, ain que nous l'avons déjà vu, Prokopovitch préfère traduire l'idée de supériorité, « souveraineté » du pouvoir du monarque, par le terme de « *majestas* » d'« excellence »[54].

Si l'on part de ces observations terminologiques pour analyser le contenu la conception même de « *majestas* » ou du pouvoir suprême telle qu'elle fut d veloppée dans *Pravda Voli Monarshej*, on ne saurait négliger le fait que cet conception, dans tous ses traits majeurs, coïncide avec celle des doctrines d représentants de l'école du droit naturel. Les caractéristiques particulières pouvoir suprême qu'évoque Prokopovitch (i. e. son indépendance, sa supéri rité par rapports aux lois et son impunité) sont unanimement reconnues dans science politique européenne depuis Bodin. De plus, comme nous l'avons v Grotius, mais aussi Hobbes et Pufendorf, les mettent toutes en évidence.

Prokopovitch n'omet que le quatrième trait général – l'intégrité et l'indivis bilité du pouvoir, une caractéristique qu'il ne mentionne pas. Sans même év quer le fait que Prokopovitch n'admet pas que l'organe supérieur soit le suj unique du pouvoir public, dans la mesure où *Pravda Voli Monarshej* prend à fois en compte l'existence de formes politiques mixtes et la possibilité d'u division du pouvoir entre le monarque et son adjoint, ces deux élémen

53 Cf. Klutchevsky, *op. cit.*, p. 248 ; Milioukov, *Essais sur l'histoire de la culture russe*, Vol. I part. 1, p. 59 [en russe].

54 Dans l'édition latine, Bodin a traduit le français « souveraineté » par ce terme (Cf. Rehm, *op. ci* p. 222), et la plupart des auteurs des XVI° et XVII° siècles ont employé ce terme en ce sens. Gr tius a aussi mentionné le mot (L. 1, Cap. III, § 11, 2), mais il distinguait la « *majestas* », en tant q dignité, du pouvoir suprême (*summa potestas*). Hobbes emploie ce terme dans la même signi cation : il désigne toujours le pouvoir suprême comme « summum imperium » ; il n'introduit cet conception que quand il parle de crime contre le souverain (désobéissance) – « *crimen laesc majestatis* » (Cap. XIV, § 20). Le terme de « *majestas* » n'apparaît nulle part dans le *De officio* Pufendorf, mais en revanche nous le trouvons chez Buddeus. Cf. *Ex. iur. nat. de succ. primog.*, 16, p. 168.

reviennent effectivement à nier l'indivisibilité de la souveraineté (cf. ci-dessus, partie 1).

La reconnaissance de l'organe supérieur et non pas de l'Etat est patente dans la doctrine de Prokopovitch ; or, comme nous l'avons montré, il s'agit également d'une caractéristique des théories européennes qu'il prend pour modèle. Ainsi que nous l'avons vu précédemment, c'est Grotius qui plus que les autres s'est rapproché de la conception contemporaine de la souveraineté, bien que sa tentative de distinguer entre le sujet commun et le sujet privé ait échoué sur l'identification de l'Etat au « peuple ». Quant à Hobbes et Pufendorf, même s'ils comprennent l'Etat comme une personne morale, ils l'ont complètement fusionné avec la personne de souverain, à qui ils ont attribué la souveraineté.

Exactement comme ces auteurs européens, Prokopovitch restait tout à fait étranger à l'idée de l'Etat comme personne morale, ce pourquoi il n'essaiera jamais d'attribuer la souveraineté à l'Etat. Selon Prokopovitch, primitivement (c'est-à-dire dans l'état de *nature*), la souveraineté réside dans le peuple – celui-ci se présente comme une certaine unité qui est transmise par la suite dans les mains de l'organe souverain ou du monarque, lequel est loin d'incarner le peuple. Le peuple continue d'exister en tant qu'unité même dans le cadre de la monarchie.

Telles sont les *ressemblances générales* entre la doctrine de souveraineté de Prokopovitch et la doctrine européenne.

Abordons maintenant la question des rapports entre la doctrine de Prokopovitch et les théories de chacun des trois auteurs dont nous présupposons qu'ils sont à la source de son œuvre.

Premièrement, la théorie de Prokopovitch est proche de la doctrine de Hugo Grotius (que Théophane cite d'ailleurs à ce propos) dans la mesure où ces deux théories reconnaissent le pouvoir suprême en tant que fait, et ne le déduisent pas (ni dans toutes ses caractéristiques, ni dans son contenu positif) du contrat originaire – une démarche qui est caractéristique de Hobbes et Pufendorf.

Un autre trait de ressemblance entre ces deux théories est la coïncidence du contenu positif que Grotius et Prokopovitch investissent dans la conception du pouvoir suprême. Comme nous l'avons vu, (et contrairement à Hobbes et Pufendorf qui ont proposé une liste détaillée des propriétés du pouvoir suprême ; cf. Hobbes, Cap. VI, § 5 – § 10 ; Pufendorf, L. 2, Cap. VII), Grotius n'a brossé que les traits généraux de ses fonctions : pouvoirs législatif, judiciaire et exécutif (cf. L. 1, Cap. III, § 6, 2). Prokopovitch définit le contenu du pouvoir suprême de la même manière : « le pouvoir suprême est, dit-il, le pouvoir législatif qui prononce le jugement ultime et qui ordonne des commandements irrévocables » (cf. ci-dessus, chap. 1, part. 1).

En revanche, il n'y a aucune raison suffisante pour rapprocher la doctrine de la souveraineté de Prokopovitch et celle de Hobbes. Comme nous l'avons vu, le point essentiel qui distingue Hobbes de Grotius ainsi que de Pufendorf est le constat du droit illimité dont dispose le pouvoir suprême. En fonction du choix de Prokopovitch sur cette question, il est possible : soit d'opposer nettement sa doctrine à la conception de Hobbes, soit de les rapprocher. Prokopovitch ne donne pourtant pas de réponse assez claire sur ce point (cf. ci-dessus, chap. 1 part. 1). Dans sa doctrine, on ne voit pas vraiment si les lois naturelles et divines constituent les limites *juridiques* du pouvoir suprême, ou si elles ne le sont que *moralement*. En faveur de cette seconde option, à savoir d'un rapprochement entre Prokopovitch et Hobbes, témoignent premièrement : son silence sur la possibilité d'une résistance passive, c'est-à-dire la désobéissance, et deuxièmement l'argument de la « *legibus solutio* » du souverain comme preuve de son exemption des lois relatives à la succession au trône (cf. ci-dessus, chap. 1, part. 4)[55]. En outre, sous l'influence apparente de Grotius et Pufendorf[56] Prokopovitch prend conscience de la limitation du pouvoir du monarque par le contrat (cf. ci-dessus, chap. 1, part. 1). Par conséquent, il reconnaît que le contrat, comme les lois divines et humaines, sont juridiquement obligatoires pour le souverain. Par ailleurs, et c'est ici l'élément le plus déterminant, en polémiquant avec les partisans d'une succession au trône réglementée (cf. ci-dessus, chap. 1, part. 4), Prokopovitch ne cherche pas à démontrer le caractère non-obligatoire de la loi sur la succession (c'est-à-dire de l'expression de la volonté populaire) mais seulement son inutilité, et partant, son impossibilité. Ainsi, dans cette question Prokopovitch semble plutôt se situer du côté de Grotius, de Pufendorf et de Buddeus, de sorte qu'il n'y a pas de raisons suffisantes pour penser que sa doctrine de la souveraineté ait été construite sous l'influence de Hobbes.

La mention de l'imprescriptibilité du pouvoir suprême, que Pufendorf, contrairement à ses précurseurs, caractérise comme un signe particulier de la souveraineté (L. 2, Cap. IX, § 4), rapproche les théories de Prokopovitch aux siennes. Il faut ensuite remarquer qu'il est très probable que pour sa doctrine de la souveraineté, Prokopovitch ait emprunté diverses idées du chapitre 9 du livre II du *De officio* où sont rassemblées systématiquement les diverses caractéristiques de la souveraineté que Grotius et Hobbes n'ont employées que partiellement et à des fins argumentatives différentes. Dans ce chapitre, Pufendorf n'a laissé de côté qu'une caractéristique du pouvoir suprême – son intégrité et son indivisibilité. C'est notamment cette caractéristique qui fait aussi défaut à l'analyse de Prokopovitch.

55 Cf. également ci-dessus, chap. 1, part. 4.
56 Cf. aussi Buddeus.

Chapitre 3
La Classification des Formes Politiques et la Différenciation Générique de la Monarchie

Poursuivant le but particulier de son œuvre, Hugo Grotius ne s'arrête pas sur la question de classification des formes politiques. Il reproduit en général le schéma des trois formes issu de Platon et Aristote, – un schéma auquel Bodin a donné toute sa précision juridique à l'époque moderne. Dans ses objections aux partisans de la souveraineté populaire, Grotius fait valoir la légitimité des formes monarchique et aristocratique par rapport à la forme démocratique. « Quidni, ergo *populo sui juris* liceat, interroge-t-il, *se unicuipiam, aut pluribus* ita addicere, ut regendi sui jus in eum plane transcribat, nulla ejus juris parte retenta ? » (L. 1, Cap. III, § 8, 1 ; cf. L. 2, Cap. IX, § 8, 1 ; L. 2, Cap. III, § 7, 3).

A côté des formes politiques simples, Grotius reconnaît également l'existence de formes mixtes. Bien que le pouvoir suprême comme tel soit indivisible, il est néanmoins possible de le partager soit en fonction des compétences, soit entre quelques personnes. Dans l'Empire Romain, on a ainsi connu des périodes au cours desquelles deux ou trois empereurs gouvernaient en même temps. De même, « fiere potest, ut populum regem eligens, quosdam actus sibi servet » (L. 1, Cap. III, § 17, 1).

De plus, Grotius fait une distinction stricte entre la division du pouvoir suprême et la limitation du pouvoir de monarque par certaines conditions, c'est-à-dire entre la forme politique mixte et la monarchie limitée.

Le pouvoir suprême se trouve réparti entre le monarque et le peuple seulement lorsqu'il existe des frontières solides et stables entre les droits des deux parties, ou bien dans le cas où le peuple investit son monarque de certains devoirs ou qu'il se réserve le droit de punir et de contraindre ; i.e. Dans certaines relations, le peuple sera la partie égale voire même la partie supérieure (L. 1, Cap. III, § 17, 1 ; cf. aussi L. 1, Cap. III, § 9, 1 ; L. 1, Cap. IV, § 13).

Le pouvoir du monarque peut donc être limité sans qu'on le divise ; le souverain est lié par les contrats et les serments, ce pourquoi son pouvoir est borné « *ipso jure* » dans certaines conditions (cf. ci-dessus ; cf. également L. 1, Cap. III, § 14, 1-2). Partout où le pouvoir du monarque se trouve lié, non pas « *ex vi superiore* » mais juridiquement, on est confronté non pas à une forme politique mixte, mais à la monarchie limitée (selon Grotius, c'est aussi le cas des situations où « in delatione imperii dictum sit, ut certu eventu resisti (populus) regi possit » (cf. L. 1, Cap. IV, § 14 ; Voir aussi L. 1, Cap. III, § 18, 1)[57].

57 Cf. Rehm, *op. cit.*, pp. 239-240.

Hormis la division entre monarchies limitées et absolues, Hugo Grotius fait encore une autre distinction. Transférant les catégories du droit privé dans le droit public, Grotius distingue deux monarchies selon le *modus habendi* du pouvoir public : la monarchie patrimoniale, où le monarque a un droit de propriété absolue sur le pouvoir suprême (*jure pleno proprietatis*), et la monarchie qui fut installée par le consentement libre du peuple, où le monarque n'a qu'un droit d'usufruit sur le pouvoir (*jure usufructuario*). Le monarque usufructuaire n'a pas le droit : a) d'aliéner son pouvoir sans le consentement du peuple ; b) d'installer un régent par testament ; c) ni de désigner son héritier – tous ces droits n'appartenant qu'au monarque propriétaire[58] (cf. L. 1, Cap. III, § 11, 1 L. 2, Cap. VI, § 3 ; L. 2, Cap. VI, § 3 ; L. 2, Cap. VII, § 12, 14).

D'après Hobbes, trois modèles permettent d'organiser le pouvoir suprême – la monarchie, l'aristocratie et la démocratie – selon le nombre des personnes partageant le pouvoir souverain – une personne, quelques unes ou l'assemblée de tous les citoyens (Cap. VII, §1). Il ne peut exister aucune autre forme politique que ces trois. La division entre formes politiques correctes et perverties repose sur des critères subjectifs et arbitraires, aussi faut-il la refuser (Cap. VII § 2 et 3). Les formes politiques mixtes ne sont pas possibles non plus. Le pouvoir suprême doit être concentré dans un organe, sinon l'Etat périt (Cap. VII, § 4 ; Cap. XII, § 5). Si dans l'Etat il existe une assemblée nationale à côté du monarque, alors il s'agit soit de la république, où le monarque n'est que « *primus populi minister* », soit de la monarchie absolue, où la convocation de l'assemblée populaire dépend de l'arbitraire du monarque (Cap. VII, § 14).

Ayant rejeté les formes mixtes, Hobbes refuse également tout droit d'existence à la « monarchie limitée » (dans le sens où Grotius et Pufendorf l'employaient). Le pouvoir suprême est juridiquement illimité, et les contrats conclus par le monarque ne sont pas obligatoires pour celui-ci. « Monarcha retento jure imperii, dit-il, non intelligitur ullo promisso transtulisse jus in media ad imperium necessaria » (Cap. VII, § 17). Par conséquent, le monarque ne peut pas se limiter. De plus, en transmettant son autorité au monarque, le « peuple » (c'est-à-dire, dans les termes de Hobbes, l'organe supérieur de la république ; cf. ci-dessous) ne peut conclure avec lui aucune convention, car une fois le pouvoir du monarque installé, le peuple n'existe plus en tant que personne morale. Aussi : « monarcha nemini ob receptum imperium pactis obligatur » (Cap. VII, § 12).

Le titre juridique de l'acquisition du pouvoir ne change rien au caractère du pouvoir monarchique en fonction : « idem est jus in cives in regno patrimoniali, quod in institutivo » (Cap. IX, § 10).

Hobbes n'admet qu'un seul critère de distinction entre les monarchies : la durée du pouvoir du monarque. Le monarque peut être investi du pouvoir pour un certain temps, ou à perpétuité. Dans le premier cas, le peuple détermine les dates et lieux exacts de ses assemblées futures afin de nommer son monarque

58 Pour plus de détails, cf. ci-dessous, chap. V, sections 2 et 3.

sinon le monarque, bien qu'élu pour un délai, obtient le pouvoir pour tou-ours). On ne peut parler de forme monarchique que si l'assemblée populaire st convoquée après la mort du monarque élu, non lorsqu'il est vivant.

Dans les monarchies électives qui furent établies de cette manière, « sum-num imperium (ut Dominuim) in populo (est[59]), usu autem, sive exercitium jus tantum in monarcha temporatio, ut usufructario » (Cap. VII, § 16).

Comparant ces trois formes politiques possibles, Hobbes prend le parti de la nonarchie. Il avance d'ailleurs un grand nombre d'arguments en faveur de sa upériorité par rapport aux autres formes. Le sens de ces arguments se laisse éduire à l'assertion que dans cette forme, le bien-être et la sécurité des sujets ont les mieux garantis (Cap. X, § 3-18). Hobbes défend notamment que la suc-ession au pouvoir constitue un avantage très important de la monarchie : « op-imus status civitatis est, dit-il, ubi cives imperantis sunt haereditas... unusquis-ue enim sponte sua hereditatem suam conservare studet » (Cap. X, § 18).

Pareillement à Hobbes et Grotius, Pufendorf accepte la division tradition-elle des formes politiques en monarchie, aristocratie et démocratie : « sum-num imperium, dit-il, pro ut vel in uno homine, vel in uno concilio ex paucis, ut universis constante, reperitur, diversas formas rerumpublicarum producere olet » (L. 2, Cap. VIII, § 1). Si le pouvoir suprême est entièrement concentré ans l'un des organes énumérés, alors, d'après Pufendorf, il s'agit de formes ures. Par contre, si le pouvoir suprême est divisé entre divers organes, il s'agit ans ce cas de formes impures (L. 1, Cap. VIII, § 2 et 3). Ainsi Pufendorf ne ie-t-il pas l'existence de formes mixtes, mais les déclare inutiles. En ce qui oncerne les formes perverties, Pufendorf, tout comme Hobbes, ne les consi-ère pas comme des formes particulières – elles ne sont que « des variations norbides de formes principales » (L. 2, Cap. VIII, § 5-11).

S'il déclare les formes mixtes inutiles, Pufendorf tient néanmoins compte de mitations possibles du pouvoir du monarque sans que cela nuise à la pureté es formes concernées. Suivant Grotius, et empruntant d'ailleurs les mêmes rguments que lui, Pufendorf élabore sa conception de la monarchie « modé-ée » ou « limitée », voire encore, pour reprendre ses termes[60], de la monarchie tatique « à la souveraineté limitée ». « Verum quia unius hominis indicium ab rronibus non est immune et voluntas in prava flexilis, in tanta cumprimus bertate, quibusdam populis consultum visum, eius imperii exercitium certis mitibus circumscribere » (L. 2, Cap. IX, § 6). A cette fin, on précise certaines onditions dans le contrat au moment des élections du monarque, à savoir : que monarque assume le pouvoir conformément aux lois « définies » (ou fonda-entales) et que dans les questions importantes, il « voluer(it[61]) ea suspici non isi praesciente et consentiente populo, aut eiusdem deputatis in comitia onvocatis » (L. 2, Cap. IX, § 6).

Dans le texte on a : « ... *erat* ».
Voir ci-dessus.
Dans le texte on a : « ... *voluerunt* ».

Outre la division entre monarchies limitées et absolues, Pufendorf repren Grotius sa division entre monarchies patrimoniales et légitimes (L. 2, Cap. I § 7 et L. 2, Cap. X, § 6 et 8).

Parmi les trois formes pures, Pufendorf défend, comme Hobbes, la mon chie, car sous cette forme politique le pouvoir, n'étant limité par aucune l s'adapte librement à toutes les circonstances du temps et de l'espace ; il fon tionne ainsi de la manière la plus utile au bien-être commun (L. 2, Cap. VIII, 4)[62].

En revenant à l'analyse comparative des théories que nous venons d'expos avec celle de Prokopovitch, remarquons d'ores et déjà que le schéma princip que l'auteur de *Pravda Voli Monarshej* adopte coïncide bien avec les idé respectives de Grotius, Hobbes et Pufendorf.

Parce qu'elle reconnaît l'existence de formes politiques mixtes (cf. dessus, Chap. 1, Part. 1), la théorie de Prokopovitch se rapproche particuli rement des doctrines de Grotius et de Pufendorf (partiellement). Il est d'aille symptomatique que Prokopovitch, tout comme Grotius, ne s'engage pas du to dans la critique de ces formes.

Il convient ensuite de remarquer que Prokopovitch, à l'instar de ses préc seurs européens, ne fournit pas de définition juridique concrète de la forr mixte et ne la considère que comme une division du pouvoir suprême ent quelques organes. Il est donc difficile d'affirmer avec certitude si notre aute parle de formes mixtes sous l'influence directe de Grotius et de Pufendorf, s'il prend plutôt en considération les doctrines de Polybe et de Cicéron[63].

Une autre ressemblance entre d'une part les doctrines de Hugo Grotius Pufendorf, et celle de Prokopovitch de l'autre, est la question de la limitati du pouvoir du monarque par le biais du contrat. Comme nous l'avons vu, Thé phane mentionne les monarchies « limitées » lorsqu'« au moment des électio du premier monarque, on a établi des contrats qui furent affirmés par la volon ou par le serment du monarque, et dont la transgression serait la raison de d mettre le monarque de son trône » (p. 626, c. 1, v. 14). On ne saurait douter q dans ce cas-là Prokopovitch est pleinement conscient des théories de Grotius

62 Dans ses thèses, Buddeus n'aborde pas l'analyse de formes politiques différentes, à une excepti près. Elle concerne la distinction entre les monarchies patrimoniales et légitimes, que Buddeus trace en suivant Grotius et Pufendorf. En outre, Buddeus ne postule pas l'existence d'un lien cau entre la naissance de la monarchie patrimoniale et la guerre ou la violence. C'est en revanche peuple qui, par sa décision libre, peut instaurer une telle forme. Cf. *Ex. iur. nat. de test. imp. spe Car. II H. R.*, Cap. 1, § 22, p. 527 ; § 26, pp. 531-532 ; § 24, pp. 528-530. Cf. aussi *Ex. iur. nat. succ. primog.*, § 18, p. 169, etc.

63 L'historien romain Polybe fut le premier à avoir posé très clairement la question des formes poli ques mixtes qu'il appelait « *forma mixta* » (cf. Tchitchérine, *op. cit.*, tome 1, p. 84 ; Rehm, *op. c.* pp. 136-137). Cicéron n'a repris que partiellement la doctrine de Polybe (Tchitchérine, ibid Gumplowicz, *op. cit.*, p. 79) ; notons par ailleurs que Prokopovitch cite Cicéron dans son *Prav Voli Monarshej* (*Discours sur Roszi d'Amerri*, p. 612).

64 Il est évident que Prokopovitch emprunte directement l'exemple de la limitation du pouvoir Grotius (L. 1, Cap. IV, § 12 ; cf. aussi § 14).

et Pufendorf (cf. ci-dessus), d'autant plus qu'il admet également la possibilité de relations contractuelles entre le peuple et le monarque qui limiteraient son pouvoir. Toutefois, Prokopovitch (à la différence de Grotius, qui engagera une analyse critique, et contrairement à Pufendorf, qui semble avoir été favorable aux limitations), se prononce résolument contre la monarchie « limitée » : il la considère comme « une forme impure et soumise aux malheurs incessants » (cf. ci-dessus), c'est-à-dire qu'il la refuse au motif de son inutilité.

De manière indirecte, la théorie de Prokopovitch s'apparente à la doctrine de Hobbes dans la mesure où la différence entre monarques propriétaires et usufructuaires du pouvoir est absente chez l'un comme chez l'autre[65]. Pour Hobbes comme pour Prokopovitch, le monarque héréditaire est toujours le propriétaire du pouvoir, dont il dispose d'ailleurs à son gré (cf. ci-dessus, Chap. 4, Part. 3).

On pourrait également voir une ressemblance dans la division que les deux auteurs tracent entre monarchies électives et non-électives, ainsi que dans la coïncidence entre l'un des arguments de Prokopovitch en faveur de la monarchie héréditaire (le souci du monarque héréditaire quant au présent et l'avenir de l'Etat – son « patrimoine imprescriptible » ; cf. ci-dessus, Chap. 1, Part. 1 ; p. 631, c. 2, v. 41) et l'argument respectif de Hobbes (cf. ci-dessous ; Hobbes, Cap. X, § 18). Pourtant cette ressemblance n'est qu'apparente. En brossant le schéma détaillé de la naissance de la monarchie élective, Théophane ne tient absolument pas compte des directives de Hobbes quant à l'autogestion du peuple en tant qu'organe indépendant et indispensable à l'existence cette forme (Hobbes, Cap. VII, § 16 ; Prokopovitch, cf. Chap. 3 et 4 du présent ouvrage). Or, comme nous l'avons déjà vu maintes fois, la distinction fondamentale de la doctrine de Hobbes entre le peuple comme organe et le peuple comme somme des individus gouvernés (*multitutio civium qui reguntur*[66]) reste totalement étrangère à la théorie de Théophane (cf. ci-dessus, Chap. 4, Part. 1). En ce qui concerne la coïncidence de leur argumentation, on peut remarquer que l'idée de Hobbes n'est pas du tout originale : elle était très répandue parmi les partisans de la succession héréditaire au trône (cf. ci-dessus), et par conséquent Prokopovitch a eu toute la latitude de l'emprunter à cette même source, où il a d'ailleurs puisé d'autres arguments que Hobbes ne mentionne pas du tout.

A côté de ces ressemblances insignifiantes et extérieures que nous avons faites entre les deux théories en question, notre analyse comparative révèle des divergences très importantes et significatives. On se souviendra assurément ici du constat que l'auteur de *Pravda Voli Monarshej* faisait au sujet des formes politiques mixtes, ce qui *contredit clairement la conception de Hobbes*. Ensuite, on peut rappeler que Prokopovitch envisage, bien qu'avec réserve, la

65 *Il est bien probable qu'il s'agisse ici d'une influence indirecte de Buddeus*. Une fois le constat posé que l'Etat patrimonial peut surgir grâce à la délibération du peuple, alors, pour poursuivre son objectif, Prokopovitch ne pouvait rien faire d'autre que démontrer que la volonté du peuple conserve *toujours* le même contenu. C'est d'ailleurs le chemin que Prokopovitch a effectivement choisi.

66 Cf. Cap. XIII, § 3.

possibilité de monarchies limitées, ce qui est *absolument inadmissible pou Hobbes.*

Puisque nous achevons l'analyse comparative de la doctrine de Prokopo vitch avec ses sources européennes probables, notons que l'argumentatio détaillée que fournit *Pravda Voli Monarshej* contre l'élection, et en faveur de l succession héréditaire au trône, ne pouvait être empruntée à Grotius, Hobbes Pufendorf ou Buddeus (étant donné que ces auteurs n'ont jamais traité de cett question). De toute évidence, Théophane l'a donc empruntée à d'autres source *européennes*. Dans la littérature politique européenne en effet, la question de avantages et des inconvénients de la succession héréditaire au trône a été main tes fois discutée, par ailleurs avec les mêmes arguments *pro et contra*[67] que Pro kopovitch reproduit dans *Pravda Voli Monarshej*.

67 Cf. le développement de cette question par Marcile de Padoue (Tchitchérine, *op. cit.*, tome 1, pp. 236-237) et par Bodin (*op. cit.*, p. 440).

Chapitre 4
Les Théories Contractuelle et Théocratique du Pouvoir

Section 1
La Théorie contractuelle du pouvoir

Les doctrines des penseurs politiques médiévaux portent déjà les germes de la théorie qui fonde le pouvoir public sur la volonté des sujets[68]. Cependant, les théories médiévales n'expliquaient pas l'Etat et le pouvoir comme tels par le contrat, mais seulement le pouvoir de chaque représentant concret, son droit exclusif au pouvoir. « La théorie contractuelle du Moyen-Âge, affirme Jellinek, n'est pas une doctrine expliquant la formation primaire de l'Etat, mais celle de l'installation du souverain concret dans l'Etat. Dans cette perspective c'est le *rex*, non le *populus* que le contrat établit »[69].

D'après ces doctrines, le contrat serait conclu entre le peuple, défini comme détenteur primaire de la souveraineté et comme une certaine unité juridique capable d'effectuer *translatio* et *concessio juris*, et le gouvernant futur, le *rex* auquel le peuple se soumet. Par conséquent, ce contrat est un *contrat de soumission* (*pactum subjectionis*[70]), mais non un *contrat social* (*pactum conjunctionis*).

Durant tout le Moyen-Âge, c'est la volonté divine, non celle des hommes, qui fut reconnue comme la source primaire de l'unité dans l'Etat ou dans le peuple (*populus-civitas-regnum*), ainsi que de l'unité du pouvoir en général. Ce point de vue est également celui de la doctrine catholique traditionnelle, Thomas d'Aquin au premier chef, puis les partisans radicaux de la souveraineté populaire – les démocrates Marcile de Padoue et Nicolas de Cuse[71]. *Dans les théories politiques du Moyen-Âge aucune place n'a été faite à la doctrine de la formation contractuelle de l'Etat et de la société*, ni d'ailleurs pour la doctrine du contrat de conjonction entre les individus particuliers en tant que fondement du pouvoir public. Le développement ultérieur de l'idée du contrat social conduira à reconnaître *la souveraineté primaire de l'individu*, et partant, *à la négation totale des fondements théocratiques* du pouvoir. Seule la pensée politique des temps modernes, libre de toute connotation théologique, pouvait oser une telle idée. Ce n'est qu'après le triomphe décisif du rationalisme, au XVII° siècle[72], que l'on voit surgir dans les doctrines de l'école du droit naturel la théorie contractuelle dans son expression pure.

68 Cf. ce que nous venons de dire sur la doctrine de la souveraineté populaire primaire ; Jellinek, *op. cit.*, pp. 195-197 ; Gierke, *op. cit.*, pp. 77-83, 339-340 ; Rehm, *op. cit.*, pp. 165-167, 177-180, 185-186.

69 Jellinek, *op. cit.*, p. 197.

70 Cette expression fut employée pour la première fois par Engelbert von Volkendorf ; cf. Rehm, *op. cit.*, p. 180.

71 Cf. ci-dessus.

Il serait erroné de voir en Hugo Grotius le premier représentant de l'école d droit naturel, l'artisan de la nouvelle théorie contractuelle[73]. Hoocker[74] et Althu sius[75] ont façonné l'idée de contrat social bien avant Grotius, – Grotius chez qu d'ailleurs on ne saurait parler d'un développement systématique et cohérent d cette idée. Synthétisant deux types de contrats dans sa théorie, le *pactum sub jectionis* médiéval servant de base à telle ou telle forme politique, puis l contrat social ou *pactum conjonctionis*, fondement de toute vie en commun Grotius ne trouve en effet aucun rapport entre eux et les envisage comme s'il étaient absolument distincts. Il ne soumet pas non plus la conception du contra social à une analyse détaillée, ce pourquoi il ne déduit pas les propriétés d pouvoir suprême à partir du contrat social mais les accepte en tant que faits.

Bien que l'homme soit une créature sociale et qu'il se caractérise par un aspiration inconsciente à s'allier avec ses semblables (*appetitus societati* (Proleg., 6), Grotius refuse l'idée que cette alliance puisse être effectuée incon sciemment – c'est un effet de l'activité consciente et raisonnée de l'homme. A la base de la société et de l'Etat, on trouve le contrat conclu entre les individu particuliers.

« Consociatio, nous dit Grotius, qua multi patres familiarum in unum popu lum ac civitatem coeunt, maximum dat jus corpori in partes : quia haec perfec tissima est, societas » (L. 2, Cap. V, § 23 ; cf. aussi Proleg., 15[76]). Présuman une genèse contractuelle de l'Etat, Grotius définit ce dernier comme « *coetu* perfectus liberorum hominum juris fruendi et communis utilitatis causa so ciatus » (L. 1, Cap. I, § 14. 1). Cette alliance parfaite des individus introduit un esprit unanime parmi eux, et la première œuvre de cet esprit est le pouvoi suprême, « vinculum per quod respublica cohaeret » (L. 2, Cap. IX, § 3. 1) Néanmoins, Grotius ne cherche pas à déduire le contenu et les propriétés de ce pouvoir à partir du contrat social, – d'autant moins qu'il n'a guère cherché à analyser son contenu.

Dans sa doctrine, parallèlement au contrat d'alliance conclu entre les indivi dus, mais de manière totalement indépendante à lui, Grotius envisage le contra de soumission, – un contrat très important par lequel le « peuple » transmet son pouvoir au monarque. Suivant l'idée de la souveraineté populaire primaire

72 Les monarchomaques, ces représentants de la pensée politique du XVI° siècle qui postulaient éner giquement l'existence de fondements contractuels au pouvoir de monarque, restent encore sur l terrain médiéval – toutes leurs idées sont empreintes d'une coloration théologique. D'un côté, il partent de l'idée d'une souveraineté populaire primaire installée par la volonté divine, et de l'autre ils importent des éléments théologiques dans le *pactum subjectionis* même. Cf. Gierke, *op. cit.*, pp 80 et 98 ; Jellinek, *op. cit.*, p. 195, note ; Rehm, *op. cit.*, pp. 216-218 ; Kovalevsky, *op. cit.*, tome l pp. 34-38.

73 Gumplowicz commet cette faute lorsqu'il affirme (*op. cit.*, p. 181) : « Il (Grotius) est à vrai dire le véritable créateur de cette fiction du contrat originaire qui charge l'Etat des droits et des devoirs découlant de ce contrat comme s'il s'agissait d'un péché originel ».

74 Jellinek, *op. cit.*, pp. 198-199.

75 Gierke, *op. cit.*, pp. 99-108.

76 Cf. Gierke, *op. cit.*, p. 101, note.

Grotius voit le fondement de toute forme politique dans la volonté du « peuple », lequel s'impose comme détenteur primaire du pouvoir suprême. « Sicut ... multa sunt vivendi genera, avance-t-il, alterum altero praestantis et cuique liberum est ex tot generibus id eligere, quod ipsi placet ; ita et *populus eligere potest, qualem vult gubernationis* forman ex praestantia huius aut illius formae ... sed *ex voluntate jus matiendum est* » (L. 1, Cap. III, § 8. 2 ; § 11.1 ; § 3. 1 ; § 17 ; L. 2, Cap. VII, § 14).

En établissant le pouvoir du monarque ou d'une assemblée aristocratique, le « peuple », « jus totum imperandi a se abdic(i)t[77], alique trad (e)t ... nulla ejus uris parte retenta » (L. 1, Cap. III, § 8.1 et 8.3), c'est-à-dire qu'il transmet ses droits complètement et sans aucune réserve (cf. ci-dessus). En outre, le peuple ne cesse pas d'exister à partir de ce moment. Parce qu'il entre dans le contrat de oumission en tant qu'unité préalablement construite, le peuple (*populus*) reste e qu'il est malgré la transmission de son pouvoir (L. 2, Cap. VII, § 17. 2 ; L. 2, Cap. IX, § 8. 1), de sorte qu'après l'extinction de l'organe souverain, seconde partie contractante, il rentre de nouveau dans son droit souverain (L. 2, Cap. IX, 8. 1).

En conclusion de notre analyse de la théorie contractuelle que fit Grotius, récisons qu'il ne considère pas l'agrément du peuple comme *conditio sine qua on* de légitimation de tout ordre politique : il est possible d'acquérir le pouvoir uprême non seulement par le biais d'un contrat, mais aussi par une guerre juste L. 1, Cap. III, § 8.6, 8.7, 8.13) voire par d'autres moyens (ibid.).

Comme nous l'avons vu, Grotius n'a rien apporté d'original à la théorie du ontrat. C'est indiscutablement Hobbes qui le fit et qui doit être reconnu omme le véritable artisan de la théorie du *contrat social.*

Attribuant une genèse contractuelle à l'Etat, Hobbes se base sur l'idée d'un tat de nature et de la *souveraineté populaire primaire* de l'individu. Dans état de nature où règne une guerre de tous contre tous (Cap. I, § 12), chaque ndividu possède un « *jus in omnia* » (Cap. I, § 10). Les lois naturelles ne l'obligent qu'intérieurement (Cap. III, § 27 ; Cap. V, § 2) et ne sont pas capables de arantir par elles-mêmes la paix qu'exige l'instinct de conservation. La paix et a sécurité commune ne peuvent être assurées que si tout un chacun est soumis une volonté unique empêchant les individus d'enfreindre l'ordre établi (Cap. , § 6). Cette volonté unique, incarnation de la volonté de tous, serait constituée par le contrat conclu entre les individus souverains.

« Voluntatem haec submissio, dit Hobbes, omnium illorum, unius hominis oluntati vel Concilii, tunc fit, *quando unusquisque eorum unicuique caetotum e pacto obligat* » (Cap. V, § 7). La formule de ce contrat, qui forme la base de Etat et de la souveraineté de tout organe public (c'est-à-dire de toute forme olitique), veut que « *ego jus meum transfero in hunc, ut tu tuum transferas in undem* » (Cap. VI, § 20)[78].

Dans le texte on a « *Cur... abdicet* ».

En établissant le pouvoir suprême et en se soumettant à l'organe souvera les individus s'engagent dans une relation contractuelle non pas avec lui, m entre eux-mêmes. Ils s'obligent réciproquement à transmettre leurs droits à tiers – au souverain qui acquiert le pouvoir suprême *du fait de cette donati* (donatio ; Cap. VI, § 20), *ce pourquoi* le souverain est libre de toute obligatic que ce soit envers chacun en particulier ou envers tous en général.

Nous voyons donc que pour Hobbes, le contrat fondamental (*pactum uni nis*) est à la fois « *pactum conjunctionis* » et « *pactum subjectionis* ». La co jonction des individus en société se réalise grâce à leur soumission à l'orga suprême. Cette construction originale permettait à Hobbes d'éviter le dédo blement de la personne morale unique – l'Etat – en gouverneur et en peup ces deux parties contractantes étant indépendantes dans le « contrat de soum sion ». Alors que ce dédoublement fut typique de toutes les théories contra tuelles précédentes, Hobbes *a éliminé ces deux parties* dans la sienne.

Le souverain n'est jamais une partie contractante, mais le destinataire contrat conclu entre les individus. En ce qui concerne le « peuple », comme précise Hobbes, il fallait bien prendre conscience du contenu de cette co ception. Dans l'état de nature il n'existe que des individus indépendants ; apr l'apparition de l'Etat, la volonté de chacun est entièrement concentrée da l'organe suprême, de sorte que les sujets ne constituent aucune unité indépe dante ; ils ne sont que « multitudo civium, qui reguntur » (Cap. XIII, § 3 Cependant, le peuple forme une certaine unité, « unum habens voluntatem cui actio una attribui possit » (Cap. XII, § 8). *C'est pourquoi la conception « peuple » coïncide entièrement avec celle d'organe suprême.* « In democr[a]t et aristocratia, subditi sunt multi[t]udo) ; *sed curia est populus*. Et in mona chia, subditi sunt multitudo et ... *rex est populus* » (Cap. XII, § 8 ; Cap. VII, 5-13).

Voilà, en résumé, la charpente logique de la théorie contractuelle de Hobb dont tout le sens réside, comme nous l'avons vu, dans l'identification du contr d'union et du contrat de soumission[79]. Selon Hobbes, ces deux contrats cons

78 Cf. la formule plus ample du *Léviathan* : « Tamquam si unicuique unusquisque dicerent : 'Ego hu homini vel huic coetui auctoritatem et jus meum regendi me ipsum concedo ea conditione ut quoque tuam auctoritatem et jus tuum regendi in eundem transferas' » (Cité d'après Gierke, *o cit.*, p. 86, note 33).

79 Cf. Jellinek, *op. cit.*, pp. 200-203 ; Gierke, *op. cit.*, pp. 86-87, 101-102. Rehm a vigoureuseme soutenu le contraire (*op. cit.*, pp. 242-243). Il cherche à démontrer que Hobbes a fondé l'Etat s deux contrats : l'un conclu entre les individus eux-mêmes, l'autre entre chaque individu particul et le souverain. On ne saurait pourtant accepter une telle interprétation. Hobbes est explicite : « D mocratia non constituitur per acta singulorum cum populo, sed mutius pactis singulotum cum si gulis caeteris » (Cap. VII, § 7). De plus, il faut noter que selon la conception de Hobbes, le contr oblige absolument les deux parties (Cap. II, § 9). C'est pourquoi selon Hobbes, une *translatio jur* unilatérale ne constitue pas de contrat. Mais le plus grave est que dans son interprétation, Rehm même à l'encontre de l'esprit de la doctrine de Hobbes, celui-ci reniant toute sorte de relatio contractuelles entre le souverain et les sujets (pris singulièrement ou dans leur ensemble). C Jellinek, *op. cit.*, pp. 201-202 ; Gierke, *op. cit.*, pp. 341-342, note 36.

tuent le fondement même du pouvoir ainsi que du droit exceptionnel au pouvoir de tel ou tel organe, c'est-à-dire, de n'importe quelle forme politique[80].[81]

L'autre éminent représentant de l'école du droit naturel qui succèdera à Hobbes, Pufendorf, n'a pas su s'en tenir à la position choisie par son prédécesseur[82]. Pufendorf en revient à la conception pré-hobbesienne d'un « *pactum*

80 Dans le chapitre VII du *De Cive*, Hobbes offre une version plus détaillée de la genèse des formes politiques particulières, bien qu'à première vue elle semble contredire les principes fondamentaux qu'il avait lui-même exposés auparavant. Hobbes aboutit en effet ici à la conclusion que la démocratie représente la forme primaire de tout nouvel Etat, et par conséquent la monarchie et l'aristocratie se dégagent de la démocratie grâce au fait que le « peuple », cet organe démocratique supérieur, transmet ses droits souverains aux mains d'une personne ou d'une assemblée (Cap. VII, § 7, 8, 11). Hobbes ressusciterait ainsi sous une nouvelle forme l'idée de la souveraineté populaire primaire et d'un contrat spécial de soumission, établissant le fondement d'un ordre non-démocratique. Mais Hobbes ne mérite pas un tel reproche (cf. Rehm, *op. cit.*, pp. 243-244). Il est évident qu'en dressant un tableau précis de la genèse des formes politiques particulières, Hobbes ne songe pas à un monde idéel, mais bien à un monde empirique et concret qu'il essaie d'utiliser comme un exemple illustrant ses constructions générales et abstraites. Si l'on prend en considération cette idée simple, on comprend mieux le développement de son raisonnement.
Du point de vue abstrait, lorsqu'ils passent le contrat entre eux, les individus transmettent chacun leurs droits souverains à un tiers qu'ils peuvent choisir à leur gré. Ils peuvent donc établir n'importe quelle forme politique (Cap. V, § 6). Mais dans la situation concrète et empirique, c'est tout le contraire. Afin de conclure un contrat et de choisir un tiers, les individus doivent se rassembler, organiser une réunion ; or une réunion n'est possible que si chacun se soumet à la décision de la majorité. Tout participant de cette assemblée s'oblige donc à se soumettre à la volonté de la majorité (Cap. VII, § 5), et transmet silencieusement ses droits à l'assemblée, à condition que tous les autres fassent de même. Dans ce cas, la démocratie se prolonge jusqu'à la fin des travaux de l'assemblée (Cap. V, § 5 et 6). C'est ainsi que du point de vue empirique, le contrat primaire entre les individus ne débouche que sur la démocratie, et toutes les formes politiques prennent source en elle. « Aristocratia sive curia optimatum cum summo imperio originem habet a Democratia, quae jus suum in illum transfert » (Cap. VII, § 8). « Ut aristocratia ita quoque monarchia a potestate populi deravatur, scilicet jus suum, hoc est summum imperium in unum hominem transferentis. Quod cum factum est, populus non amplius est persona una, sed dissolute multitudo » (Cap. VII, § 11). Telle est la formulation concrète et empirique de la théorie contractuelle de Hobbes, qui modifie légèrement celle dont on vient de parler. Cependant, son contenu logique reste intact. Cela va de soi pour les fondements de la démocratie ; la différence tient à ce que le contrat est proclamé de façon tacite et non explicite, mais son contenu reste le même (cf. ci-dessous). La chose est moins claire en revanche pour la monarchie et l'aristocratie. Car en ce cas (ici il faut également un autre contrat entre l'ancien organe suprême et le suivant, même si cette relation contractuelle se rompt tout de suite) les sujets sont tenus de se soumettre au nouvel organe supérieur seulement parce qu'ils appliquent le contrat mutuel primaire qu'ils ont passé entre eux (Cap. VII, § 9 et 12). Ainsi, dans sa théorie, Hobbes fait du *contrat premier entre les individus* le véritable fondement du pouvoir en général, ainsi que des droits liés au pouvoir de l'organe suprême, ce contrat étant constitué en même temps par les faits *d'union et de soumission.*

81 Pour des raisons assez obscures, Rehm, *op. cit.*, pp. 243-244, pense qu'à côté du contrat tacite entre les individus (cf. note précédente), Hobbes postule aussi d'autres contrats à la base de la démocratie. Cette assertion ne repose sur aucun fondement. Dans le Cap. VII, § 7, Hobbes s'en tient à définir le contenu de ce contrat tacite sans suggérer que d'autres existent. C'est pourquoi Rehm, à notre avis sans raisons suffisantes, reproche à Hobbes de se contredire quand il avance l'hypothèse de l'existence d'une démocratie primaire, « d'un *populus* provisoire », puisque pour Rehm aucun *populus* ne peut exister avant l'émergence de l'Etat, même en démocratie. Après ce que nous venons de dire, cette objection tombe d'elle-même.

82 Le véritable continuateur de la théorie du contrat de Hobbes est Rousseau, pour qui il n'existe qu'un seul contrat.

subjectionis » spécifique et décompose le contrat total de Hobbes en quelques actes particuliers : en « primum pactum generale », ou contrat d'union ; en « decretum » par lequel le nouveau « peuple » choisit la forme politique ; enfin en « alterum pactum generale » ou contrat de soumission.

La formule du premier contrat conclu entre les individus qui fonde l'Etat comme « imperfectam formam » est la suivante : « Inter se singuli cum singulis pactum ineunt, quod in unum et perpetuum coetum coire velint, suaeque salutis ac securitatis rationes communi consilio ac ductu administrare » (L. 2, Cap. VI § 7). Pufendorf accorde à cette nouvelle union tous les critères de la personne morale[83]. Ainsi, le « decretum » précisant la forme politique future est-il pris à la majorité des voix. Pour autant que ce « *coetus* » ou *populus* se présente comme la partie contractante du deuxième contrat, « post decretum circa forma regiminis altero pacto opus est, dit Pufendorf, quando constituutur ille, vel illi in quem, vel quos regimen nascentis civitatis confertur : *quo quidem pacto hi* ad curam communis secutitatis et salutis, *reliqui* ad obsequium his praesestandum *sese obstringit* » (L. 2, Cap. VI, § 9). Une fois que l'on a constaté le caractère *bilatéral* du *contrat* de soumission, il est manifeste que ce *reliqui* n'implique pas les individus isolés, mais bien leur ensemble dont l'unité est issue du premier contrat. Il n'y a pas que les sujets ; le souverain contracte lui aussi une obligation. Or il est évident qu'il s'engage non pas devant chaque individu en particulier, mais devant tout le « *coetus* ». Dans d'autres passages de son ouvrage (L. 2, Cap. X, § 3 ; L. 2, Cap. IX, § 6), Pufendorf parle explicitement du « peuple » comme de l'une des parties contractantes. Ce peuple est chargé d'introduire dans le contrat d'autres conditions imprévues auparavant, et il peut donc se positionner comme le destinataire des obligations du souverain[84]. Mais une fois que l'Etat est définitivement formé, le *populus* cesse d'exister en tant qu'unité définie. L'Etat est une personne unique (ad modum unius personae concipitur) et la volonté du peuple s'exprime par le biais de l'organe souverain qui, en fonction des formes politique, sera soit le monarque, soit le sénat, soit le peuple. Toutes les autres [personnes] ne sont que des sujets –*subditi* – et tout ce qu'ils font est « *voluntas et actio privata non publica* ». De même que Hobbes, Pufendorf a donc tendance à opposer au souverain non pas le « peuple » mais les individus particuliers qui sont pour lui la partie contractante. Cependant, le peuple, en tant que personne morale, est toujours présent dans la doctrine de Pufendorf et se manifeste constamment à travers les ouvrages de ce penseur (cf. en particulier L. 2, Cap. X, § 12 et L. 2, Cap. IX, § 4), de sorte qu'après la disparition de l'organe souverain, le « peuple » retrouve ses droits comme « *imperfecta forma civitatis* » (L. 2, Cap. X, § 4).

83 Cf. Gierke, *op. cit.*, p. 88, note ; Tchitchérine, *op. cit.*, t. 2, p. 153; Kokochkine, *op. cit.*, pp. 22-23.

84 Rehm, *op. cit.*, pp. 249-250 avance que Pufendorf considère que la partie contractante du second contrat n'est pas le « *coetus* » mais un individu particulier. Il en conclut que Pufendorf n'a pas réussi à faire triompher son point de vue de manière cohérente, alors qu'il serait plus facile de présupposer que Pufendorf n'a jamais adopté ce point de vue.

En conclusion, notons qu'à la différence de Grotius, Pufendorf fait du contrat le véritable fondement de toute forme politique[85] : « Quandum ad quodvis imperium legitimum, dit-il, constituendum consensus subjectorum requiratur ; is tamen non ubique pari modo elicitur. Interdum enim per violentam bellicam aliqui adiguntur in victoris imperium consentire ; interdum ultro ad aliquem principem constituendum cives accedunt » (L. 2, Cap. X, § 1)[86].

Abordons maintenant l'analyse comparative des théories précédemment exposées avec la doctrine de Prokopovitch. Tout d'abord, on voit qu'en affirmant le pouvoir du monarque par recours à l'argument du contrat, Prokopovitch présuppose l'idée de la *souveraineté populaire* primaire, mais non celle de la souveraineté *de l'individu*. Dans *Pravda Voli Monarshej*, le contrat est notamment un « *pactum subjectionis* » dont le peuple, détenteur de la volonté générale, est le centre constitutif (cf. ci-dessus, Chap. 3 Part. 1), c'est-à-dire une partie contractante qui abdique son droit primaire. Dans la doctrine de Théophane, le peuple est défini comme l'obligé du monarque.

Prokopovitch ne touche pas à la question de la genèse du « peuple » en tant que tel, ni même de son pouvoir. Ainsi, l'idée principale de la théorie contractuelle de l'école du droit naturel, son trait spécifique qui la distingue des théories du Moyen-Âge – *la consécration de l'individu comme source primaire de tout le pouvoir – cette idée reste absolument étrangère à Prokopovitch.* Il n'a repris de l'école du droit naturel que la conception du contrat de soumission, mais non celle du *pactum conjonctionis*.

Après ce que nous venons de dire dans ce chapitre, il devient clair que cette approche est en profond désaccord avec les principes fondamentaux de la théorie contractuelle de Hobbes. Car selon cette théorie en effet, le contrat primaire entre les individus (*pactum unionis*) est *à la fois* contrat d'union et de soumission, alors que le « peuple » n'est pas une partie contractante mais le résultat et le destinataire de ce contrat. En revanche, cet énoncé de la question permet de rapprocher la théorie de Prokopovitch avec les théories de Hugo Grotius, Pufendorf et Buddeus qui admettaient l'existence de ces deux contrats et recouraient à la conception du « peuple » en tant que partie prenante.

85 En ce qui concerne ce point dans la doctrine de Hobbes, on voit qu'il ne le traite pas expressément dans son *De Cive*. S'il oppose la « *civitas institutiva* », issue du contrat, à l'Etat, issu quant à lui de la violence et de la guerre (« *civitas naturalis* » et en particulier « *regnum patrimoniale* »), Hobbes ne dit pas clairement si c'est le consentement des sujets, c'est-à-dire le contrat, qui sert de base à cette forme politique (cf. Cap. V, § 12 et Cap. IX, § 10). Cette conclusion découle pourtant de toute la conception de Hobbes (cf. Cap. VIII et Cap. IX), et il le prononce d'ailleurs explicitement dans le *Léviathan*.

86 Buddeus partage le même point de vue. Selon sa doctrine, le contrat est à la base du pouvoir d'un monarque légitime comme d'un monarque patrimonial : « cum solus consensus populi... sit causa imperii et modi etiam quo imperium alicui confertur » (*Ex. jur. nat. de test. imp.*, Cap. I, § 22, p. 527). Dans le cadre de ses deux thèses sur la succession au trône, Buddeus ne mentionne que le contrat de soumission entre le « peuple » et le souverain futur. Il ne parle du contrat d'union, ce socle de toute la société, que dans son autre article « Historia juris naturalis » (§ II, p. 8).

Tels sont, en gros, les contours généraux des ressemblances et des diff rences dont nous devons maintenant amorcer l'analyse détaillée.

Intrinsèquement, c'est de la théorie contractuelle de Grotius que la doctrin du contrat exposée dans *Pravda Voli Monarshej* s'approche le plus – (mai aussi de Buddeus, qui l'a reprise à son compte). Nous l'avons vu, Grotius com prend le contrat de soumission comme un phénomène absolument indépendar et distinct du contrat social. De plus, il fonde sa doctrine de la genèse de formes politiques sur l'idée du contrat de soumission. De même que Grotius Prokopovitch place la « volonté populaire » primaire, dont le contenu es l'abandon des droits souverains, à la base de ces formes. Ainsi le « peuple apparaît-il comme partie contractante, et par conséquent les deux doctrines pos tulent *qu'il continue son existence même après la passation du contrat d'après elles, le peuple serait obligé* devant le souverain, mais après sa dispari tion, il recouvre à nouveau ses droits souverains (cf. ci-dessus, Part. 1).

Comme nous venons de le démonter, la théorie contractuelle de Prokopo vitch s'oppose radicalement à celle de Hobbes. Pour celui-ci, le « fait norma tif » qui fonde à la fois l'Etat, le pouvoir en général ainsi que chaque form politique particulière est exclusivement la volonté de chacun, tandis que pou Prokopovitch il s'agit de la volonté générale du « peuple » en tant qu'unité. D plus, selon la théorie de Prokopovitch c'est le contrat unilatéral entre le mo narque et le peuple qui est à la base de la monarchie, tandis que pour Hobbes i s'agit du contrat entre les individus. Dans la formulation que Hobbes donne a contrat, l'individu qui abdique de ses droits s'adresse aux autres individus tandis que dans celle que propose *Pravda Voli Monarshej*, le « peuple s'adresse au monarque[87]. Enfin, pour Hobbes, le sujet du devoir d'obéissanc est l'individu singulier, alors que pour Prokopovitch il s'agit d'une unité pré cise – celle du « peuple ». C'est pourquoi, selon la doctrine de Hobbes, après l disparition de l'organe supérieur qui est sujet de droits, on retourne à l'état d nature (Cap. VII, § 18), i.e. l'individu recouvre ses droits souverains, tandis qu d'après Prokopovitch, le pouvoir suprême « revient au peuple » qui en est l détenteur originaire (p. 628, c. 2, v. 7). *Les doctrines contractuelles de Hobbe et de Prokopovitch divergent donc essentiellement*[88].

87 « Nous le voulons unanimement, dit le *peuple* au premier souverain, que tu nous aies sous ton gou vernement pour toujours et *pour notre bien commun...*, et nous refusons notre volonté une foi pour toutes et ne la récupérerons jamais à l'avenir » (cf. ci-dessus). On ne peut en aucun cas inter préter cette formule comme une expression de la volonté des individus particuliers s'adressan séparément au futur monarque. Comme nous l'avons déjà maintes fois affirmé, Prokopovitch par toujours de la conception de la volonté populaire générale, jamais de celle des individus (cf. auss p. 624, c. 1, v. 24 ; p. 624, c. 2, v. 2 et 9 ; p. 625, c. 1, v. 36 ; p. 628, c. 2, v. 35 sq.). C'est pourquo nous pensons qu'il est inadmissible de parler, comme le font Reisner (*op. cit.*, p. 23) et Kokochkin (*op. cit*, p. 22), d'une ressemblance entre la théorie contractuelle de Hobbes et la doctrine d Prokopovitch.

88 Il y aurait matière à rapprocher les théories de Hobbes et Prokopovitch si l'on prenait en compte l formulation concrète et empirique de la théorie hobbesienne selon laquelle la démocratie est l forme politique primaire, alors que l'aristocratie et la monarchie apparaissent parce que le peuple

Hormis la ressemblance que nous venons d'évoquer (à savoir que pour les leux penseurs, le « peuple » est partie contractante du contrat de soumission), notons que la théorie de Pufendorf se rapproche également de celle de Prokopovitch sur un autre aspect – ils considèrent tous deux le consentement du peuple comme la base véritable de toute forme politique. Comme nous l'avons vu, un el énoncé fut encore étranger à Grotius. Quant à Hobbes, son *De Cive* n'a guère précisé sa position à cet égard. Seuls Pufendorf et Buddeus avancent cette dée très nettement, de sorte qu'il nous semble nécessaire de postuler que Prokopovitch la leur ait empruntée.

Il existe toutefois une divergence importante entre les théories de Pufendorf et de Théophane sur laquelle nous devons attirer l'attention. Il s'agit de la nature du contrat de soumission. Prokopovitch insiste sur son unilatéralité, et Pufendorf sur sa bilatéralité. « Quand il transmet toute sa volonté dans les mains du monarque, le peuple n'exige de lui aucune volonté en contrepartie », écrit Prokopovitch (p. 629, c. 1, v. 8). Sur ce point, les thèses de Prokopovitch convergent avec celles de Hobbes, mais notons par ailleurs que Grotius partageait lui aussi cette opinion (cf. L. 1, Cap. III, § 8)[89].

Section 2
La combinaison des idées contractuelle et théocratique

On a l'habitude d'envisager les théories contractuelle et théocratique comme leux courants de pensée politique complètement opposés, s'excluant l'un l'autre. En soi, c'est un fait. Mais *sous certaines conditions* les éléments contractuels et théocratiques peuvent librement coexister dans le cadre d'une même doctrine politique, et l'histoire des idées politiques révèle un grand nombre de ce genre de combinaisons. Ces deux théories, la contractuelle et la théocratique, peuvent être modifiées différemment, et selon certaines modifications précises, leur combinaison devient tout à fait réelle.

Comme nous l'avons déjà vu dans les chapitres précédents, il faut distinguer entre deux sortes de nuances de l'idée théocratique : il existe la vieille doctrine du *pactum subjectionis*, qui fonde seulement le pouvoir de la personne concrète ou son droit au pouvoir, puis il y a la doctrine du contrat individualiste propre à l'école du droit naturel, et qui déduit de la volonté des sujets non seulement la formule de la vocation exceptionnelle du souverain mais aussi son pouvoir.

– cet organe supérieur de la démocratie – transmet ses droits au monarque ou à une assemblée aristocratique. Cette construction a sûrement pu servir de modèle aux conceptions de Prokopovitch, mais cet emprunt serait manifestement superficiel, ne concernant pas le fond du problème (cf. ci-dessus).

Bien sûr, il s'agit ici du contrat de soumission *comme tel*, et non pas des cas où l'on inclut des conditions particulières à ce contrat.

Cependant, il est aussi possible d'interpréter l'idée théocratique (« *non* *potestas nisi a Deo* », Rom., XIII, 1) différemment. L'une de ces interprétatic veut que la volonté de Dieu soit la source directe de tout pouvoir. Chaq porteur du pouvoir public obtient ce pouvoir directement de Dieu, d'u manière surnaturelle, et par conséquent il devient un vicaire de Dieu sur ter Dans le cadre des luttes politiques du Moyen-Âge et du début des temps n dernes, on a tiré de cette source divine du pouvoir monarchique des con quences juridiques capitales quant à la souveraineté du monarque. Pour repre dre les termes de Hitier, la doctrine du droit divin attribué au monarque p sentait « une négation triple : la négation des prétentions du Pape, celles l'Empereur et la négation des droits du peuple »[90]. Il est évident que sous angle l'idée théocratique s'oppose radicalement à l'idée contractuelle et l'e clut d'une manière absolue : étant donné que le pouvoir monarchique provie directement et immédiatement de Dieu, alors ce pouvoir est indépendant de volonté des sujets.

Mais l'idée théocratique admet également d'autres interprétations où elle combine avec l'idée contractuelle. Ainsi, les partisans de la suprématie du Pa ont longtemps persisté dans cette interprétation. Ils avancent que le pouvoir en principe un commandement de Dieu, mais Dieu ne choisit pas ses rep sentants concrets, ce qui est l'affaire de la volonté humaine. Le souverain reç donc son pouvoir directement du peuple, tandis que Dieu n'en est que la cau finale. « *Omnis potestas a deo per populum* ». Comme nous l'avons déjà rem qué (cf. ci-dessus, Chap. 3, section 1), cette doctrine traditionnelle de l'égli catholique (depuis Thomas d'Aquin jusqu'à Léon XIII[91]) permet d'unir av une logique impeccable les idées contractuelle et théocratique.

Une autre interprétation très originale de l'idée théocratique permettant de relier à l'idée contractuelle fut développée dans les doctrines des monarch maques (cf. ci-dessus). Ces derniers ont placé à la base de leurs constructio l'idée d'une obligation *corréale* qui fut conclue entre Dieu d'un côté, puis peuple et le roi de l'autre. Dieu entérine le contrat entre le peuple et le mon que, de sorte que si le peuple devait le transgresser, de vicaire de Dieu deviendrait malfaiteur. Ainsi, les droits du peuple reçoivent une sancti théocratique[92].

Dans les exemples de combinaison des idées contractuelle et théocratiq que nous venons de donner, on peut remarquer deux caractéristiques partic lières. D'une part, on ne peut pas négliger qu'une telle combinaison est pl favorable aux droits du peuple qu'à ceux du monarque, et elle fut d'ailleu développée par les adversaires de la souveraineté monarchique[93]. Mais d'aut

90 Hitier, *op. cit.*, p. 28.

91 Parmi ses encycliques, celles qui concernaient la question des fondements du pouvoir sont suivantes : « *Diuturnum* », « *Immortale Dei* » ; cf. Hitier, *op. cit.*, p. 48.

92 Gierke, *op. cit.*, pp. 58-59, 69 ; Kovalevsky, *op. cit.*, tome. II, p. 34 ; Jellinek, *op. cit.*, p. 19 Hitier, *op. cit.*, p. 61.

93 Cf. ci-dessus : Chap. 3, section 1.

part, il faut souligner que du point de vue théorique, dans ces exemples l'idée théocratique se mêle au *contrat de soumission – pactum subjectionis* – qui ne crée ni l'Etat ni le pouvoir comme tels, mais seulement le droit au pouvoir pour un représentant concret, c'est-à-dire pour une forme politique concrète. Il est évident que dans son principe, l'idée théocratique s'oppose radicalement à la théorie du *contrat social*, du *pactum conjunctionis* conclu entre les individus souverains, et qui est à la base de l'Etat et du pouvoir. Etant donné que chaque individu, par sa nature même, est souverain, et vu que le pouvoir n'émerge dans la société que grâce à l'accord librement consenti des individus investissant la nouvelle union sociale de leurs droits, cette union n'est donc que le fruit de la création humaine. De ce point de vue, la volonté libre de l'individu s'avère être la seule source pensable de l'Etat et du pouvoir. *La doctrine individualiste de l'école du droit naturel conduisait donc à l'annulation totale de l'idée théocratique.*

Cette conclusion décisive fut d'ailleurs déjà tirée par le premier représentant de l'école du droit naturel – Hugo Grotius. « Notandum est, dit-il, primo homines *non Dei praecepto, sed sponte* adductos experimento infirmitatis familiarium segregum adversus violentiam, *in civitatem coiisse*, unde ortum habet potestas civiis, quam, ideo humanam ordinationem Petrus vocat ; quamquam alibi et divina ordinatio vocatur, quia hominum salubre institutum Deus provabit. Deus autem *humanam legem probans* censetur probare, *ut humano et humano modo* » (L. 1, Cap. IV, § 7. 3). L'Etat et le pouvoir sont ainsi des institutions strictement laïques, et quand bien même Dieu les prendrait sous son parrainage, cela ne changerait rien à la nature propre du pouvoir suprême. En d'autres termes, Grotius considère la volonté divine comme un « fait normatif » indépendant, qui construit le système des normes du droit public.

Il va sans dire que la doctrine de Hobbes exclut fondamentalement l'idée théocratique. Dans l'état de nature, « *homo homini lupus est* », et seule la volonté d'individus souverains guidés par l'instinct de conservation établit la société et le pouvoir. Le devoir d'obéissance qu'ont les sujets résulte du contrat primaire, et Hobbes ne reconnaît aucun autre fondement de ce devoir. L'Etat est une institution purement humaine, et d'après Hobbes[94], rien n'est plus faux que d'affirmer que le souverain tient son pouvoir de « la grâce de Dieu ». Malgré tout son absolutisme, Hobbes s'avère donc être un indéniable adversaire de l'idée de la « monarchie de droit divin » tout comme du légitimisme. Ce n'est pas en vain que les « chevaliers » anglais ont refusé Hobbes dans leurs cercles et que les représentants de l'idéologie officielle – Filmer et d'autres – ont engagé une virulente polémique contre lui[95].

94 Windelband, *Geschichte der neueren Philosophie*, Leipzig, 1911, tome 1, p. 158.

95 Cf. Kovalevsky, *op. cit.*, tome 2, p. 141 ; Scherschenevitch, *L'histoire de la philosophie du droit*, SPb., 1907, pp. 411-412, 322 [en russe] ; Tchitchérine, *op. cit.*, tome 2, p. 74. Que dans le chapitre XI de son *De Cive*, Hobbes ait étayé ses idées sur le caractère absolu du pouvoir suprême par référence à l'Ecriture Sainte n'infirme pas ce que l'on vient de dire. Avec ces références, Hobbes cherchait seulement à démontrer que les qualités du pouvoir public (issu exclusivement de l'élément

Dans la doctrine de Pufendorf, la négation de l'idée théocratique n'est pas moins évidente que dans les théories de Grotius et de Hobbes. Dans son œuvre maîtresse, le *De jure naturae et gentium*, Pufendorf proteste énergiquement contre la théorie de l'origine divine du pouvoir. Il la trouve complètement fausse, mais aussi très nuisible car elle détruit l'idée d'un contrat entre le souverain et ses sujets[96]. Cependant, Pufendorf hésite à rompre ouvertement et clairement avec l'idée théocratique. Après avoir longuement décrit les contrats qui fondent l'Etat et le pouvoir, Pufendorf remarque que « ista tamen, quae super origine civitatem tradita sunt, non obstant, quominus imperium civile a Deo esse recte dictatur » (L. 2, Cap. VI, § 14). Aussi, bien que le contrat soit le fondement immédiat du pouvoir, c'est néanmoins Dieu qui en est le fondement ultime. Ceci dit, cette thèse implique des idées bien différentes de celles des théologiens catholiques. Ces derniers soutiennent que l'acte fondateur de Dieu constitue la pierre angulaire de la société, alors que pour Pufendorf, il s'agit de la volonté souveraine de l'individu. Pufendorf dit encore que la volonté divine ne fonde le pouvoir qu'en « *mediante dictamine rationis* ». Cause première de l'être, Dieu a créé la raison humaine, et par conséquent, les lois naturelles (L. 1, Cap. III, § 11). Mais comme les lois naturelles ne sont appliquées qu'à l'état public, alors « cum qui iubet finem, iubere etiam censeatur media ad finem neccessaria, Deus quoque, *mediante dictamine rationis*, antecedenter *praecepisse humano generi* multiplicato intellegentur, ut civitates, quae *summo imperio* velut animantur, *constituerentur*. Quorum ordinem quoque in divinis litteris expresse adprobat » (L. 2, Cap. VI, § 14). Nous voyons donc que Pufendorf n'accepte l'idée théocratique qu'en apparence. La sanction divine étant accordée à tout ce qui est conforme à la raison, elle ne constitue pas un facteur indépendant de la genèse du droit[97].[98]

humain) ne s'opposent aucunement à la révélation divine (cf. ci-dessus Chap. 4, section 1).

96 *De jure naturae et gentium*, tome 2, L. 7, Cap. III ; cf. Scherschenevitch, *op. cit.*, p. 351; Tchitchérine, *op. cit.*, tome 2, p. 156.

97 Grotius aurait sans doute partagé la formulation que Pufendorf donnait au problème. Il en va sûrement de même pour Hobbes puisqu'il basait la validité des lois naturelles sur la volonté divine (cf. ci-dessus).

98 En ce qui concerne la façon dont Buddeus a résolu cette question, on constate que dans ses thèses cet auteur a soutenu des principes bien contradictoires.
Ainsi, concernant un problème particulier, il dit (dans *Ex. jur. nat. de test. spec. Car. II. H. R.*) : « solus consensus populus, a *Deo tamen approbatus*, est (cit) causa imperii et modi etiam, quo imperium alicui confetur » (Cap. I, § 22, p. 527). Cette construction ressemble beaucoup à celle de Prokopovitch. Néanmoins, Buddeus n'en tire absolument aucune conséquence quant à la souveraineté monarchique. Autrefois (*Ex. jur. nat. de succ. primog.*), dans sa polémique contre Horne il soutenait un point de vue contraire – ce qui témoigne de son adhésion aux idées de Pufendorf : « Sed quicquid auctor doctrissimmus hic differit, id omne prava ista, qua imbutus est, nititur opinione, majestatum immediate principibus a Deo conferri, et iis defunctis ad Deum redire : quem tamen errorem accurate et *exquisitis argumentis confecit Pufendorfius* » (§ 16, p. 168). Ainsi, Buddeus n'a eu aucun point de vue bien établi sur les rapports entre les idées contractuelle et théocratique, alors qu'il faut considérer la construction de Prokopovitch, prise au sens large, comme tout à fait originale.

A la *différence* de ses précurseurs européens de l'école du droit naturel, l'auteur de *Pravda Voli Monarshej*, comme nous l'avons vu, fonde le pouvoir monarchique non seulement sur la volonté populaire, mais aussi sur l'intervention directe de Dieu. Dans sa doctrine, Prokopovitch se sert de l'idée théocratique pour discuter du pouvoir public en général (*Recueil complet des Lois*, tome VII, pp. 619-621), ainsi que pour confirmer au détenteur du pouvoir le droit de l'exercer (cf. ci-dessus : Chap. 3, section 1). Les devoirs des sujets ne sont donc pas les seuls à être soumis à la sanction divine : les droits et devoirs du monarque le sont tout autant. Par ailleurs, il faut dire que la théorie développée dans *Pravda Voli Monarshej* ne contredit pas l'idée théocratique. Comme nous l'avons démontré, quand Théophane parle du contrat, il s'agit seulement du contrat de soumission ; l'individualisme de l'école du droit naturel lui resta toujours étranger. N'ayant pas repris la théorie du contrat social de ses précurseurs européens, l'auteur de *Pravda Voli Monarshej* a conservé dans sa doctrine une grande place pour l'idée théocratique.

Le fait que l'on puisse observer une opposition entre les idées contractuelle et théocratique au sein de la doctrine de Prokopovitch tient à son ambition de baser sur la volonté divine non seulement le pouvoir en général, mais encore le droit du monarque au pouvoir. Autrement dit, Théophane cherchait à utiliser l'idée théocratique pour *justifier l'absolutisme monarchique*. Or ce n'est possible que dans le cadre de la doctrine des sources *directement* divines du pouvoir monarchique, ce qui en principe exclut l'idée contractuelle. Par contre, ainsi que nous l'avons vu, la combinaison des idées théocratique et contractuelle conduit à l'affirmation des droits du peuple, mais non à ceux du monarque. Comme nous l'avons démontré, en faisant coïncider dans le titre d'un monarque absolu le mandat de Dieu et la volonté populaire, Prokopovitch n'arrive à la conclusion désirée (l'affirmation du droit d'un monarque absolu) que grâce à une manipulation logique.

Chapitre 5
L'Ordre Intérieur de la Monarchie Absolue

Section 1
Le Bien commun comme objectif de l'Etat et comme devoir premier du monarque

« Le bien commun en tant qu'objectif de l'Etat et de son pouvoir suprême en tant que principe d'activité de tous ses organes – voilà le principe fondamental de l'Etat nouveau qui le distingue clairement de l'ordre féodal du Moyen-Âge »[99]. Or, ce n'est qu'après la reconnaissance de ce principe que le droit public, qui au cours du Moyen-Âge s'est confondu avec le droit privé parvient à une existence indépendante et autonome. Cette indépendance signifiait évidemment l'effondrement de l'Etat patrimonial, la substitution de l'intérêt individuel du souverain patrimonial par l'intérêt social, ainsi que l'imposition d'*obligations relevant du droit public* aux gouvernants qui n'avaient jusqu'alors joui que de droits.

Le principe de bien commun a joué un rôle très important dans le développement politique de l'Europe. Dirigé contre le féodalisme, ce principe a également rendu de grands services à l'absolutisme monarchique qui était en train de naître à cette époque-là. A partir de la doctrine du bien commun entendu comme principe de gouvernement, on a établi une théorie de l'Etat policier conjointe à l'exhortation d'une tutelle absolue d'un Etat ne connaissant aucune limite juridique[100]. Tous les partisans de l'absolutisme furent également d'accord sur le fait qu'il n'appartient qu'au souverain de décider sur les questions de « bien commun » – il est le seul qui soit appelé à s'inquiéter de définir et de poursuivre l'objectif de l'Etat. Pour accomplir cette grande vocation, il est le seul à disposer de moyens suffisants : des droits illimités du pouvoir. Ainsi la théorie du bien commun est-elle devenue la doctrine *par excellence* de l'absolutisme.

Dans la doctrine du premier des représentants du courant absolutiste de l'école du droit naturel, Hugo Grotius, l'idée de bien commun ne fut pourtant pas mise en œuvre dans toute son ampleur. Grotius (sous l'influence de Cicéron) définit l'Etat comme « coetus perfectus liberorum hominum, juris fruendi et communis utilitatis causa sociatus » (L. 1, Cap. I, § 14. 1), i.e. en plus du bien commun il identifie un autre objectif assez indépendant de l'Etat, lequel consiste à mettre en œuvre l'ordre du droit. Il considère ainsi que l'objectif principal de l'Etat est de s'inquiéter que « *ut cuique salvum sit communi ope ac*

99 Reisner, *op. cit.*, p. 1.
100 Jellinek, *op. cit.*, p. 236.

conspiratione » (L. 1, Cap. II, § 1. 5). Ainsi, Grotius est-il tout autant le précurseur de la théorie du « bien commun » que de la *doctrine libérale*.

Toutefois, cette vision des objectifs de l'Etat n'empêche pas Grotius de soutenir dans sa polémique avec les démocrates que la réalisation de l'intérêt commun ne constitue pas une condition nécessaire de la légitimation de l'ordre étatique. Grotius affirme que les partisans de la suprématie du peuple défendent eux aussi que le pouvoir n'existe pas pour le bien des gouvernants, mais pour celui des gouvernés. Du fait de cette formulation si générale, cette assertion est pourtant fausse : « nam quaedam regimina per se sunt regentis causa, ut dominium... Sunt alia regimina mutuae utilitatis causa, ut maritale. *Sic imperia quaedam esse possunt comparata ad regum utlitatem*, ut quae victoria parta sunt, et non ideo tyranica dicenda sunt, cum tyranis ... injustitiam includat. Possunt et quaedam utilitatem respicere tam ejus qui regit, quam ejus qui regitur » (L. 1, Cap. III, § 8. 14). Grotius envisage ainsi la possibilité d'une prépondérance des intérêts particuliers au sein l'Etat, mais non des intérêts publics du gouverneur, aussi impeccable que serait une telle forme politique.

Comme nous le voyons, la conception du bien commun ne joue aucun rôle dans la doctrine de Grotius. Il en va tout autrement de la doctrine de Hobbes qui est pénétrée de part en part de l'idée d'utilité commune.

Les gens sont rassemblés pour vivre ensemble et concluent le contrat social en raison de l'utilité commune (Cap. I, § 11, § 13 ; Cap. V, § 4). « Consensio plurium consistit in eo tantum, quod actiones suas omnes ad eundem finem ... et *bonum commune* dirigant » (Cap. V, § 4). Au nom de cette utilité, ils transfèrent tous leurs droits au souverain. C'est pourquoi « imperantium autem officia omnia hoc uno dicto continentur : 'salus populi suprema lex' » (Cap. XIII, § 2). Si le souverain reculait devant ce devoir, alors il transgresserait aussi bien la loi naturelle que la loi divine (ibid.).

Quel est donc concrètement le contenu de ce devoir, ou autrement dit, en quoi consiste le bien commun ? « Per salutem autem, répond Hobbes, intelligi debet non sola vitae qualitercunque conservatio, sed quantenus fieri potest *vita beata* » (Cap. XIII, § 4). Puisque les individus ont établi l'Etat pour profiter d'une vie plus agréable (*jucundissime vivere*, Cap. XIII, § 4), le souverain doit s'inquiéter « ut cives bonis omnibus non ad vitam modo, sed etiam ad delectationem abunde instruantur » (Cap. XIII, § 4). Les objectifs que le gouverneur patrimonial doit se poser s'il ne veut pas nuire à ses propres intérêts sont exactement les mêmes.

Plus précisément, pour atteindre la prospérité commune, le souverain doit s'occuper : a) de la sécurité extérieure de l'Etat ; b) de la paix intérieure et de la pondération ; c) de la prospérité matérielle des citoyens ; et d) de la liberté des citoyens à condition que cela ne contredise pas le bien commun. Pour assurer le premier objectif, le souverain doit engager des agents secrets, et même en temps de paix il doit faire construire des châteaux, recruter et former des soldats, puis veiller à l'approvisionnement en armes et en argent (Cap. XIII, § 7 et 8). Afin de garantir la paix intérieure, le souverain est obligé d'éradiquer l doctrines nuisibles (*has seditiosae opiniones eradicare ex animus civium*) d'encourager de toutes ses forces celles qui sont utiles (*et contrariis insinuar* (Cap. XIII, § 9)[101]. En vue de l'instruction et de la vie spirituelle des suje Hobbes oblige le pouvoir suprême à prendre le contrôle des universités. « quis sanam doctrinam introducere voluerit, dit-il, incipiendum ei est ab acac miis. Illic fundamenta doctrinae civilis vera et vere demonstrata jacienda sun (Cap. XIII, § 9). Dans ce but il faut préparer des manuels officiels de dr public et les faire utiliser pour l'instruction de la jeunesse.

Par ailleurs, afin de préserver la paix, le souverain doit redistribuer l impôts et supprimer les complots (Cap. XIII, § 11, 12, 13). Pour contribuer bien-être matériel de ses sujets, il faut ensuite que le souverain exhorte « labeur et à l'esprit d'épargne » ; il doit porter une attention particulière développement de la navigation (ars navigandi, per quam commodi totu mundi solo pene labore empta in unam civitatem comportantur), du commer extérieur et de l'industrie (*ars mechanica*) ; et il importe aussi de lutter cont la paresse et la prodigalité par des lois spéciales (on voir clairement q Hobbes indique ici les principes fondamentaux de la politique mercantilist (Cap. XIII, § 14).

Enfin, parmi les devoirs du souverain on compte le principe de ne p entraver la liberté des sujets dans la mesure où cela ne nuit pas au bi commun. « Mensura ejus libertatis ex bono civium et civitatis capienda est (Cap. XIII, § 15). D'après Hobbes, la liberté des citoyens est la partie du dr naturel « quae civibus a legibus civilibus permissa et relicta est » (ibid.). L sujets ne jouissent d'aucun droit indépendant dans leurs relations à l'Etat : i lui sont soumis exactement comme les esclaves sont soumis à leurs maîtr (Cap. IX, § 9). Cependant, il est utile de préserver une certaine sphère de liber et d'autonomie des sujets, car sinon (si nihil injussu legem facerent) l citoyens s'adonnent de nouveau à l'immobilisme et à la paresse. Pour légifér « non ad actiones homines tollendas, sed dirigendas », il est donc indispensab qu'« ut infinita pene sint, quae neque jubentur neque prohibentur ». Aussi souverain transgresserait-il ses devoirs s'il édictait plus de lois que ce qui e nécessaire au bien-être des citoyens et de l'Etat (Cap. XIII, § 15). En outre, af de garantir la liberté des sujets, le souverain se gardera d'imposer aux fauteu de troubles des punitions plus sévères que la loi ne le prévoit (Cap. XIII, § 1 de même qu'il veillera très attentivement sur l'incorruptibilité des juges.

101 Hobbes interprète la notion de « doctrine nuisible » dans un sens très large. Elle comprend non se lement les théories prônant le tyrannicide (Cap. XII, § 3), celles qui présupposent que les souv rains soient soumis aux lois civiles (Cap. XII, § 4) et que le pouvoir souverain puisse être divi (Cap. XII, § 5), mais encore l'opinion qu'il appartient aux sujets de juger du bien et du mal (Ca XII, § 1) et qu'ils puissent pécher en obéissant aux commandements du pouvoir suprême (Cap. X § 2). Il va sans dire que la théorie de l'imprescriptibilité de la propriété privée est également jug nuisible (Cap. XII, § 7).

Comme nous le voyons, Hobbes débouche sur l'exigence d'une certaine « liberté civile » pour les sujets. Mais en réalité cette liberté s'avère illusoire. Hobbes n'en précise aucune garantie et il lui suffit seulement d'en référer au bien commun pour soumettre l'individu en son for intérieur à un Léviathan omnipotent. Il est pourtant révélateur que l'esprit de ce grand absolutiste fut pénétré de l'idée de *l'inutilité d'une réglementation et d'une tutelle excessives.*

Les grandes lignes de la doctrine de Pufendorf sur l'objectif de l'Etat et sur les devoirs respectifs du monarque coïncident avec celles de la doctrine de Hobbes, vu qu'elles en constituent en grande partie un simple calque. Néanmoins, ces deux doctrines divergent sur un point très important. Au contraire de Hobbes, dans sa doctrine du contrat bilatéral conclu entre les sujets et le futur souverain, Pufendorf définit le devoir du souverain envers le bien commun des sujets comme un devoir juridique, non comme un simple devoir moral (cf. ci-dessus). « Hi (i.e. les souverains), dit-il en dépeignant l''alterum pactum generale', ad curam communis securitatis ac salutis, reliqui ad obsequium his praestandum sese obstringunt » (L. 2, Cap. VI, § 9). Pour le reste, ces deux doctrines sont absolument analogues, et lorsque Pufendorf énumère les devoirs particuliers du souverain, il ne fait que répéter les mots de Hobbes.

« Generalis lex summorum imperantium, dit-il, est haec : salus populi suprema lex esto » (L. 2, Cap. IX, § 3).

Le souverain doit notamment 1) garantir la paix intérieure « curandum ut subditi ad bonos moros componantur ». A cet effet il doit non seulement édicter des lois régulant les bonnes mœurs, mais aussi inculquer le christianisme aux sujets et veiller à enseigner la discipline dans les écoles publiques (L. 2, Cap. XI, § 4). 2) A cette fin, il convient également « ut salutares ac idoneae leges constituantur », et plus particulièrement de ne pas légiférer plus que cela est nécessaire au bien commun (L. 2, Cap. XI, § 5). 3) Ensuite, le souverain doit veiller attentivement à ce que les lois édictées soient réellement mises en œuvre (L. 2, Cap. XI, § 6). 4) Il ne faut pas imposer de punitions plus sévères que ce qui est nécessaire au bien commun (L. 2, Cap. XI, § 7). 5) Il faut ensuite que le souverain se soucie que « ut civium inter se invisem injuriae prohibeantur » (L. 2, Cap. XI, § 8). 6) Le souverain doit engager d'honnêtes gens dans les offices publics (L. 2, Cap. XI, § 7). 7) Il faut distribuer les impôts de manière juste et les utiliser pour les besoins publics (L. 2, Cap. XI, § 10). 8) Il faut favoriser le bien-être matériel des sujets (L. 2, Cap. XI, § 11). 9) Le souverain doit absolument prévenir tous les complots et les émeutes au sein de l'Etat (L. 2, Cap. XI, § 12). 10) Enfin, en ce qui concerne la sécurité de l'Etat, le monarque doit commander à l'avance ce qu'il faut pour mener la guerre (L. 2, Cap. XI, § 13)[102].

102 En plein accord avec les autres représentants de l'école du droit naturel, Buddeus reconnaît lui aussi que le *salus publica* constitue le fondement du pouvoir et de l'Etat dans leur entier (*Ex. iur. nat. de offic. imp. circa conscr. Militum*, § 11, p. 462). Mais, divergeant en cela des absolutistes, il fait du bien commun la limite juridique au pouvoir du souverain. Les actions et les commandements

Analysons maintenant la doctrine de Prokopovitch en fonction de ces théories européennes. On ne saurait négliger le fait que l'auteur de *Pravda Voli Monarshei* a totalement adopté la doctrine du « bien commun » de ses précurseurs occidentaux. Il reconnaît explicitement que dans son ensemble, le pouvoir existe non pour les gouvernants, mais pour les gouvernés, et surtout pour leur « bien commun ». Au contraire des représentants de l'école du droit naturel, Théophane fonde ce devoir précis du monarque non seulement sur le contrat, mais aussi sur la volonté divine[103], conformément aux deux sources qu'il attribue à la genèse du pouvoir monarchique. Extrinsèquement, Prokopovitch semble déduire certains devoirs du monarque de l'Ecriture Sainte[104], mais en fait il reproduit les thèses respectives de Hobbes et de Pufendorf.

Le premier devoir du monarque que Prokopovitch mentionne – « le tsar doit veiller à ce que dans l'Etat il y ait une vraie justice afin de protéger les offensés contre les malfaiteurs » (p. 622, c. 1, v. 18) – coïncide parfaitement avec le cinquième devoir que Pufendorf attribue au souverain (L. 2, Cap. XI, § 8) – alors que Hobbes ne le mentionne qu'à propos d'un cas particulier (Cap. XIII, § 7). Le deuxième devoir fixé dans *Pravda Voli Monarshej* – disposer « d'une armée forte et expérimentée pour protéger la patrie contre les ennemis » (p. 622, c. 1, v. 22) – est également indiqué chez Pufendorf (L. 2, Cap. XI, § 13) et Hobbes (Cap. XIII, § 8). Le troisième et dernier devoir que Prokopovitch signale – « afin d'avoir la meilleure instruction ... à la fois pour la dévotion et la vie honnête (p. 622, c. 1, v. 16) il faut que le tsar veille à ce qu'il y ait assez de bons instituteurs – spirituels comme civils » (p. 622, c. 1, v. 24) – correspond au premier devoir mentionné par Pufendorf (L. 2, Cap. XI, § 4). Quant à Hobbes, il formule ce même devoir, notamment à propos de la lutte contre les doctrines nuisibles (Cap. XIII, § 9).

Nous voyons que les trois « devoirs » du monarque évoqués dans *Pravda Voli Monarshej* coïncident *bien* avec ceux que Pufendorf indique, et l'on peut

du souverain sont nuls et non avenus dans le cas où il transgresse les lois divine et naturelle, mais aussi s'il va à l'encontre du bien commun. Naturellement, Buddeus exige également que les sujets (en plus du souverain) se soucient du bien commun (*Ex. iur. nat. de test imp. spec., Car. H. R.*, Cap. I, § 38, pp. 552-553). Ainsi, nous rencontrons chez Buddeus une tendance complètement opposée à l'absolutisme.
Dans « *Selecta* » on ne trouve aucune indication quant aux devoirs concrets.

103 Dans l'histoire des idées politiques, cette justification des devoirs monarchiques est assez fréquente. Par exemple, dans ses discours Bossuet parle constamment du devoir religieux qu'a le monarque à servir les intérêts de son peuple (Cf. Hitier, *op. cit.*, pp. 96-97 ; Taranovsky, *op. cit.*, p. 597). Cette justification des devoirs du monarque fut adoptée par le dogme parlementaire français (cf. Taranovsky, *op. cit.*, pp. 227-228, 599). Un autre penseur politique russe du XVII° siècle, Jury Krijeanitch, justifiait les devoirs du monarque de la même manière (cf. Milioukov, *op. cit.*, p. 127).

104 Dans l'Ecriture Sainte, on ne trouve que des indications générales à propos des devoirs qu'a le souverain, notamment qu'il prenne soin de ses sujets ou qu'il exerce une vraie justice (cf. les citations par Prokopovitch à la page 622 (les références aux chapitres de l'Ecriture Sainte sont faites par moi (GG)) : Psaume 71 (1, 2, 3, 4), Message aux Romains, ch. 13 (4), Message (le premier) de Pierre, ch. 11 (14) ; Parabole 16 (12), Parabole 20 (8), Les Pleurs de Jérôme, ch. 4 (20), Le Deuxième Livre des Rois, ch. 2, Message à Timothée, ch. 2 (2). Par ailleurs, les devoirs du monarque ne sont pas mentionnés dans l'Ecriture Sainte.

donc supposer que Prokopovitch les lui ait empruntés[105]. En revanche, Prokopovitch omet les autres devoirs que son précurseur attribuait au souverain. Nous n'aurions pas dû en parler plus en détail si parmi les devoirs du monarque Pufendorf et Hobbes ne mentionnaient pas la nécessité de garantir la liberté des sujets, et si par conséquent ils ne jugeaient pas inadmissible d'édicter des lois superflues que le bien commun n'exige pas directement.

A l'époque de Pierre le Grand, la pratique était à ce point éloignée de l'exigence formulée par les représentants de l'école du droit naturel que la mentionner aurait été équivalent à une désapprobation de toute la politique intérieure du Tsar réformateur. N'ayant pas la moindre intention de critiquer sa politique, Théophane jugeait plus adéquat de souligner qu'« Il revient *de plein droit* au souverain de commander à son peuple *non seulement* ce qui est utile pour *le grand bonheur* du peuple, mais aussi tout ce qui lui plaît à condition que cela ne nuise pas aux intérêts du peuple ni que cela soit contraire à la volonté divine ..., y compris tous les usages civils et religieux, les changements de coutumes, l'emploi des vêtements et des maisons, les ordres et cérémonies des fêtes, des mariages, des funérailles et caetera, et caetera » (p. 628, c. 2, v. 29). Prokopovitch ne pense donc pas que des lois superflues soient contraires à « l'utilité populaire » et nous voyons qu'il ne considère pas la liberté des sujets en tant que « bien commun ».

La divergence que nous venons de noter entre le publiciste officiel de l'époque de Pierre le Grand et ses précurseurs européens est très révélatrice. Certes, le minimum de liberté que Hobbes et Pufendorf exigeaient pour les sujets est absolument illusoire. Il suffit de trouver des raisons plus importantes, par exemple « le bien commun », pour en justifier les transgressions les plus criantes. Or pour Prokopovitch, ce minimum était déjà trop. Sur ce plan, il a même devancé Hobbes, qui avait élevé au rang de principe le mépris et l'empiètement de la liberté civile. Bien sûr, comme nous venons le démontrer, Prokopovitch n'a fait que sanctionner une situation déjà existante. A l'époque de Pierre le Grand et de l'ancienne Russie, on est encore loin d'envisager ne serait-ce que la possibilité d'un minimum de liberté individuelle. Au contraire même : toute l'activité réformatrice de Pierre le Grand fut basée sur la négation totale de cette liberté.

Section 2
Les droits du monarque

Pour mener à bien ses nombreux objectifs, le monarque de l'Etat absolutiste est muni de pouvoirs illimités. Conformément au contrat, il concentre dans ses mains le pouvoir suprême tout entier, pouvoir dont nous connaissons déjà les

105 Etant donné le caractère unilatéral du contrat de soumission, il va sans dire que Théophane fonde les devoirs du monarque non pas sur le contrat, mais directement sur la loi naturelle.

caractéristiques dans les doctrines de Hugo Grotius, Hobbes et Pufendorf. Pou autant que ces doctrines attribuaient directement le pouvoir suprême a monarque qui en était l'unique détenteur, elles identifiaient complètement le fonctions du pouvoir public aux droits du monarque. Grâce au contrat, l monarque obtenait *son propre droit au pouvoir, un droit indépendant de l'Etat* de sorte que certaines fonctions de ce pouvoir étaient pensées comme des droit spéciaux du monarque.

Admettant que le monarque possède son propre droit au pouvoir, les repré sentants de l'école du droit naturel posaient et discutaient la question du droi du monarque à en *disposer*. Hugo Grotius et Pufendorf (mais aussi Buddeus concluent par la négative, adoptant en général un point de vue très proche d point de vue contemporain. Toutefois, cette proximité tient uniquement à leu définition de la position du monarque de l'Etat patrimonial, qui est celle d'u « usufructuaire », non d'un « propriétaire » du pouvoir ; c'est-à-dire parc qu'ils tracent des analogies avec le droit privé. Quant à Hobbes, il défend ave la cohérence et la logique implacable qui sont les siennes l'idée que l monarque a le droit de disposer de ce pouvoir.

Ainsi, les représentants du courant absolutiste de l'école du droit naturel s sont-ils montrés incapables de donner une formulation juridique correcte d cette pierre angulaire qui distingue l'Etat moderne de l'Etat féodal : le caractèr inaliénable du pouvoir suprême.

On le voit notamment, comme nous venons de le mentionner, dans l doctrine de Hugo Grotius, qui, pour analyser ce problème, étudie la différenc des modes de possession du pouvoir suprême. Ce penseur n'applique sa théori de la position du souverain comme sujet privé de la souveraineté (à côté d sujet public – le peuple) qu'au monarque-usufructuaire, mais non a propriétaire du pouvoir (L. 1, Cap. III, § 7. 1 ; cf. ci-dessus : Chap. 2, sectio 2).

Quand la monarchie est établie sur l'accord libre du peuple, Grotius nou enseigne que le peuple reste le « propriétaire » du pouvoir, tandis que le monar que n'obtient qu'un droit d'usufruit (L. 2, Cap. VI, § 3 ; L. 1, Cap. III, § 11. 1 cf. ci-dessus Chap. 3, section 2). C'est pourquoi le monarque n'a pas le droi d'aliéner son pouvoir dans ce type d'Etats. « In regnis quae populi voluntat delata sunt, affirme Grotius, non esse praesumendum ut alienatio imperii su Regi permitteretur » (L. 1, Cap. III, § 13. 1 ; Cap. IV, § 10, L. 2, Cap. VI, § 3) Même l'aliénation des biens publics réservés aux besoins du monarque es illégale, car le monarque ne les possède que comme usufructuaire (L. 2, Cap VI, § 11).

Le monarque qui a obtenu le pouvoir par la guerre ou d'autres moyens parti culiers d'acquisition occupe en revanche une autre position. Il est le proprié taire du pouvoir suprême (il le détient *jure pleno proprietatis*), ce pourquoi il a le droit d'en disposer à son gré, vu que « sicut autem res aliae ita et imperia alienari possunt ab eo cujus in domonio vere sunt » (L. 2, Cap. VI, § 3).

A la différence de Grotius, Hobbes fait de l'organe souverain le détenteur absolu du pouvoir suprême. Bien que l'Etat soit déjà pour lui une personne morale, celui-là n'existe toutefois qu'à travers l'organe qui le représente, à partir du moment où les individus aliènent leurs droits souverains en sa faveur. Ce n'est donc pas le monarque qui obtient ses droits de l'Etat, mais au contraire les droits du monarque qui constituent l'Etat, – Etat qui cesse d'exister lorsque le souverain s'éteint (Cap. VII, § 18).

D'après Hobbes, le souverain peut disposer à son gré des droits autonomes et propres au pouvoir qu'il détient. « Monarcha potest, dit Hobbes, summum imperium civitatis *testamento disponere* ; *vel donare, vel vendere* ... cuicunque ergo is summum imperium tradiderit, sive dono, sive pretio, *jure* traditur » (Cap. IX, § 12, 13). Ainsi, et le monarque patrimonial et le monarque nommé par contrat détiennent-ils tous deux le droit d'aliéner le pouvoir. Seul le souverain d'une monarchie élective en est privé, mais dans ce cas, le vrai souverain – le propriétaire du pouvoir suprême – est le peuple en tant qu'organe, non le monarque (Cap. VII, § 16). Hobbes n'a donc pas peur d'aller au-devant de conclusions qui sont nettement opposées aux principes de l'Etat moderne.

Pufendorf a manqué d'une telle résolution. Suivant son maître, il considère certes l'organe suprême comme le seul sujet de la souveraineté. Mais Pufendorf en adoucit néanmoins les conséquences en utilisant la théorie de Grotius. Dans sa doctrine en effet, les monarques établis par l'accord libre des sujets ne sont que les usufructuaires du pouvoir et n'ont aucun droit de l'aliéner. Or il n'attribue comme lui ce droit qu'aux monarques-propriétaires. « Quidam ... reges dicuntur, dit-il, regnum suum habere in patrimonio, ita ut illud pro lubitu dividere, alienare, transferre possint in quem cunque voluerint... Reliqui autem reges, qui ultro a populo sunt adsciti, et si summo jure exerceant, regnum tamen pro lubitu dividere, alienare aut transferre nequent ... eoque a quibusdam certo respecto cum usufructuariis comparantur » (L. 2, Cap. IX, § 7 ; L. 2, Cap. X, § [illegible], § 8)[106].

Certes, Théophane Prokopovitch n'a pas surmonté les erreurs de ses précurseurs européens. Dans sa doctrine, le monarque est le sujet unique de la souveraineté. Il possède des droits au pouvoir qui sont autonomes et indépendants, de sorte que *Pravda Voli Monarshej* admet que le monarque a le droit de disposer de son pouvoir à son gré. Comme nous l'avons déjà démontré, les droits particuliers du monarque mentionnés dans ce traité ne sont que des cas particuliers de cette idée générale[107].

Afin d'analyser les rapports que les doctrines de Prokopovitch et ses sources européennes entretiennent sur cette question, comparons isolément chacun des

106 En principe, Buddeus se tient sur le même terrain que Grotius et Pufendorf. Il défend qu'en établissant le monarque comme son supérieur, soit le peuple transfère le droit d'aliéner le pouvoir au futur souverain, soit il le conserve lui-même. La conception de l'Etat en tant que personne morale lui reste donc étrangère (*Ex. jur. nat. de test. imp. spec. C. II, H. R.*, Cap. I, § 26, p. 537 ; § 23, p. 527).

107 A l'exception du premier de ces droits, (nous venons de l'analyser dans la section précédente).

« droits » que Prokopovitch mentionne avec les idées respectives de Groti Hobbes et Pufendorf.

En ce qui concerne le premier des « droits » indiqués par Prokopovitch – droit du monarque à léguer son trône – il est d'emblée nécessaire de précis que dans la science contemporaine, ce droit n'a rien à voir avec la question disposer du pouvoir suprême. Si le monarque n'a aucun droit au pouvoir q soit autonome et indépendant de l'Etat, s'il n'est qu'un organe de l'Etat, alors est clair qu'en abdiquant de son trône, il n'abdique pas de ses *droits* *pouvoir*, mais seulement du droit qui lui appartient en tant que *particulier* c'est-à-dire d'être reconnu en qualité d'organe (*auf Organstellung*). En ce ca il procède en tant que particulier, non comme organe, de sorte qu'au moment l'abdication du trône, il n'y a aucune aliénation du pouvoir[108]. En outre, il e évident que si l'on admet que le monarque possède un droit au pouvoir prop et indépendant, il faut alors traiter l'abdication comme un cas particulier l'aliénation. C'est notamment la conception qu'adopte Prokopovitch en référa à ce droit pour légitimer le droit du monarque à léguer son trône.

Parce qu'il considère le monarque comme un usufructuaire, Grotius trou le moyen d'éviter cette conception de l'abdication. En ce qui concerne monarque usufructuaire, Grotius ne classe pas l'abdication au nombre des c de l'aliénation du pouvoir, puisqu'il avance que « Questio … est … an abdica possit regnum, aut jus succendendi. Et quin pro se quisque abdicari posset nc est dubium » (L. 2, Cap. VII, § 26).

Pour Hobbes l'abdication est clairement un cas particulier de la maniè dont le monarque dispose de ses droits. Enumérant les conditions nécessair pour priver les sujets de leurs devoirs, il déclare : « Primo autem id fit *abdic tione*, id est si quis jus imperii non in *alium transfert, sed abjicit sive dereli quit* : nam quod abjicitur, in medium aeque omnibus rapiendum, projicitur (Cap. VII, § 18).

Pufendorf[109] n'aborde pas du tout la question de l'abdication (du moins pa dans le *De officio hominis et civis*), mais on peut penser qu'il partageait le poi de vue de Grotius sur cette question[110].

Le second « droit » du monarque que Prokopovitch indique – le droit c nommer un co-gouverneur – se présente indiscutablement comme un cas part culier de la disposition du pouvoir suprême. Ce droit peut juridiquement êt construit comme une abdication partielle allant de pair avec la conservation c certains droits. Il va sans dire que Grotius, Pufendorf et Buddeus n'admettaie

108 Cf. Hans v. Frisch, *Der Thronverzicht*, Tubingen, 1906, pp. 63-64, 73-77; Jellinek, *op. cit.*, p. 54

109 On doit en dire de même pour Buddeus.

110 Par ailleurs, notons qu'à partir de la conception de Pufendorf sur la *bilatéralité* du contrat d'unio il était possible d'envisager la perspective de refuser au monarque le droit à abdiquer du trôn c'est la conclusion qui fut tirée par les écrivains du XVIII° siècle, tels Klueber et Hoeberlin (c von Frisch, *op. cit.*, pp. 52 et 53). Sur ce point, il est intéressant que Prokopovitch fonde le droit c monarque à abdiquer de son trône sur la constatation du *caractère bilatéral* du contrat, comme s avait prévu la possibilité de ces théories (cf. ci-dessus ; p. 629, c.1, v. 9).

un tel droit que pour le monarque de l'Etat patrimonial, non pour le monarque « légitime ». Quant à Hobbes, bien qu'il approuve la liberté de disposer du pouvoir suprême, il ne pouvait être d'accord avec Théophane sur cette question, puisque d'après Hobbes le pouvoir suprême est absolument indivisible et doit être concentré dans un seul organe (cf. ci-dessus) : « monarcha retento jure imperii non intelligentur ullo promisso transtulisse jus in media ad imperium necessaria » (Cap. VII, § 17, cf. ci-dessus). Même quand Prokopovitch dénie le droit du monarque à démettre son co-gouverneur, ceci ne lui permet pas d'éviter d'entrer en contradiction avec les théories de Hobbes. Il n'y a qu'une alternative : soit le co-gouverneur est un simple fonctionnaire (mais dans ce cas l'argument de Prokopovitch en faveur de la légitimité du legs du trône devient caduc), soit le pouvoir suprême est divisé entre le monarque et son co-gouverneur.

Enfin, comme nous l'avons vu, *Pravda Voli Monarshej* reconnaît au monarque le droit de diviser son Etat, dont il peut léguer des parties à ses enfants. Bien que ce droit ne soit mentionné qu'au travers d'exemples historiques et bien que Prokopovitch juge qu'une telle division serait très nuisible au bien-être de l'Etat, il tire néanmoins la conclusion que d'autres faits historiques attestent de la légitimité de ces divisions (de la même façon qu'il a déduit le droit du monarque à nommer et démettre son co-gouverneur). Prokopovitch évoque alors le droit de démettre le co-gouverneur pour légitimer cet autre droit du monarque, à savoir celui de léguer son trône. (Par ailleurs, Théophane juge évident qu'à l'époque contemporaine la succession suive le droit d'aînesse). Inutile de dire que Grotius et Pufendorf ne reconnaissent ce droit qu'au monarque de l'Etat patrimonial, non au monarque-usufructuaire installé sur le trône par l'accord libre du peuple (L. 2, Cap. VII, § 12 ; § 14 – Grotius[111] ; L. 2, Cap. X, § 6, § 9 ; L. 2, Cap. IX, § 7 – Pufendorf)[112]. En ce qui concerne Hobbes, même s'il accorde au monarque la possibilité de disposer du pouvoir, il refuse catégoriquement la possibilité de déchiqueter l'Etat en plusieurs parts et défend le droit d'aînesse en faisant appel à l'intégrité du pouvoir suprême[113] (Cap. IX, § 17).

111 Notons qu'il existe ici une contradiction importante dans la doctrine de Grotius : en se basant sur le contrat social primaire, il conclut qu'en cas d'aliénation d'une partie du territoire, l'accord de la population concernée est nécessaire, « nam qui in civitatem coeunt societatem quandam contrahunt perpetuum et immortalem » (L. 2, Cap. VI, § 4). Or ce point de vue ne lui empêche pas de reconnaître que le gouverneur patrimonial a le droit de diviser l'Etat par testament (L. 2, Cap. VII, § 13).

112 Buddeus a défendu le même point de vue que ces auteurs, mais avec encore plus de netteté. La division de l'Etat n'est pas conforme au bien commun et c'est pourquoi le souverain ne jouit pas d'un tel droit (*Ex. iur. nat. de succ. primog.*, § 23 et 24, pp. 173-176).

113 Il est impossible d'omettre le fait que cette argumentation vaut seulement si l'on a distribué *les droits particuliers* du pouvoir entre les successeurs, c'est-à-dire que l'Etat est toujours intègre, mais il ne s'agit pas d'une division de l'Etat lui-même, ni par conséquent de la création de nouveaux Etats. En tout état de cause, et partant des pratiques anglaises qui lui étaient contemporaines, Hobbes ne prévoit pas cette possibilité du tout.

A l'issue de cette analyse comparative, il est désormais absolument clair que Grotius, Pufendorf ou Buddeus n'accordaient les droits que Prokopovitch attribue au monarque « héréditaire » et autocrate qu'au gouverneur patrimonial, non au souverain d'une monarchie légitime (comme nous le savons, cette distinction est complètement absente de *Pravda Voli Monarshej*). Que Théophane ne mentionne pas ces droits sous l'influence de Hobbes devient d'autant plus évident que, *in concreto*, ces droits divergent des suggestions du grand absolutiste anglais.

Enfin, l'idéologue de l'autocratie russe n'a pas puisé les éléments principaux de sa politogenèse dans les doctrines de ses précurseurs européens que furent Grotius et Pufendorf[114]. On le voit immédiatement, dans l'argumentation même de l'auteur de *Pravda Voli Monarshej* en faveur du legs du trône par testament. Théophane considère en grande partie ce legs comme un cas particulier de la libre disposition du pouvoir. Cette conclusion découle logiquement de son idée de droits monarchiques autonomes et indépendants de l'Etat. Il est d'ailleurs absolument évident que la théorie de la succession dépend principalement de la vision adoptée quant à la position du monarque dans l'Etat.

Nous allons aborder l'analyse de ces théories dans la section suivante.

Section 3
La succession au trône

Dans sa doctrine de la succession au trône, Hugo Grotius trace une distinction précise entre les monarchies légitime et patrimoniale.

Dans les monarchies patrimoniales, la succession au trône se confond entièrement avec la succession relevant de la sphère privée. Il appartient au monarque-propriétaire, en tant que sujet unique de la souveraineté, de disposer du pouvoir comme il l'entend, y compris de le léguer – en bloc (L. 1, Cap. III, § 13 ; L. 2, Cap. VI, § 14), ou en partie (L. 2, Cap. VII, § 12). Par conséquent, le monarque patrimonial est dans son droit s'il déshérite ses enfants. Dans le cas contraire, il s'agit des mêmes règles que celles qui sont en vigueur dans le droit privé (L. 2, Cap. VII, § 25). Etant donné qu'il est impossible de diviser l'Etat en fonction des normes du droit privé, et que l'on n'a pas prévu dans le testament ou dans la loi qui doit hériter du trône (*nec cui cedere debeat expressum sit*), alors c'est l'aîné du monarque qui obtient le trône, quel que soit le sexe de cet enfant (L. 2, Cap. VII, § 13).

Un ordre tout à fait différent vaut pour les monarchies qui furent établies par la volonté populaire : ici le monarque n'est que l'usufructuaire du pouvoir, de sorte que le peuple = l'Etat reste propriétaire du pouvoir, et c'est la volonté

114 Peut-être faut-il y voir l'influence indirecte des idées de Buddeus (cf. ci-dessus).

primaire du peuple qui définit l'ordre de la succession (L. 2, Cap. VII, § 15 ; L. 1, Cap. III, § 13). Grotius dit qu'en interprétant cette volonté il faut présupposer que le peuple voulait ce qui lui était le plus utile (L. 2, Cap. VII, § 14). Suivant ce critère, il établit les principes qui régissent la succession au trône dans les monarchies de ce type : 1) l'Etat ne peut pas être divisé, le principe de la succession est le droit d'aînesse (ibid.) ; 2) il faut que la succession se limite à la ligne descendante du premier monarque : « ea enim familia ob nobilitatem electa censentur, eaque finita regnum redire ad populum » (L. 2, Cap. VII, § 15) ; 3) seuls les enfants issus du mariage peuvent hériter (L. 2, Cap. VII, § 16) ; 4) au niveau de la parenté élargie, la priorité revient aux garçons car ils sont plus aptes au gouvernement (L. 2, Cap. VII, § 17) ; 5) au niveau de la parenté élargie et parmi le même sexe, la priorité revient à l'aîné « quod is judicio aut perfectior jam esse, aut prius futurus creditur » (L. 2, Cap. VII, § 18. 1).

A côté du système de majorat que Grotius met en œuvre par défaut, il mentionne aussi le système de succession en fonction de la hiérarchie des lignes de parenté. Il en distingue deux types : le système de Castille ou « cognatique », et le système salique (qu'il désigne comme « français ») ou « agnatique » (L. 2, Cap. VII, § 22 et 23).

Il est inadmissible de léguer le trône par testament dans les monarchies établies par l'accord libre du peuple. Le père n'a pas le droit de déshériter son fils du trône, qu'il s'agisse du système de majorat ou du système linéaire de succession : « quia populus viam quidem elegit hereditariam, sed hereditariam ab intestato. Multo minus procedat exheridatio in lineali successione, *ubi nulla imitatione hereditatis ex dono populi regnum pervenit ad singulos praescripto ordine* » (L. 2, Cap. VII, § 25 ; cf. aussi L. 1, Cap. III, § 13). Jugeant le legs par testament inutile, Grotius suit le principe choisi pour interpréter la volonté populaire primaire, et ne pense naturellement pas qu'il soit possible de réduire son contenu à l'institution de cet ordre de succession. C'est pourquoi à ses yeux *le legs du trône par testament est toujours un cas particulier de la disposition du pouvoir*.

En cas de doutes et de malentendus sur les droits au trône, Grotius peine à dire qui sera un juge compétent en la matière : « Iudicium proprie dictu de successione nec regis esse, nec populi » (L. II, Cap. VII, § 27). En outre, les prétendants « *recte et pie facient* » s'ils s'adressent à l'autorité qui fait l'arbitrage, car on interroge le peuple qui existe aujourd'hui pour connaître la volonté populaire primaire permettant d'arrêter une décision sur cette question (ibid.).

Globalement, la doctrine de Pufendorf sur la succession au trône est absolument analogue à celle de Grotius. Dans l'Etat patrimonial, la succession au trône s'accorde avec les règles de succession du domaine privé. « Reges, qui regnum suum habent in patrimonio, dit-il, pro lubiti super successione possunt disponere ; quorum dispositio aeque ac privatorum testamentum observabitur... Ubi licebit ipsis, si placuerit regnum inter plures liberos dividere etiam filiabus non exclusis ; immo et heredem instituere filium adoptivum, naturalem, aut qu nulla plane cagnatoine ipsi, est iunctus » (L. 2, Cap. X, § 6). Si le souverain e vient à décéder sans avoir fait de testament, alors on présuppose qu'il voulait que l'ordre monarchique soit maintenu dans l'Etat, que le pouvoir public soi transmis à ses enfants, que l'Etat reste indivis, que dans le même niveau de des cendance le genre masculin ait la priorité sur le genre féminin comme les aîné sur les cadets, et enfin qu'en cas d'absence d'enfants, le trône reviendrait a parentage le plus proche (L. 2, Cap. X, § 7).

Différente est la succession au trône dans les monarchies établies par l volonté libre du peuple. Ici « ordo successionis ... ab ejusdem populi voluntat dependet » (L. 2, Cap. X, § 8). Or Pufendorf ne borne cette volonté d'aucun limite. Il estime que cette volonté peut être réduite à l'institution de la succes sion au trône par testament : le peuple peut mandater le monarque qu'il nomm son successeur. « Ubi in regem una cum imperio, dit-il, jus quoque successori constituendi contulerit ; succedet quem hic voluerit » (L. 2, Cap. X, § 8). Nou voyons donc que contrairement à Grotius, Pufendorf sait distinguer les disposi tions testamentaires sur le trône en tant que forme de disposition du pouvoir e en tant qu'*institution de droit public*. Apparemment, Pufendorf ne doute pa qu'au cas où la disposition du trône par testament soit établie par la volont populaire primaire, le droit du successeur provienne non pas de la dispositio du pouvoir en sa faveur par le dernier monarque (étant donné que celui-ci est u usufructuaire et qu'il ne peut pas disposer du pouvoir – L. 2, Cap. IX, § 7) mais de la volonté du peuple en tant que fait – de la loi sur la succession a trône. On considère donc le monarque qui lègue son trône comme un organe d l'Etat dont les compétences incluent le choix de son successeur.

Si le peuple n'a pas mandaté le monarque pour cette mission, « id jus po pulus sibi reservasse intelligitur » (L. 2, Cap. X, § 8). Cependant, le peuple peu établir deux systèmes différents de succession légitime : la « *successio simpli citer herediteria* » i. e. le système de majorat, ou la « *successio linealis* » – l succession par le droit d'introduction et d'aînesse. Indiquant le nombre de con ditions devant être réunies dans le premier système, Pufendorf se fait l'écho de idées de Grotius et souligne encore une fois que la caractéristique de l'insti tution de la succession au trône est celle du droit public : Pufendorf affirme qu le successeur doit garder en mémoire qu'il reçoit le trône « tanquam beneficiu populi, non tanquam beneficium successoris » (L. 2, § 9).

En ce qui concerne la « *successio linealis* », cette forme de succession a, e comparaison du système de majorat, l'avantage de ne poser aucune difficult lorsqu'il faut choisir l'héritier. Le système linéaire de succession se veut divis en deux types : le système cognatique ou de Castille et le système agnatique o français (salique) (L. 2, Cap. X, § 10 et § 11).

En cas de doutes quant à la succession au trône, des juges appartenant à la même dynastie doivent les dissiper, sinon « successio fuerit voluntate populi constituta, declaratio populi dubuim tollet » (L. 2, Cap. X, § 12)[115].[116]

Contrairement à Grotius, Pufendorf et Buddeus, Hobbes accorde le droit de disposer du pouvoir tant au monarque de l'Etat patrimonial qu'au monarque installé sur le trône par contrat. Hobbes considère également le legs testamentaire du trône comme un cas particulier de l'aliénation du pouvoir (Cap. IX, § 13) : « Monarcha potest, dit-il, summum imperium civitatis testamento disponere ; ... nam, si a populo instituatur, habebit omne jus in civitatem, quod populus habebat... Sed in regno etiam patrimoniali eadem sunt jura, quae in institutiva » (Cap. IX, § 12).

En général, il est très caractéristique de la conception hobbesienne de ne pas fonder le droit du monarque à disposer du pouvoir et en particulier à le léguer par testament sur des analogies avec le droit privé. Par contre, Hobbes justifie le droit du monarque patrimonial en évoquant le statut du monarque institué par contrat. Dans ses constructions, Hobbes ne prend donc pas du tout l'identification de la succession au trône avec la succession dans le domaine privé comme point de départ, mais il y arrive involontairement en constatant que le monarque est le seul sujet des droits au pouvoir.

A la base de la succession au trône, d'après Hobbes, on trouve généralement la volonté du dernier monarque – « jus transit secundum voluntatem partis ». Si l'on ne devait pas la connaître, alors « censendum est de successore per signa

115 En général, la doctrine de la succession au trône de Buddeus s'avère tout à fait semblable à celles de Grotius et Pufendorf, de sorte que nous n'avons pas besoin de l'exposer à part. Indiquons néanmoins ses deux particularités. D'une part, au contraire de ses précurseurs, Buddeus retient la possibilité d'écarter le successeur légitime (*exheredatio*) non seulement dans le cadre de la monarchie patrimoniale, mais aussi dans la monarchie légitime. En ce cas, pour notre auteur ce droit revient au peuple qui agit en tant qu'organe constitutif (cf. *Ex. iur. nat. de test. imp. spec. Car. II, H. R.*, Cap. I, § 40, pp. 555-556 ; *Ex. iur.nat. de succ. primog.*, § 36, p. 191). D'autre part, il faut noter que Buddeus n'est pas arrivé à comprendre le point de vue de Pufendorf (cf. ci-dessus). Pour lui, léguer le trône par testament est toujours un cas particulier de l'aliénation du pouvoir, et c'est dans l'ordre de succession qu'il voit la différence principale entre les monarchies patrimoniales et légitimes (*Ex. iur. nat. de test. imp. spec. Car. II, H. R.*, Cap. I, § 22, § 23, § 26 etc.).

116 Comme nous le voyons en ce qui concerne les monarchies légitimes, Grotius, Pufendorf et Buddeus sont généralement très proches de la conception contemporaine de la nature juridique de la succession au trône. Si l'on change la notion de peuple par celle d'Etat, et si par volonté populaire primaire on entend les lois constitutionnelles de l'Etat, alors la construction de la succession au trône des auteurs ci-nommés coïncide tout à fait avec la conception en vigueur de nos jours.
Il faut cependant remarquer que Hugo Grotius et Pufendorf, qui en général admettent la possibilité de limiter le pouvoir du monarque par le contrat, ne classent pas la loi sur la succession au trône parmi ces limites. Cette loi est valable non seulement dans les monarchies « constitutionnelles », mais aussi dans toutes les monarchies qui furent établies par l'accord libre des sujets. Ces auteurs fondent la force obligatoire de cette loi pour le souverain ainsi que l'impossibilité juridique d'aliéner le pouvoir *non pas sur un contrat spécial, mais directement* sur le statut du monarque choisi en tant qu'usufructuaire du pouvoir. En ce qui concerne le *contenu* de cette loi, il faut le concevoir comme l'expression primaire de la volonté populaire. Par conséquent cette loi converge avec les autres lois fondamentales qui forment les conditions du contrat (Grotius, L. 1, Cap. III, § 11, § 13, § 16 ; L. 2, Cap. VII, § 14, § 25 ; Pufendorf, L. 2, Cap. IX, § 7, § 6, Cap. X, § 8).

voluntatis ejus » (Cap. IX, § 14). En particulier, il faut présupposer que monarque eût voulu que la forme politique reste monarchique. Ensuite, vu q les pères sont habituellement attachés à leurs enfants, on doit penser que monarque décédé voulait que ses enfants lui succèdent, sinon « alia signa ap tioria in contrarium non existant » (Cap. IX, § 15). Ensuite, s'orientant d'apr la raison naturelle, Hobbes établit les règles suivantes afin de réglement l'ordre de la succession au trône *ab instanto* : toute proportion gardée, l hommes ont priorité sur les femmes, et les aînés sur les cadets (Cap. IX, § 16 § 17) ; « eodem modo, quo succeditur in imperium succeditur etiam in j successionis » (Cap. IX, § 19) ; s'il n'y a pas d'enfants, ce sont les frères sœurs qui héritent (Cap. IX, § 18). (Nous voyons que Hobbes adopte le systèn de Castille alors employé en Angleterre en tant que système « raisonnable », le combine avec la succession par testament).

Si l'on passe de ces théories à la doctrine de la succession au trône Prokopovitch, le premier fait qui saute aux yeux est l'abondance des argumer relevant du droit privé qu'avance l'auteur de *Pravda Voli Monarshej* afin défendre le legs du trône par testament. Cet argumentaire démontre netteme que pour Théophane, la succession au trône se confond avec la succession rel vant du domaine privé. De même que Hobbes, Prokopovitch ne trace aucu différence entre les monarques patrimoniaux et légitimes, et utilise largeme l'idée de Hobbes quant à l'applicabilité des normes régulant les relations ent un père et son enfant dans le droit privé pour la succession patrimoniale trône (L. 2, Cap. VII, § 25 à propos *d'exheridatio*). Prokopovitch justifie système de succession par des analogies tirées des relations entre le père et s enfants[117].

Prokopovitch emprunte également certaines des règles que Grotius et Pufe dorf préconisent pour la régulation des relations entre les parents et leu enfants. La première « des raisons relevant du pouvoir des parents sur leu enfants en général » (p. 607, c. 1, v. 10 ; cf. ci-dessus) est celle qui oblige l parents à entretenir leur progéniture, à lui laisser un héritage ainsi que le drc d'exiler et de déshériter leurs enfants s'ils s'avéraient coupables de méfaits cette raison reproduit les § 4. 1 et 2, § 2, § 7, Cap. VII, L. 2 de l'œuvre c Grotius ainsi que certains passages des § 2, § 4, § 11, Cap. III, L. 2 de celle c Pufendorf. Deuxièmement, l'indication numéro 8 (p. 613, c. 1, v. 3 ; cf. c dessus) quant au caractère moral et non pas juridique des devoirs des paren envers leurs enfants reproduit partiellement le § 4, Cap. VII, L. 2 de l'œuvre c Grotius. Ensuite, l'indication numéro 6 (p. 610, c. 2, v. 19 ; cf. ci-dessus) quan au caractère illimité du pouvoir des parents reproduit les § 5 et § 7, Cap. V, L. de l'œuvre de Grotius[118] ainsi que les § 7 et § 10, Cap. III, L. 2 de l'œuvre c

117 Précisons en passant que Buddeus a aussi mentionné cette analogie (*Ex. iur. nat. de test. imp. spe Car. II, H. R.*, Cap. I, § 39, p. 544), mais il n'en a tiré absolument aucune conséquence quant a problèmes de la succession au trône.

118 Théophane cite ici Grotius, bien qu'il le fasse incorrectement (cf. ci-dessus).

Pufendorf. Enfin, l'indication (p. 617, c. 2, v. 10 ; cf. ci-dessus) quant au devoir des parents à s'inquiéter de l'éducation des enfants fut probablement empruntée à Pufendorf (§ 4 et § 11, Cap. III, L. 2).

En revanche, le développement de cette argumentation ne trouve aucun parallèle dans l'œuvre de Hobbes[119]. Bien qu'il considérait le legs du trône par testament comme un cas particulier de l'aliénation du pouvoir, nous l'avons vu, Hobbes n'utilise que des arguments ayant trait au droit public. De plus, il ne déduit même pas le droit du monarque patrimonial à partir du pouvoir de père, mais par analogie avec le droit du monarque légitime. Il faut donc penser que le recours au droit privé dans l'argumentation de *Pravda Voli Monarshej* s'est fait sous l'influence directe de la conception *patrimoniale* de la succession au trône de Grotius et de Pufendorf.

En ce qui concerne l'argumentaire relevant du droit public, et plus précisément les raisonnements de *Pravda Voli Monarshej* liés au contrat, malgré la divergence principale dans les thèses soutenues, dans leur structure logique ils ressemblent beaucoup à la manière dont Grotius, Pufendorf, mais aussi dont Buddeus formulent le problème. Partant de l'idée de la souveraineté populaire primaire, ces auteurs font de *la volonté primaire du peuple – ce propriétaire du pouvoir* – la base de l'ordre de la succession au trône dans les monarchies légitimes (d'après Buddeus, cela vaut également pour les monarchies patrimoniales). Or Prokopovitch partage justement le même point de vue. Comme les auteurs énumérés plus haut, Théophane part de l'idée de la volonté populaire primaire en tant que fondement de l'ordre de l'Etat et, analysant le contenu de cette volonté, il polémique contre les partisans de la succession légitime. Ayant, selon toute évidence, repris la règle formulée par Grotius – « praesumitur populus id voluisse quod maxime expedit » –, Théophane cherche, contrairement à son précurseur, à démontrer que c'est la succession par testament qui est la plus avantageuse pour le peuple, ce pourquoi la volonté populaire primaire ne peut avoir d'autre sens que cet ordre de succession (cf. ci-dessus).

Ainsi, Théophane considère la volonté populaire primaire comme le « fait normatif » permettant de définir l'ordre de la succession, et par conséquent il adopte en tout point la vision que Grotius et ses successeurs ont eue de cette question, mais en la prenant complètement à l'envers. De ce fait, et non sans être évidemment influencé par la manière dont Pufendorf et Buddeus ont énoncé le problème, dans la formulation qu'il donne du contrat Prokopovitch prévoit *un mandat spécial* pour le monarque quant au legs du trône par testament (« et tu nous laisses toi-même un souverain héréditaire »). Néanmoins, tout comme Buddeus, l'auteur de *Pravda Voli Monarshej* n'adoptera jamais le point de vue de Pufendorf qui sut, comme nous l'avons vu, distinguer entre le legs du trône en tant qu'un cas particulier de la disposition du pouvoir et en tant qu'institution de droit public. Il manquait naturellement à Théophane une formation juridique suffisante pour pouvoir comprendre cette distinction ainsi que la théorie

119 Force est de le constater également chez Buddeus (cf. ci-dessus).

du statut du monarque non-patrimonial en tant qu'usufructuaire du pouvoir, une construction propre aux doctrines de Grotius et Pufendorf.

L'argumentation de Hobbes en faveur du droit du monarque à léguer son trône est bien différente de celle de Prokopovitch. Hobbes adopte une position tout à fait formaliste : une fois que « le peuple » (cet organe suprême de la démocratie) a eu le droit de transmettre sa volonté au monarque, il est dès lors évident que ce droit appartient désormais au monarque à qui furent transmis tous les droits du « peuple », vu que ce dernier cesse immédiatement d'exister après la « *translatio juris* » (Cap. XI, § 12 ; Cap. VII, § 15). Hobbes pense ainsi que la volonté du « peuple » ne constitue pas le fondement du droit du monarque à léguer son trône (dans la doctrine de Hobbes, elle n'est d'ailleurs pas considérée comme un fait normatif, cf. ci-dessus)[120] mais seulement comme statut de l'organe suprême en tant que sujet unique des droits au pouvoir. Cet ordre repose sur la volonté des individus particuliers qui concluent le contrat de transmission de tous ses droits en faveur d'un tiers.

Nous voyons qu'en dépit des ressemblances de leurs conclusions, Prokopovitch et Hobbes développent leur argumentaire en faveur du legs testamentaire du trône à partir d'approches extrêmement différentes.

Il faut ensuite mentionner une autre différence avec Hobbes : le rôle actif que l'auteur de *Pravda Voli Monarshej* attribue involontairement au peuple en le chargeant du devoir d'interpréter « en toute pertinence » la volonté du monarque décédé sans avoir laissé de testament. Faire du peuple une unité définie chargée d'interpréter la volonté du monarque est en complète opposition à la doctrine de Hobbes ; pour ce dernier, le peuple est soit un organe souverain, soit une foule éparse d'assujettis (multitudo civium, qui regentur, Cap. XIII, § 3). Peut-être ne faut-il pas écarter l'influence de la doctrine de Pufendorf lorsque Prokopovitch conclut sur ce point qu'en cas de malentendus sur la succession au trône : « declaratio populi dubium tollet ».

Enfin, la dernière ressemblance entre Prokopovitch, Grotius et Pufendorf, mais aussi la dernière de ses différences avec Hobbes qu'il convient de nommer porte sur le problème de l'avenir de l'Etat en cas d'extinction d'une dynastie. Comme nous le savons déjà (cf. ci-dessus), Hobbes résout ce problème dans l'esprit d'une désintégration de l'Etat et d'une réintégration à l'état de nature ; c'est la conséquence logique de toute sa conception (Cap. VII, § 18). Par contre, selon Prokopovitch, Grotius et Pufendorf, le pouvoir suprême revient alors au peuple (Grotius – L. 2, Cap. IX, § 7. 1, L. 2, Cap. VII, § 15 ; Pufendorf – L. 2, Cap. X, § 4).

En ce qui concerne l'ordre de succession *ab intestato*, *Pravda Voli Monarshej* reproduit certes de façon générale les idées des précurseurs de Prokopovitch. Mais l'ouvrage ne dit toutefois rien sur la différence entre le système de

120 Notons que Hobbes souligne la nullité complète de la volonté exprimée par le peuple au cas où ce dernier aurait déjà cessé d'exister en tant qu'organe (cf. Cap. VII, § 16).

majorat et la succession linéaire, de sorte que savoir lequel de ces deux ordres doit entrer en vigueur reste toujours incertain.

En résumant ce que nous venons de dire dans cette section, nous pouvons légitimement conclure que malgré l'identité de la thèse principale des doctrines de Prokopovitch et Hobbes sur la succession au trône, tout laisse penser que l'auteur de *Pravda Voli Monarshej* a pris comme modèle non la conception de Hobbes, mais les doctrines de Grotius, de Pufendorf ainsi que de Buddeus[121].

Section 4
Les devoirs des sujets

La monarchie absolue est clairement divisée entre « gouvernants » et « gouvernés ». Une fois tout le pouvoir public concentré dans les mains du monarque, une fois le constat fait qu'il doit veiller sur le bien commun et que c'est à Dieu seul qu'il doit rendre compte de ses actions, il devient alors évident qu'il ne reste au peuple – les sujets – qu'un simple rôle passif de soumission au pouvoir suprême. En concentrant tous leurs droits en la personne du monarque, les sujets se sont obligés au devoir de l'obéissance absolue – telle est la thèse principale de toutes les théories absolutistes. Ainsi dans ces doctrines le « peuple » se présente-t-il avant tout comme le sujet de devoirs, non de droits.

Néanmoins, on ne saurait dire que la conception du droit subjectif des citoyens soit tout à fait absente des doctrines des théoriciens de la monarchie absolue. Sans parler des théories tardives de l'« absolutisme éclairé »[122] ou de la « monarchie légitime »[123] qui préfigurent déjà les idées de *Déclaration des droits de l'homme et du citoyen*, on trouve des théoriciens plus anciens de l'absolutisme – Bodin, Hugo Grotius et Pufendorf – qui n'ont aucunement nié les droits des citoyens. Après avoir posé que dans l'Etat, le pouvoir suprême est borné juridiquement par le droit naturel objectif, ces penseurs constataient aussi que les sujets étaient dotés d'un certain droit naturel *subjectif*[124]. Seul Hobbes est arrivé à nier catégoriquement le moindre droit des sujets vis-à-vis du pouvoir suprême, puisqu'il déclarait que ce dernier était juridiquement illimité. Conformément à cette absence de limites, Hobbes imposait aux sujets un devoir d'obéissance *inconditionnel*. Ni Bodin, ni Grotius, ni Pufendorf, ni Buddeus

121 Au nombre des ressemblances entre Prokopovitch et Buddeus, il faut compter leur position sur la question de l'*exheridatio*. Comme nous l'avons vu (cf. ci-dessus), Buddeus trouve que cette institution est indispensable au bien de l'Etat, convergeant sur ce point avec les thèses de l'auteur de *Pravda Voli Monarshej*. Pourtant, en ce qui concerne les monarchies légitimes, Buddeus attribue ce droit, à l'inverse de Prokopovitch, *non pas au souverain, mais au peuple*.

122 Gierke, *op. cit.*, p. 115.

123 Taranovsky, *op. cit.*, pp. 230-241.

124 Gierke, *op. cit.*, pp. 112-115, 293, 304-305, 290-301.

n'ont reconnu ce caractère illimité, et sous certaines conditions, ils ont mêm cautionné la *légitimité d'une désobéissance passive.*

Grotius défend que la soumission aux commandements du pouvoir suprêm est la *conditio sine qua non* de la vie en commun (L. 1, Cap. IV, § 21). C'es pourquoi « in publicis ... praecipuum haud dubie est ordo ille, quem dixi, *impe randi parendique* ; is vero cum privato resistendi consistere nequit » (L. 1, Caр IV, § 4, § 5). Dans sa querelle avec les démocrates, Grotius applique cette idé générale, qui ne concerne évidemment que des sujets particuliers, à tout l peuple en tant qu'unité définie. Une fois que le peuple a transmis son pouvoi au monarque, il doit lui obéir absolument ; il n'en est pas exempté même si l souverain abuse du pouvoir (L. 1, Cap. III., § 8. 1, 13, 14 ; § 9). D'aprè Grotius, l'opinion selon laquelle le peuple est en droit de juger son monarqu est extrêmement nuisible, ce pourquoi il la combat énergiquement.

S'il admet donc que toute résistance au pouvoir suprême est illégale (sum mum imperium tenentibus resisti jure non posse ; cf. L. 1, Cap. IV, § 7, § 15 Grotius ne considère pourtant pas que le devoir d'obéissance soit absolu. « Illu quidem apud omnes bonos, dit-il, extra controversiam est ; si quid imperen *naturali juri divinis praeceptis* contrarium *non esse faciendum quod jubet* » (L 1, Cap. IV, § 1. 3 ; cf. aussi L. 1, Cap. III, § 9. 1). En revanche, si le souverai punit et maltraite ses sujets pour lui avoir désobéi, ces derniers doivent l supporter patiemment, sans avoir le droit de résister par la force ; une résistanc active est absolument interdite (L. 1, Cap. IV, § 1. 3). Ce n'est que face à u vrai danger, quand le comportement du souverain menace les sujets d'une déca dence que Grotius n'ose pas condamner ceux « qu(i) ultimo necessitatis prae sidio ... utatur » (L. 1, Cap. IV, § 7. 4 ; cf. aussi § 11). Tout cela ne concern pas le cas du monarque-usufructuaire, qui n'a pas le droit de transmettre le pou voir, mais qui *de facto* (*de jure* ses actions sont nulles) cherche à en disposer Dans ces circonstances, le peuple est en droit de résister par la force en tant qu propriétaire du pouvoir (L. 1, Cap. IV, § 10)[125].

Au contraire de Grotius, dont la doctrine fait non seulement des individu particuliers, mais aussi de l'unité du peuple, le sujet du devoir d'obéissance Hobbes ne conçoit un tel sujet qu'en chaque individu singulier (*singulus sub ditus*). Ce n'est qu'une foule éparse d'individus gouvernés qui s'oppose au pou voir (Cap. XII, § 8 ; Cap. XIII, § 3). S'étant réciproquement obligés de trans mettre leurs droits (*jus ad omnia*) au souverain, les sujets doivent obéir formel lement à ses commandements (Cap. VI, § 8 ; Cap. V, § 9 et § 11) ; ils n'on aucun droit face au pouvoir suprême, droit de propriété y compris (Cap. VII, § 12 et § 14). Juridiquement le pouvoir suprême est illimité ; les lois naturelle

125 Il va sans dire que Grotius n'exige pas d'obéissance absolue dans les monarchies où le pouvoir es divisé entre le souverain et le peuple (L. 1, Cap. IV, § 13), ou bien lorsqu'il est transmis aux main du premier monarque, des conditions spéciales étant prévues dans le contrat de soumission (L. 1 Cap. IV, § 12 et § 14). Nous ne mentionnons pas ces cas dans le texte car ils ne concernent pas l question de l'ordre intérieur de *la monarchie absolue.*

n'entrent en vigueur qu'en fonction de ses commandements et c'est à lui que revient le droit de les interpréter. Les sujets en sont dépossédés. La volonté du souverain constitue pour eux le critère du bien et du mal. « Judicationem boni ac mali ad singulos pertinere seditiosa opinio » (Cap. XII, § 1). En accomplissant la volonté du souverain, le sujet ne pèche donc jamais ; celui qui donne les ordres pèche, mais non celui qui les accomplit. Aussi le devoir d'obéissance au souverain est-il absolu ; il n'a aucune restriction (Cap XII, § 2 ; Cap. VI, § 13). La seule limite au devoir d'obéissance, d'après Hobbes, est l'instinct égoïste de conservation de l'individu ; cet instinct pose des bornes à n'importe quel droit (Cap. VI, § 13). Bien que l'obéissance des sujets à leur souverain repose sur le contrat librement conclu entre les individus, ceux-ci ne peuvent le dénoncer pour se libérer de leurs devoirs : une fois obligés réciproquement de transmettre leurs droits à un tiers, ils lui en ont fait don (*donatio juris*) et n'ont pas le droit de déposséder le souverain du pouvoir sans son approbation (Cap. VI, § 20).

Dans sa doctrine sur les devoirs des sujets, Pufendorf prend la même position que Grotius ; mais en accord avec Hobbes il pense que le sujet des devoirs est principalement un individu singulier, non le peuple en général. D'autre part, à la différence de ses précurseurs, Pufendorf attribue aux sujets d'autres devoirs que celui de l'obéissance absolue : il demande ainsi que les sujets soient non seulement des serviteurs aveugles, mais aussi qu'ils se donnent et se dévouent pour le bien commun, qu'ils soient prêts à tout sacrifier au nom du bien commun, c'est-à-dire que Pufendorf développe un vrai système de vertus civiles bien définies[126].

« Officium generale civium respicit, dit Pufendorf, vel rectores civitatis, vel totam civitatem, vel concives » (L. 2, Cap. XVIII, § 2). Devant ses gouverneurs « civis debet reverentiam, fidelitatem et obsequium » ; il doit être satisfait de l'ordre existant et toujours conserver la meilleure opinion de son souverain et de ses initiatives (L. 2, Cap. XVIII, § 3). 2) « Erga totam civitatem, officii boni civis est, ut ejus salute et incolumitate nihil habeant carius, ut vitam, opes, fortunas suas ad eandem servandam libenter offerat » (L. 2, Cap. XVIII, § 4). 3) Enfin, eu égard à ses compatriotes, tout citoyen est tenu de ne pas transgresser le calme et la paix sociale de même qu'il doit se montrer sous son meilleur jour (L. 2, Cap. XVIII, § 5). Etant contraints d'obéir au souverain, les sujets ne sont pas exempts de ce devoir s'il devait abuser de son pouvoir : « Non solum iussis legitimis resistere nefas (est), sed ejusdem asperitas (et) … morositas a civibus (est) patienter ferenda » (L. 2, Cap. IX, § 4). Même sous les injustices et les humiliations les plus graves, le sujet n'est pas en droit de résister au souverain manu militari (ibid.) ; cette règle est aussi valable pour le peuple en général[127].

La résistance active est donc absolument inadmissible. On peut se demander si les sujets sont en droit de résister d'une manière passive, – c'est-à-dire de ne

126 Cf. Reisner, *op. cit.*, p. 47.
127 Cf. Tchitchérine, *op. cit.*, p. 161.

pas exécuter les ordres du souverain qui contredisent la loi naturelle et divin Dans le *De officio*, Pufendorf ne répond à cette question qu'en passant, mais position est néanmoins très claire. « Debent cives, dit-il, legibus civilibus qua tenus aperte *juri divino* (visiblement, par « *jus divinum* » il faut comprendre à fois les lois naturelles et les prescriptions de l'Ecriture Sainte[128]) non repugnai obtemperare » (L. 2, Cap. XII, § 8). Nous voyons que comme Grotius, Pufe dorf reconnaît aux sujets le droit de résister au pouvoir suprême de maniè passive lorsque ses commandements s'éloignent des lois naturelle et divine[129].

Si l'on compare les théories exposées à la doctrine des devoirs des suje formulée dans *Pravda Voli Monarshej*, on ne peut négliger deux traits caract ristiques. D'un côté, dans la théorie de Prokopovitch, c'est le peuple en ta qu'unité concrète qui est le sujet des devoirs, non un citoyen singulier. Mais l'autre côté, l'ouvrage n'aborde pas du tout la question des exemptions devoir d'obéissance. Le premier de ces deux traits rapproche ainsi la théorie Théophane de celle de Grotius et la distingue nettement de celle de Hobbe tandis que le deuxième point permet par contre de rapprocher les théories Prokopovitch de celles de Hobbes.

Si l'on concentre principalement son attention sur le second de ces trait soulignons que Théophane ne mentionne nulle part que les sujets doivent ex cuter des ordres allant à l'encontre des lois naturelles et divines. Ainsi que no l'avons déjà noté (cf. ci-dessus), il est impossible d'interpréter en ce sens thèse suivante de Prokopovitch : « quand bien même cela constituerait un péc si les autocrates faisaient hériter un autre fils ou une autre personne ... l sujets doivent s'y soumettre sans la moindre rumeur et sans aucun jugement pensée » (p. 621, c. 2, v. 24). Bien que cette phrase ait des couleurs très hobb siennes, Grotius et Pufendorf auraient tout aussi bien pu la signer. En effet, résistance du peuple en cas d'un legs du trône illégitime ne peut être *qu'activ et tous ces auteurs condamnent la résistance active*[130]. Quant à cette autre pre

128 Pufendorf base en effet la force obligatoire des lois naturelles sur la volonté divine (L. 1, Cap. III, 10, § 11). C'est pourquoi dans sa doctrine, les lois naturelles sont considérées comme partie int grante du « *juris divini* ». Le *De officio* n'utilise jamais ce terme pour désigner la notion pl étroite de commandement de l'Ecriture Sainte (cf. par exemple *Praefacio*, § 1, § 3, § 4, § 5 etc Le traducteur français de Pufendorf, Jean Barbeyrac, interprète l'expression « *jus divinum* » dans même sens que nous ; au terme de « *jus divines* » (*jus divinium*) il ajoute le commentaire suivan « *soit Naturelles, ou révélées* » (Edition d'Amsterdam, Henri Schelete, 1707, p. 321).

129 Buddeus n'a jamais travaillé de manière systématique sur la question des devoirs des sujets. Tra tant néanmoins d'un cas particulier, il admet lui aussi, après Grotius et Pufendorf, le droit à résistance passive des sujets (*Ex. iur. nat. de conscr. militum*, § 11, § 10, pp. 457-461) non seul ment dans le cas de la transgression des lois naturelles et divines, mais aussi dans le cas où le com mandement du souverain contredit le bien commun (*Ex. iur. nat. de test. imp. spec. Car. II, H.* Cap. I, § 38, pp. 551-552). Nous voyons donc une tendance tout à fait contraire à l'absolutisme dessiner dans la doctrine de Buddeus.

130 Bien que Grotius admettait la résistance active face au monarque-usufructuaire cherchant à disp ser du pouvoir (il faut évidemment comprendre ici le legs du trône par testament), il ne le fit pas e fonction de la contradiction entre cette action et le droit naturel (pour reprendre la terminologie Théophane : non pas parce que « cela constituerait une péché de la part du monarque ») mais seul ment en fonction de la position du peuple en tant que propriétaire du pouvoir.

cription catégorique – se soumettre « sans la moindre rumeur et sans aucun jugement ni pensée » –, Hobbes n'a pas été le seul à comprendre le devoir d'obéissance ainsi. Ce fut aussi le cas de Pufendorf, qui, comme nous l'avons vu, exige sans plus de façons que le sujet se satisfasse de l'ordre existant – « *bene et honorofice* de iisdem (c'est-à-dire des souverains) et eorum actionibus *sentiat* » (L. 2, Cap. XVIII, § 3). Il ne reste donc plus aucun doute sur le fait que Prokopovitch ait pu composer cette phrase sans connaître pour autant les ouvrages de Hobbes ; de plus cette phrase ne prouve pas que Théophane partageait le point de vue de l'auteur du *De Cive*.

Certes, le silence de Théophane quant aux exemptions du devoir d'obéissance est très caractéristique de la forte tendance absolutiste de son traité, où il ne touche d'ailleurs nulle part à la question des droits des sujets. Cette tendance permet indiscutablement de rapprocher la doctrine de Théophane de la conception de Hobbes.

Pourtant, parallèlement à ce fait, il existe une divergence essentielle entre ces deux doctrines : pour Prokopovitch, le sujet des devoirs est le peuple en tant qu'unité concrète, tandis que pour Hobbes il ne s'agit que des individus singuliers ; dans la théorie de ce dernier, le peuple cesse d'exister dans la monarchie, ou pour le dire en d'autres termes, il fusionne avec le souverain : « *rex est populus* ». Or nous retrouvons ici le point crucial de divergence entre les théories de Prokopovitch et celles de Hobbes : celui-ci fonde toute sa conception sur un individu singulier et écarte complètement la conception de peuple en tant qu'unité concrète s'opposant au pouvoir suprême. Inversement, l'auteur de *Pravda Voli Monarshej* se base toujours sur cette unité et le rationalisme de tous les ouvrages de Hobbes lui reste radicalement étranger. Par conséquent, toute la théorie de Hobbes est étrangère à Prokopovitch.

Ce point de divergence entre les doctrines de Hobbes et Prokopovitch permet à son tour de rapprocher sa théorie de celle de Grotius. Pour Grotius comme pour son adepte russe, le sujet du devoir d'obéissance est principalement le peuple dans son entier, non pas un individu singulier. Ce point de vue découle logiquement de l'idée de la souveraineté primaire et du contrat de soumission où le « peuple » agit en tant que partie contractante. Comme nous l'avons vu, cette idée est aussi bien caractéristique de Grotius que de Théophane Prokopovitch.

Enfin, il est évident que c'est chez Grotius que Prokopovitch emprunte la référence au discours de l'empereur Valentinien, citation qu'il utilise d'ailleurs dans ce même contexte (Théophane – p. 625, c. 2, v. 16 ; Grotius – L. 1, Cap. III, § 8. 13).

La position de Buddeus reste donc ambiguë. Il considère les testaments que le monarque fait illégalement comme juridiquement nuls (*Ex. iur. nat. de test. imp. spec. Car. II, H. R.*, Cap. I, § 38, pp. 551-554), mais il n'explique pas comment cette nullité se constate. Comme nous l'avons vu, la résistance passive dans ce cas ne suffit pas. Quant à la validité de la résistance active, Buddeus n'en dit rien.

Dans l'ensemble, la théorie de Prokopovitch comporte des différences for importantes par rapport à la théorie de Pufendorf. D'une part, on y trouve l même distance qu'entre les théories de Prokopovitch et Hobbes, et d'autre part Théophane ne fera jamais sien le système si particulier des vertus civiles qu préconisait Pufendorf. Prokopovitch réduit tous « les devoirs du peuple » l'exigence d'une obéissance absolue à la volonté du monarque : *Pravda Vol Monarshej* ne connaît pas d'autres devoirs[131].

Ceci dit, il faut noter que les « devoirs » mêmes que Théophane décrit son en complète analogie avec la doctrine de Pufendorf. Dans la mesure où Pufen dorf s'est montré beaucoup plus catégorique que Grotius dans son exigenc d'une obéissance absolue, et, nous l'avons vu, comme il a également soumis l for intérieur du sujet à cette exigence, on peut voir dans ces éléments une raisor suffisante pour rapprocher la théorie de Théophane de la conception de l'auteu du *De officio*.

Nous avons achevé l'analyse comparative de la doctrine politique de *Pravda Voli Monarshej* et de ses sources européennes. Essayons donc d'en faire le bilan.

Les arguments que Théophane avance afin de justifier le système de legs testamentaire du trône introduit par Pierre le Grand portent les stigmates évidents de l'influence de la pensée politique européenne. Cette influence transparaît autant dans la méthode choisie par Prokopovitch que dans le contenu intrinsèque de sa conception. Dans sa doctrine, Prokopovitch s'appuie sur les conceptions principales formulées dans les théories des représentants du courant absolutiste de l'école du droit naturel – Grotius, Pufendorf et Hobbes.

En dépit d'une ressemblance superficielle avec la théorie de ce dernier, dans ses prémisses fondamentales, la doctrine de Théophane diverge nettement et même totalement de la conception de l'auteur du *De Cive*, tandis que le penseur russe partage toujours les prémisses des théories par Grotius et Pufendorf. De plus, les traits de ressemblance, quels qu'ils soient, entre les doctrines de Hobbes et de Prokopovitch ne sont pas singuliers : *nul doute que l'auteur de Pravda Voli Monarshej aurait pu aboutir à sa conception sans même connaître l'œuvre de Hobbes.*

131 Comme nous le savons, il y a une exception : imposer au peuple le devoir d'interpréter la volonté du dernier monarque (cf. ci-dessus).

Il est difficile de savoir si Théophane a effectivement pris connaissance des ouvrages de Hobbes. Toujours est-il que l'analyse de la doctrine exposée dans *Pravda Voli Monarshej* ne permet pas de tirer une telle conclusion.

Que Prokopovitch connaissait les ouvrages de Hugo Grotius et de Pufendorf et qu'il les a utilisés dans le cadre de *Pravda Voli Monarshej* est en revanche un *constat d'évidence*[132]. Hormis une ressemblance générale de leurs conceptions, nous avons également décelé un nombre important de coïncidences portant sur des points particuliers, ainsi que divers emprunts au *De jure belli ac pacis* comme au *De officio*. Comme on le sait, les idées de Pufendorf se présentent sous la forme d'une combinaison des conceptions de Grotius et de Hobbes et l'on peut penser que c'est notamment par le biais du *De officio* que certains éléments rappelant la théorie de Hobbes ont pu pénétrer *Pravda Voli Monarshej*.

S'il a pu emprunter à Grotius et Pufendorf certains aspects de sa doctrine, Prokopovitch a néanmoins négligé (probablement du fait d'un manque de formation juridique) chez ses précurseurs des éléments très importants pour l'élaboration de l'ordre étatique. La différenciation du statut du monarque que Grotius et Pufendorf opèrent selon qu'il s'agisse d'un Etat patrimonial ou d'un Etat établi sur l'accord libre du peuple restait (non sans avoir peut-être été indirectement influencé par les idées de Buddeus) étrangère à l'auteur de *Pravda Voli Monarshej*. Par conséquent, Prokopovitch n'a basé son plaidoyer en faveur du legs testamentaire que sur la conception d'une succession patrimoniale, – une conception par ailleurs typique de ces auteurs.

D'autre part, le silence sur les exemptions au devoir d'obéissance et la légitimation de l'intervention pratique dans la liberté civile confèrent un caractère nettement absolutiste à la monarchie décrite dans *Pravda Voli Monarshej*, ce qui ne ressort pas de l'esprit des doctrines de Grotius, Pufendorf et Buddeus.

Enfin, si Prokopovitch ajoutait, sous l'influence de ses précurseurs, un fondement contractuel au pouvoir du monarque, contrairement à eux il faisait directement dépendre le droit du monarque du commandement de Dieu, ce qui correspond complètement à l'idéologie traditionnelle propre au régime politique de la Russie.

132 Quant aux rapports entre *Pravda Voli Monarshej* et les thèses de Buddeus, l'analyse comparative de ces ouvrages ne suffit pas pour conclure avec certitude que Prokopovitch ait connu Buddeus. Néanmoins les données extrinsèques qui se dégagent de l'analyse permettent de ne plus contester le fait que Prokopovitch connaissait l'ouvrage de Buddeus intitulé *Selecta juris naturae et gentium*. Aussi les *airs de ressemblance* que nous venons de mentionner prennent-ils *une signification plus grande*.

Rousseau et la Déclaration des droits.
L'idée des droits inaliénables
dans la doctrine politique de J.-J. Rousseau

(1918)

Source : Archives Nationales Historiques Centrales, Saint-Pétersbourg.

Cet ouvrage a été conçu comme un petit essai préliminaire à une recherche que l'auteur de ces lignes conduit sur la philosophie du droit de Rousseau. Il a été préparé à des fins de publication dans une revue scientifique. Seule l'interruption provisoire de la publication et une occasion inattendue ont poussé l'auteur à publier son ouvrage comme un livre à part. Néanmoins, l'auteur prie le lecteur de ne considérer ce livre que comme un article de revue scientifique[1].

[1] L'auteur s'excuse pour le grand nombre de fautes d'impression (particulièrement dans le premier feuillet d'impression) impossible à éviter vu les conditions extrêmement difficiles de publication.

Remarques préliminaires

Dans sa lettre à Thérèse Levasseur au sujet du transport des restes de l'au-
eur du *Contrat social* au Panthéon, Mirabeau[2], célèbre admirateur de Rousseau
t co-auteur de la *Déclaration des droits de l'homme et du citoyen*, attribuait à
e dernier le fait « d'avoir le plus éclairé la France sur les saines notions de la
iberté »[3]. Il faut dire qu'à l'époque de la Constituante cette opinion était com-
nune[4]. Les membres de l'Assemblée Nationale voyaient en Rousseau « une
utorité respectable pour tous les amis de la liberté », « un illustre défenseur de
a liberté »[5], et dans le *Contrat social* « le code de la liberté – un livre immortel
ù se trouvent réunis tous les principes de la liberté »[6], tout en regrettant que
Rousseau ne soit plus parmi eux. Aux yeux des auteurs de la *Déclaration*, il
'existait aucune contradiction entre leurs principes et les idées de Rousseau[7].
Au contraire, ils considéraient sa doctrine comme le véritable fondement de
eurs aspirations[8]. Mais par la suite, vu les constantes références au nom de

2 C'est sans aucun doute à Mirabeau que revient l'honneur de la co-paternité de la *Déclaration des droits*, quoique ce ne soit pas lui mais Lafayette qui fut l'initiateur de cet acte. Après que le projet du Comité n° 5, proposé par Mirabeau à la Constituante, fut écarté, il participera intensivement aux débats sur la rédaction finale du projet et y apportera d'importants amendements. Le préambule de la *Déclaration* est ainsi né sous sa plume. (Cf. Duguit-Monnier, *Les constitutions de la France*. 1898. p. VIII-X ; Marcaggi, *Les origines de la Déclaration des droits de l'homme de 1789*, Paris. 1904, p. 178). De plus, un an avant la Révolution, dans son traité politique *Aux Bataves sur le Stathoudérat*, qui était destiné à soutenir le Parti démocratique du Pays-Bas, Mirabeau a développé en 28 thèses une déclaration unifiée des droits qui est très proche de la Déclaration française de 1789. (Voir à propos de cet ouvrage de Mirabeau le livre de Menzel : « Mirabeau und die Menschenrechte », *Gründhuts Zeitschrift*, 1907. Vol. 34, p. 434-447).

3 Cité selon E. Champion, *Esprit de la Révolution française*, 1887, p. 27

4 Voir E. Champion, *op. cit.* : « Contrairement à l'opinion commune, notre philosophe ne fut jamais mieux connu, mieux étudié, mieux goûté qu'en 89 » (p. 26). Voir aussi E. Champion, *Rousseau et la Révolution française*, 1909 : « Si jamais Rousseau fut réellement pris pour guide, s'il a triomphé et régné, c'est dans les premiers temps de la Révolution » (p. 131).

5 E. Champion, *Esprit...* p. 27-28 ; voir aussi *Rousseau et la Révolution*, où sont accumulées beaucoup d'opinions sur Rousseau de la part des participants aux évènements de 1789. Ainsi E. Champion pense-t-il qu'au « XVIII° siècle, Rousseau fut possiblement interprété [sic ; NdT.] » (*Rousseau et la Révolution*, p. 82).

6 Rambaut Saint-Etienne cité d'après E. Champion, *Rousseau et la Révolution*, p. 113.

7 Voir les paroles de Mirabeau en 1788 : « O, Rousseau, combien tu décourages l'écrivain qui a les mêmes idées que toi, mais comme il t'admire », cité selon E. Champion, *Rousseau et la Révolution*, p. 108

8 Dans la proposition de transférer les restes de Rousseau au Panthéon adressée à la Constituante en 1791, il est écrit : « Notre constitution n'est que le développement des idées de Rousseau... Rous-

Rousseau de la part des participants aux évènements de 1789, on en fit u responsable de la Terreur[9]. Chateaubriand avait déjà clamé son indignation à « propos : « Il n'y pas d[e] livres, – dit-il du *Contrat social* –, qui les condamne davantage (id est les gens de 1793) »[10]. Néanmoins, l'idée que Rousseau fut u adepte de l'absolutisme illimité du pouvoir du peuple fera l'unanimité. A suite de Benjamin Constant et de Saint-Marc Girardin, cette réception devint dogme de toute la théorie du droit constitutionnel.

Seuls vingt ans le séparent de cette lettre de Mirabeau, lorsque Benjam Constant pousse son aversion pour Rousseau jusqu'à considérer le *Contr social* comme « le plus terrible auxiliaire de tous les genres de despotisme » Selon Constant, Rousseau avait fait régresser la théorie politique aux idées an ques du fait de son amalgame complet entre liberté civile et liberté politique Les mots d'un autre représentant du libéralisme français, Saint-Marc Girardi ne sont pas moins virulents : « L'anéantissement de l'individu au profit c l'Etat, voilà le principe fatal qui fait du *Contrat social* le code prédestiné c tout le despotisme »[13]. Cette accusation des libéraux français contre Rousse se répètera avec diverses nuances chez presque tous les spécialistes, des ancie jusqu'aux modernes[14]. Certes, ces auteurs émirent des réserves tout à fait esse tielles. Les uns, ayant concentré leur attention sur l'inaliénabilité de la liber individuelle dans la doctrine de Rousseau, constatent des contradictions intri sèques au *Contrat social* par rapport à l'absolutisme de Rousseau. Ce derni suppose le principe de la naturalité et de l'inaliénabilité de la liberté individu

seau est le premier fondateur de la constitution ». Cité selon Beaulavon, *Commentaires au Contr social*, 1914, Introduction, p. 83.

9 La critique la plus féroce fut celle de Taine dans *Les origines de la France contemporaine*, Vol. 1876, p. 319-328, et en particulier Vol. 2., 1881, pp.22, 26-27. A notre époque, Jules Lemaît répétera les mêmes accusations dans son livre plein d'invectives contre Rousseau : *J. J. Roussea* 1907. Voir la juste réponse d'E. Champion : *Rousseau et la Révolution*, p. 5-8, 86, 144 etc. Da ses deux ouvrages, Champion a prouvé de manière incontestable que l'influence de Rousseau f très forte dans les années 1780-1791, et qu'elle ne perdit en importance que par la suite. Cf. Champion, *Rousseau et la Révolution*, p. 132, 142-150, 108-118.

10 Cité selon E. Champion, *Esprit de la Révolution française*, 1887, p. 25.

11 B. Constant, *Cours de politique constitutionnelle* (1818-1820) éd. Laboulaye, 1861, Vol. I, p. 1 Pour d'autres références de Constant : « Rousseau, qui a fourni des prétextes à toutes les préte tions de la tyrannie... je ne connais aucun système de servitude qui ait contesté des erreurs pl funestes que l'éternelle métaphysique du *Contrat social* » (Vol. I, p. 128-129).

12 B. Constant. *op. cit.*, « De la liberté des anciens comparée à celle de modernes » (Discours prono cé en 1819), Vol. II, p. 537. « En transportant dans les temps modernes une étendue de pouvoir s cial de souveraineté collective qui appartenait à d'autres siècles », Rousseau et Mably s'impose comme les représentants d'un système « qui, conformément aux maximes de la liberté antique, ve que les citoyens soient complètement assujettis pour que la nation *soit* souveraine et *que l'indivi soit esclave pour que le peuple soit libre* » (p. 549).

13 Saint-Marc Girardin, *Rousseau, sa vie et ses œuvres*, 1875 (cours 1848), Vol. II, p. 375. Pl généralement, voir p. 356 sq., p. 316-363.

14 Les plus proches de la critique de Constant et Girardin sont Faguet avec sa *Politique comparée d Voltaire, Montesquieu et Rousseau* (1902), et l'auteur d'une recherche plus récente sur Rousseau Rodet, *Le contrat social et les idées politiques de Rousseau*, 1909 (préface de Faguet), cf. notam ment pp. 91-98.

elle et fonde ainsi sa critique d'autres systèmes, tels ceux de Hobbes et de Grotius[15]. Mais par la suite, sans raison évidente, au lieu de défendre cette liberté individuelle, il tend à l'engloutir sous la liberté politique et à assujettir complètement l'individu à la totalité sociale. C'est par exemple l'opinion de Stahl[16], Mohl[17] et plus particulièrement de Janet – ou parmi les auteurs plus récents, celle de Gierke[18] et de Rehm[19]. Selon Janet, cette contradiction est inhérente au discours politique de Rousseau : « La pensée de Rousseau – dit-il –, oscille sans cesse entre ces deux principes contraires : le droit de l'état, et le droit de l'individu »[20].

Plutôt que démontrer les contradictions au sein même du *Contrat social*, d'aucuns ont principalement porté leur attention sur le contraste entre les prémisses du *Contrat social* par rapport à d'autres œuvres de Rousseau. Ils opposent nettement l'individualisme voire l'anarchisme de Rousseau dans ses thèses et dans L'*Émile*, à l'étatisme et à l'absolutisme du *Contrat social*.

15 *Contrat social*, L. I. Chap. IV, Chap. II, Chap. V. Cité d'après l'édition commentée de Beaulavon, 1914, pp. 129, 130, 128, 136, 122-128.

16 Stahl, *Philosophie des Rechts*, 1° partie, « Geschichte der Rechtsphilosophie » 3° édition, 1856. La thèse principale de Rousseau « tient en un seul mot : l'ineffabilité de la liberté » (p. 300). « De l'ineffabilité de la liberté, Rousseau tire une fausse conclusion à propos de la puissance souveraine du peuple » (p. 311) ; « Le peuple reçoit un pouvoir illimité. Bien que Rousseau admette la limitation de la puissance souveraine par les droits naturels des citoyens, par leur vie, leur liberté, toutefois ... il ne s'agit pas d'une somme de droits bien gardés ne pouvant être attaqués par le souverain, mais de libertés abstraites *dont le souverain trace à chaque fois les limites selon son gré. C'est le fondement de l'absolutisme de l'Etat* » (pp. 303-304).

17 Mohl, *Die Geschichte und Literatur der Staatswissenschaften*, T. I, 1855, p. 237-238 – est très proche du point de vue de Stahl.

18 O. v. Gierke, *Johannes Althusius*, 1913 : « Rousseau attribue à l'association étatique un but purement individualiste qui ne consiste en rien d'autre qu'à réengendrer (*Wiederzeugung*) par le biais du social la liberté et l'égalité humaines qui ont par malheur disparu » (p. 116). Mais pour cela, Rousseau présuppose la conclusion du *Contrat social* « (qu'il) remplit du contenu absolutiste propre au contrat originaire de Hobbes. Malgré ce point de départ et ce point d'arrivée proprement individualistes, on débouche ainsi sur un despotisme illimité du souverain sur chaque volonté majoritaire, souverain face auquel Rousseau ne parvient à sauver le concept de droits naturels inaliénables qu'à travers une série d'inconséquences et de sophismes » (p. 117, cf. aussi p. 347). Sur ce point, Gierke est très proche de Landmann. *Der Souveränitätsbegriff bei den französischen Theoretikern bis auf Rousseau*, 1896, p. 124, 127-130.

19 Rehm, *Geschichte der Staatsrechtswissenschaft* : « Dans l'argumentation du *Contrat social*, il y a une grave contradiction logique sur laquelle repose toute sa construction. Il s'agit de l'inexprimabilité de la liberté des hommes... Or la naissance de l'Etat doit être construite de manière à pouvoir dire que les individus ne trouvent point la liberté primaire dans l'Etat » (p. 259).

20 P. Janet, *Histoire de la philosophie morale et politique*, 1° éd. 1858, p. 478 et 500. Voir aussi p. 475 : « On se demande *par quelle contradiction* Rousseau qui a établi avec tant de force que ni un homme, ni un peuple ne peuvent s'aliéner et renoncer à leur liberté, fait maintenant consister l'essence du pacte social dans l'aliénation de chacun à tous ».

Parmi les premiers auteurs à se rapprocher d'une telle opinion, on peu compter Morley[21], Tchitchérine[22], et avant eux un auteur que nous avons déjà mentionné, Saint-Marc Girardin[23] . Ils considèrent le *Contrat social* comme un renoncement aux principes déjà développés dans les deux premières thèses de Rousseau et dans L'*Émile*. Aujourd'hui ce point de vue est très nettement formulé par Faguet et les auteurs qui se revendiquent de lui. Selon Faguet, « Le *Contrat social* ... est une pensée de Rousseau contraire à l'ensemble de ses pensées. Il y a le Rousseau autoritaire et démocrate despotiste, qui dans le *Contrat social* détruit l'individu »[24]. Comme nous le voyons, au lieu de livrer une compréhension générale du *Contrat social*, Faguet est forcé de le mettre à part en optant pour une conclusion très peu vraisemblable – il constate une contradiction foncière entre les idées formulées dans ce traité politique et les autres idées de Rousseau. Une hypothèse si arbitraire est très révélatrice et, comme les autres accusations trop simplistes à l'encontre de Rousseau dont nous avons parlé ci-dessus, il convient de se demander si cette interprétation du *Contrat social* est vraiment correcte. Nous y reviendrons plus tard...

Quoi qu'il en soit, tous les auteurs mentionnés ainsi qu'un grand nombre d'autres avouent que le *Contrat social* prône la réalisation de l'absolutisme ; l'une des visées principales de ce livre serait la justification du pouvoir illimité de l'Etat. Compte tenu de cette conception largement répandue, qui se fonde par ailleurs sur certaines citations du *Contrat social* fréquemment répétées, il n'y a rien d'étonnant à ce que Jellinek ait constaté un hiatus profond entre les thèses de Rousseau et les principes fondamentaux de la Déclaration dans sa célèbre étude sur *La Déclaration des droits de l'homme et du citoyen*. Sa conclusion est la suivante : « Les principes du *Contrat social* sont hostiles à toute amélioration des droits. De ces principes ne découlent pas les droits d'un individu, mais le pouvoir omnipotent de la volonté générale, qui n'est pas limitée par le droit »[25]. Dans sa polémique avec Janet, qui fait remonter la *Déclaration* à la pensée de Rousseau[26], Jellinek ne se prive pas d'exprimer son étonnement : comment est-il possible qu'un connaisseur du *Contrat social* puisse faire de telles assertions[27]? Ce reproche serait justifié si Janet avait reconnu dans

21 Morley, *Rousseau*, 1873, 2 Vol., trad. russe 1881, Vol. 2.

22 Tchitchérine, *Histoire des idées politiques* [en russe],Vol. 3, pp. 185, 188.

23 Saint-Marc Girardin, *op. cit.*, Vol. 2, pp. 385, 389.

24 Faguet, *Préface* au livre de Rodet, publiée d'abord dans la *Revue des deux Mondes* du 15.09.1909, pp. 96-100. Bourguin se montre moins catégorique : « Les deux tendances de Rousseau », *Revue de Métaphysique et de Morale*, 1912, mai, pp. 352-369. Espinas s'avance encore plus loin que Faguet (cf. *Revue Internationale de l'enseignement*, 1895).

25 Jellinek, *Die Erklärung der Menschen und Bürgerrechte*, 1895, p. 6.

26 P. Janet, *op. cit.*, Vol. 2 : « Est-il nécessaire de prouver qu'un tel acte ne vient point de Montesquieu, mais de J. J. Rousseau ; ... l'acte même de la déclaration est-il autre chose que le contrat, passé entre tous les membres de la communauté, selon les idées de Rousseau ? N'est-ce pas l'énonciation des clauses et des conditions de ce contrat ? » (pp. 507-508).

27 Jellinek, *op. cit.* p. 5

l'absolutisme le seul fil directeur du *Contrat social*[28]. Mais ce n'est pas le cas, nous l'avons déjà dit. Janet fait remonter les sources de la *Déclaration des droits* à la tradition individualiste [dans laquelle s'inscrit le] *Contrat social* ; et pour donner un démenti aux idées de Janet il a fallu que Jellinek prouve que cette tendance était entièrement absente du *Contrat social*[29]. Mais il est toutefois très difficile de disputer à Jellinek le fait que le *Contrat social*, dans son acception générale (à laquelle se joint Janet), n'offre pas de base stable à la *Déclaration des droits*. L'absolutisme, même s'il était une des tendances de sa doctrine politique, est trop opposé à l'idée principale de la *Déclaration* : établir une limite immuable au pouvoir étatique, la limite des droits inaliénables de l'homme. D'ailleurs, quelle valeur, quelle conséquence peut avoir une doctrine contradictoire pour un programme politique, même dans ses prémisses fondamentales ? Il s'agit plutôt de savoir si l'acception générale du *Contrat social* que Jellinek a prise comme point de repère est vraie. Est-il vrai que le *Contrat social* prône l'absolutisme ? Est-il vrai que Rousseau, partant de la thèse de l'inaliénabilité de la liberté individuelle, finisse par la détruire totalement ? Est-il vrai que la doctrine politique du philosophe, dont la pensée est d'une si grande profondeur (selon les témoignages de Kant et Hegel)[30], n'est qu'un tissu de contradictions ?

Ce n'est qu'après avoir dissipé ces doutes qu'il est possible de considérer la question de Jellinek – quels sont les rapports entre les idées de Rousseau et les idées de la *Déclaration des droits* ? – comme étant résolue. Il est regrettable que l'on n'ait pas accordé la moindre attention à cet aspect du problème au sein de la polémique qui suivit la parution de l'essai de Jellinek dans la littérature française[31].

8 C'est d'autant plus étonnant que dans sa réponse à Boutmy, Jellinek se rapproche lui-même du point de vue de Janet ainsi que d'autres chercheurs mentionnés au-dessus en parlant des « sophismes grossiers de Rousseau, comme cette aliénation au profit de l'Etat d'une liberté passée inaliénable », *Revue du droit public*, « Réponse à M. Boutmy », 1902, Vol. 2, p. 394.

9 Cette assertion est de Duguit, dans son *Traité de droit constitutionnel*, 1911, Vol. 2, pp. 6-7. Duguit affirme que « Janet a tort de dire que la pensée de Rousseau oscille sans cesse entre le droit de l'Etat et le droit de l'individu. Rousseau n'hésite point à subordonner le droit de l'individu au droit de l'Etat et à reconnaître à celui-ci un pouvoir sans limite ». On trouve bon nombre d'auteurs qui sont tout aussi catégoriques que Duguit, comme par exemple Beaudouin qui, dans *La vie et les œuvres de Rousseau* (1891), soutient sans réserves que le but du *Contrat social* est d'affirmer l'esclavage, non la liberté (Vol. 2, p. 63).

0 Kant parle de Rousseau comme le « Newton » de la morale et ne cesse de louer la profondeur de sa pensée (cf. Delbos, « Rousseau et Kant », *Revue de Métaphysique et de Morale*, mai, pp. 438, 432. Dans sa *Geschichte der Philosophie* (Vol. 3, pp. 477-478, 482, 50), Hegel affirme que Rousseau est le fondateur véritable de l'idéalisme classique dans la philosophie allemande. Voir aussi Bosanquet, « Les idées politiques de Rousseau », *Revue de Métaphysique*, 1912, mai, p. 338. Le célèbre philosophe néo-kantien français, Renouvier, s'est aussi exprimé en faveur de la profondeur de la pensée de Rousseau dans sa *Critique philosophique*, 1884, pp. 161-162, 174-175.

1 Voir la bibliographie complète que donne Duguit, *op. cit.* Vol. 2, pp. 10, 6-7

Dans sa verte réplique à Jellinek, Boutmy insiste sur l'influence incontestable de Rousseau sur la *Déclaration des droits*, mais se borne en fin de compte (malgré un nombre d'observations précieuses) au seul constat de l'existence de paradoxes dans le *Contrat social*, sans même se charger de trouver un réel point de réconciliation entre les tendances si contradictoires de cette œuvre[32]. Il consacre tous ses efforts à démontrer que, *historiquement*, la *Déclaration des droits* de 1789 est née de sources françaises et non américaines (comme le suppose Jellinek). C'est pourquoi il ne prête que peu d'attention aux contradictions de Rousseau. On peut observer la même tendance chez d'autres auteurs français qui s'efforcent de renverser à tout prix la théorie des origines étrangères de la *Déclaration des droits* – gloire nationale de la France[33].

Pourtant, cet aspect historique s'avère peu discutable, ainsi que Jellinek l'a si bien expliqué. Jellinek a clairement démontré que du point de vue *historique* les sources de la déclaration française sont les déclarations des états particuliers des Etats-Unis ; on ne trouvera nulle part avant elles *l'idée d'une formulation législative* des droits naturels de l'individu. Sans doute, cette idée a-t-elle des origines américaines. Néanmoins, Jellinek ne s'est pas limité à cette conclusion

32 Boutmy, *Séances et travaux de l'Académie des sciences morales et politiques*, 1903, Vol. LIX, pp. 600-635 : « La Déclaration des droits de l'homme et du citoyen et M. Jellinek ». – En premier lieu il faut garder en mémoire, nous dit Boutmy en critiquant Jellinek, que le *C.*[*ontrat*] *S.*[*ocial*] a pu donner lieu à la Déclaration sans avoir les mêmes tendances qu'elle (p. 602). De plus, le *C. S.* ne se trouve pas en contradiction manifeste et directe avec la Déclaration des droits (p. 603). Le contrat social établit certains rapports entre l'Etat (ou le souverain) et les citoyens (ou les sujets) : « ces rapports consistent en deux actes : le premier est l'aliénation complète de l'individu, de sa personne et des ses biens, le second est la restitution à l'individu par l'Etat de tout ce qui n'est pas nécessaire pour assurer à chacun la jouissance de droits égaux à ceux d'autres (p. 603). Quelle impossibilité y a-t-il à ce que ce soit le souverain qui rédige la déclaration des droits... L'Etat peut tout ce qu'il veut : mais il ne peut vouloir conserver tous les droits qu'il a reçus..., par nature il est impropre à les exercer. Ce ne sont pas les bornes de son arbitraire, ce sont les limites de son essence qu'il fixe par la Déclaration des droits (p. 604). (Ici Boutmy est très proche d'une compréhension exacte de Rousseau, mais il ne développe pas ses idées jusqu'à la fin). Ayant cité le passage célèbre du *C. S.* où Rousseau proclame la thèse sur l'inaliénabilité de la liberté individuelle, et rapprochant les idées de Rousseau aux principes de la Déclaration, Boutmy ne fait aucun effort pour lier cette thèse avec la théorie du contrat social qu'il a exposée plus tôt. L'auteur admet explicitement qu'il existe un paradoxe, et cherche à l'expliquer par des arguments assez douteux : « Les contradictions sont le propre des hommes qui ont longuement pensé, abondamment crée, largement détruit. Ils ont dit nécessairement beaucoup de choses et parmi ces choses il y en a un grand nombre, qui sont opposées entre elles et même directement contraires l'une à l'autre... Serait-ce diffamer Rousseau que le prendre en flagrant délit de contradiction ? Non, sans doute. Les grandes œuvres et les grands hommes ont leur loi à part » (p. 605). On se satisfait avec peine de ce type d'explication. Cf. la réplique de Jellinek à Boutmy, *Revue du droit public*, *op. cit.*

33 Tchernoff se rallie à l'opinion de Boutmy : « Rousseau et Montesquieu », *Revue du droit public*, 1903, Vol. 1, pp. 475-513, Vol. 2, pp. 48-97. Cf. en particulier : Vol. 2, pp. 93-97, 91-93 ; Vol. 1, pp. 510-513. Parmi les autres auteurs français qui ont évoqué l'opposition des idées de Rousseau aux principes de la Déclaration, il faut nommer ceux de la « philosophie française du XVIIIe siècle », en particulier Montesquieu (cf. Faguet, *Op .cit.*, pp. 14-17, 189, et notamment pp. 281-285) et Voltaire (cf. Champion, « Rousseau et la Déclaration », *Revue bleue*, 1909, pp. 238-240). Marcaggi, dans son ouvrage que nous avons déjà cité, tâche de dériver la Déclaration de la doctrine des physiocrates. Dans la littérature russe, Pokrovskij partage aussi cette opinion : « La doctrine politique de J. J. Rousseau », *Notes juridiques*, 1912, n° 4, pp. 546-566, en particulier pp. 561-564.

ien que dans sa réponse à Boutmy il fasse une distinction précise entre l'étude urement historique du droit public et celle qui relève de l'histoire des idées, rétendant n'avoir abordé que le premier aspect de la question[34], Jellinek herchait en fait également à démontrer que l'idée même des droits naturels aliénables de l'individu s'est développée sur le sol américain à partir de la onception de la liberté religieuse[35]. Cette idée n'a pas trouvé d'écho dans la ttérature secondaire, et même les auteurs dont les avis coïncidaient sur 'autres points avec les analyses de Jellinek ont pu la rejeter[36]. Contrairement à ellinek, tous les auteurs s'accordent sur le fait que *l'idée des droits naturels aliénables de l'individu doit sa naissance au développement organique de 'école du droit naturel*[37]. En fait, toute la question revient à savoir s'il faut liminer le nom de Rousseau (comme celui de Hobbes) de ce développement.)'après l'acception commune de l'œuvre de Rousseau, on a tendance à dire oui ». Le but de notre recherche consiste à démentir cette conception.

Nous essaierons non seulement de démontrer que dans sa doctrine politique, ousseau ne nie aucunement l'idée des droits naturels, mais encore qu'il leur urnit au contraire une base nouvelle (du moins en comparaison de ses con-mporains) et profonde. C'est bien l'originalité de son argumentation, qui en lus des contradictions purement terminologiques et superficielles, est à origine de l'erreur foncière commise par la plupart des chercheurs. – Suivant fil complexe des réflexions de Rousseau, ils ont négligé son aspiration prin-pale : l'affirmation des droits naturels inaliénables de l'individu. A entendre s reproches sans cesse réitérés contre l'absolutisme de Rousseau dans la litté-ture secondaire, force est de constater qu'on ne tient pas à se souvenir de

Revue du droit public, 1902. Vol. 1, pp. 387, 389, 396, 399, 400.

Cf. Jellinek, *op. cit.*, pp. 31-42, 48 : « Avec la conviction qu'il existait un droit de conscience indépendant de l'Etat on trouvait en même temps le point à partir duquel les droits inaliénables de l'individu se spécifient : ... affirmer l'idée de droits inaliénables, naturels et sacrés (*geheiligte*) ... n'a pas une origine politique mais religieuse ».

Gierke, *op. cit.* : « L'affirmation de Jellinek, selon laquelle le droit originaire de la liberté religieuse serait la source des droits de l'homme, est simpliste » (p. 346, note 49). Cf. aussi Wahl, *Historische Zeitschrift*, Vol. 103, « Zur Geschichte der Menschenrechte », pp. 82-84 ; Rehm, *Allgemeine Staatslehre* pp. 247-248, 242. Sous le poids de la critique, Jellinek a lui-même émis d'importantes réserves à sa propre thèse. Dans la deuxième édition de 1904 (trad. russe, 1905) de son étude, l'auteur a ajouté une petite sous-partie concernant l'influence de l'école du droit naturel sur les déclarations américaines (pp. 61-64).

Cf. Gierke, *op. cit.*, pp. 346, 381 ; cf. aussi les auteurs cités dans la note précédente et tous les auteurs français, y compris Boutmy, *op. cit.*, Faguet, *op. cit.* pp. 14-17, Marcaggi, *op. cit.* pp. 6-7, 187, Champion, 1) *Rousseau et la Déclaration*, *op. cit.*, 2) *Rousseau et la Révolution*, *op. cit.* ; Tschernoff, *op. cit.* Il est nécessaire de corriger les conceptions des auteurs français qui tirent l'idée des droits naturels inaliénables de l'individu de la « philosophie du XVIII° siècle », car cette idée là est liée à toute l'histoire de l'école du droit naturel. Il faut donc rechercher les sources de cette idée non seulement au XVIII°, mais aussi au XVI° et particulièrement au XVII° siècles. Doumergue occupe une position tout à fait originale dans ce débat (*Revue du droit public*, 1904), en faisant dériver la doctrine des droits naturels inaliénables de l'individu de sources calvinistes. A cet égard, il prend en compte un certain nombre des théoriciens de l'école du droit naturel, tels Grotius, Althusius, Pufendorf ou Locke, auxquels il oppose les « absolutistes » tels Hobbes et Rousseau.

l'aveu du philosophe lui-même : « Il n'y a peut-être pas une de ces propositio qu'on m'impute à laquelle au lieu où je l'ai mise, la page qui précède à cel qui suit ne serve de réponse, et que *je n'aie prise en un sens différent de cel que lui donnent mes accusateurs* »[38]. « Ainsi *tout ce que prouvent leurs écri est que je n'aie pas su me faire entendre, puisque ils ne réfutent rien de ce q je pense* »[39]. Nous aurons l'occasion de rappeler cette citation plusieurs fois.

On a souvent mentionné que les critiques et interprètes de Rousseau n'o pas pénétré ses desseins les plus profonds. C'est que la doctrine politique c Rousseau est si liée aux évènements de la Révolution française que les part politiques l'ont longtemps employée dans leurs disputes – depuis si longtem d'ailleurs, que même aujourd'hui l'intérêt principal des exégètes consiste cerner les conséquences politiques de sa théorie plutôt que son essence propr Toutefois, il est indiscutable que l'aspiration majeure de Rousseau, ent autres, fut bel et bien de construire une théorie abstraite et non de formuler u programme politique. Rousseau a lui-même avoué qu'à la différence de Mo tesquieu, il cherchait avant tout « les principes véritables du droit politique[40] et, n'étant intéressé que par le droit et par la raison, il ne discute pas d faits »[41]. Rousseau n'est pas concerné par les questions de réalisation pratiq de ses constructions théoriques. C'est ainsi à juste titre que le célèbre historie français Champion[42] nous démontre que la théorie de Rousseau n'impliq aucun système politique concret, et que pendant la Révolution tous les part politiques français ont fait référence à titre égal à Rousseau.

Dans ces conditions, il n'y a rien d'étonnant à compter la doctrine de Rou seau parmi les systèmes jusqu'à présent les plus discutables, les moins reche chés et les moins développés dans l'histoire de la philosophie du droit (malg la vaste littérature sur ce sujet). Les moyens simplistes utilisés pour convainc des contradictions de Rousseau en sont le meilleur témoignage.

38 Rousseau, *Lettres écrites de la Montagne*, 1 Partie, Lettre 1, p. 16, Vol. 3 des *Œuvres complète* Furne et Cie éditeurs, 1844. Par la suite, les citations des lettres de Rousseau seront donné d'après ce volume. Les deux premières dissertations sont citées selon les *Œuvres complètes* Rousseau, Ch. Lahure, 1856, Vol. 1. Le *Contrat social* est cité d'après l'édition commentée Beaulavon (1914). Les autres citations sont tirées des *Œuvres complètes* de Rousseau publiées 1826 (éd. Sautelet, Verdière, Dupont et Roret).

39 De toutes les lettres inédites de Rousseau, je cite les passages selon Streckeisen-Moultou *Œuvr et correspondances inédites de Rousseau*, 1861. Ici – p. 357. Haymann a emprunté ce passa pour en faire l'épigraphe de son livre, *Die Sozialphilosophie Rousseaus* (1898).

40 « Il s'agit d'établir d'abord les vrais principes du droit politique »... car... « il faut savoir ce qui d être, pour bien juger de ce qui est » ; « Montesquieu... se contenta de traiter du droit positif d gouvernements établis... Mais il n'eut garde de traiter des principes du droit politique... et *rien a monde n'est plus différent que ces deux études* », *Emile*, Livre V, p. 295, 291.

41 « Je cherche le droit et la raison et ne dispute pas des faits », *Première Rédaction du Contr social* appelée aussi *Manuscrit genevois*, p. 24, cité selon l'édition d'Alexeev, Appendice au Vol. de ses *Etudes sur Rousseau*, 1887, p. XXVII.

42 Champion, *Rousseau*... ibid.. En se fondant sur cette hypothèse, Champion pousse son prop encore plus loin et admet que Rousseau n'eut aucun système philosophique. Cependant, cette hyp thèse ne peut pas être acceptée : nous verrons que Rousseau a en fait créé un système unifié cohérent, mais d'une portée strictement théorique.

Ce n'est que récemment qu'un effort a été entrepris pour interroger le contenu abstrait de la doctrine politique de Rousseau d'une manière plus approfondie. Au sein de la littérature allemande, on peut citer certains ouvrages de Liepmann[43] et surtout de Haymann[44], ainsi que les idées de Stammler[45] ou encore les précieuses remarques du savant russe B. A. Kistiakovsky dans son livre paru en allemand, *Gesellschaft und Einzelwesen*[46]. Dans la littérature russe, on peut mentionner sur cette problématique des passages traitant de Rousseau dans le livre du Prof.[esseur] Novgorodtsev, *La crise de la conscience juridique contemporaine*[47] et le chapitre sur Rousseau dans l'ouvrage du Prof.[esseur] Hessen, *Les fondements du droit constitutionnel*[48]. Dans la littérature francophone, il est nécessaire de citer la brillante introduction de Beaulavon à l'édition du *Contrat social*[49].

Plus particulièrement, en ce qui concerne les recherches de Liepmann et Haymann (dans la mesure où ils sont entièrement consacrés à cette problématique, seuls ces ouvrages pouvaient prétendre avoir exposé les pensées de Rousseau d'une manière systématique), nous devons admettre que malgré maints et évidents mérites, elles n'ont pas permis d'acquérir un résultat satisfaisant. N'atteignant pas toute la profondeur de la doctrine de Rousseau[50], ces recherches s'avèrent incapables d'arriver au but final, – c'est à dire d'intégrer toutes

43 M. Liepmann, *Die Rechtsphilosophie des J. J. Rousseaus*, 1898.

44 F. Haymann, *J. J. Rousseaus Sozialphilosophie*, 1898.

45 Stammler, *Theorie des Anarchismus*, p. 14 ; *Wirtschaft und Recht*, 3 éd. 1914, pp. 160-161 ; *Die Lehre vom richtigen Recht*, 1902, pp. 97, 112-113. Cf. en particulier son article « Notion et portée de la volonté générale chez J. J. Rousseau », *Revue de Métaphysique*, mai 1912, pp. 383-389.

46 1899, pp. 156-157, note. Kistiakovsky souligne à juste titre le caractère idéal-normativiste de la volonté générale au détriment de la compréhension utilitariste et empiriste de cette notion.

47 1909, pp. 16-37, 260-261, 256-258. Novgorodtsev a le grand mérite d'avoir pour la première fois attiré l'attention sur le rôle de la volonté générale chez Rousseau comme une partie intégrante de la volonté individuelle – la manifestation de la nature humaine de chaque individu. Mais Novgorodtsev n'a pas employé cette idée pour interpréter les concepts de Rousseau dans toute leur portée par rapport à l'individualisme abstrait et à l'universalisme. Novgorodtsev a fini par cautionner la traditionnelle opinion que Rousseau est un absolutiste. Partageant l'opinion de Jellinek, Novgorodtsev parle de « la soumission complète dans la doctrine de Rousseau de l'individu à l'Etat » (p. 250) et trouve que les conceptions de Rousseau sont parfaitement juxtaposables aux principes de la *Déclaration* : « Rousseau n'admet aucun des droits inaliénables de l'individu ; son traité se fonde sur la proposition de l'aliénation complète de tous les droits naturels en faveur de l'Etat » (p. 255). On trouvera une réfutation de cette interprétation de Rousseau plus bas.

48 1917, chap. VI, § 2, p. 111-126. Cf. aussi chap. IV, § 3, p. 95-100. Le professeur Hessen, en plein accord avec Novgorodtsev, souligne avec encore plus de clarté le caractère tout à fait individualiste de la notion de « volonté générale » chez Rousseau et applique cette idée pour interpréter le contrat social comme une soumission de l'individu à sa propre nature raisonnée. C'est là un des grands mérites scientifiques de Hessen. Mais de ce fait, il aboutit bien vite à l'idée peu claire que Rousseau fut un prophète de l'absolutisme anarchique, par le biais d'une « théorie anarchiste de la souveraineté populaire » (p. 121, 126, 118, 114). Nous essayerons de démontrer que Rousseau n'était ni anarchiste, ni absolutiste, ni les deux à la fois ; et la tendance individualiste de la notion de « volonté générale », remarquée par Hessen à juste titre, mène à des résultats tout à fait différents.

49 Beaulavon, *op. cit.*, Introduction, p. 1-103. Beaulavon a très nettement mis au point la distinction entre le contenu abstrait de la doctrine de Rousseau et la conception des conditions empiriques nécessaires à la réalisation de ces constructions abstraites. Cf. notamment p. 43-51.

les pensées de Rousseau dans un ensemble systématique et non contradictoire, et ce bien qu'elles présupposent justement l'unité théorique des différents ouvrages de Rousseau (c'est le point sur lequel insistait déjà Kant dans son *Mutmaßlicher Anfang der Menschengeschichte*)[51]. Ce point de vue est aujourd'hui défendu dans la littérature française par Lanson[52], ainsi que les commentateurs du *Cont.[rat] Social* comme Dreyfus-Brisac[53], Beaulavon[54] puis Atger[55], spécialiste en histoire de la pensée politique[56]. Toujours est-il que les conclusions des deux derniers livres cités sont loin d'être évidentes, ce pourquoi une reconstruction (fondée sur et accompagnée par une compréhension de ses pensées dans toute leur profondeur) de l'ensemble des théories de Rousseau reste dans l'histoire de la philosophie du droit un problème qui n'est pas encore résolu.

Dans ces ouvrages, ce sont surtout les conclusions relatives au problème posé ci-dessus qui nous paraissent incertaines. Nous passerons ici sous silence les auteurs qui voient Rousseau comme un adepte de l'absolutisme.

50 Haymann livre une interprétation particulièrement plate de la « volonté générale », dans l'esprit utilitariste, *op. cit.*, pp. 166, 172-175, ainsi que Liepmann, *op. cit.*, pp. 115-118. Comparez-les avec les remarques de Kistiakovsky, *op. cit.*, pp. 156-157 (Note) et de Novgorodtsev, *op. cit.*, p. 35 (Note). Cf. aussi plus en détail ci-dessous.

51 Je cite d'après l'édition Hartenstein, Vol. IV, 1867. « De cette manière, dit Kant p. 522, – il est possible d'accorder avec la raison l'affirmation en apparence contradictoire et souvent mal interprétée du célèbre J. J. Rousseau. Dans ses écrits sur l'influence des sciences ou sur l'inégalité des hommes, il montre très justement l'antagonisme inéluctable entre la *culture* et la *nature* du *genre humain* comme *espèce physique* dans laquelle chaque individu devrait trouver sa détermination. Toutefois, dans L'*Emile*, son *Contrat social* et d'autres écrits, il cherche à résoudre de nouveau le difficile problème de savoir dans quel sens la culture doit aller pour développer convenablement les dons de l'humanité en tant qu'espèce morale ainsi que sa condition ». Nous ne pouvons apprécier la pénétrante analyse de Kant sur la doctrine de Rousseau qu'en développant notre recherche.

52 Lanson, *Histoire de la littérature française*, 11° éd., pp. 780-786 et son article dans *Les Annales J.-J. Rousseau*, 1912, Vol. 8 « L'unité de la pensée de J.-J. Rousseau ».

53 Dreyfus-Brisac, *Introduction à l'édition du* Contrat social, 1896, pp. I-XXVIII, particulièrement pp. IV-XII.

54 Beaulavon, *op. cit.*, pp. [8], 23-24, 26-27, 31, 35, 43-46, 61-62 : « Les grandes contradictions prétendues sont, comme Rousseau nous en avertit lui-même avec insistance, apparentes et… elles s'évanouissent dès qu'on étudie sa pensée 'du dedans', qu'on se place en face du problème tel qu'il s'était posé… les idées essentielles du *Contrat social* forment bien un système cohérent, profond et compatible avec le reste de l'œuvre » (p. 13).

55 Atger, F., *Essai sur l'histoire des doctrines du contrat social*, Paris, 1906, pp.250 et suiv.

56 Dans la littérature russe consacrée aux écrits de Rousseau, on mentionnera : Alexeev, *Etudes*, *op. cit.*, Vol. II, pp. 101-116 et la note p. VI de l'appendice au Vol. II ; M. Kovalevsky (« De la démocratie directe à la démocratie représentative et de la monarchie patriarcale au parlementarisme »), qui considère tous les ouvrages de Rousseau comme étant des extraits du *Traité sur les institutions politiques* que Rousseau a détruit (cf. en particulier pp. 233, 249, 276) ; P. Novgorodtsev, *Cours sur la philosophie du droit. Les doctrines modernes*, manuscrit, Moscou, 1910, pp. 225-226).

Or même Haymann[57], Liepmann[58] ou Beaulavon[59], qui protestent généralement

57 Dans sa recherche étendue et importante sur la doctrine politique de Rousseau, Haymann proteste contre les accusations d'absolutisme adressées à Rousseau (p. 128-129, 185-190, 206-211) en se fondant sur la signification éternelle du droit naturel qui est valable, selon Rousseau, dans l'état naturel aussi bien que dans l'état civil (p. 35). De même que la notion de « volonté générale » qu'Haymann oppose strictement à la souveraineté populaire sert d'intermédiaire entre le droit naturel et le droit positif, de même l'Etat n'est-il possible qu'à la condition d'une domination de la volonté générale. Aussi notre auteur aboutit à la conclusion suivante : « En tant que conséquences nécessaires de l'impératif de liberté du 'droit naturel', les limites inébranlables de la souveraineté populaire devraient être garanties dans leur nécessité systématique contre le moindre doute... (p. 128). C'est justement le (même) fait qui à la fois fonde (la) violence légitime (de la totalité) et lui fixe d'infranchissables limites » (p. 129). Haymann cherche à établir cette conclusion par une interprétation douteuse et arbitraire du contrat social. Celui-ci engloberait selon Rousseau deux actes différents : l'agrément mutuel des individus et le contrat de soumission de chaque individu à la totalité sociale, et dans le dernier cas le souverain agirait comme l'une des parties du contrat et s'obligerait à un comportement conforme à la volonté générale (p. 184, note). C'est pourquoi le résultat du contrat social est que les deux parties se trouvent obligées, de sorte qu'il n'y a aucun individualisme chez Rousseau (p. 194). On passera sous silence le décalage entre cette interprétation de Rousseau et les idées mêmes d'Haymann, qui reconnaît que pour Rousseau le souverain est lié au droit naturel par le fait même de son existence. Cette interprétation revient à identifier les pensées de Rousseau à celles de Pufendorf, qui, malgré les idées de Hobbes, en reste à la conception médiévale où le contrat social est divisé en deux sous-contrats, l'un de soumission et l'autre de coordination (cf. sur ce point mon livre, *Pravda Voli Monarshej de Théophane Prokopovitch et ses sources européennes*, 1915, pp. 58-70, en particulier pp. 65-66). Les idées de Rousseau n'ont rien de commun avec cette approche. C'est Haymann seul qui l'impute à Rousseau...

Bien qu'il proteste contre l'interprétation absolutiste des idées de Rousseau, Haymann le traite pourtant d'adversaire farouche de l'individualisme et de la doctrine liberale en général (pp. 275-279, 290-293, 296-9, 302, 16-318) : « Rares sont les systèmes de philosophie du droit qui ont déclaré la guerre au libéralisme individualiste avec une vigueur, une sévérité aussi forte que la philosophie de J. J. Rousseau » (p. 293). « L'Etat doit diriger les hommes : tel est le but ultime et le plus élevé que la philosophie juridique de Rousseau attribue au législateur » (p. 297). « Rousseau ne pense aucunement la liberté comme le but final du droit positif, elle n'est qu'un moyen pour atteindre un autre but social plus élevé : augmenter la puissance (*Machtgewalt*) de l'Etat » (p. 277). Il est difficile de comprendre comment Haymann parvient à articuler de tels passages avec ses conclusions précédentes. En essayant d'apprécier les objections d'Haymann, nous remarquerons avant tout qu'il n'a réussi qu'à moitié à dénier le reproche d'absolutisme. Ayant de bonnes raisons pour insister sur l'existence du droit naturel dans l'Etat ainsi que pour lier le droit naturel avec la volonté générale (une liaison par ailleurs assez faible), Haymann démontre de manière convaincante que tout l'ordre du droit chez Rousseau se fonde sur le droit naturel et que celui-ci le limite. Mais Haymann n'explique pas du tout comment Rousseau exige l'aliénation de tous les droits naturels de l'individu à la totalité sociale, même s'il constate l'action du droit naturel dans l'état civil. Haymann ne prête pas non plus attention à l'alpha et à l'oméga, au noyau vital du droit naturel de Rousseau – c'est-à-dire au caractère inaliénable de la liberté individuelle. Ainsi, toute la construction théorique d'Haymann s'avère insuffisamment établie, et la contradiction radicale imputée à Rousseau par ses nombreux adversaires reste sans réponse. En plus de passer sous silence le contenu majeur du droit naturel chez Rousseau, Haymann le considère aussi comme un adversaire forcené de l'individualisme et comme un adepte de la soumission totale de l'individu à la totalité sociale. Dans ces conditions, il n'y a rien d'étonnant à ce que des auteurs comme Gierke et Jellinek aient conclu leurs recensions du livre d'Haymann en disant qu'il n'était parvenu ni à blanchir Rousseau du reproche de se contredire, ni à démonter « le grief d'absolutisme étatique adressé à Rousseau » (Gierke, *op. cit.*, pp. 347, 350 ; Jellinek, *Allgemeine Staatslehre*, 1905, p. 204, note). Toutefois ces auteurs imputent la responsabilité de cet échec non à Haymann mais à Rousseau, alors que le responsable n'est qu'Haymann lui-même. L'objectif qu'Haymann se posait reste encore à atteindre ; mais cela ne le rend ni insignifiant ni dénué d'importance.

58 La manière dont Liepmann réfute l'absolutisme de Rousseau nous paraît moins justifiée que celle d'Haymann. Pour étayer son point de vue, Liepmann fait la remarque suivante : « Le *dévouement absolu des sujets de droit n'est qu'une apparence* (chez Rousseau). Si Hobbes a déduit du contrat de tous avec tous l'atomisation du citoyen, le *Contrat social* défend quant à lui l'idée *que le renoncement général de chacun à ses droits n'est rien d'autre qu'une opération mentale*, et en vérité, parce que chacun la fait, chacun recouvre le même pouvoir juridique sur ses camarades que celui qu'il leur a lui-même accordé. On *reste libre dans la mesure où l'on reste propriétaire de droits originaires* et l'on s'assure contre les atteintes aux biens de sa vie après que le pouvoir d'ensemble de l'association surpasse celui de la force individuelle » (p. 106).
Dans ce discours il faut distinguer nettement les affirmations des spéculations qu'il prend pour des preuves. Les assertions de Liepmann méritent une attention particulière et sont justes (notamment la première assertion selon laquelle la soumission de l'individu à l'Etat n'est qu'apparente ; la deuxième assertion, selon laquelle les individus conservent leurs droits originaires dans l'Etat, n'est juste, comme nous le verrons, qu'à certaines conditions : si les individus jouissent de droits naturels inaliénables dans l'Etat – alors, ces droits n'existent pas avant la société, mais sont engendrés par le contrat social). En revanche, les arguments que Liepmann tente de fournir pour justifier sa position s'avèrent manifestement insuffisants et douteux. Dire de la négation de tous les droits au moment où le contrat social est conclu qu'il s'agit d'une « simple opération abstraite » – cela n'a aucun sens. En outre, Liepmann souligne que le contrat social n'est pas un « fait historique », mais une « idée », une abstraction logique. L'important serait donc le contenu intrinsèque de cette abstraction, le sens de cette opération abstraite. Par ailleurs, la vieille question de savoir comment Rousseau peut articuler l'exigence d'aliénation à l'affirmation d'une liberté individuelle inaliénable reste entière. L'argumentaire de Liepmann ne donne aucune réponse à cette question. La seconde thèse de Liepmann – à savoir l'acquisition de la liberté civile par l'égalité politique – n'est guère plus suffisante. Liepmann lui-même ne la prend d'ailleurs pas au sérieux car il faut d'abord savoir si Rousseau confond les libertés civile et politique ou bien s'il les distingue.
A la différence d'Haymann, Liepmann insiste surtout sur *le caractère individualiste* de la doctrine politique de Rousseau et c'est en effet le plus grand mérite de son livre (cf. pp. 12, 87-90, 101-102, 104-105, 106, 123-125, 132-142). « Il existe des doctrines – dit-il à propos des théories de Rousseau – qui se fondent sur un socle individualiste » (p. 127). « (D'après Rousseau), le but de l'ordre juridique ne peut reposer que dans la protection efficace des biens, de la vie et de la liberté dont tout un chacun peut jouir à travers les organes du droit » (p.108). Les idées de Liepmann sur la façon dont Rousseau traite de la propriété privée sont particulièrement intéressantes (pp. 123-124, 87-91). Pour plus de détails sur cet aspect, cf. ci-dessous. Néanmoins, on ne peut que contester la thèse que Rousseau fut un partisan de l'individualisme utilitaire et égoïste ainsi que de le rapprocher de l'individualisme de Locke. Nous essayerons de démontrer que Rousseau était bien plus éloigné de l'utilitarisme qu'on ne le pense. *L'individualisme de Rousseau est de nature idéaliste.*

59 Si dans sa brillante introduction au *C. S.* (cf. pp. 51-62, 30-31, 34-36), Beaulavon refuse d'imputer à Rousseau le moindre absolutisme, il n'en reste pas moins que ses jugements manquent de clarté, et, au bout du compte, ils se contredisent jusqu'à un certain point. En insistant de manière convaincante sur la capacité de Rousseau à distinguer entre liberté politique et liberté civile (pp. 53-54), Beaulavon trouve à juste titre dans la doctrine de Rousseau un moyen nouveau et original de résoudre le problème des rapports entre individu et Etat. Avant Rousseau, nous dit Beaulavon, ce problème avait été résolu de deux manières : ou bien 1) « les individus se sont totalement dépouillés en faveur du 'prince', désormais armé d'une autorité souveraine – telle était la théorie de Hobbes », ou bien 2) les contractants se sont réservé... des droits individuels, placés au dehors de l'autorité de l'Etat (p. 30). Rousseau les rejette toutes les deux et c'est une troisième voie, plus complexe et plus originale, qu'il prétend nous apporter (p. 31). Cette précision nous semble être assez judicieuse et nous indique une piste plus appropriée pour mieux comprendre Rousseau. Malheureusement, Beaulavon n'a pas emprunté le chemin qu'il a lui-même indiqué. Il réduit involontairement toute la doctrine de Rousseau aux idées de Hobbes en les lui superposant. En effet, dans la suite de son exposé Beaulavon conclut que pour Rousseau « après le contrat social il ne peut plus être question de droits naturels » (p. 58), car « Rousseau a irréfutablement démontré que la souveraineté populaire est nécessairement et logiquement sans limites, de fait comme de droit » (p. 55). Or cela ne veut pas dire qu'après le contrat social, le droit naturel perde toute sa signification : il conserve le rôle

contre une telle interprétation, n'étayent pourtant leurs idées d'aucun argument relativement convaincant (c'est particulièrement le cas de Beaulavon, moins d'Haymann). En tout cas, ils ne déchargent pas Rousseau des contradictions dont on le taxe, entre l'affirmation de la liberté inaliénable de l'individu d'une part, et l'exigence d'une aliénation inconditionnelle de cette liberté au profit de la totalité sociale de l'autre. Ce n'est qu'après avoir définitivement exempté Rousseau de ces accusations, et qu'après avoir démontré de manière persuasive comment cette antinomie a été résolue dans sa doctrine que l'on pourra s'acheminer vers l'intégration des idées de Rousseau dans un ensemble systématique.

Comme nous l'avons déjà dit, le présent ouvrage essaie de prendre part le plus activement possible à la résolution de ce problème. Il se propose de démontrer que Rousseau fut tout sauf un propagandiste de l'absolutisme, et par conséquent, tout sauf un adversaire des droits naturels et inaliénables de l'homme. Au contraire, il est un partisan aussi ardent que cohérent de ces droits. Or, à la différence de ses prédécesseurs, Rousseau a lié l'existence de ces droits avec l'Etat. Nous sommes sûrs que si nous parvenions à démontrer cette thèse, nous poserions les jalons nécessaires à la résolution du problème général posé ci-dessus : Rousseau serait en grande partie exempté des divers griefs qui lui furent adressés de toutes parts... Afin d'atteindre ce but, nous nous limiterons dans notre recherche au domaine de l'histoire des idées, et nous refuserons d'emblée de résoudre les problèmes relevant de l'histoire du droit public positif. Nous n'emploierons la *Déclaration* de 1789 que pour mieux comprendre les idées de Rousseau.

---

d'une restriction morale du pouvoir suprême – « les droits naturels subsistent à titre d'idées morales conçues par les individus... (p. 59). Mais Rousseau a la franchise de reconnaître qu'en définitive le peuple reste toujours maître de décider s'il respectera ou non cette obligation morale » (p. 56)... Si les idées de Rousseau avaient véritablement une telle portée, il serait tout à fait impossible d'expliquer pour quelles raisons les distinguer de celles de Hobbes. Tout ce que vient de dire Beaulavon s'harmonise parfaitement avec les théories de ce grand absolutiste. Selon Hobbes, la *lex naturalis* perd toute validité juridique dans l'état civil, mais subsiste comme un devoir moral pour le souverain ; le droit naturel est toujours valable « *in foro interno* » (cf. *De Cive*, Cap. VI, § 13 – note ; Cap. III, § 27 ; cf. aussi mon livre « *Pravda Voli Monarshej* » *de Théophane Prokopovitch et ses sources européennes*, pp. 43-44, 4-5, 104). La différence principale entre l'absolutisme de Hobbes et les constructions philosophiques des autres représentants de l'école du droit naturel (Grotius, Pufendorf etc.) tient dans cette réduction de la loi naturelle à une obligation morale (cf. « *Pravda Voli Monarshej* » *de Théophane Prokopovitch...*, p.102). Il est difficile de comprendre comment Beaulavon, en protestant contre les reproches d'absolutisme adressés à Rousseau, ait pu lui-même imputer à Rousseau une telle conception, tout à fait absolutiste ! Le comble, c'est que Beaulavon voit justement une proximité entre Rousseau et la Déclaration dans cette conception (?!) (p. 55). Nous devrons disculper Rousseau d'une aussi douteuse proximité avec Hobbes.

Quand dans les limites d'un ouvrage scientifique on cherche à démontr clairement toute la différence entre les principes de la Déclaration et les idé fondamentales de Rousseau, on a l'habitude de développer la logique su vante[60]. L'idée principale de la Déclaration est le concept de droits primaire naturels et inaliénables des citoyens, de droits préexistants à l'Etat (Art. 2 Préambule), tandis que le *Contrat social* de Rousseau peut être ramené à u prémisse essentielle : l'exigence de l'aliénation totale et sans réserve de chaq associé avec tous ses droits à toute la communauté (*C. S.*, L. 1, Chap. V Ensuite, conformément au principe fondamental de la Déclaration, le pouvo suprême est absolument limité dans l'Etat : les droits sacrés et imprescriptibl des individus, droits qui s'opposent au pouvoir, en forment les barrières infra chissables. En revanche, chez Rousseau le pouvoir est absolu, il n'est limité p aucune borne ou frontière. Sans même parler des lois fondamentales (il n'y a ne peut y avoir nulle espèce de loi fondamentale obligatoire pour le corps d peuple, pas même le contrat social. – *C. S.*, L. 1, Chap. 7), même le contr social n'est pas obligatoire pour le pouvoir. *Enfin*, la Déclaration proclam certains droits individuels que Rousseau considère comme étant formelleme incompatibles avec l'existence de l'Etat. Parmi ces droits, Rousseau relève liberté de conscience (art. 10), puis le droit « sacré et imprescriptible » de pr priété (art. 17). Au lieu d'une liberté de conscience, Rousseau plaide en fave de l'établissement de la religion civile (L. IV, Chap. 8), au lieu du droit ind viduel et inaliénable de propriété – en faveur de la domination illimitée d l'Etat sur les biens matériels de ses sujets (L. IV, Chap. IX) (anticipa d'ailleurs sur les idées socialistes)[61]. Nous avons ici épuisé les arguments q l'on fournit d'habitude pour démontrer l'opposition foncière entre les princip de la *Déclaration* et les idées de Rousseau. Dans le développement de not exposé nous poursuivrons notre recherche parallèlement à ces arguments.

Notre ouvrage est divisé en trois chapitres, chacun suivant l'une de ces tro soi-disant contradictions entre Rousseau et la Déclaration. Dans le premi chapitre on s'engagera à réfuter la thèse selon laquelle la doctrine rousseauis du contrat social et ses conditions masqueraient la négation du caractère inali nable des droits individuels naturels. Pour la démentir, il sera nécessaire d cerner précisément la notion du droit naturel et de l'état naturel chez Roussea ainsi que d'établir les rapports entre d'un côté le droit naturel, et de l'autre contrat social et l'état civil. Dans le deuxième chapitre, nous essaierons d réfuter l'idée très répandue selon laquelle le pouvoir suprême serait illimi chez Rousseau. Il nous faudra ici établir les rapports entre le pouvoir suprêm et la « volonté générale » dans sa doctrine, et ensuite comprendre comment volonté générale s'articule avec la notion de droit naturel. Enfin, dans

60 Cf. Jellinek, *op. cit.*, pp. 4-6, 2° éd., trad. russe, pp. 5-9 ; Marcaggi, *op. cit.*, pp. 92-97 ; Duguit, *o cit.*, vol. II, pp. 6-7 ; Gierke, *op. cit.*, pp. 115-117, 201-205, 346-347 (note 50) ; Rehm, *Geschich der Staatsrechtswissenschaft*, pp. 259-260 ; Doumergue, *op. cit.*, ; etc.

61 Comparer avec la littérature citée plus bas au Chapitre III.

troisième chapitre nous chercherons à démontrer 1) que dans les fondements de sa conception, Rousseau fut un ardent défenseur de la liberté de conscience, et s'il a abouti à sa malheureuse théorie de la religion civile, ce n'est pas en élargissant les limites de la compétence du pouvoir suprême, mais seulement à cause d'une vision faussée des conditions empiriques nécessaires à la réalisation concrète de ses constructions idéalistes ; 2) que malgré l'opinion commune, Rousseau admettait la propriété privée comme le fondement *sine qua non* de la vie en commun dans la société et qu'il tenait le droit individuel de propriété pour sacré et inaliénable[62].

62 Au cours de notre exposé nous traiterons toutes les idées des divers ouvrages de Rousseau comme si elles étaient liées par un ensemble unifié. C'est pourquoi nous citerons à titre égal les ouvrages de Rousseau issus des différentes périodes de sa carrière. Au bout de nos recherches, vu toutes les preuves avancées dans notre ouvrage, sa pensée apparaîtra comme un ensemble unifié d'idées bien fondées.

Chapitre 1

Le droit naturel
– instinctif et raisonné –
et le Contrat social

Etablissant les conditions auxquelles le contrat social doit strictement se conformer[63] pour pouvoir engendrer le tout de l'Etat en tant qu'unité morale, Rousseau affirme : « Ces clauses (du contrat) bien entendues se réduisent toutes à une seule : l'aliénation totale de chaque associé avec tous ses droits à toute la communauté... De plus, l'aliénation se faisant sans réserve, l'union est aussi parfaite qu'elle peut [l']être, et nul associé n'a plus rien à réclamer »[64]. Apparemment, la cause de l'individu est définitivement perdue : l'individu ne conserve aucun droit en dehors de l'Etat[65]. Quant à l'utilisation ultérieure de ses droits, l'individu dépend totalement de l'Etat[66]. Il semble donc que l'individu soit pleinement dépendant de l'Etat. Mais après toutes ces démonstrations, Rousseau fait inopinément la remarque suivante : « Il s'agit de bien distinguer *les droits respectifs des citoyens et du souverain*, et les devoirs qu'ont à remplir les premiers en qualité de sujets, *du droit naturel dont ils doivent jouir en qualité d'hommes* »[67].

Contre toute attente, l'individu qui grâce au renoncement de tous ses droits est devenu citoyen, se trouve soudain en possession des droits naturels de l'homme, lesquels s'opposent au pouvoir suprême. A première vue, il s'agit là d'une contradiction apparente et Rousseau y attire lui-même l'attention du lecteur. « Lecteur attentif, – dit-il en note, – ne vous pressez pas, je vous prie, de m'accuser ici de contradiction. *Je n'ai pu l'éviter dans les termes* ; mais attendez »[68]. *Faisons donc confiance à Rousseau.* Au lieu de déclarer, comme le font la plupart, que ce passage est aussi mystique que tortueux[69], et de l'accuser,

63 « Les clauses de ce contrat sont tellement déterminées par le nature de l'acte, que la moindre modification les rendrait vaines et de nul effet » (*C. S.*, L. 1, Ch. VI, p. 138).
64 *C. S.*, L. 1, Ch. VI, p. 139-140.
65 « Car s'il restait quelques droits aux particuliers, comme il n'y aurait aucun supérieur commun qui pût prononcer entre eux et le public, chacun, étant en quelque point son propre juge, prétendrait bientôt l'être en tous ; l'état de nature subsisterait, et l'association deviendrait nécessairement tyrannique ou vaine », *C. S.*, L. 1, Ch. VI, p. 140.
66 L. II, Ch. IV, p. 166.
67 L. II, Ch. IV, pp. 165-166.
68 *C. S.*, L. II, Ch. IV, p. 165.
69 Pour reprendre les mots de Faguet dans sa *Politique comparée...*, p. 21.

avec une aisance suspecte, d'être tout de suite revenu sur ses propres paroles[70] essayons plutôt de déceler une explication à cette apparente contradiction e prenant en compte la pensée de Rousseau dans son ensemble.

Premièrement, demandons-nous en quoi consiste ce droit naturel don chaque citoyen doit jouir en tant qu'homme ? Le *Contrat social* nous offre un réponse claire à cette question. Si nous ouvrons le chapitre IV du premier livre on peut lire : « Renoncer à sa liberté, c'est renoncer à sa qualité d'homme, au droits de l'humanité, même à ses devoirs. Il n'y a nul dédommagement possibl pour quiconque renonce à tout. *Une telle renonciation est incompatible avec la nature de l'homme* ; c'est ôter toute liberté à sa volonté »[71]. On retrouve le mêmes définitions dans d'autres ouvrages de Rousseau, comme son *Discours sur l'inégalité*, *Economie politique*, L'*Émile*, les *Lettres de la Montagne*, ou la *Première Rédaction du Contrat social*[72]. La liberté inaliénable de l'individu - tel est le contenu premier du droit naturel selon Rousseau. Il comprend cette liberté comme pleine indépendance de la volonté individuelle vis-à-vis de

70 Ces accusations, mille fois répétées dans la littérature scientifique, se fondent sur une interprétatio biaisée du contexte. Immédiatement après cette citation Rousseau dit : « On convient que tout c que chacun aliène, par le pacte social, de sa puissance, de ses biens, de sa liberté, c'est seulement l partie de tout cela dont l'usage importe à la communauté ; mais il faut convenir aussi que l souverain seul est juge de cette importance » (*C. S.* L. II Ch. VI, p. 166). Tous les auteurs (Duguit *op. cit.*, p. 7, Rehm, *op. cit*, p. 260, Gierke, *op. cit.*, p. 117, Jellinek, *op. cit.*, p. 5, Janet, *op. cit.* Vol. II, p. 479-81, Faguet, *op. cit.*, p. 21, etc.) interprètent ce passage comme s'il s'agissait d l'explication que Rousseau donne de ses précédents propos au sujet des droits naturels de l'homme Forts d'une telle interprétation, ils accusent Rousseau de revenir sur sa prémisse initiale. – Or, à c qu'il nous semble, rien ne peut être décidément plus faux qu'une telle interprétation. Tout le passage que nous venons de citer n'est qu'une polémique contre les idées de Locke. Il ne s'agit aucunement de ce que pense Rousseau lui-même ! C'est en effet Locke qui pensait (et c'est lui que vis Rousseau lorsqu'il dit : « il convient... ») que les individus *n'aliènent qu'une partie* de leurs droit (cf. *Two Treatises of Government*, L. II, Ch. VIII, § 99 et Ch. XI). En revanche, Rousseau *proteste* contre une telle conception : « mais il faut convenir aussi », dit-il en *réfutant Locke*, « que le souverain seul est juge de cette importance ». Rousseau ne commence à formuler ses propres idées qu'à partir du paragraphe suivant : « Tous les services qu'un citoyen peut rendre à l'Etat, il le lui doi sitôt que le souverain les demande ; mais le souverain... *ne peut* charger les sujets d'aucune chaîne inutile à la communauté : *il ne peut pas même le vouloir, car sous la loi de raison, rien ne se fai sans cause, non plus que sous la loi de nature* ». C'est ici qu'on peut rechercher les raisons de la remarque faite par Rousseau – que les citoyens jouissent des droits naturels même dans l'état civil ainsi, Rousseau est loin de vouloir renoncer à cette remarque.
L'interprétation erronée du passage que nous venons de citer a considérablement nui à une juste compréhension des principales idées de Rousseau.

71 P. 129 ; cf. aussi *C. S.*, L. I, Ch. I, p. 119 : « L'homme est né libre... ».

72 *Discours sur l'inégalité*, II° partie, p. 119 ; *Economie politique*, I, p. 314. Rousseau donne ici une définition exacte de la liberté : « Il est certain, que si l'on peut contraindre ma volonté, je ne suis pas libre » (p. 314) ; *Emile*, L. V (Des voyages), p. 292 : « Nous examinerons ensuite si un homme peut légitimement s'aliéner [à un autre] sans restriction, sans réserve, sans aucune espèce de condition ; c'est-à-dire s'il peut renoncer à sa personne, à sa vie, à sa raison, à son moi, à toute moralité de ses actions et cesser en un mot d'être homme [,] d'exister avant sa mort, *malgré la nature* qui le charge immédiatement de sa propre conservation et malgré sa conscience et sa raison qui lui prescrivent ce qu'il doit faire et ce [dont] il doit s'abstenir » (*Première Rédaction du Contrat social*, p 30 (éd. d'Alexeev – p. XXXIII).

commandements hétérogènes. « Il est certain, – avance-t-il, – que si l'on peut contraindre ma volonté, je ne suis pas libre ».

Mais à regarder de plus près la notion de droit naturel, les contradictions de a pensée de Rousseau n'en deviennent que plus fortes. La condition la plus mportante et nécessaire du contrat social est que l'individu rejette tous ses droits ; or cette condition contredit les exigences mêmes du droit naturel. Par ailleurs, Rousseau considère ce droit comme le domaine propre de chaque citoyen. Mais ce n'est pas tout. Il y a pire. En effet, à suivre les propres mots de Rousseau, le contrat social est entièrement fondé sur le droit naturel et ne reçoit a force obligatoire que de ce droit : « Toutes sortes d'engagements ne sont pas valides même devant les tribunaux humains. Ainsi pour déterminer celui-ci (i.e. e contrat social), l'on doit en expliquer la nature... *on doit prouver ... qu'il n'a ien de contraire aux lois naturelles* : car il n'est pas plus permis d'enfreindre es lois naturelles par le contrat social, qu'il n'est permis d'enfreindre les lois positives et les contrats de particuliers »[73]. Or dans ce cas, il faut d'emblée déclarer le contrat social que Rousseau a construit comme invalide, car les conditions de ce contrat enfreignent de manière évidente les exigences du droit naturel auquel il doit pourtant être conforme pour jouir de sa validité. Cette ituation semble a priori sans issue : par sa nature même, le contrat social exige 'aliénation sans réserve des droits des contractants, tandis que le droit naturel qui fonde ce contrat le proscrit formellement. Où peut-on trouver la solution de e problème inextricable ? C'est tout d'abord chez Rousseau lui-même qu'il aut la rechercher.

Notre conclusion, à savoir que la conception du droit naturel qu'a Rousseau broge la validité de son contrat social, est particulièrement importante. L'élément premier dans tout le système de Rousseau est le droit social, non le contrat ocial[74]. Pour se distinguer des autres théoriciens du droit naturel qui y voyaient n acte arbitraire, Rousseau subordonne définitivement le contrat social au roit social – ce qui rend possible la transposition du contrat social du domaine u réel à celui du devoir idéal[75]. Si nous avons vraiment trouvé la contradiction

Lettres de la Montagne, Lettre VI, p. 64, Vol. III, éd. Furne, 1844.

Le titre même du traité politique de Rousseau a poussé de nombreux chercheurs à faire de son contrat social la pierre angulaire de la doctrine rousseauiste au lieu du droit naturel. Il va sans dire qu'une telle extrapolation est contraire aux prémisses fondamentales de la conception de Rousseau. De plus, elle repose sur une circonstance tout à fait incertaine. Dans son édition de la *Première Rédaction du Contrat social*, Dreyfus-Brisac a publié, entre autres, la page de garde du manuscrit. A partir de cette page, il n'est pas difficile de noter qu'avant de trouver le titre définitif de son traité, Rousseau a beaucoup hésité et en changera plusieurs fois, comme par exemple : *La société civile*, *Essai sur la constitution de l'Etat*, *Essai sur la formation du corps public*, *Essai sur la forme de la république* (Dreyfus-Brisac, *Introduction*, p. XXII). On peut d'ailleurs remarquer que même dans la rédaction finale, Rousseau a ajouté le sous-titre « Principes du droit politique ». Selon les commentaires que Rousseau a lui-même faits dans le V° livre de L'*Émile* (pp. 291, 295), on entend par cette notion les principes abstraits et jus-naturalistes de l'Etat.

Rousseau a défendu cette approche du contrat social de façon très claire dans la *Première Rédaction du Contrat social* (p. 24, L. I, Ch. V ; p. XXVII selon l'édition d'Alexeev). Il dit : « Il y a mille manières de rassembler les hommes... dans la multitude d'agrégations, qui existent actuellecapitale de toute la doctrine de Rousseau, alors, vu la cohérence de son sy tème, nous devons en chercher l'issue dans tel ou tel aspect de son interpré tion du contrat social comme étant soumis au droit naturel. En outre, si no continuons à faire confiance à Rousseau et à croire que bien qu'il n'ait échapper à cette *contradictio in adjecto*, il a par contre réussi à s'en déba rasser, alors nous devons prêter toute notre attention à sa conception des cond tions du contrat social. Peut-être n'avons-nous pas compris la pensée Rousseau à cause d'une mauvaise interprétation de ces conditions ? Ou peu être est-ce Rousseau qui n'a pas réussi à échapper aux contradictions de s termes ? C'est toutefois Rousseau lui-même qui nous aidera à répondre à c questions.

Ouvrons le chapitre VIII du 1° livre du *Contrat social* qui expose la trans tion de l'état de nature à l'état civil (celui-ci étant stipulé par le contrat socia Nous pouvons y lire : « Ce passage de l'état de nature à l'état civil produit da l'homme un changement très remarquable, *en substituant dans sa conduite justice à l'instinct, et donnant à ses actions la moralité qui leur manquait aup ravant*. C'est alors seulement que, *la voix du devoir succédant à l'impulsio instinctive et le droit à l'appétit*, l'homme, qui jusque-là n'avait regardé qu lui-même, se voit forcé d'agir sur d'autres principes, et de consulter *sa raiso* avant d'écouter *ses penchants*... si les abus de cette nouvelle condition ne dégradaient souvent au-dessous de celle dont il est sorti, il devrait bénir san cesse l'instant heureux qui l'en arracha pour jamais et qui, *d'un animal stupid et borné, fit un être intelligent et un homme* »[76]. Nous nous permettons de cit un si long passage car nous sommes persuadés que la solution à toutes les co tradictions imputées à Rousseau s'y trouve. En effet. Si nous analysons passage cité, et aussi surprenant que cela puisse être, nous devons conclure qu dans l'état de nature *qui précède le contrat social, l'individu ne jouit d'aucu droit ni d'aucune obligation*. L'idée du devoir ou de l'obligation morale lui e étrangère. Il n'est soumis qu'aux penchants naturels ; il n'obéit qu'à la voix d son instinct, non à celle de sa raison. Seul le contrat social fait de lui un êt moral, et par conséquent, *seul le contrat social* parce qu'il *lui fait respecter droit, crée les droits individuels*. Dans ces conditions, comment peut-on stipul que le contrat social suppose que l'individu renonce à *ses droits* ? Si à l'état d nature l'homme n'était qu'un animal stupide et borné, soumis à son seul in tinct et dépourvu de toute idée du droit ou d'obligation morale, alors comme

ment sous ce nom, il n'y en ait peut-être pas deux qui aient été formées de la même manière, et *p une qui l'ait été selon celle que j'établis... Mais je cherche le droit et la raison et ne dispute p les faits* ». Cf. aussi la rédaction finale : « Comment ce changement s'est-il fait ? (la transition l'état de nature à l'état civil) *Je l'ignore*. Qu'est ce qui peut *le rendre légitime* ? Je crois pouv résoudre cette question » (L. I, Ch. I, p. 119). Stammler fut le premier à avoir fait attention à l'o ginalité de Rousseau dans l'interprétation du contrat social (cf. les références de ses ouvrages c dessus). Liepmann a défendu la thèse que pour Rousseau, le contrat social renvoie à la catégorie devoir (*op. cit.*, pp. 95-97) ainsi qu'Haymann (dans une forme toutefois plus subtile et qui corre pond mieux aux idées de Rousseau ; *op. cit.* pp. 57-68). Cf. aussi Hessen, *op. cit.*, pp. 111-113.

76 *Contrat social*, L. I, Ch. VIII, pp. 147-148.

pourrait-il renoncer à ce à quoi il n'est pas soumis en passant le contrat social : *le droit* ? Rousseau lui-même dit toujours que le droit naturel s'adresse à l'homme en tant qu'être moral, de volonté libre et de raison[77]. Ce droit n'est pas destiné aux animaux. C'est pourquoi il n'existe pas dans l'état de nature. L'individu peut-il renoncer à des droits qui ne lui appartiennent pas encore et qui n'ont aucune force obligatoire pour lui ? Il est donc évident qu'une soumission définitive de l'individu à la totalité sociale (la condition du contrat social) ne sera possible que sous la forme d'un renoncement inconditionnel à ses *instincts et ses penchants*, mais non à ses droits.

Le droit naturel n'obtient sa force obligatoire que grâce au contrat social. Rousseau a beaucoup insisté sur ce point : « Ce qui est bien et conforme à l'ordre est tel par la nature des choses et indépendamment des conventions humaines... Sans doute il est une justice universelle émanée de la raison seule ; mais cette justice, pour être admise entre nous, doit être réciproque. A considérer humainement les choses, faute de sanction naturelle, les lois de la justice sont vaines parmi les hommes... *Dans l'état de nature*... je ne dois rien à ceux à qui je n'ai rien promis, je ne reconnais pour être à autrui que ce qui m'est inutile... Il faut donc des conventions et des lois pour unir les droits aux devoirs et ramener la justice à son objet »[78].

La pensée de Rousseau est limpide et nous n'en avons pas l'ombre d'un doute. Mais la question demeure : comment pouvait-il affirmer que la condition nécessaire du contrat social soit le renoncement de l'individu à ses droits, droits que l'individu n'obtient qu'après avoir passé le contrat social ? Ne s'agit-il pas ici de la *contradictio in adjecto* qu'évoque Rousseau dans une note souvent citée ?[79]

Nous trouverons la réponse à cette question dans *La Première Rédaction du Contrat social*, notamment dans le manuscrit dit genevois[80] où nous pouvons

77 *Discours sur l'inégalité*, Préface, Vol. I, éd. Lahure : « Les modernes ne reconnaissent sous le nom de loi *qu'une règle prescrite à un être moral, c'est-à-dire intelligent et libre* » (p.88). « La bête choisit ou rejette par instinct et l'homme par un acte de liberté... et c'est surtout dans la conscience de cette liberté que se montre la spiritualité de son âme » (1° partie, pp. 89-90), *La Première Rédaction*..., p. 30, L. I, Ch. I (éd. Alexeev) : « C'est ôter toute moralité de ses actions que d'ôter toute liberté à sa volonté ». L'*Émile*, et particulièrement, *La Profession de foi du vicaire savoyard* (L. IV, pp. 222-227) : « Le principe de toute action est dans la volonté d'un être libre... L'homme est libre dans ses actions... Murmurer de ce que Dieu ne l'empêche pas de faire le mal c'est murmurer de ce qu'il l'a fait d'une nature excellente, de ce *qu'il mit à ses actions la moralité*, qui les ennoblit » (p. 222).

78 *Contrat social*, L. II. Ch. VI pp. 176-177. Rousseau développe le même point de vue dans d'autres ouvrages, particulièrement dans la *Première Rédaction* et dans l'article « Droit naturel ». Nous en reproduirons des citations ci-dessous.

79 Rousseau fut maintes fois obligé de reconnaître certaines contradictions terminologiques : « J'ai fait cent réflexions en écrivant qu'il est impossible dans un long ouvrage de donner toujours les mêmes sens aux mêmes mots, je ne crois pas me contredire dans mes idées, mais je ne puis disconvenir que je me contredise dans mes expressions ».

80 Etant donné que nous empruntons cette citation, décisive pour notre interprétation, à la *Première Rédaction du Contrat social*, nous nous croyons obligés de donner les raisons pour lesquelles il nous est possible d'accorder un tel crédit à cet ouvrage au point de le traiter comme l'expression

lire : « Protégés par la société dont nous sommes membres ou par celle où nous vivons, la répugnance naturelle à faire du mal, n'étant plus balancée en nous par la crainte d'en recevoir, nous sommes portés à la fois par la nature, par l'habitude et par la raison à en user avec les autres hommes… et de cette disposition réduite en actes, *naissent les règles du droit naturel raisonné, différent du droit naturel proprement dit, qui n'est fondé que sur un sentiment vrai, mais très vague et souvent étouffé par l'amour de nous-mêmes* »[81].

Le voile tombe un peu plus. Nous voyons que Rousseau distingue deux conceptions du droit naturel : le « droit naturel raisonné », et le « droit naturel proprement dit » qui se fonde sur les penchants instinctifs. Le droit naturel raisonné acquiert sa force obligatoire, son applicabilité aux hommes, uniquement par le biais du contrat social. En soumettant les individus (qui auparavant n'étaient soumis qu'aux instincts) à la volonté générale et à son expression – la loi, – *le contrat social engendre*[82] *le droit social raisonné* comme autant de règles du comportement obligatoire pour les hommes en tant qu'êtres moraux : « C'est ainsi que se forment en nous les premières notions distinctes du juste et de l'injuste ; car la loi est antérieure à la justice et non pas la justice à la loi… Le plus grand avantage qui résulte de cette notion est de nous montrer clairement le vrai fondement de la juste et *du droit naturel* » (i.e. droit naturel raisonné)[83].

des idées permanentes que Rousseau cherche à poursuivre dans toute son œuvre. On fait habituellement remonter *La Première Rédaction du Contrat social* entre 1751 et 1756, plus précisément à 1754-1755 (cf. Alexeev, *op. cit.* ; Dreyfus-Brisac, *op. cit.*, p. XXI). Comme on l'a déjà montré l'article « Economie politique » est en grande partie extrait de cette œuvre (cf. Alexeev, *op. cit.*, Ch. II, pp. 5-7 ; Dreyfus-Brisac, *op. cit.*, pp. X-XI). D'autres parties de *La Première Rédaction du Contrat social* coïncident textuellement avec la rédaction finale du *Contrat social*. D'après les célèbres éditeurs de la *Première Rédaction du Contrat social*, les idées majeures de ces deux versions (première et finale) coïncident aussi conceptuellement (cf. Alexeev, *op. cit.*, Ch. II, p. 254 ; Dreyfus-Brisac, *op. cit.*, pp. XXI). D'ailleurs Rousseau lui-même, lorsqu'il mentionne la rédaction finale, ne parle pas de changements ou de remaniements mais *d'extraits* issus d'une œuvre plus étendue, de l'œuvre qu'il a détruite (cf. l'« Avertissement » au *Contrat social*). Ce n'est donc pas sans raisons que Maxime Kovalevsky considère la *Première Rédaction du Contrat social* comme un extrait de l'ouvrage principal de Rousseau : les *Institutions politiques*. Selon Kovalevsky, c'est à partir de cet ouvrage phare que Rousseau a développé tous ses autres livres (cf. M. Kovalevsky, *op. cit.*, Vol. III, pp. 233-234, 238, 243). Alexeev s'est toutefois prononcé contre Kovalevsky (Alexeev, « La doctrine politique de Rousseau », *Vestnik prava*, 1905 fév.-mars ; cf. aussi Alexeev, *Essais*, *op. cit.*, Vol. II, pp. 7-11).

81 *Première Rédaction du Contrat social*, L. II, Ch. VI, p. 66 du manuscrit ; selon l'édition d'Alexeev – pp. LXVIII-LXVII.

82 Naturellement, nous employons le verbe « *engendrer* » non pas dans un sens génétique mais dans un sens logique (« Erzeugen » chez Cohen, *Logik der reinen Erkenntnis*, pp. 25-26 sq.). Etant donné que le contrat social selon Rousseau ne se présente pas comme un fait historique mais comme une construction idéal-normative, nous ne jugeons pas nécessaire d'expliquer plus amplement que la détermination du droit naturel raisonné par le contrat social n'a rien à voir avec la détermination causale dans l'espace temporel.

83 *Première Rédaction du Contrat social*, L. II, Ch. VI, pp. 65-66 du manuscrit ; selon l'édition d'Alexeev – pp. LXVII-LXVIII.

C'est toujours ce droit naturel raisonné (opposé au droit naturel instinctif) qu'entend Rousseau lorsqu'il utilise cette notion dans le traité d'économie politique, mais aussi dans son article « Droit naturel » (publié dans l'*Encyclopédie*), dans le 5° livre de L'*Émile*, dans les *Lettres écrites de la Montagne*, et enfin dans les deux rédactions du *Contrat social*. Ainsi, lorsque Rousseau considère le contenu du droit [naturel] comme étant en opposition catégorique avec le renoncement à la liberté, il s'agit du droit naturel raisonné en tant qu'ensemble de commandements adressés à un être moral, c'est-à-dire un être doué de raison et d'une volonté libre. Il a lourdement insisté sur ce point : la renonciation à la liberté est inadmissible « car... c'est ôter *toute moralité de ses actions* que d'ôter toute liberté à sa volonté »[84]. De même, c'est au droit naturel *raisonné* que pense Rousseau quand il déduit la validité du contrat social de celle du droit naturel – de sorte que les conditions du contrat social doivent absolument correspondre aux exigences du droit naturel. Enfin, lorsque Rousseau parle *des droits naturels des citoyens* dont ceux-ci doivent jouir au sein de l'Etat en qualité d'hommes, il fait encore référence au droit naturel raisonné, c'est-à-dire à l'obligation que le contrat social engendre.

Il en va autrement des conditions du contrat social. En faisant de l'aliénation inconditionnelle des droits individuels au profit de la totalité sociale la condition absolue du contrat social, Rousseau ne peut donc naturellement pas comprendre l'abandon du droit naturel raisonné. Non seulement l'individu ne peut gagner ce droit que dans l'état civil, mais encore le contenu même de ce droit consiste à proscrire une telle aliénation. *Par conséquent, sous la notion de « droit » Rousseau ne peut rien comprendre d'autre que le droit naturel instinctif fondé sur des sentiments, sur des penchants intuitifs* ; *et ce droit se confond avec l'instinct*. Cette vision est bien plus conforme à la transition de l'état de nature à l'état civil que décrit Rousseau. Comme nous le savons déjà, cette transformation est caractérisée par la soumission des émotions de l'individu à sa raison[85], par la substitution de l'instinct au devoir et à l'ordonnancement du droit, par la métamorphose de l'homme comme créature naturelle en un être moral, et plus généralement, par celle de l'état animal à celui *d'homme*. « Nous ne commençons proprement à devenir *homme*, – écrit Rousseau, – *qu'après avoir été citoyens* »[86]. Quand l'homme prend part au contrat social, il refuse pour toujours ses penchants et ses instincts en se soumettant totalement au droit naturel raisonné[87] : « l'homme, qui jusque-là n'avait regardé que lui-même, se voit agir sur d'autres principes, et *consulter sa raison avant*

84 *C. S.*, L. I, Ch. IV, p.129 ; *Première Rédaction du C. S.*, L. I. Ch. V, p. 30, selon l'édition d'Alexeev – p. XXXIII.
85 Hessen fut le premier à attirer l'attention sur ce point (*op. cit.*, p. 117).
86 *Première Rédaction du C. S.*, L. I., Ch. II, p. 9, selon l'édition d'Alexeev – p. XII.
87 Pour une formulation explicite de cette pensée, cf. L'*Émile* : « Les lois éternelles de la nature et de l'ordre existent..., elles sont écrites au fond... (du) cœur... par la conscience et par la raison ; *c'est à celles-là qu(e) (l'homme)... doit s'adresser pour être libre* » (*Émile*, L. V, p. 297).

d'écouter ses penchants »...[88] « La raison (s'éclaire) de nouvelles lumières, so cœur (s'échauffe) de nouveaux sentiments... »[89], « la constitution de l'homm (s'altère)... ; à l'existence physique et indépendante que nous avons tous reçu de la nature ... (se substitue) une existence partielle et morale »[90]. L'individu n gagne sa liberté qu'à ces conditions : « la liberté morale, qui seule ren l'homme vraiment maître de lui, car l'impulsion du seul appétit est esclavage et l'obéissance à la loi *qu'on s'est prescrite est liberté* »[91]. Interprétée correcte ment, l'exigence de l'aliénation de tous les droits au profit de la totalité social dont parle Rousseau se présente ainsi comme le renoncement du droit nature instinctif au profit du droit raisonné. C'est pourquoi elle ne contrevient pas l moins du monde aux prescriptions du droit naturel raisonné dont l développement dépend de cet abandon. Non seulement Rousseau a revendiqu l'existence d'une contradiction radicale dans sa pensée, mais de plus, comme i nous en a averti, elle est d'ordre terminologique : elle est provoquée pa l'ambiguïté du terme « droit naturel ». Rousseau l'emploie d'habitude pou désigner le droit naturel raisonné dont la validité est engendrée par le contra social ; mais en même temps, dans son système cette expression renvoie au droit naturel fondé sur le seul sentiment direct qui, mélangé à l'instinct, dirig l'homme dans son état de nature. Nous allons voir d'où provient l'ambiguïté[9

88 *C. S.*, L. I, Ch. VIII, p. 147.

89 *Première Rédaction du C. S.*, L. I. Ch. II, p. 14, selon l'édition d'Alexeev – p. XIV.

90 L. II, Ch. VII, p. 183. On lit ici : « Celui qui ose entreprendre d'instituer un peuple doit se sentir e état de changer pour ainsi dire la nature humaine ... d'altérer la constitution de l'homme pour l renforcer, de substituer une existence partielle et morale à l'existence physique et indépendante qu nous avons tous reçue de la nature ».

91 *C. S.*, L. I, Ch. VIII, p. 149. Une telle interprétation de la liberté comme autonomie s'inscrit dans l développement de la notion de la liberté comme protestation contre l'hétéronomie (p. 26).

92 Il faut noter que l'ambiguïté du terme « droit naturel » s'était déjà produite dans l'histoire de l science. Au sein de l'école du droit naturel du XVII° et XVIII° siècles, soulignons que son fonda teur, Hugo Grotius, distinguait deux cadres du droit naturel : un cadre plus étroit fondé sur l'*appeti tus societatis*, et un cadre plus large basé sur la capacité de raisonnement et de prévision, sur l nature raisonnée de l'homme (*De jure belli ac pacis*, 1625, *Prolegomena*, §8 et §9). Cette distinc tion entre les deux termes du droit naturel fut poursuivie avec beaucoup plus de clarté dans la doc trine de Hobbes. Ici ce sont deux termes contradictoires. En effet, Hobbes distingue le *jus natural* comme *jus ad omnia* qui est assimilé à la force physique et se fonde sur l'instinct égoïste de con servation, et la *lex naturalis* – un ordonnancement de bonne raison qui exige la paix et qui s présente comme éternel, immuable, émanant en fin de compte de la volonté divine. (*De Cive*, 1648 Ch. I, §7, §8, §9, §10, Ch. II, §1, p. 23, Ch. III, §29, 30, 31, Ch. IV, §1). La *lex naturalis* ne vau pas dans l'état de nature (Ch. III, §2). Après le contrat social, elle ne conserve sa force que sou l'aspect du devoir moral du souverain (Ch. VI, §13 ; Ch. III, §27) ce pourquoi la *lex naturalis* n' aucune portée juridique. C'est ici la différence principale et la plus profonde entre Rousseau e Hobbes. Pour Rousseau le droit naturel raisonné est d'ordre juridique, et de plus il sert de base toute obligation juridique – ce n'est pas que ce droit conserve seulement sa validité dans l'état civil mais par sa validité il engendre encore la possibilité même de tout droit. Toute l'originalité de l doctrine de Rousseau réside dans ce point.
Il faut encore ajouter que ces deux termes avaient même été distingués avant l'école du droi naturel des XVII° et XVIII° siècles. On en trouve une allusion chez les juristes de l'époque clas sique qui déduisaient les droits naturels soit de la nature raisonnable de l'homme, soit de sa natur morale (cf. Th. W. Taranovsky, *Encyclopédie du droit*, 1917, Partie I, Ch. V, pp. 202-203 [er

de ce terme qui a considérablement nui à une compréhension correcte du système de Rousseau.

Pour l'instant, il suffit de noter que dans le *Contrat social*, Rousseau lui-même n'a de cesse de chercher à éviter cette ambiguïté et souligne constamment les différents sens de ces deux termes. Lorsque dans d'autres passages du *Contrat social* (hormis celui qui a déjà été cité), il décrit la condition principale du contrat, Rousseau évite d'employer la notion de « droit » et lui substitue celles de « puissance » et de force. Effectivement, d'après la formulation du contrat, « Chacun de nous met en commun sa personne et *toute sa puissance* sous la direction suprême de la volonté générale »[93]. Et Rousseau dit encore autre part : « Chaque membre de la communauté se donne à elle au moment qu'elle se forme, tel *qu'il se trouve actuellement, lui et toutes ses forces*... »[94]. Ici comme ailleurs nous voyons qu'il parle d'un renoncement à la puissance et à la force, mais non aux *droits*.

D'autre part, Rousseau met très clairement en avant la différence entre droit naturel instinctif et droit naturel raisonné : « Il faut bien distinguer la liberté naturelle, qui n'a pour bornes *que les forces de l'individu* de la liberté civile *qui est limitée par la volonté générale* »[95]. Cette liberté est étroitement liée à la liberté morale dont nous connaissons déjà les traits saillants. Toutefois, il est absolument nécessaire de distinguer la possession dans l'état de nature ou, dans les termes de Rousseau, « la possession, qui n'est que *l'effet de force* », du droit de propriété, « qui est un *véritable droit* »[96]. Ce dernier devient valable à travers le contrat social, qui « ne fait que changer l'usurpation en un véritable droit et la jouissance en propriété »[97]. Evidemment, cette stricte distinction entre le droit et la force qui est caractéristique du *Contrat social* n'est applicable qu'au droit raisonné, mais non au droit instinctif. A suivre les analyses de Rousseau, le droit naturel instinctif est étroitement lié à la force. Autrement dit, en principe, il ne se distingue pas de la force car il n'existe pas de frontières hermétiques entre eux. Par contre, le droit naturel raisonné en tant qu'ensemble d'ordonnancements destinés à *l'être moral*, est séparé de la force par un hiatus infranchissable. C'est bien ce droit auquel Rousseau fait allusion dans ce mot

russe]). Nous trouvons ensuite chez certains exégètes une distinction entre *jus naturas primaevium* et *decundarium*, ce dernier étant dérivé de la raison. Cette interprétation est suggérée par Conradus Lagus dans son *Juris utristique traditio methodica* (1553). (Je cite le titre du livre de ce juriste médiéval d'après le manuel de Taranovsky (p. 180). La chose étant possible, j'aimerais dire que pour cette note je me suis entièrement inspiré des conseils personnels de mon honorable maître, le Prof.[esseur] Th. W. Taranovsky. Comme j'emprunte ici ses précieuses remarques sans pouvoir les citer, je l'en remercie cordialement). Sur l'ambiguïté du terme « droit naturel » chez les juristes du XVII° siècle, voir aussi le livre du Prof.[esseur] E. Spektorsky, *Le problème de la physique sociale au XVII° siècle*, Vol. I, 1910, p. 543 (sur Weigel), Vol. II, 1917, pp. 67-68 (sur Grotius) et p. 111 (sur Winckler) [en russe].

93. *C. S.*, L. I, Ch. VI, p. 141.
94. *C. S.*, L. I, Ch. IX, p. 149.
95. *C. S.*, L. I, Ch. VIII, p. 148.
96. *C. S.*, L. I, Ch. VIII, pp. 148-149.
97. *C. S.*, L. I, Ch. IX, p. 152.

célèbre à propos des rapports entre la force et le droit, et dont la profonde semble n'avoir presque jamais été appréciée à sa juste mesure : « La force e une puissance physique ; je ne vois point quelle *moralité* peut résulter de s effets. Céder à la force est un acte de nécessité, non de volonté... En quel se pourra-ce être un devoir ?... S'il faut obéir par force, on n'a pas besoin d'obe par devoir... Convenons donc que force ne fait pas droit »[98].

Ce n'est qu'après le contrat social, après avoir renoncé à leurs penchants leurs instincts à la faveur de leur nature raisonnable que les individus se so mettent au droit comme à une instance complètement différente de la forc C'est pourquoi, en entrant dans le contrat social, les individus sont gagnar sans rien perdre.

En renonçant au droit naturel instinctif au profit du droit naturel raisonn les individus obtiennent pour la première fois *des droits* dans le vrai sens (terme. Le contrat social garantit pour la première fois à chaque citoyen s droits naturels raisonnés dont il doit jouir en qualité d'homme. Et l'individu devient homme qu'après être sorti de l'état de nature. Pour cette raison, « C distinctions une fois admises, il est si faux que dans le contrat social il y ait la part des particuliers aucune renonciation véritable, que leur situation, p l'effet de ce contrat, se trouve réellement préférable à ce qu'elle était aupar vant, et qu'au *lieu d'une aliénation* ils n'ont fait qu'un *échange avantage* d'une manière très incertaine et précaire contre une autre meilleure et plus sûr de *l'indépendance naturelle* contre la liberté, du *pouvoir de nuire* à autr contre leur propre *sûreté*, et de leur force, que d'autres pouvaient surmonte contre un droit que l'union sociale rend invincible »[99].

L'écheveau des inextricables contradictions dans lequel se serait trouvée pensée de Rousseau dès la racine est ainsi définitivement dénoué. En passant contrat social, les individus renoncent absolument à leurs penchants, leurs in tincts, leur droit naturel instinctif, et en se soumettant à la raison, ils acquière leurs droits naturels raisonnés. Le contrat social prête au droit naturel raisonn une force obligatoire, il assure son applicabilité aux hommes ; et comme c sait[100], cette domination du droit naturel objectif (que garantit le contrat) coï cide en même temps avec l'institution du système des droits naturels subjecti des citoyens. De plus, la liberté individuelle inaliénable constitue le conte principal du droit naturel. *De sorte qu'en fin de compte, le but unique d contrat social est la validation des droits naturels inaliénables de l'individ*

98 *C. S.*, L. I, Ch. III, pp. 125-126.

99 *C. S.*, L. II, Ch. IV, pp. 171-172. Cf. aussi L. I, Ch. VIII : « Réduisons toute cette balance à d termes faciles à comparer. Ce que l'homme perd par le contrat social, c'est sa liberté naturelle et droit illimité à tout ce qui le tente et qu'il peut atteindre, ce qu'il gagne, c'est la liberté civile et propriété de tout ce qu'il possède » (p. 148).

100 Dans sa célèbre recherche sur l'histoire des théories jus-naturalistes, Gierke souligne justement q la reconnaissance du droit naturel objectif comme contrebalance juridique au pouvoir suprême pr voque toujours l'apparition de certains droits naturels subjectifs des citoyens (cf. *Althusius* etc., 112-115, 293, 304-305, 290-301).

Nous voyons que Rousseau, à juste titre et sans se contredire, pouvait proclamer dans le *Contrat social* : « Il s'agit de bien distinguer les *droits respectifs* des citoyens et du souverain, et les devoirs qu'ont à remplir les premiers en qualité de sujet, *du droit naturel* dont ils doivent jouir en qualité d'hommes »[101].

Il en va de même dans son traité sur l'économie politique, où l'une des règles fondamentales du gouvernement est l'exigence de « respecter les droits inviolables de tous les membres de l'état »[102]. Rousseau en donne une liste détaillée. Il s'agit de la vie, la liberté, la propriété et la sûreté civile. L'objectif suprême de l'Etat est de sauvegarder ces droits. « Chercher les motifs qui ont porté les hommes ... à s'unir par des sociétés civiles, – avance Rousseau, – vous n'en trouverez point d'autres que celui d'assurer les biens, la vie et la liberté de chaque membre par la protection de tous »[103].

Si ces droits étaient violés, l'Etat perdrait sa raison d'être et toute sa légitimité ; il n'existerait plus comme sociabilité juridique. Rousseau donne la formulation suivante par rapport à ce point précis : « La sûreté publique est tellement liée avec la confédération publique que ... cette convention serait dissoute par le droit s'il périssait dans l'état un seul citoyen qu'on eût pu secourir, si l'on en retenait à tort un seul en prison et s'il se perdait un seul procès avec une injustice évidente... »[104] ; « l'engagement du corps de la nation n'est il pas de pourvoir à la conservation du dernier de ses membres avec autant de soin qu'à celle de tous les autres ? Et *le salut d'un citoyen* est-il moins la cause commune que celui de tout l'état ? »[105]. ... « Si l'on entend, – poursuit Rousseau, – qu'il soit permis au gouvernement de sacrifier un innocent au salut de la multitude, je tiens cette maxime pour une des plus exécrables que jamais la tyrannie ait inventée..., la plus dangereuse qu'on puisse admettre, et la plus directement opposée aux lois fondamentales de la société. Loin qu'un seul doive périr pour tous, tous ont engagé leurs biens et leurs vies à la défense de chacun d'eux, afin que ... chaque membre fut toujours protégé par tout l'Etat »[106]. Mais c'est assez de citer Rousseau.

101 L. II, Ch. IV, p. 165-166 et 170-071. Cf. aussi la *Première Rédaction du C. S.* où nous trouvons un chapitre (Ch. IV du L. I) intitulé « Des droits respectifs du souverain et des citoyens » qui correspond au Ch. IV, L. II de la rédaction finale sous le titre « Des bornes du pouvoir souverain ».

102 *Economie politique*, II, p. 317. Il faut noter que le traité d'économie politique, l'un des premiers ouvrages de Rousseau, ne saurait être opposé au développement de ses idées dans le *Contrat social* (comme le fait Haymann, *op. cit.*, pp. 15-116). Les recherches d'Alexeev et de Dreyfus-Brisac nous ont montré que ce livre de Rousseau est principalement tiré de la *Première Rédaction du C. S.* (ci-dessus, p. 30, note 5) ce pourquoi le *Traité* fut écrit après que le système des doctrines de Rousseau était formé. On peut aussi s'en persuader par les formulations brillantes et détaillées de ce traité qui rend compte de manière concise des pensées les plus originales de Rousseau sur la volonté générale, la loi et la vertu (ci-dessous, Ch. II).

103 *Economie politique*, I, p. 314. Cf. aussi II, p. 316 : « Ce serait bien pis s'ils n'y jouissaient pas même de la *sûreté civile* et que *leurs biens, leur vie*, ou *leur liberté* fussent à la discrétion des hommes puissants, sans qu'il leur fut possible ou permis d'oser réclamer les lois ».

104 *Economie politique*, II, p.316.

105 *Ibid.*, II, p.316.

106 *Ibid.*, II, p. 317.

Après toutes ces citations, après tout ce que nous venons de dire de la doctrine de Rousseau, peut-on encore douter du rapport entre ses idées (au moins celles que nous avons étudiées) et les principes de la *Déclaration des droits de l'homme et du citoyen* ? Jusqu'ici nous cherchions à exempter Rousseau des accusations de contradiction au fondement de son système. Il nous reste maintenant à constater, en partant des conclusions déjà tirées, qu'il n'existe aucune opposition entre les idées de Rousseau et les principes de la *Déclaration des droits*. En effet, le paragraphe 2 de la *Déclaration* nous dit[107] : « Le but de toute association politique est la conservation des droits naturels et imprescriptibles de l'homme. Ces droits sont la liberté, la propriété, la sûreté et la résistance à l'oppression ». Y a-t-il un seul mot de ce principe central de la *Déclaration* qui contredise les idées de Rousseau ? « Le but de toute association politique est la sauvegarde des droits imprescriptibles de l'homme », – qu'est ce que Rousseau pouvait dire d'autre vu les grandes lignes de sa conception ? Nous avons déjà démontré le caractère erroné de cette lecture du *Contrat social* selon laquelle ses conditions démentiraient l'idée des droits inaliénables de l'homme. C'est exactement le contraire ! Ces conditions ne font que mieux établir ces droits. Après le contrat, l'individu acquiert la jouissance de ses droits naturels inaliénables, dont il doit nécessairement jouir pour que l'Etat puisse exister. Une fois que ces droits sont enfreints, l'Etat n'existe plus en tant qu'association de droit. Y a-t-il des termes plus concrets et plus catégoriques que dans la théorie de Rousseau pour reconnaître les droits naturels de l'individu ? Il a fallu être complètement ébloui par la tradition historique issue de Benjamin Constant pour ne pas voir en Rousseau un ardent défenseur des droits naturels inaliénables... Sur ce point nous devons constater une indubitable coïncidence entre Rousseau et la *Déclaration des droits*. Bien entendu, la *Déclaration des droits* n'est pas un traité philosophique, mais une œuvre de législation. La *Déclaration* n'a jamais eu et ne pouvait jamais avoir recours aux arguments philosophiques pour défendre ses principes. C'est pourquoi les thèses de la *Déclaration* ont pu recevoir la signature tant de Rousseau, dont les idées clairvoyantes avaient devancé les conceptions éthiques de Kant, que de Locke et Blackstone, pourtant très éloignés de la finesse d'esprit et de la profondeur logique d'un Rousseau. D'après leurs doctrines, une fois le contrat social passé, l'individu ne conserve qu'une partie de ses droits naturels. De sorte que la *Déclaration* fut toujours neutre vis-à-vis des débats philosophiques...

En tous les cas, il n'existe pas la moindre contradiction entre le principe fondamental de la *Déclaration* et les idées de Rousseau sur les conditions du contrat social. L'erreur de Rousseau fut seulement d'avoir donné une base aussi nouvelle que profonde à ce principe.

En analysant les droits fixés au paragraphe 2 de la *Déclaration*, nous sommes forcés de constater leur coïncidence complète, voire même textuelle, avec les droits dont Rousseau nous a parlé. La liberté, la propriété, la sûreté et

107 Cité d'après le recueil des Constitutions françaises de Duguit-Monnier, 1898, textes, p. 2.

la résistance à l'oppression sont également les droits que Rousseau énumère dans son traité d'économie politique[108] [109]. Une telle coïncidence n'est pas à commenter ; elle ne peut que témoigner une fois de plus que nous avons raison dans notre argumentation.

Par ces remarques, nous pouvons considérer l'argument premier de nos adversaires sur la nature du contrat social comme réfuté. Nous devons maintenant étudier leur second argument concernant la doctrine rousseauiste du pouvoir suprême et de ses limites. Mais au préalable, il nous faut revenir sur les thèses que nous avons déjà émises et répondre à une question très importante, sinon toute notre argumentation pourrait paraître douteuse.

Le droit naturel instinctif et le droit naturel raisonné dans l'ensemble des idées de Rousseau

Nous avons jusqu'ici inscrit toutes nos idées dans la distinction que nous avons mise en évidence entre deux notions du droit naturel : le droit naturel instinctif et le droit naturel raisonné. Cependant, nous n'avons pas encore examiné les rapports entre ces deux notions, ni expliqué l'ambiguïté du droit naturel dans la doctrine de Rousseau. Nous verrons que la raison de cette ambiguïté est très profondément enfouie dans les fondements mêmes du système de Rousseau, et qu'elle se présente comme le résultat nécessaire de son développement.

En effet, quelle autre raison Rousseau pouvait-il avoir pour réunir sous la même notion de « droit naturel » des principes aussi différents que les commandements de la raison et de la conscience et les penchants instinctifs, sinon la certitude de leur identité ? Rappelons la phrase déjà citée, qu'il faut chercher la source de toute justice et du droit naturel dans la volonté divine. Voici la clef pour comprendre le système des idées de Rousseau dans son ensemble. Source

108 Les trois premiers (liberté, propriété et sécurité) coïncident textuellement dans les écrits de Rousseau et dans la *Déclaration*. Le quatrième droit proclamé dans la *Déclaration* est la « résistance à l'oppression ». Rousseau ne connaît pas ce terme, mais il énonce un autre droit analogue – « le droit à la vie », autrement dit, à la défense de la vie. En somme, ce droit chez Rousseau (*Economie politique*, II, p. 316) et dans la *Déclaration* (7, 8, 9) est identifié avec une notion plus générale – celle du droit à la sécurité.

109 Il semble que ces droits étaient « un lieu commun » des traités politiques de l'époque. Locke nous parle presque des mêmes droits, bien qu'ils soient formulés autrement (*Two Treatises*..., Vol. II, Ch. XI, §137 et Ch. VIII, §95). Néanmoins, il est intéressant de noter que les textes des déclarations du Massachusetts et de Virginie (cités par Jellinek) ne fournissent pas de matériel pour une comparaison textuelle avec le §2 de la *Déclaration* de 1789, à l'instar des extraits des œuvres de Rousseau.

de la justice éternelle et de la loi naturelle, Dieu ne pouvait pas créer d'homme méchants : « tout est bien sortant des mains de l'Auteur des choses »[110]. C'es pourquoi l'homme, en tant que création divine, est par nature doué de bonté[111] c'est pourquoi ses penchants naturels, ses instincts ne peuvent contredire l volonté divine, sinon la culture ne pourrait les pervertir. A partir de ces thèses Rousseau a construit sa doctrine de l'état de nature et du droit naturel instincti telle qu'il l'a développée dans son *Discours sur l'inégalité*. L'état de natur s'oppose chez Rousseau (de même que chez d'autres théoriciens de l'école d droit naturel) à l'état civil, qui se caractérise selon lui par la domination de l vie instinctive de l'homme[112]. « L'homme naturel », bien qu'il soit doté d'un volonté libre du fait de sa nature métaphysique (ce qui le distingue des ani maux), faute de ne pas recourir à ses qualités intellectuelles (entendement esprit, raison) ne manifeste en réalité aucunement sa liberté de choix mais s laisse au contraire entièrement guider par ses penchants instinctifs. Ainsi « livré par la nature au seul instinct »[113], l'individu dans l'état de nature mèn « la vie d'un animal borné ... aux pures sensations »[114]. Voilà pourquoi on n peut pas appliquer à « l'homme naturel » le droit naturel en tant que « règl prescrite à un être moral, c'est-à-dire intelligent, libre et considéré dans ses rap ports avec d'autres êtres »[115], – autrement dit, en tant que *droit nature raisonné*. De même, on ne peut appliquer à « l'homme naturel » aucun impé ratif moral, lequel présuppose toujours la libre volonté. « Les hommes dans .. l'état (de nature) n'ayant entre eux aucune sorte de relations morales ni d devoirs connus, *ne pouvaient* – d'après Rousseau, – *être ni bons ni méchants*, e n'avaient ni vices ni vertus ».[116] Ils sont bons « uniquement de cette bont absolue qui fait qu'une chose est ce qu'elle doit être par nature »[117], c'est-à-dir qu'ils sont bons en tant que créatures directes de Dieu, mais non pas pour leur seuls efforts et mérites. Il n'est possible de parler d'une action du droit nature sur l'homme naturel qu'en ce sens. Ce « droit » est immédiatement dérivé de instincts naturels. Rousseau en distingue deux dans l'état de nature : « l'amou de soi » (il faut absolument le distinguer de « l'amour propre » et perverti propre à « l'homme culturel ») et la pitié[118]. Il a construit son *droit naturel ins-*

110 *Émile*, L. I, p. 126 ; cf. L. IV, pp. 195, 222-223.

111 *Lettres sur la vertu et le bonheur* (œuvres inédites publiées par Streckeisen-Moultou), 1° lettre, p 135 ; *Émile*, L. IV, pp. 195, 227 et sq.

112 *Discours sur l'inégalité, op. cit.*, Vol. I, pp. 89-102. Cf. en particulier p. 97 : « il (l'homme d nature) avait dans le seul instinct tout ce qu'il lui fallait pour vivre dans l'état de nature ».

113 *Discours sur l'inégalité*, p. 90.

114 *Ibid.*, p. 105.

115 *Ibid.*, p. 80.

116 *Ibid.*, p. 97. Cf. aussi *Émile*, L. IV, p. 227, L. V, p. 297.

117 *Lettres sur la vertu et le bonheur*, 1° lettre, p. 135.

118 *Discours sur l'inégalité*, p. 81 : « Méditant sur les premières et plus simples opérations de l'âme humaine, j'y crois apercevoir deux principes antérieurs à la raison, dont l'un nous intéresse ardemment à notre bien-être et à la conservation de nous-mêmes, et l'autre nous inspire une répugnance naturelle à voir périr ou souffrir tout être sensible ». A propos de l'amour propre cf. la note p. 149.

inctif sur cette base : « C'est du concours et de la combinaison que notre esprit :st en état de faire de ces deux principes », – dit Rousseau, – « que me parais-ent découler toutes les règles du droit naturel, règles que la raison est ensuite orcée de rétablir sur d'autres fondements, quand, par ses développements uccessifs, elle est venue à bout d'étouffer la nature »[119]. On doit porter une ttention particulière à cette dernière phrase. Elle comporte une allusion au lroit naturel raisonné, et en même temps, on y devine déjà les raisons pour esquelles il convient de substituer le droit naturel raisonné au droit naturel nstinctif. Le développement des capacités intellectuelles de l'homme provoque elon Rousseau la chute de l'homme naturel. Le *Discours sur l'inégalité*, dont e but est de critiquer la culture extérieure, historique et rationaliste, aussi bien ue l'ordre du droit, cherche à démontrer comment le développement unilatéral e l'intellect (qui donne naissance aux rapports sociaux) mène à la dégradation omplète des instincts de l'homme. Le salutaire instinct naturel de conservation l'amour de soi) a dégénéré en « amour propre », en égoïsme et en cette vanité qui inspire aux hommes tous les maux qu'ils se font mutuellement »[120]. La onté naturelle de l'homme est foncièrement pervertie. Au développement de 'inégalité succède la débauche des pires penchants : « les passions effrénées de ous, étouffant la pitié naturelle et la voix encore faible de la justice, rendirent es hommes avares, ambitieux et méchants »[121]. « La société naissante fit place u plus terrible état de guerre »[122]. La nécessité d'établir une société plus ou ıoins organisée, mais sans aucun fondement moral, n'y a rien changé : « La ociété et [l]es lois, qui donnèrent de nouvelles entraves au faible et de ouvelles forces au riche, détruisirent sans retour la liberté naturelle ... et, pour profit de quelques ambitieux, assujettirent désormais tout le genre humain au avail, à la servitude et à la misère »[123]. En principe, les hommes restent

9 *Ibid.*, p. 81.

0 *Ibid.*, note p. 149.

1 *Discours sur l'inégalité*, p. 114. « L'erreur de Hobbes, – écrit Rousseau afin de distinguer sa doctrine de celle de Hobbes, – n'est pas d'avoir établi l'état de guerre entre les hommes indépendants et devenus sociables, mais d'avoir supposé cet état naturel à l'espèce, et de l'avoir donné pour cause aux vices dont il est l'effet » (*Première Rédaction du C. S.*, L. I, Ch. II, p. 10, selon l'édition d'Alexeev – p. XIII ; cf. aussi *Discours sur l'inégalité*, pp. 97-98).

2 *Discours sur l'inégalité*, p. 115. Ce passage du traité sur l'inégalité est d'habitude interprété comme étant analogue aux théories de Hobbes.

3 *Discours sur l'inégalité*, p. 115. On considère habituellement ce passage du traité sur l'inégalité comme une négation anarchiste de tout ordre de droit qui s'oppose à l'étatisme du *Contrat social*. Nous pouvons voir d'après le sommaire du *C. S.* combien cette vision est incorrecte ; le sommaire qui est inséré dans le L. V de L'*Émile* (« Des voyages ») et qui comporte un passage tout à fait analogue – « Des lois ! Où est-ce qu'il y en a ? Et où est-ce qu'elles sont respectées ? Partout tu n'as vu régner sous ce nom que l'intérêt particulier et les passions des hommes » (*Émile*, p. 297). Après tout ce que nous venons de dire, il est absolument évident que Rousseau proteste seulement contre l'ordre historique et perverti du droit, frayant ainsi une voie pour établir l'ordre idéal du droit. Rousseau ne cesse de souligner combien il n'a jamais pensé nier la nécessité des rapports juridiques. « Il faut donc distinguer, – s'exclame-t-il dans ses *Lettres sur la vertu et le bonheur* qui ont été écrites parallèlement au deuxième *Discours*, – l'ordre civil de ses abus ! » (I° Lettre, p. 138, *op. cit.*). Dans ses *Lettres écrites de la Montagne*, Part. I, Lettre IV intitulée « S'il est vrai que l'auteur

toujours dans l'état de nature, car tout l'ordre social est fondé sur la seule *forc réelle* mais non sur *le droit*, ce dernier étant principalement différent de force.

Cependant, cet état nouveau de nature est absolument différent en comp raison de l'état précédent : « l'un était l'état de nature dans sa pureté et … dernier est le fruit d'un excès de corruption »[124]. Dans les deux états, les in tincts ont pleins pouvoirs. Or dans le premier, ce sont les instincts bons et co formes aux commandements de Dieu, dans le second – les instincts vils et pe vertis. S'il est possible de tirer des premiers les règles du droit naturel instinct qui sont conformes aux commandements de Dieu, le « droit instinctif », ba sur les seconds, s'identifie quant à lui au droit de la force, un droit n'ayant rie de commun, sauf son nom, avec le droit naturel éternel dont les sources so issues de la volonté divine. Aussi, vu le changement de condition provoqué pa la chute de l'innocence primitive, il faudra trouver une autre base, une sourc nouvelle dont découlent les ordonnances de ce droit : il faut substituer a pouvoir de l'instinct le pouvoir de la nature raisonnée de l'homme. Nous avor déjà vu que Rousseau porte l'accent sur cette nécessité même dans son trai sur l'inégalité. La raison qui a perverti la nature de l'homme, affirme-t-il, s trouve face à la nécessité de rétablir le droit naturel sur des fondemen nouveaux. Ces fondements nouveaux du droit naturel sont identiques au fondements de toute moralité. Rousseau en parle en détail dans son *Émile*.

Poursuivant son ardente lutte contre l'intellectualisme[125], lutte qui l' conduit à découvrir le principe d'une éthique autonome (c'est le commence ment d'une époque nouvelle dans l'histoire de la philosophie, où sont inscri

attaque les gouvernements » Rousseau écrit : « Critiquer ou blâmer quelques lois, n'est pas re verser toutes les lois. Autant vaudrait accuser quelqu'un d'assassiner les maladies, lorsqu'il mont les fautes du méd[e]ci[n] » (Vol. III, *op. cit.*, p. 63). Rousseau exprime son point de vue enco plus nettement dans une lettre à Voltaire du 18.08.1756, où il proteste contre sa critique au *Di cours sur l'inégalité* : « Vous avez qualifié de livre contre le genre humain un écrit où je plaidais cause du genre humain contre lui-même… La juste défense de moi-même m'oblige seulement vous faire observer qu'en peignant les misères humaines mon but était excusable et même lo able… car je montrais aux hommes comment ils faisaient leurs malheurs eux-mêmes, et par cons quent comment ils les pouvaient éviter » (*op. cit.*, IV, p. 239). La distinction entre le deuxième *Di cours* et le *Contrat social* ressort de façon particulièrement évidente dans la *Première Rédactio du Contrat social* (Ch. II, L. I), au chapitre « De la société générale » où Rousseau décrit la trans tion d'une société pervertie à une vraie société conforme au droit naturel. Il dit : « quoique (l hommes) deviennent malheureux et méchants en devenant sociables… efforçons-nous de tirer c mal même le remède qui doit le(s) guérir. *Par de nouvelles associations*, corrigeons le défaut c l'association générale » (p. 10 du manuscrit, selon l'édition d'Alexeev – p. XIV).

124 *Discours sur l'inégalité*, p. 124.

125 Le premier *Discours* fut déjà totalement consacré à cette lutte ; c'est de là que provient toute s profondeur ainsi que la raison de l'énorme succès que ce traité apparemment superficiel a trouv auprès du public. Derrière la forme paradoxale d'une attaque contre les sciences et les beaux-ar se cache une pensée tout à fait nouvelle et profonde : *le savoir ne mène pas à la vertu ; la vérité e la bonté sont des choses différentes*. Ce coup était directement dirigé contre la conviction princ pale des Lumières, une époque profondément pénétrée par un intellectualisme unilatéral. Pour l première fois on opposait la culture inférieure et morale à la culture extérieure et rationaliste.

les noms de Kant et de Fichte[126]), Rousseau identifie les vrais fondements de la morale et du droit naturel non pas dans l'intellect (esprit – entendement – raison) ni dans l'évidence logique, mais dans la *conscience* qui sert de base pour un nouveau monde de l'évidence morale. « Par la raison seule, avance-t-il, indépendamment de la conscience, on ne peut établir aucune loi naturelle... *Justice* et *bonté* ne sont point des mots abstraits... formés par l'entendement, mais de véritables *affections de l'âme éclairée par la raison* »[127]. C'est notamment dans cette synthèse du sentiment inférieur et de la raison que s'ouvre la conscience. La conscience est un principe indépendant égal à la raison[128]. C'est le sentiment inférieur épuré de tout élément empirique et élevé au niveau de *l'impératif*; c'est, d'après les termes de Rousseau, un instinct de l'âme – ce principe absolu et *suprasensible* de l'homme[129]. « Conscience ! Conscience ! – s'exclame Rousseau, – instinct divin, immortelle et céleste voix, guide assuré d'un être ignorant et borné mais intelligent et libre ; juge infaillible du bien et du mal.. ; c'est toi qui fait l'excellence de sa nature et *la moralité de ses actions* »[130] C'est à cette même source que le droit naturel raisonné puise son fondement : « Les lois éternelles de la nature et de l'ordre sont écrites au fond (du) cœur par la conscience et par la raison... qui prescrivent (à l'homme) ce qu'il doit faire et ce dont il doit s'abstenir »[131].

Comme toutes les prescriptions morales en général, ce droit naturel raisonné fondé sur les commandements de la conscience s'applique aux hommes pour autant qu'ils exercent leur liberté de choix. (La moralité est impossible sans liberté). Etant donné que, d'après Rousseau, on ne peut exercer la liberté de choix qu'à la condition de développer ses capacités intellectuelles, c'est-à-dire après la dégradation de l'état de l'innocence primitive, alors *les commandements moraux et les normes du droit naturel raisonné ne s'adressent qu'aux hommes dont les instincts sont déjà pervertis, qui ont perdu leur pureté innocente*. C'est de ces hommes qu'il s'agit lorsque Rousseau construit sa philosophie des mœurs dans L'*Émile*. Le comportement moral consiste seulement à surpasser les penchants en menant une impitoyable lutte avec eux, nous enseigne Rousseau anticipant en cela les idées de Kant. La vertu est une action

126 Comparer avec l'opinion de Hegel dans son *Histoire de la philosophie*, déjà citée : Vol. III, pp. 482, 483, 478. La remarque suivante de Hegel est très intéressante : « Rousseau avait déjà placé l'Absolu dans la liberté : Kant a suivi le même principe, en accentuant son seul aspect théorique » (p. 501).

127 *Émile*, L. IV, p. 204.

128 Cf. *Émile*, L. IV, Pr.[ofession] de f.[oi] du v.[icaire] s.[avoyard] : « Trop souvent la raison nous trompe, nous n'avons que trop acquis le droit de la récuser : mais la conscience ne trompe jamais ; elle est le vrai guide de l'homme... Qui la suit obéit à la nature et ne craint point à s'égarer » (p. 224).

129 *Émile*, L. IV, Pr. de f. du v. s., pp. 222-223 : « L'homme est libre dans son action, et, comme tel, animé d'une substance immatérielle ; c'est mon troisième article de foi » (p. 222). Cf. aussi pp. 224-225 : « La conscience est la voix de l'âme, les passions – la voix du corps » (p. 224).

130 *Émile*, L. IV, Pr. de f. du v. s., p. 220.

131 *Émile*, L. V, pp. 297, 292.

contre les instincts qui incarne la *lutte et la victoire sur les instincts*. « Si .. l'homme fût resté pur[132]... dans le fond d'un bois ... il eût vécu plus heureux ... mais n'ayant rien à combattre pour suivre ses penchants il eût été bon sans mérite ; il n'eût été vertueux et maintenant il sait l'être, malgré ses passions.. Il apprend à *se combattre*, à *se vaincre*, à sacrifier son intérêt à l'intérêt commun »[133]. « La gloire de la vertu »[134], qui est inaccessible à la perfection des anges et à l'innocence primitive des hommes, constitue par contre le lot de l'homme en tant qu'être moral, qui en luttant sans répit, soumet ses vils instincts aux commandements de sa conscience[135].

Les normes du droit naturel raisonné, comme partie intégrante de tout le domaine de la moralité, partagent par conséquent avec elle toutes ses particularités. Néanmoins, les conditions de *l'efficacité* du droit naturel raisonné (c'est-à-dire de la force obligatoire de ses commandements) sont *un peu différentes* de celles de la moralité (au sens étroit du mot). D'après la conception de Rousseau, et comme tout droit, le droit naturel raisonné a besoin de *réciprocité* pour devenir obligatoire : il présuppose une obligation bilatérale. Autrement dit, il agit seulement en présence de garanties de son *observation bilatérale* : « (La) justice, pour être admise entre nous, doit être réciproque. A considérer humainement les choses, faute de sanction naturelle, les lois de la justice sont vaines parmi les hommes ; elles ne font que le bien du méchant et le mal du juste, quand celui-ci les observe avec tout le monde sans que personne les observe avec lui. Il faut donc des conventions [et des lois] pour unir les droits aux devoirs et ramener la justice à son objet »[136].

Rousseau développe la même idée dans le Chapitre II du 1° livre de la *Première Rédaction du Contrat social* ainsi que dans l'article anonyme sur le droit naturel (publié dans le tome 11 de l'*Encyclopédie*), qui est à mon avis de sa plume[137].

132 *Émile*, L. IV, Pr. de f. du v. s., p. 227.

133 *Ibid.*, L. V, p. 297.

134 *Émile*, L. IV, Pr. de f. du v. s., p. 227 : « Si l'esprit de l'homme fut resté... pur, quel mérite aurait-il d'aimer et suivre l'ordre qu'il verrait établi, et qu'il n'aurait nul intérêt à troubler. Il serait heureux, il est vrai ; mais il manquerait à son bonheur le degré le plus sublime, la gloire de la vertu et le bon témoignage de soi ; il ne serait que comme les anges, et sans doute l'homme vertueux sera plus qu'eux. Uni à un corps mortel par des liens non moins puissants qu'incompréhensibles, le soin de la conservation de ce corps excite l'âme à rapporter tout à lui, et lui donne un intérêt contraire à l'ordre général, qu'elle est pourtant capable de voir et d'aimer ; c'est alors que le bon usage de la liberté devient à la fois le mérite et la récompense ».

135 Höffding a insisté sur ce trait de la vision du monde de Rousseau dans son livre *Rousseau und seine Philosophie*, 1897, pp. 120-121. Höffding a lié à juste titre ce point avec les célèbres idées de Kant.

136 *Contrat social*, L. I, Ch. VI, pp. 176-177.

137 Dans l'Introduction à son édition du *Contrat social*, Dreyfus-Brisac fut le premier à faire ressortir la coïncidence des idées développées dans l'article « Droit naturel » et l'ensemble des idées de Rousseau. D'après ses suppositions, soit Rousseau en fut l'auteur, soit il y a prêté son concours (Introduction, p. XII). Chinz partage cette opinion (« La question du Contrat social », *Revue d'hist. litt. de la France*, t. XIX, 1912) ainsi qu'Haymann (*op. cit.*, pp. 81-82 ; note 3). Par contre, Beaulavon (*op. cit.*, pp. 161, 74) constate l'existence d'une différence importante entre la doctrine de

Dans la doctrine de Rousseau, nous savons déjà d'où le droit naturel raisonné tire la réciprocité qui lui est propre mais aussi nécessaire à sa validité. En

Rousseau et les thèses de l'article. Les arguments de Beaulavon sont toutefois fondés sur une interprétation erronée de la conception qu'a Rousseau de la « volonté générale » comme phénomène supra-individuel. Beaulavon cherche à l'opposer à sa lecture individualiste de la volonté générale qu'il pense voir dans l'article de l'Encyclopédie. En outre, nous verrons que Rousseau considérait la volonté générale comme un phénomène individuel encastré au sein de chaque individu.
J'attribue l'article « Droit naturel » à Rousseau pour les raisons suivantes. Sans parler de la ressemblance générale des conceptions de la moralité, dont la liberté de la volonté est une prémisse nécessaire (« il est évident, dit-il dans l'article (p. 383, cit. d'après la 3° éd. de l'*Encyclopédie* de 1778), – que si l'homme n'est pas libre il n'y aurait ni bien, ni mal, ni juste, ni injuste, ni obligations, ni droit »), les doctrines du droit naturel et de la volonté générale, j'ai réussi à établir l'identité textuelle d'une suite d'extraits de l'article en question avec la *Première Rédaction du Contrat social*.

Dans l'article « Droit naturel » :
« Mais si nous ôtons à l'individu le droit de décider de la nature du juste et de l'injuste où porterons-nous cette question ? Où ? *Devant le genre humain ; c'est à lui seul qu'il appartient de la décider parce que le bien de tous est la seule passion qu'il ait* » (VI – 384). « *C'est à la volonté générale que l'individu doit s'adresser pour savoir jusqu'où il doit être homme, citoyen, sujet, père, enfant, et quand il lui convient de vivre et de mourir* » (VII – 384).
« Si vous méditez attentivement tout ce qui précède, vous resterez convaincu... 2) *Que la volonté générale est dans chaque individu un acte pur de l'entendement, qui raisonne dans le silence des passions, sur ce que l'homme peut exiger de son semblable et sur ce que son semblable peut exiger de lui* » (IX - 385).
« *Je sens* (dit l'homme tourmenté par des passions violentes) *que je porte l'épouvante et le trouble au milieu de l'espèce humaine, mais il faut ou que je sois malheureux ou que je fasse le malheur des autres, et personne ne m'est plus cher que je ne le suis à moi-même* » (III. – 383).

Dans la *Première Rédaction* :
« ...Rendons au philosophe l'examen d'une question que le théologien n'a jamais traitée qu'au préjudice du genre humain. Mais le premier me renverra par *devant le genre humain..., à qui seul il appartient de décider parce que le (plus grand) bien de tous est la seule passion qu'il ait* » (L. I Ch. II, pp. 7-8, selon l'édition d'Alexeev – p. XI). « *C'est, me dirait-il, à la volonté générale que l'individu doit s'adresser pour savoir jusqu'où il doit être homme, citoyen, sujet, père, enfant, et quand il lui convient de vivre et de mourir* » (Ibid.).
« *Que la volonté générale soit dans chaque individu un acte pur de l'entendement, qui raisonne dans le silence des passions sur ce que l'homme peut exiger de son semblable et sur ce que son semblable est en droit d'exiger de lui*, nul n'en disconviendra » (ibid., p. 8-XI).
« *Je sens que je porte l'épouvante et le trouble au milieu de l'espèce humaine*, dit l'homme indépendant, *mais il faut ou que je sois malheureux ou que je fasse le malheur des autres, et personne ne m'est plus cher que moi* » (ibid., p. 6 – IX).

Lorsqu'on compare ces extraits, leur identité textuelle est indubitable. Etant donné que la *Première Rédaction* ne fut pas publiée et que d'après tous les spécialistes (Dreyfus-Brisac, *Op .cit.*, p. IX ; Alexeev, *op. cit.*, Vol. II, pp. 5-7) elle a été rédigée avant 1755 (date de la parution du tome XI de L'*Encyclopédie*), on est donc en plein droit d'affirmer que : 1) les phrases citées de l'article « *Droit naturel* » furent empruntées à la *Première Rédaction du Contrat social* ; 2) que seul l'auteur de la *Première Rédaction du Contrat social* pouvait effectuer un tel emprunt, celle-ci n'étant qu'un manuscrit ; 3) et que, par conséquent, Rousseau est l'auteur de l'article « Droit naturel ». Il est symptomatique que le deuxième article (notamment le « Traité sur l'économie politique ») de l'*Encyclopédie* soit de la plume de Rousseau et qu'il l'ait signé alors que cet article est lui aussi tiré de la *Première Rédaction du Contrat social* (constat d'Alexeev – *op. cit.*, Vol. II, pp. 6 et 9, notes XLII et XLIV). Il est ainsi évident que Rousseau, devant préparer ces deux articles pour L'*Encyclopédie*, s'est inspiré du manuscrit du *Contrat social* qu'il avait déjà rédigé.

entrant dans le contrat social, les individus renoncent une fois pour toutes à se soumettre à leurs instincts et leurs émotions, au droit naturel instinctif, *tout en se soumettant* également à la nature raisonnable (nous verrons plus tard que celle-ci est incarnée dans la notion de volonté générale), et partant à l'efficacité obligatoire du droit naturel raisonné, dont les normes garantissent aux individus leurs droits naturels inaliénables. Nous avons fait volontairement une analyse aussi longue des rapports entre le droit instinctif et le droit raisonné dans le système théorique de Rousseau pour démontrer que nous n'avons pas construit ces deux notions *ad hoc* afin de justifier les contradictions de Rousseau en utilisant des citations tirées au hasard de ses écrits, mais que ces notions sont omniprésentes dans l'ensemble de ses théories et sont indissolublement liées à tout son système.

Notre but était de prouver que ces deux notions du droit naturel incarnaient la doctrine tout entière de Rousseau : l'état de nature ; la dégradation par la culture rationaliste et unilinéaire ; les vrais fondements de la culture indissociables de la moralité comme principe autonome et indépendant ; enfin, l'établissement d'un ordre idéal du droit sur ces fondements. Si nous sommes parvenus à atteindre cet objectif[138], alors nous aurons gagné un argument de plus en faveur de la justesse de notre interprétation de la doctrine de Rousseau quant aux conditions du contrat social ; un argument de plus en faveur de notre tentative de disculper Rousseau des accusations d'avoir une pensée absolutiste et contradictoire – et notre argument est d'autant plus pertinent qu'il se base sur l'ensemble des idées de notre auteur…

Forts de ce résultat, nous pouvons continuer notre itinéraire qui doit nous conduire à établir notre thèse : l'idée des droits naturels inaliénables de l'individu constitue le cœur de la doctrine politique de Rousseau.

138 Certes, dans les limites étroites que nous nous sommes fixées.

Chapitre 2

Volonté générale[139] et pouvoir suprême

La plupart des spécialistes de l'œuvre de Rousseau ainsi que tous ceux qui décèlent une contradiction foncière entre ses thèses et les principes de la *Déclaration* diront qu'après avoir ôté à l'individu tous ses droits naturels, l'auteur du *Contrat social* soumet le citoyen au pouvoir illimité de l'Etat, ce pouvoir coïncidant avec l'arbitraire de la majorité du peuple. Ils comprennent la liberté (que Rousseau défend dans ses traités avec une flamme si ardente) seulement comme liberté politique, comme participation des sujets au pouvoir législatif, et ils prétendent que Rousseau ignore la liberté civile. En effet, ainsi que le pensent les partisans de cette approche, l'appareil d'Etat issu du contrat social et que Rousseau désigne comme souverain (pour autant qu'il exerce le pouvoir suprême), se trouve doté de pouvoirs illimités. En outre, le contrat social est déclaré non obligatoire pour le souverain: « il est contre la nature du corps politique, – avance-t-il dans le *Contrat social*, – que le souverain s'impose une loi qu'il ne puisse enfreindre. Ne pouvant se voir que sous un seul et même rapport, le souverain est donc dans la situation d'un particulier contractant avec lui-même. On voit donc qu'il n'y a ni ne peut y avoir nulle espèce de loi fondamentale obligatoire pour le corps du peuple, pas même le contrat social »[140]. Nos adversaires se demandent alors s'il peut exister de plus claires professions de foi en faveur de l'absolutisme illimité du pouvoir suprême.

Avant de répondre à cette question en réfutant (à partir de ce que nous avons déjà dit) le fondement même d'une telle interprétation, il est encore nécessaire d'écarter un malentendu qui résulte d'un simple manque d'attention. En insistant sur l'exemption du souverain à toutes les lois, y compris les lois fondamentales, Rousseau est loin d'affirmer que le contrat social ne met aucune limite à l'exercice du pouvoir suprême par le souverain. Au contraire, Rousseau souligne explicitement et à maintes reprises (il s'agit là des fondements mêmes de sa doctrine) que *la violation du contrat social équivaut à la mort*. « Le souverain, – écrit-il dans les lignes qui suivent la citation que nous venons de

139 Je ne traduis pas ce terme très important de la doctrine politique de Rousseau car en russe il prend une signification perverse. Le terme de « *volonté commune* » suggère des associations empiriques – ce qui n'est pas le cas du terme français. Stammler traduit « *volonté générale* » par « *allgemeingültiger Wille* » (Stammler, *Notion et portée de la volonté générale*, *op. cit.*, p. 386). Bien qu'elle soit plus exacte et plus proche de la pensée de Rousseau, cette traduction impose toutefois une terminologie kantienne étrangère au système de Rousseau ; c'est pourquoi cette traduction est irrecevable.

140 *Contrat social*, L. I, Ch. VII, p. 143.

reproduire, – ne tirant son être que de la sainteté du contrat, ne peut jam s'obliger ... à rien qui déroge cet acte primitif... Violer l'acte par lequel existe serait s'anéantir ; et ce qui n'est rien ne produit rien »[141]. Dans un aut passage du *Contrat social*, Rousseau déclare non moins catégoriquement : « pouvoir souverain tout absolu, tout sacré, tout inviolable qu'il est, *ne passe ne peut passer les bornes des conventions générales* »[142].

Après des affirmations aussi fermes, il n'est plus possible de douter q Rousseau admet *l'obligation absolue du contrat social sur le souverain exe çant le pouvoir suprême.* S'il trouve nécessaire de noter que le contrat soci n'oblige pas le souverain pour toujours, c'est seulement en ce sens q l'ensemble des citoyens composant le souverain peut, à tout moment, abroger contrat social et annuler de ce fait l'Etat et le pouvoir suprême. Rousseau a lu même commenté clairement sa thèse de la manière suivante : « Je crois avc démontré ... (que) même le pacte social ... se puisse révoquer : car si tous l citoyens s'assemblent pour rompre ce pacte d'un commun accord, on ne pe douter qu'il ne fût très légitimement rompu... Or il serait absurde que tous l citoyens réunis ne puissent pas ce que peut séparément chacun d'eux ... (reprendre sa liberté naturelle »[143].

Nous voyons que l'exemption du souverain par rapport au contrat soci s'explique comme un retour possible à l'état de nature si accord des citoyens y a, mais non comme le triomphe de l'absolutisme illimité du pouvo puisqu'un tel absolutisme n'existe plus après le contrat social... C'est ainsi même idée de Rousseau que les exégètes de sa doctrine prennent comme preuve de son absolutisme qui, lorsqu'on l'étudie plus attentivement, révèle u contenu tout à fait contraire : admettant le droit des citoyens à dissoudre contrat social et à détruire l'Etat, Rousseau est simplement tributaire d'un ind vidualisme unilinéaire et extrême, où l'Etat se trouve annihilé par la volon d'un être humain singulier[144]...

Arrivés à ce résultat préliminaire, nous pouvons poser une question c caractère plus général sur la conception que Rousseau se fait du pouvo suprême et de ses limites. La conception rousseauiste du pouvoir suprêm comme nous venons de le dire, est habituellement considérée comme un pla doyer en faveur de l'absolutisme illimité de la majorité – « le despotisme ill mité du souverain qui apparaît dans chaque volonté majoritaire »[145]. Jelline affirme que Rousseau a transposé les droits du monarque absolu sur le peupl

141 *C. S.*, L. I, Ch. VII, p. 144.

142 *C. S.*, L. I, Ch. IV, p. 171.

143 *C. S.*, L. III, Ch. XVIII, p. 283.

144 A cet égard, on ne peut que rendre justice au reproche de Gierke, indiquant que Rousseau n'a p compris la nature juridique de la personne morale ou de la corporation et que « la person morale » chez Rousseau est composée d'une somme mécanique d'individus séparés (Gierke, *o cit.*, pp. 203-204).

145 Gierke, *op. cit.*, p. 117. Cf. aussi Stahl, *op. cit.*, pp. 303-304 ; Tchitchérine, *op. cit.*, p.116, Fague *op. cit.*, pp. 59-75, etc.

en l'investissant d'un pouvoir illimité. Dans le système de Rousseau le détenteur du pouvoir absolu aurait ainsi changé de nom, mais pas de nature[146]. Si telle était vraiment la doctrine de Rousseau, il ne s'agirait donc pas d'une défense conséquente des droits naturels inaliénables. Mais rappelons-nous ce que nous venons de dire dans le chapitre précédent et... revenons-en à Rousseau lui-même.

En passant le contrat social et en refusant leurs droits instinctifs au profit de droits raisonnés, les individus se soumettent à la domination immédiate et absolue de la volonté générale. « Chacun de nous, – proclame le *Contrat social*, – met en commun sa personne et toute sa puissance sous la suprême direction de la volonté générale »[147]. Constituant « le lien continu du corps politique »[148] compris comme unité morale, la volonté générale s'avère être la source unique du caractère obligatoire des commandements de l'Etat « parce que selon le pacte fondamental il n'y a que la volonté générale qui oblige les particuliers »[149]. C'est pourquoi chez Rousseau les notions de pouvoir suprême et de souveraineté sont basées sur la seule conception de la volonté générale : « l'essence de la souveraineté consiste dans la volonté générale »[150]. « La souveraineté n'est que l'exercice de la volonté générale »[151].

Néanmoins, en dépit de ce qu'en disent leurs exégètes, force est de constater que ces deux notions *ne coïncident pas du tout*. La volonté générale oriente le pouvoir suprême, mais ne s'identifie aucunement à lui. « La volonté générale, écrit Rousseau, peut seule *diriger les forces* de l'Etat selon la fin de son institution »[152]. « Si l'Etat ... n'est qu'une personne morale dont la vie consiste dans l'union de ses membres ... il lui faut *une force universelle* et compulsive pour mouvoir et disposer chaque partie de la manière la plus convenable au tout ... et c'est ce même pouvoir qui, *dirigé par la volonté générale*, porte le nom de souveraineté »[153].

« *Il y a donc dans l'Etat une force commune qui se soutient, une volonté générale qui dirige cette force et c'est l'application de l'une à l'autre* qui constitue la souveraineté »[154]. Comme nous le voyons, la volonté générale n'est que *la règle* de l'activité du souverain ; elle n'est que le fondement juridique du pouvoir suprême, mais non le pouvoir lui-même. Le pouvoir suprême est *la force* dirigée par la volonté générale, celle-ci étant le principe suprême qui se

146 Jellinek, *Allgemeine Staatslehre*, 1905, pp. 469, 484, 399. « Rousseau (a) transféré (la) doctrine... des absolutistes... du prince absolu à la volonté illimitée du peuple[»] (p. 419). « Le maître absolu... (a) donc changé de nom..., mais pas de nature » (p. 484). Cf. aussi *Erklärung...*, p. 6.

147 *C. S.*, L. I, Ch. VI, p. 141.

148 *Première Rédaction*, p. 51. Cf. aussi *C. S.*, L. IV, Ch. I, p. 276.

149 *C. S.*, L. II, Ch. VII, pp. 185-186 ; Cf. aussi *Emile*, L. V, p. 293 : « rien n'oblige les sujets que la volonté générale ».

150 *Emile*, L. V, p. 293.

151 *C. S.*, L. II, Ch. I, p. 156 ; dans le texte de Rousseau « n'étant ».

152 *C. S.*, L. II, Ch. I, p. 155.

153 *C. S.*, L. II, Ch. IV, p. 165.

154 *Première Rédaction*, L. I, Ch. IV, p. 20 (p. XXIII dans l'édition d'Alexeev).

distingue nettement de cette force. Selon Rousseau, il existe entre elles un abîme aussi infranchissable qu'entre l'âme et le corps humain. Pareillement à l'action de l'âme sur le corps, qui est une énigme insoluble[155], on ne peut comprendre comment la volonté générale influence la force publique. « De même que dans la constitution de l'homme, l'action de l'âme sur le corps est l'abîme de la philosophie, de même l'action de la volonté générale sur la force publique est l'abîme de la politique dans la constitution de l'Etat »[156].

Par conséquent, pour mieux comprendre le pouvoir suprême dans la conception de Rousseau il faut étudier les notions de « force publique » et de « volonté générale ». Répondre à la question « qu'est ce que la force publique ? » n'est pas difficile. Etant donné que dans la doctrine de Rousseau la totalité politique, l'Etat, n'a qu'une existence idéale et conventionnelle[157], il est clair que l'élément de la force dans le pouvoir suprême ne peut s'exprimer que grâce aux citoyens particuliers qui constituent le souverain[158] en tant que personne morale. En passant le contrat social, les citoyens unissent leurs forces dans « [une] force commune, [une] force publique » composée et équivalente à la somme de leurs forces individuelles (ou les surpassant dans un certaine mesure étant donné la disparition des conflits de forces contraires)[159]. C'est pourquoi « le maximum de forces d'un nombre donné de peuple »[160] est en même temps « le maximum de forces dans tout le corps politique »[161]. Ainsi la force publique, en tant qu'élément de la notion de « pouvoir suprême » trouve sa source dans le peuple comme porteur réel et vivant de la souveraineté – « le souverain n'étant formé que des particuliers qui le composent »[162]... Mais le peuple, porteur de la souveraineté, n'exerce sa force publique qu'en *votant dans l'assemblée populaire* ou, dans les termes de Rousseau, par « délibération publique »[163]. Le problème fondamental de toute la doctrine politique de Rousseau, qu'il comparait d'ailleurs, vu sa complexité, à celui de la quadrature du cercle[164], c'est de garantir une situation où la délibération publique soit exercée sous la domination complète de la volonté générale[165]. Car c'est seulement ainsi que le pouvoir suprême de l'Etat se manifestera dans la délibération publique comme une synthèse de la volonté générale et de la force publique ; et c'est seulement sur la base de cette

155 Selon les idées philosophiques de Rousseau, sur ce point digne héritier de Descartes et de Malebranche, l'âme et le corps (la pensée et l'étendue) sont des éléments tellement hétérogènes que l'action de l'un sur l'autre ne peut être expliquée que par miracle. Rousseau expose sa conception de l'âme dans la « Prof.[ession] de foi du vicaire savoyard » (*Emile*, L. IV, pp. 218, 222-223).

156 *Première Rédaction*, p. 22 (p. XLV dans l'édition d'Alexeev).

157 *Ibid.*, L. I, Ch. VII, p. 41 (p. XLIII dans l'édition d'Alexeev).

158 *C. S.*, L. I, Ch. VII, p. 143.

159 *C. S.*, L. I, Ch. VI, p. 138, L. II, Ch. IX, pp. 192-195 et Ch. X, pp. 196-199.

160 *C. S.*, L. II, Ch. X, p. 196.

161 *C. S.*, L. II, Ch. IX, p. 192.

162 *C. S.*, L. I, Ch. VII, p. 145.

163 A propos de cette expression Cf. *C. S.*, L. II, Ch. III, p. 161 ; *Économie politique*, p. 314 sq., et d'autres passages de ses ouvrages.

164 Lettre à Mirabeau du 26 juillet 1767, *op. cit.*, vol. IV, p. 690.

165 Pour résoudre ce problème, Rousseau développe la doctrine de la souveraineté populaire.

synthèse que la vie sociale devient possible en tant qu'ordre légitime. Dès que la situation change et que la volonté générale[166] ne se manifeste plus au travers de la délibération publique, alors l'Etat comme *ordre juridique* n'existe plus[167]. En effet le contrat social à travers lequel les individus se sont soumis à la domination de la volonté générale est violé, or au sein de l'Etat, « rien n'oblige les sujets que la volonté générale ».

Si la délibération publique est univoque, elle devient « volonté de tous ». Or pour éviter tout malentendu éventuel, Rousseau souligne constamment la différence qui la distingue de la volonté générale. Certes, comme la délibération publique est guidée par la volonté générale, c'est la volonté de tous qui s'exprime à travers elle. Pourtant, les erreurs plus ou moins graves y sont toujours possibles, ce pourquoi « il y a souvent bien de la différence entre la volonté de tous et la volonté générale »[168]. De plus, ces deux notions ne coïncident aucunement car la volonté de tous n'est que l'une des formes de la force publique, et selon Rousseau il existe entre la volonté générale et cette dernière un abîme pareil à celui qui prévaut entre l'âme et le corps. Il est donc plus pertinent d'opposer la volonté de tous au *pouvoir suprême*. La délibération publique peut ou bien coïncider avec lui (si elle est guidée par la volonté générale), ou bien s'en éloigner (si elle n'est plus guidée par la volonté générale). La volonté de tous et la volonté générale ne peuvent que diverger en fonction de leurs contenus, mais leur coïncidence n'est pas possible car elles sont séparées par un abîme infranchissable.

En tout cas, après ce que nous venons de dire, il est clair que dans la doctrine de Rousseau le pouvoir suprême de l'Etat ne s'identifie pas avec l'arbitraire de la majorité populaire. Le contenu même de toute sa doctrine consiste à *écarter un tel arbitraire* grâce à la soumission de la volonté populaire au *déterminisme* propre à la volonté générale. Rousseau ne reconnaît la délibération publique – et donc la volonté de tous comme expression du pouvoir suprême – qu'en tant que manifestations de la force publique guidées par la volonté générale. Une fois que la délibération publique s'éloigne de la volonté générale, *alors la domination de la majorité perd immédiatement sa caractéristique de pouvoir légitime et devient une pure violence*. En ce cas, selon Rousseau les citoyens « sont forcés, mais non pas obligés d'obéir ». Le pouvoir étatique n'existe plus en tant que fondement juridique de la soumission. Toute la doctrine politique de Rousseau est construite sur cette opposition évidente entre le caractère moral de l'obligation et le déterminisme causal forcé. La doctrine rousseauiste du pouvoir suprême n'est qu'un reflet de toute sa con-

166 « La volonté générale est toujours droite, mais le jugement qui la guide n'est pas toujours éclairé » (*C. S.*, L. II, Ch. VI, p. 181). « Les délibérations publiques (ne sont) pas toujours équitables »... « Alors autre chose sera la délibération publique et autre chose la volonté générale » (*Économie politique*, p. 314). « Il n'est pas sûr que (la) décision (de la nation) fût l'expression de la volonté générale » (*ibid.*, p. 315 ; cf. aussi *C. S.*, L. II, Ch. III, p. 161).

167 *C. S.*, L. IV, Ch. I, p. 287, Ch. II, p. 292.

168 *C. S.*, L. II Ch. III, p. 162.

ception générale, où Rousseau trace une frontière claire et nette entre la force e le droit.

Nous avons déjà parlé de cette conception chez Rousseau. Rappelons-en ic toute la signification : « La force est une puissance physique. Je ne vois [pas].. quelle moralité peut résulter de ses effets. Céder à la force est un acte de néces sité, non de volonté... S'il faut obéir par force, on n'a pas besoin d'obéir pa devoir ; alors si l'on n'est plus forcé d'obéir, on n'y est plus obligé... Car sitô que c'est la force qui fait le droit, l'effet change avec la cause : toute force qu surmonte la première succède à son droit... Convenons donc que force ne fai pas droit, et qu'on n'est obligé obéir qu'aux puissances légitimes »[169]. Après d telles déclarations, il est difficile de comprendre comment il est possibl d'imputer à Rousseau une doctrine où le pouvoir suprême serait identique *l'arbitraire* de la majorité populaire, puisque cette dernière en est réduite à l force publique. Rien n'est plus contradictoire à l'ensemble de sa pensée. Tout sa doctrine est orientée vers l'étude des fondements du gouvernement *légitime* selon notre auteur, le pouvoir suprême est la négation absolue de tout arbi traire ; ce pouvoir étant limité à la délibération publique animée par le princip fondamental de la volonté générale, celle-ci incarne donc la légitimité...

Mais qu'est ce que la volonté générale, ce principe mystérieux capable d diriger la violence vers le droit et qui forme le vrai fondement de l'ordr étatique, « le lien du corps politique » ? Pour l'instant, nous savons seulemen qu'entre la volonté générale et la force publique s'étend un abîme infran chissable, pareil à celui entre l'âme et le corps... et entre la force et le droit Cette dernière analogie suggestive indique le chemin à prendre pour com prendre correctement la notion de volonté générale[170].

Reprenons ce que nous venons de dire dans le chapitre précédent : en passant le contrat social et en refusant leurs droits naturels instinctifs, les indi vidus, d'après la théorie de Rousseau, se soumettent au droit naturel raisonné Mais en même temps, selon la formulation du contrat social déjà citée, les indi vidus renoncent à leurs droits en faveur de la volonté générale. Cette formule réfute-t-elle nos conclusions ? Ou pour le dire autrement : *quels sont les rapports entre les notions de volonté générale et de droit naturel raisonné* ? I suffit de poser ainsi la question pour cerner toute la parenté de ces notions. I nous reste donc à nous assurer de la profonde proximité de ces notions dans la doctrine de Rousseau.

169 *C. S.*, L. I, Ch. III, pp. 125-126.

170 On confond habituellement la volonté générale avec la notion du pouvoir suprême et, d'après la doctrine de la démocratie de Rousseau, avec la volonté populaire. Cf. par exemple, Stahl, *op. cit.* p. 302 : « *Peuple*, Etat, *volonté générale* sont une seule... et même chose ». Stahl en déduit le caractère complètement empirique de la volonté générale. D'autres auteurs l'ont suivi. Parmi les plus récents, prenons l'exemple de Faguet (*op. cit.*, pp. 288, 65), qui ne fait aucune différence entre volonté générale et *volonté populaire*. Pour les interprétations emblématiques d'autres auteurs contemporains, cf. infra.

Comme nous le savons déjà, pour Rousseau la source commune des commandements moraux, y compris ceux du droit naturel raisonné, est la conscience individuelle ou l'intuition éthique, celles-ci étant à la fois indépendantes et équivalentes à la raison. Néanmoins, étant donné que Rousseau fut constamment obligé de parler des *fondements du droit naturel raisonné, il évoquait donc une autre source* de la volonté générale : « C'est ... à la volonté générale, – dit-il dans la *Première Rédaction du Contrat social*, – que l'individu doit s'adresser pour savoir jusqu'où il doit être *homme, citoyen, sujet,* père, enfant... »[171]. « C'est ainsi que se forment en nous, – continue Rousseau dans le même ouvrage immédiatement après avoir distingué le droit naturel du droit raisonné, – les premières notions distinctes du juste et de l'injuste, car la loi (déclaration de la volonté générale) est antérieure à la justice, et non la justice à la loi »[172]. « Cette volonté générale, – avance-t-il en reprenant la même idée dans son traité sur l'économie politique, – est, pour tous les membres de l'Etat, par rapport à eux et à lui, la règle du juste et de l'injuste... *C'est cette voix céleste qui dicte à chaque citoyen les préceptes de la raison publique, et lui apprend à agir selon les maximes de son propre jugement, et à n'être pas en contradiction avec lui-même* de sorte qu'il ne faut [qu']être juste pour s'assurer de suivre la volonté générale »[173]. « Voyez au mot Droit, – ajoute-t-il – la source de ce grand et lumineux principe, dont cet article est le développement »[174]. En effet, dans l'article « Droit naturel » paru dans le même volume de l'*Encyclopédie* que celui où était inséré le « Traité d'économie politique », un article qui est, comme nous avons essayé de le démontrer, de la plume de Rousseau, nous trouvons un exposé encore plus clair et plus précis de ses idées sur les fondements du droit naturel raisonné. Rousseau s'en tient ici à démontrer qu'on ne peut pas retrouver ces fondements directement dans le sentiment intérieur ou dans les penchants inférieurs de l'homme[175]. Même si l'individu comprend vaguement la différence entre le bien et le mal, la force obligatoire du droit naturel raisonné, basé sur les principes de la réciprocité, n'en découle pas pour autant[176]. Pourtant, si l'individu isolé et soumis aux instincts est privé de son droit « de décider de la nature du juste et de l'injuste, où porterons-nous cette question ? Où ? Devant le genre humain ; c'est à lui seul qu'il appartient de la décider... parce que la volonté générale est toujours bonne, elle n'a jamais trompé, c'est à elle à fixer les limites de vos devoirs. *Vous avez le droit naturel le plus sacré à tout ce* [*qui ne*] *vous est point contesté*... (*par elle*)[177]. (Ainsi) la cause du droit naturel se plaide par-devant l'humanité ... et *cette considération*

171 *Première Rédaction*, L. I, Ch. II, pp. 7-8 (p. XI dans l'édition d'Alexeev).
172 *Ibid.*, L. II, Ch. VI, p. 66 (p. LXVIII dans l'édition d'Alexeev).
173 *Économie politique*, I, pp. 312, 314, 315.
174 *Ibid.*, p. 313.
175 Il faut strictement distinguer ces penchants de la conscience.
176 « Droit Naturel » (article du Vol. XI de l'*Encyclopédie*, cité d'après la 3° édition), I, II, III, IV, p. 383-384.
177 *Ibid.*, VII, p.384.

de la volonté générale est la règle de sa conduite »[178]. « Dites-vous souvent, conclut-il, – je suis homme et je n'ai d'autres droits naturels, véritableme inaliénables, que ceux de l'humanité »[179].

Nous nous sommes permis de donner des citations assez longues de l'artic de Rousseau afin de dissiper le moindre doute quant au fait que notre auteur a ouvertement et manifestement lié les notions de *volonté générale* et de *dro naturel raisonné* au point que la première devienne le fondement du secon Tout le *Contrat social* est basé sur cette idée, bien que Rousseau n'ait pa réussi à la formuler dans le cadre de ce livre. C'est seulement à partir de cet idée que Rousseau a pu considérer la soumission à la volonté générale comn le commencement du droit naturel raisonné et caractériser le passage de l'ét de nature à l'état politique comme la substitution du droit naturel raisonné a droit naturel instinctif (cf. ci-dessus).

Le droit naturel est *éternel* par sa nature même ; son principe est qu'il r change pas, que ses commandements ne dépendent pas du cours sans ces inconstant de l'empirie : « les lois *éternelles* de la nature et de l'ord existent »[180]. Or si l'on admet que la volonté générale est le fondement imm diat du droit naturel raisonné, *alors elle doit partager avec lui sa nature supra empirique et éternelle*. Dans l'article intitulé « Droit naturel », Rousseau insis nettement sur ce point : « le droit naturel ne change pas, – affirme-t-il, puisqu'il (est) toujours relatif à la volonté générale »[181]. Regardons quel caractéristique le *Contrat social* attribue à la volonté générale : « La volon générale, – lisons-nous ici, – est toujours *constante*, *inaltérable* et pure »[182]. El peut devenir impuissante dans l'état politique, ou s'engourdir une fois qu'el cesse de guider la délibération publique. En ce cas, l'Etat dépérit *mais l volonté générale reste immuable – elle ne peut être détruite*[183] *ou pervertie* ca elle est constante et pure en soi ; elle n'est pas soumise aux changements emp riques. C'est pour cette raison que « la volonté générale est toujours droite »[1 et ne peut se tromper[185]. Dans le *Contrat social*, Rousseau parle constamme de cette immuabilité et de l'infaillibilité de la volonté générale – au contraire c l'inconstance de la délibération publique qui est déterminée empiriquement. L distinction entre la volonté de tous et la volonté générale apparaît ici dans tou sa clarté : tandis que la première est l'incarnation du déterminisme empiriqu la seconde est l'incarnation de l'absolu, et à ce titre, elle ne ressort pas de l

178 *Ibid.*, IX, p.385.
179 *Ibid.*, VII, p.385.
180 *Emile*, L. V, p.297.
181 « Droit Naturel », IX – 7, p. 385.
182 *Contrat social*, L. IV, Ch. I, p. 287.
183 La volonté générale est indestructible : *C. S.*, L. IV, Ch. I, p. 285 – tel est le titre de ce chapitre des pages 287-288.
184 *C. S.*, L. I, Ch. III, p. 161, Ch. IV, p. 167, Ch. VI, p. 181.
185 *C. S.*, L. I, Ch. III, p. 181. Ce chapitre s'intitule « Si la volonté générale peut errer ».

sphère empirique. Pour Rousseau, ce caractère absolu de la volonté générale est le seul fondement véritable de l'Etat en tant qu'ordre *légitime.*

La caractéristique de la volonté générale comme principe absolu et immuable dont découlent tout l'ordonnancement du droit naturel raisonné suggère involontairement une analogie avec la conscience. L'étude de la notion de volonté générale nous conduit ainsi à une question incontournable sur la prétendue contradiction du système de Rousseau quant aux sources du droit naturel raisonné. Rousseau place la conscience individuelle au fondement des impératifs moraux, y compris du droit naturel raisonné. Or pourquoi Rousseau remplace-t-il donc ce fondement par la notion de volonté générale, et quels rapports ce mystérieux principe entretient-il avec tout son système ?

Si l'on comparait les notions de conscience et de volonté générale, nous verrions qu'elles coïncident en tous points sauf sur un : la conscience est toujours un principe individuel – c'est la conscience individuelle, partie intégrante de l'âme, qui constitue l'absolu dans l'individu. Pourtant la volonté générale, du moins apparemment, se présente comme un principe supra-individuel. En effet, dans la *Première Rédaction*, dans le *Traité sur l'économie politique*, et dans son article sur le « Droit Naturel », Rousseau attribue la volonté générale au corps public ou au genre humain. Dans le *Contrat social*, il insiste jusqu'à dire que la volonté générale est le lien social même. Certes, la volonté générale est un principe social qu'on retrouve en chaque homme – et c'est d'ailleurs sa vocation principale. Cependant, peut-on soutenir à partir de là que la volonté générale s'oppose aux individus en tant que principe supra-individuel ? Où Rousseau, individualiste jusqu'à la moelle, a-t-il pu emprunter l'idée de valeur éthique supra-individuelle ? Et s'il en est ainsi, comment est-il possible de faire concorder sa théorie du contrat social (où les individus se soumettent sans réserve à la volonté générale) avec les exigences du droit naturel raisonné (qui résultent de la même volonté générale) ? C'est pourtant bien sur elle que se base le contrat, vu qu'elle défend formellement aux individus de renoncer à leur liberté et à leur autonomie propres. Souvenons-nous que Rousseau considérait la liberté comme étant absolument indépendante de l'autorité extérieure, comme souveraineté intérieure de la volonté individuelle. Néanmoins, ceci n'empêche pas Rousseau de soutenir que la soumission de l'individu à la volonté générale signifie le recouvrement de l'autonomie individuelle – autrement dit la soumission à sa loi propre. « Tant que les sujets, avance Rousseau, ne sont soumis qu'à de telles conventions (i.e. les conventions qui établissent la domination de la volonté générale), ils n'obéissent à personne, mais seulement à leur propre volonté »[186]. Le problème central de tout le système politique de Rousseau réside notamment là : « Trouver une forme d'association ... par laquelle chacun, s'unissant à tous, n'obéisse pourtant qu'à lui-même »[187]. « Par quel art inconcevable a-t-on pu trouver le moyen d'assu-

186 *C. S.*, L. II, Ch. IV, p. 170.
187 *C. S.*, L. I, Ch. IV, p. 138.

jettir les hommes pour les rendre libres ? » – telle est l'autre manière dont Rousseau formule la question dans son traité sur « l'Economie politique »[188]. Il résout cette difficulté en faisant appel à la volonté générale et à son expression extérieure – la loi, « Cette voix céleste qui dicte à chaque citoyen les préceptes de la raison publique et lui apprend à agir *selon les maximes de son propre jugement, et à n'être pas en contradiction avec lui-même* »[189]. Dans ces conditions, *on ne peut plus douter que, pour être conséquent, Rousseau ne pouvait qu'accorder à la volonté générale un caractère supra-individuel.* A défaut, il se serait trouvé en contradiction avec sa vision du monde et sa théorie philosophico-juridique en serait sortie détruite. Nous pouvons étayer cette conclusion par une citation, par ailleurs assez claire, de Rousseau lui-même : « *Que la volonté générale soit dans chaque individu* un acte pur de l'entendement, *qui raisonne dans le silence des passions* sur ce que l'homme peut exiger de son semblable et sur ce que son semblable est en droit d'exiger de lui, nul n'en disconviendra »[190]. Il formulait sa pensée ainsi dans la *Première Rédaction du Contrat social,* et c'est aussi ce qu'il répète dans son article sur le « Droit Naturel », où Rousseau fait ouvertement de la volonté générale un principe individuel encastré dans chaque individu, de sorte qu'il agit en lui comme sa conscience. Rousseau poursuit ce point de vue individualiste sur la volonté générale dans tout le *Contrat social,* prêtant ainsi le flanc aux nombreuses « énigmes » que les exégètes de cette œuvre ont créées artificiellement.

En effet, dans le *Contrat social,* Rousseau oppose la volonté générale non pas à la volonté individuelle (comme le pense l'opinion commune), mais à la volonté particulière[191]. « Chaque individu – avance-t-il – peut comme homme, avoir une volonté particulière contraire ou dissemblable à la volonté générale qu'il a comme citoyen »[192]. La volonté générale et la volonté particulière se situent toutes deux dans la sphère de la volition individuelle. « La volonté constante de tous les membres de l'Etat est la volonté générale ; c'est par elle qu'ils sont citoyens et libres »[193]. Nul individu ne peut anéantir en lui cet élément immuable et absolu de son vouloir : « Même en vendant son suffrage à prix d'argent, il n'éteint pas *en lui* la volonté générale..., *qui est la sienne* »[194]. En revanche, la volonté particulière est un élément inconstant et empirique dans le vouloir individuel ; c'est pourquoi elle ne peut jamais être identique chez deux individus[195] tandis que la volonté générale, toujours immuable et pure, est absolument identique chez tous les citoyens (d'où son nom : « volonté générale »).

188 *Économie politique*, I, p. 314.
189 *Ibid.*, p. 314.
190 *Première Rédaction*, L. I, Ch. II, p. 8 (p. XI dans l'édition d'Alexeev) et l'article « Droit Naturel », IX, p. 385.
191 Le prof.[esseur] Hessen le souligne très justement dans l'ouvrage que nous avons déjà cité plusieurs fois : cf. pp. 116-117.
192 *C. S.*, L. I, Ch. VII, p. 145.
193 *C. S.*, L. IV, Ch. II, p. 291.
194 *C. S.*, L. IV, Ch. I, p. 287, Ch. II, p. 291 ; dans le texte on peut lire : « qui est la leur ».
195 *C. S.*, L. II, Ch. I, p. 156, Ch. III, p. 162, Ch. IV, p. 169.

« Elle est la même ou elle est autre (et en ce cas elle ne l'est pas)[196] », « il n'y a point de milieu »[197]. Voilà pourquoi « la volonté particulière tend, par sa nature, aux préférences et la volonté générale à l'égalité »[198]. L'égalité comme principe fondamental de la vie politique[199] ne résulte que de l'identité absolue de la volonté générale dans tous les individus. La volonté générale est donc un terme générique ; c'est un contenu abstrait de chaque individu qui est identique pour tous les citoyens[200]. Rousseau a construit les définitions principales de sa doctrine politique sur la base de cette volonté générale et commune. Cet *individualisme abstrait et générique*, incarné dans la notion de volonté générale, permet ainsi d'expliquer comment Rousseau, de manière cohérente, attribue cet élément immuable de la volonté individuelle à tout le genre humain, et en particulier à l'Etat. Certes, la volonté générale est seulement une caractéristique du vouloir individuel. Mais l'individualité n'est comprise ici qu'au sens d'un porteur de qualités abstraites et génériques. De ce point de vue, on peut attribuer la volonté générale, en tant que principe strictement individuel encastré en chaque homme particulier et absolument identique pour tous les individus, à la collectivité – ce qui n'enlève rien à sa nature individualiste. L'individualité et sa volonté sont hissées au premier rang et dominent toute sociabilité. L'individualisme abstrait, que Rousseau partage avec son génial successeur que fut Kant[201], est un individualisme profond et conséquent au sein duquel il n'y a aucune valeur éthique supra-individuelle, même s'il situe en revanche tous les problèmes éthiques et politiques sur un plan individuel[202]. Telle est la frontière principale entre l'individualisme et l'universalisme de Rousseau : ce dernier porte sur l'établissement de valeurs supra-individuelles et trans-personnelles

196 *C. S.*, L. II, Ch. II, p. 157.
197 *C. S.*, L. III, Ch. XV, p. 271.
198 *C. S.*, L. II, Ch. I, p. 156.
199 *C. S.*, L. II, Ch. XI, p. 201.
200 Pour une excellente analyse de cette idée de Rousseau, cf. l'ouvrage du prof.[esseur] Novgorodtsev : *La crise de la connaissance juridique contemporaine* [en russe], pp. 27-30, 259-260.
201 Cf. la très juste description que Lask a donnée de la doctrine de Kant dans son *Fichtes Idealismus und die Geschichte* (1902) : « A suivre la conception que Kant a de la valeur, l'important de la valeur ne peut reposer... que dans le facteur de la raison, identique en tout point... L'objet reçoit une valeur dans l'intérêt de l'ensemble » (p. 11, cf. aussi p. 5). Dans ce contexte, Lask caractérise l'individualisme abstrait de la manière suivante : « Il est possible de distinguer un individualisme qui *présuppose l'autonomie de l'individu isolé... face au tout de la valeur*, et en revanche face à l'universel de la valeur, une subordination presque écrasante qui laisse subsister l'individu, donc par conséquent un atomisme fondamentalement abstrait » (p. 16). Notons par ailleurs que le prof.[esseur] Novgorodtsev cite la première de ces définitions de Lask avec une certaine sympathie (*op. cit.*, p. 263, Note 1).
202 Cf. Lask, *Rechtsphilosophie*. Cf. aussi son article dans le recueil consacré à la mémoire de Kuno Fischer (1905, 2° éd. 1907, p. 284 et sq.), où il donne un brillant schéma permettant de distinguer différentes sortes d'individualismes et d'universalismes. Lask considère l'attitude de l'individu envers le « Wertganzes », la valeur de la collectivité, comme un critère important de distinction entre ces deux conceptions éthiques fondamentales. Cf. aussi Radbruch, *Grundzüge der Rechtsphilosophie*, 1914, pp. 85-90, 119.

qui s'emparent de l'individu[203] – ce qui n'est pas le cas de l'individualisme. C'est pourquoi en le rapprochant de l'universalisme, on commet une erreur tout à fait injustifiée : entre ces deux points de vue il y a un abîme infranchissable[204].

Mais revenons-en à la volonté générale. Nous essayions de démontrer que pour Rousseau, cette notion désigne un principe abstrait et générique qui est imbriqué dans la volonté individuelle comme un élément absolu. Par conséquent, la renonciation au droit naturel instinctif en faveur de la volonté générale conduit l'individu à recouvrir sa liberté, son autonomie et son indépendance. Cette renonciation concorde parfaitement avec l'interdiction absolue du droit naturel raisonné à se défaire de sa liberté. Ce n'est qu'en se soumettant à sa nature raisonnable, sous la forme de la volonté générale, que l'homme cesse d'être l'esclave de ses penchants, qu'il devient une individualité libre s'assurant de ses droits naturels raisonnés, ces derniers résultant de la volonté générale.

Il nous reste encore à confronter notre interprétation de la notion de volonté générale avec certains passages du *Contrat social*, qui à en croire la plupart de leurs exégètes, restent « obscurs et sophistiqués ». Commençons par examiner le sophisme de Rousseau le plus fréquemment relevé : la contrainte exercée sur l'homme afin de le forcer à se soumettre à la volonté générale n'est rien d'autre que « la contrainte d'être libre »[205]. Nous comprenons immédiatement toute la profondeur logique de cette idée. Elle est la conséquence du fait que Rousseau comprend la liberté comme autonomie, la volonté générale comme un élément absolu et obligatoire du vouloir individuel, et enfin le contrat social comme renonciation aux instincts en faveur de la nature raisonnable de l'homme. Cela n'a rien du sophisme. De même que sa célèbre thèse sur la légitimité de se soumettre à la décision du vote majoritaire, thèse qui provoqua d'ailleurs un tollé, elle se fonde sur la compréhension spécifique qu'a Rousseau de la liberté et de la volonté générale[206]. D'après lui, lorsqu'une question est soumise au vote, il s'agit de savoir au juste si la réponse qui se trouve ballottée correspond ou non à la volonté générale comme principe abstrait et personnel inscrit dans la volonté individuelle de chaque électeur. Si la majorité prend une décision diffé-

203 Cf. Lask, *Rechtsphilosophie*, *op. cit.*, pp. 289, 296 ; cf. aussi la note précédente ; cf. Radbruch, *op. cit.*, pp. 97-104.

204 C'est pourquoi nous ne pouvons pas admettre le point de vue du prof.[esseur] Novgorodtsev. Ce dernier rapproche en effet l'individualisme abstrait de Rousseau à l'universalisme de Hegel, et il voit dans le caractère abstrait de l'individualisme de Rousseau la soumission absolue de l'individu à la totalité sociale (cf. *La crise de la connaissance juridique contemporaine* [en russe], pp. 250-252, 254-255, 261, 265-274). Toute notre recherche a pour but de proposer une autre vision des conséquences de la doctrine politique de Rousseau, une vision contraire à celle de cet illustre savant. Si nous réussissons à soutenir notre argument principal, alors nous aboutirions à la confirmation du point de vue de Lask (et de Radbruch qui lui fait suite), point de vue où la « Wertallgemeinheit » et le « Wertganzes » (le caractère abstrait des valeurs éthiques et leur caractère supra-individuel) sont strictement opposés. Rousseau n'a soumis l'individu qu'à son contenu abstrait, admettant et défendant vigoureusement son indépendance par rapport aux principes trans-personnels, aux valeurs sur-individuelles.

205 *C. S.*, L. I, Ch. VII, p. 146.

206 Cf. Novgorodtsev, *op. cit.*, pp. 27-29.

rente de celle d'un individu particulier, voilà qui prouve qu'il se trompe et qu'il prend les éléments particuliers et empiriques de sa volonté pour des éléments absolus. C'est pourquoi, « si (s)on avis particulier l'eût emporté [il] aurait fait autre chose que ce qu'il avait voulu », car la volonté générale est l'élément constant de chaque volonté individuelle, « c'est [alors] qu'(il) n'aurait pas été libre »[207]. Ne soupçonnons donc pas Rousseau d'avoir jamais lié la volonté empirique de la majorité avec la volonté générale supra-empirique. Il admet ce lien uniquement comme *conditio sine qua non* de l'existence de l'Etat, mais il ne prétend pas que cette liaison soit toujours présente. « Tout ce que nous venons de dire, – précise-t-il immédiatement après, – est fondé sur l'hypothèse que tous les caractères de la volonté générale sont encore dans la pluralité ; quand ils cessent d'y être, quelque parti qu'on prenne, il n'y a plus de liberté »[208]. Toute la théorie politique de Rousseau, toute sa doctrine de la souveraineté populaire n'ont pas d'autre but que d'établir cette situation où la volonté de la majorité, et plus généralement la volonté populaire, n'échappent pas à l'emprise de la volonté générale. Par ailleurs dans sa théorie Rousseau présuppose que l'harmonie des intérêts est possible, ces intérêts ne pouvant se soustraire aux commandements du droit naturel. C'est pourquoi il admet que la condition de l'accomplissement de la volonté générale est (nous empruntons ici les formulations de Novgorodtsev) « l'unité idéale des volitions que garantit l'unité absolue de la vie et le caractère inflexiblement primitif des émotions et des sentiments »[209]. Rousseau croit que plus une volition est primitive, plus elle est absolue et obligatoire – quant à la volonté générale, moins elle comporte d'éléments empiriques et inconstants ainsi qu'ils sont incarnés par la volonté particulière. Telle est l'erreur fondamentale de Rousseau. Telle est aussi la clef de voûte qui permet de comprendre sa célèbre phrase qui fut à l'origine de tant de malentendus, et qui constitue l'obstacle principal à une interprétation correcte de sa doctrine de la volonté générale : « Il y a souvent bien de la différence entre la volonté de tous et la volonté générale ; ... mais ôtez de ces mêmes volontés les plus et les moins qui s'entre-détruisent, reste pour somme des différences la volonté générale »[210]. On ne peut pas interpréter cette citation en faisant de la volonté générale la moyenne arithmétique des volontés particulières empiriques[211]. Nous savons déjà que la volonté générale, cet ingrédient

207 *C. S.*, L. IV, Ch. II, p. 292 ; dans le texte on utilise la première personne : « mon », « je », etc.

208 *Ibid.*, p. 292.

209 Novgorodtsev, *op. cit.*, p. 35. Il faut néanmoins toujours garder en mémoire qu'il s'agit de *conditions* d'accomplissement de la volonté générale, non pas de la volonté générale elle-même. Aussi nous ne pouvons pas accepter l'opinion du prof.[esseur] Novgorodtsev quand il présente cette caractéristique comme le contenu même de la volonté générale et qu'il déduit ces qualités immédiatement de la croyance de Rousseau en l'harmonie naturelle des intérêts (p. 24).

210 *C. S.*, L. II, Ch. III, p. 162.

211 C'est pourtant ainsi que Gierke, cet expert de l'histoire des idées politiques, interprète ce passage (*op. cit.*, p. 203). En se référant à cette citation, il suppose que pour Rousseau « dans la volonté générale, les spécificités des volontés individuelles sont transformées (*aufgehoben*) en une *volonté moyenne* par l'addition des moments unanimes qu'elle comporte ». Cf. également Tchitchérine, *op.*

absolu et obligatoire de la volonté individuelle qui est hétérogène aux élémer empiriques, est séparée d'eux par un abîme aussi infranchissable que celui q sépare l'âme et le corps. On ne peut donc pas composer la volonté générale additionnant les volontés empiriques. La volonté générale est présente *dès début* dans la volonté individuelle, et l'addition arithmétique des volontés inc viduelles n'a d'autre but que d'écarter complètement les éléments empiriqu empêchant que la volonté générale, identique pour tous les individus, se vo clairement. Cette thèse n'a rien à voir avec un quelconque transfert de volonté générale dans le domaine de l'addition empirique et s'éloigne tout aus considérablement de l'interprétation kantienne de la volonté générale comm *idée*. Dans ses fondements, la théorie de Rousseau s'avère complètement *mét physique* (au sens anti-kantien). Pour Rousseau la volonté générale est effec vement avant tout une essence métaphysique : elle est *donnée*, mais nc *imposée*. C'est pourquoi il est possible de la comparer à l'âme – cet éléme fondamental de tout le système métaphysique de Rousseau. Cependant, ce n'empêche pas Rousseau de la présenter aussi comme une règle, comme ur norme ou une idée ; et c'est effectivement comme telle que la volonté généra s'impose dans sa doctrine politique. Analysant cette citation de Rousseau, il r faut toutefois pas oublier qu'à cette date, la *Critique de la raison pure* n'éta pas encore parue. Les intuitions géniales de Rousseau préfiguraient le éléments les plus importants de l'éthique de Kant, bien qu'il n'ait pu réussir éliminer la métaphysique…

Mais revenons-en à l'analyse de la doctrine de Rousseau. La comparaisc des termes de « conscience » et de « volonté générale » a soulevé la question c caractère de cette dernière notion : est-elle individuelle ou supra-individuelle Notre thèse est qu'il faudrait interpréter [la volonté générale] de manière stri tement individualiste, mais ceci pose une fois de plus le problème des rappor entre « conscience » et « volonté générale ». Etant donné que ces deux notior sont individualistes, il ne peut s'agir là de leur principale différence. En tou apparence, elles constituent les deux facettes d'un même phénomène – ou plu précisément la volonté générale est l'une des manifestations de la conscience[212] En posant ainsi le problème, nous voyons immédiatement pourquoi Rousse déduit le droit naturel raisonné de la conscience et de la volonté générale. Qu celle-ci soit une notion plus étroite que celle de la conscience n'est qu'u aspect du problème. *Mais lequel* ? Nous devons répondre à cette dernière que

cit., III, p. 141: « Pour connaître la volonté générale à partir de la volonté de tous, il faut écarter l dissensions ; ainsi reste-t-il une opinion moyenne qui n'est que la volonté générale ».

212 A juger la façon dont Rousseau déduit les notions de vertu soit à partir des rapports entre le con portement et les commandements de la conscience, soit à partir de la conformité entre le comport ment et les exigences de la volonté générale, nous pouvons remarquer jusqu'à quel point il se re dait compte de la proximité de ces deux notions (cf. *Emile*, L. IV, Pr. d. f. d. v. sav., p. 227). Il écr dans son traité sur « l'économie politique » : « Tout homme est vertueux quand sa volonté part culière est conforme en tout à la volonté générale » (p. 316, cf. aussi p. 315). Evidemment, Rou seau considère la conscience et la volonté générale comme s'il s'agissait de phénomènes presq identiques.

tion en étudiant la doctrine de Rousseau sur la volonté générale, bien que l'issue n'ait rien de difficile. Nous savons déjà que le droit naturel raisonné se distingue des autres commandements moraux en ceci que pour jouir de sa force obligatoire, il a besoin de la réciprocité des droits et des obligations – que le contrat social rend possibles. En tant que source primaire du droit naturel raisonné, la volonté générale porte en soi les traits particuliers de celui-là. A la fois but et fondement du contrat social, la volonté générale traduit cet aspect de la conscience qui est dirigé vers la construction de la vie commune. La « conscience politique » et « la raison politique » de l'individu, comme pendants à « la raison pratique » de Kant, en sont les traductions. C'est notamment parce qu'elle est un symbole vivant de la réciprocité, un principe social nécessaire à la validité du droit naturel raisonné, un lien social, que la volonté générale possède un caractère abstrait et rationnel qui la distingue de la notion plus vide de conscience. La volonté générale représente le côté abstrait et rationalisé de la conscience, par essence irrationnelle, et concrète en réalité. Ce point de la doctrine de Rousseau s'avère encore plus intéressant en ce qui concerne son influence sur Kant. Rousseau l'a surtout exercée du point de vue de l'aspect rationaliste de la conscience, mais pour son éthique, Kant a également emprunté beaucoup de définitions provenant de la doctrine rousseauiste de la volonté générale.

Quoi qu'il en soit, à partir de ce que nous venons de dire, la position de la volonté générale dans le système philosophique de Rousseau devient claire et les raisons de la contradiction apparente où notre auteur tombait en parlant des sources du droit naturel raisonné semblent être plus précises.

Ces remarques auraient pu clore notre analyse de la notion de volonté générale et nous permettre d'aborder l'étude générale de la doctrine de Rousseau sur le *pouvoir suprême*. Cependant, il nous reste à ajouter une remarque très importante à tout ce que nous venons de dire, d'autant plus que l'on aurait alors pu nous accuser d'avoir suivi une méthode tendancieuse. En effet, exposant la théorie rousseauiste de la volonté générale, nous l'avons épurée de tous les éléments hétérogènes empiriques et utilitaires qui s'entrelacent parfois dans le courant de sa pensée et qui entravent considérablement la compréhension des fondements de sa doctrine. Dans ses définitions de la volonté générale, Rousseau souligne toujours qu'elle ne regarde que *l'intérêt commun*, tandis que la volonté particulière, de par sa nature, ne concerne que les intérêts particuliers[213]. Rousseau considère l'intérêt commun comme l'aune et le point de repère empirique de la volonté générale. La plupart des exégètes de l'œuvre de Rousseau, y compris les plus récents, ont sous-estimé ce point, ce qui les conduit à verser dans une interprétation totalement utilitariste de la volonté générale[214] qui fausse la vérité de cette notion, car elle est profondément méta-

213 *C. S.*, L. I, Ch. VII, p. 145 ; L. II, [Ch.]. III, p. 162, L. IV, Ch. I, p. 285.
214 Cf. Haymann, *op. cit.*, pp. 166, 152-175, 183, 363 ; Liepmann, *op. cit.*, pp. 115-118 ; Beaulavon, *op. cit.*, pp. 31-33, 162-163 etc. Parmi les auteurs plus anciens, on retrouve cette position chez

physique dans son contenu et très idéaliste dans sa signification. On fait descendre la volonté générale, cet élément absolu et obligatoire, dans le domaine inconstant de l'empirie et l'on perd ainsi de vue sa différence qualitative par rapport à la volonté particulière, – différence que Rousseau défend pourtant si ardemment. Au cours de notre exposé, nous avons tâché de démontrer toute la fausseté de cette interprétation. Nous devons expliquer maintenant les éléments utilitaristes, étrangers à la nature de la volonté générale, mais qui lui sont entrelacés dans son œuvre. Rousseau lui-même donne une justification claire et précise de l'enchevêtrement des éléments idéalistes et utilitaristes de sa théorie : « Je tâcherai, – dit-il d'ailleurs au début même du *Contrat social*, – d'allier toujours dans cette recherche ce que le droit permet avec ce que l'intérêt prescrit, afin que la justice et l'utilité ne se trouvent point divisées »[215]. Mais comment un penseur qui oppose si nettement les principes idéaux et empiriques, la justice et l'utilité, le droit naturel raisonné et l'intérêt, pouvait-il formuler une telle idée ? Nous avons déjà montré que tout le système de Rousseau porte la trace de cette idée. S'il cherche toutefois à allier ces deux éléments de manière aussi systématique, nous pouvons l'expliquer par son désir de trouver les conditions empiriques nécessaires à la réalisation de ses constructions théoriques[216]. Cette démarche lui a d'ailleurs paru d'autant plus facile qu'il croyait à l'identité de l'intérêt et de la justice, du droit et de l'utilité, et plus généralement en l'harmonie des intérêts – une croyance que Rousseau partageait avec toute sa génération. Le sort voulut que cette croyance se soit brisée cruellement et son successeur, Kant, rompait définitivement les derniers liens entre la bonté et l'utilité, l'intérêt et le droit…

Toujours est-il que Rousseau poursuit cette distinction, et dans le *Contrat social*, tout le développement de son discours se déroule parallèlement à elle[217].

Stahl, *op. cit.*, pp. 307, 309. Hessen s'y rattache apparemment aussi (*op. cit.*, pp. 116, 119-120). Kistiakovsky s'est en revanche fortement prononcé contre cette interprétation (*op. cit.*, pp. 156-157).

215 *C. S.*, L. I, Ch. I, p. 118.

216 C'est ce même désir qui pousse Rousseau à affirmer dans son *Contrat social* qu'il va construire sa doctrine « en prenant les hommes tels qu'ils sont » (L. I, Ch. I, p. 117). Car comme il le confiait dans sa lettre à Usteri : « Il n'y a que les passions humaines… qui conservent les établissements politiques » (*op. cit.*, vol. IV, p. 450). Cependant, cela ne veut pas dire que le droit doit prendre en considération les passions humaines : « Le droit ne se plie point aux passions des hommes » (*Emile*, L. V, p. 295). Il faut conserver cette thèse de Rousseau à l'esprit.

217 Poursuivre ce parallélisme au fil du *Contrat social* est une tâche aussi difficile qu'importante. Les limites et le but du présent ouvrage ne nous permettent pas de nous y engager ; l'auteur pense le faire dans un autre ouvrage plus vaste sur Rousseau. Nous ne choisirons ici qu'un exemple. Affirmant qu'il est impossible pour le souverain d'intervenir dans le domaine des libertés individuelles, Rousseau dit : « Le souverain n'étant formé que des particuliers qui le composent, n'a ni ne peut avoir d'intérêt contraire au leur ; par conséquent… il est impossible que le corps veuille nuire à … ses membres » (*C. S.*, L. I, Ch. VII, p. 145), « *puisque ce serait vouloir se faire du mal à soi-même* » (*Emile*, L. V, p. 292). Cette argumentation est tout à fait utilitariste. Il faut cependant la distinguer clairement de la ligne principale de l'argumentation de Rousseau qui se fonde sur le droit naturel raisonné : « Le souverain par cela seul qu'il est, est toujours ce qu'il doit être », – ajoute très brièvement Rousseau, supposant que le pouvoir suprême est entièrement imprégné par le droit

Du point de vue du droit naturel raisonné et sur la base des constructions utilitaristes, il faut d'autant plus souligner ce parallélisme qu'il fut habituellement négligé dans l'analyse des idées de notre auteur. C'est par rapport à ce parallélisme que Rousseau, métaphysicien et idéaliste, grand précurseur de Kant, fut étiqueté comme un simple utilitariste... La raison pour laquelle nous jugions pertinent de laisser de côté tous les aspects utilitaristes et empiristes en exposant la doctrine de Rousseau de la volonté générale gagne ici en clarté. En effet, loin de toucher les fondements de sa pensée, ces éléments empêchent plutôt de la comprendre dans toute sa pureté. En procédant ainsi, nous suivons tout bonnement les indications que Rousseau donnait sur sa méthodologie : « *Le droit ne se plie point aux passions des hommes* et il ... s'agissait entre nous d'établir d'abord *les vrais principes du droit politique.* A présent que nos fondements sont posés, venez examiner ce que les hommes ont bâti dessus »[218]. « Il faut savoir ce qui doit être pour bien juger de ce qui est »[219].

Nous savons déjà que Rousseau structure la notion de pouvoir suprême en fonction de deux pôles : la volonté générale comme son principe fondamental, et la force publique qui fait office de délibération populaire et qui est entièrement soumise à ce principe. Ce n'est donc qu'en achevant l'analyse un peu longue de ces deux éléments du pouvoir suprême que nous pourrons le définir de façon détaillée.

Nous avons déjà vu que le pouvoir suprême se fonde sur la volonté générale en tant que principe fondamental de l'activité de souverain : « la volonté générale est l'essence de la souveraineté ». Par ailleurs, la volonté générale est la source du droit naturel raisonné, sa forme pure. Si la volonté générale est l'essence du pouvoir suprême, *alors le trait caractéristique de ce pouvoir est qu'il est entièrement pénétré par le droit naturel raisonné.* Les commandements du souverain tirent leur force obligatoire de leur correspondance aux exigences du droit naturel raisonné. Dès qu'ils s'éloignent de ces exigences, ils perdent leur caractère juridique, cessent de manifester le pouvoir suprême, et celui qui gouverne n'est plus souverain. Le droit positif, la loi, c'est la manifestation immédiate de la volonté générale qui est totalement pénétrée par le droit naturel raisonné. Il n'existe pas de droit positif qui se distingue du droit naturel parce que tout commandement qui n'est pas animé par le droit naturel se présente non pas comme droit, mais comme arbitraire. L'essence du pouvoir suprême ne lui permet pas d'enfreindre les normes du droit naturel, de violer les droits naturels subjectifs des citoyens, car il est pouvoir pour autant qu'il

naturel et que pour cette raison, nul ne peut enfreindre ses commandements. Quelques pages plus loin, Rousseau explique cette formulation de façon détaillée : le souverain ne peut ni enfreindre les droits individuels des sujets, ni « même le vouloir, car sous la loi de raison, rien ne se fait sans cause, non plus que sous la loi de nature » (*C. S.*, L. II, Ch. IV, p. 167). Après ce que nous venons de dire, il est évident que ces deux argumentations sont totalement indépendantes et que le centre de gravité de l'argumentaire de Rousseau relève d'une approche jus-naturaliste.

18 *Emile*, L. V, p. 295.

19 *Ibid.*, p. 291.

reste soumis au droit[220]. C'est ici que réside tout le sens de la célèbre phras célèbre de Rousseau : « Le souverain, par cela seul qu'il est, est toujours tou[t ce qu'il doit être »[221]. Cela veut dire qu'*il n'existe pas de dualisme entre l droit et le pouvoir*, entre le droit positif et le droit naturel. Par cela seul qu'i est, le pouvoir est ce qu'il doit être en accord avec les exigences du droi naturel. Il n'existe pas d'autre source de la force obligatoire dans l'Etat que l droit naturel raisonné, qui résulte directement de la volonté générale comm principe fondamental de la volition de chaque individu particulier. Mais si l pouvoir suprême est totalement soumis à ce principe abstrait et individualiste e qu'il est entièrement pénétré par le droit naturel raisonné (dont l'exigenc fondamentale est l'imprescriptibilité de la liberté individuelle) qui en découle alors comment un tel pouvoir peut-il enfreindre les droits naturels individuel des citoyens ? Le droit naturel ne peut pas se contredire lui-même : « la volont générale ne peut pas se tromper ». Pour autant que le pouvoir soit une volont suprême légitime, et pour autant que la volonté générale soit dominante, le droits naturels individuels des citoyens sont garantis comme jamais ils ne l sont dans d'autres systèmes politiques. *Les droits subjectifs imprescriptible des citoyens sont garantis par l'existence même de l'Etat et du pouvoi suprême, étant donné qu'une telle existence n'est possible que sur la base d droit naturel raisonné dont le contenu principal est la défense de la libert individuelle*. C'est pourquoi Rousseau avance : « La puissance souveraine n' nul besoin de garant envers les sujets »[222] ... « le souverain ... ne peut charge les sujets d'aucune chaîne inutile à la communauté : il ne peut pas même l vouloir, car sous la loi de la raison (i.e. sous le régime du droit naturel raisonné rien ne se fait sans cause, non plus que sous la loi de la nature »[223].

Après tout ce que nous venons de dire, nous pouvons suivre avec confianc les mots suivants de Rousseau : « Le pouvoir souverain, tout absolu, tout sacré tout inviolable qu'il est, ne passe ni ne peut passer les bornes des convention générales et ... tout homme peut disposer pleinement de ce qui lui a été laiss de ses biens et de sa liberté par ces conventions »[224], car nous savons qu'elle offrent à l'individu autant de droits individuels que le droit naturel raisonné n

220 Remarquons que cette idée qui établit la souveraineté du droit n'a rien à voir avec *l'anarchism* qu'on impute parfois à Rousseau (cf. par exemple, le prof.[esseur] Hessen, *op. cit.*, pp. 118, 114 125). L'anarchisme nie la *contrainte* dans la vie commune, nie l'existence de normes sociales im pératives – c'est à dire le droit, et il réduit toute la communication inter-humaine à *l'arbitraire* de individus particuliers. Or la doctrine de Rousseau a pour but de garantir la prédominance du droi comme système légitime et impératif qui *écarte l'arbitraire individuel* et mène à *l'apologie de l contrainte légitime*, celle-ci constituant la soumission de l'individu à sa propre nature raisonnabl qui se manifeste dans la volonté générale. Rousseau ne s'incline pas par avance devant tout le droi positif et le pouvoir de fait, mais il fait remonter leur force obligatoire au droit naturel raisonné e tant que fondement de toute obligation dans la vie commune. La défense de la souveraineté du droi naturel est en même temps la négation du *positivisme juridique* et de *l'anarchisme*.

221 *C. S.*, L. I, Ch. VII, p. 145.

222 *C. S.*, L. I, Ch. VII, p. 145.

223 *Ibid.*, L. II, Ch. IV, p. 167.

224 *Ibid.*, L. II, Ch. IV, p. 171.

l'exige. Autrement dit, elles offrent la liberté individuelle dans toute sa richesse... *Toute la doctrine rousseauiste du pouvoir suprême se laisse réduire à la défense des droits naturels imprescriptibles de l'homme.* C'est le sens principal, la direction générale de toute sa pensée. Aussi Rousseau ne trompe-t-il pas l'individu quand il lui promet, en échange de ses droits naturels instinctifs, la liberté comme jouissance des droits naturels raisonnés dans l'état politique ; pour entrer dans la société, l'individu doit s'en défaire. Rousseau tient au contraire parole et le lui rend au centuple[225] – sa théorie du pouvoir suprême est en la meilleure preuve.

L'analyse de la théorie rousseauiste du pouvoir suprême nous a fourni les mêmes résultats que celle du contrat social. Notre thèse, à savoir qu'en passant le contrat social les individus, loin d'abandonner leurs droits, au contraire les retrouvent en sort renforcée. Elle y trouve une confirmation supplémentaire et de première importance, – là-même où nos contradicteurs y voient la formule consacrée de l'écart séparant la *Déclaration* des idées de Rousseau. Nous pouvons considérer leur argumentation sur ce point (ainsi que nous l'avions exposée) comme définitivement réfutée : il est impossible d'imaginer d'autre théorie s'érigeant avec autant de force contre les plus profondes racines de l'absolutisme que celle de Rousseau. *Rousseau prône un absolutisme du droit naturel raisonné auquel le pouvoir est totalement soumis. Son idée force est la souveraineté du droit*[226] *comme droit naturel et imprescriptible de l'individu.* Dans ces conditions, il peut sembler surprenant qu'on ait vu en Rousseau un adversaire des droits individuels imprescriptibles. A vrai dire, ce malentendu s'explique par la façon très singulière dont Rousseau soutenait son propos. A la différence de ses précurseurs, l'auteur du *Contrat social* pense que les droits naturels imprescriptibles ne sont pas acquis dans l'état de nature, mais qu'ils *apparaissent* dans toute leur force obligatoire avec *l'état politique.* Ils sont la conséquence de la domination de la volonté générale et de son expression extérieure – la loi. Seules les lois garantissent aux sujets la *liberté civile*[227]. C'est le

225 Certes, une autre question est de savoir dans quelle mesure Rousseau pouvait s'accorder avec les vrais besoins de l'individu, étant donné que sa doctrine de la liberté individuelle se base sur une approche abstraite et générique de la personnalité. Après Rousseau, la pensée politique a mis en lumière la notion d'individualité concrète et a ainsi fait ressortir l'insuffisance de l'individualisme abstrait pour la défense des droits de l'individu dans toute leur richesse (cf. la conclusion du présent ouvrage). Ce reproche est *d'autant plus valable pour la Déclaration des droits de 1789* que pour Rousseau et Kant, bien que leur mérite d'avoir défendu les droits et la liberté individuelle soit tout aussi indubitable que celui de la *Déclaration.*

226 Sur ce point, nul ne peut ignorer la proximité des idées de Rousseau avec ce nouveau courant de la science politique au sein duquel on cherche à mettre un terme au monisme du pouvoir et du droit. On le trouve dans les ouvrages suivants : Krabbe, *Die Lehre der Rechtssouveränität*, Groningen, 1906, pp. 17, 47, 195, 245 ; Kelsen, *Hauptprobleme der Staatsrechtslehre*, 1911, p. 406 ; Radbruch, *Grundzüge der Rechtsphilosophie*, 1914, p. 83. Les auteurs suivants sont très proches de ce courant méthodologique, bien qu'ils aient d'autres prémisses : Duguit, 1) *L'Etat*, [vol.] I, *Le droit objectif et la loi positive*, 1901, pp. 12, 136, 186-187, 259-267, 268, 273-274, 311, 360, etc.

227 Rousseau sut très bien distinguer liberté civile et liberté politique. Ainsi, en définissant les buts du gouvernement, il impose à ce dernier le devoir de prendre soin de la défense « de la liberté *tant ci-*

miracle dont parle Rousseau dans son traité d'économie politique : les droi imprescriptibles de l'individu ne sont définitivement assurés que grâce *aux lo*. La liberté individuelle se base sur la *légitimité*, sur la domination de la loi, ma elle ne renvoie pas à l'arbitraire d'un individu qui vit de manière autonom dans l'état de nature. La liberté civile se distingue de l'arbitraire parce qu'el est définie par la loi, parce qu'elle est bornée par la volonté générale. Chaqu citoyen a le *même* droit à la liberté, ce pourquoi il ne peut jouir de sa liber qu'à la condition de ne pas enfreindre celle des autres : « nul ne perd de liberté, – écrit Rousseau, – que ce qui peut nuire à celle d'un autre »[228]. La l comme manifestation de la volonté générale établit ainsi les *limites* au se desquelles les individus peuvent jouir de leur liberté sans violer celle d autres[229]. Que la loi positive, qui prend appui sur le droit naturel raisonné, r puisse pas porter atteinte aux droits naturels imprescriptibles est ici une év dence absolue...

Il n'en reste pas moins que la liberté individuelle n'est garantie que par loi, que dans l'état politique. Rousseau n'a de cesse de mettre cette idée e exergue, comprenant bien les possibilités dont elle regorge. « Lisez-l Messieurs, ce livre, – s'exclame-t-il ainsi à propos du *Contrat social*, – vous verrez partout la liberté réclamée, mais toujours sous l'autorité des lois, sar laquelle la liberté ne peut exister »[230]. Il faut noter que cette idée nouvelle particulièrement originale du rôle de la *loi* pour garantir la liberté civile influencé la *Déclaration*. A la différence des déclarations américaines, *Déclaration* de 1789, directement tributaire de Rousseau, recourt cont nuellement au terme de *loi* dont elle emprunte même la définition au *Contr social*. « La loi est l'expression de la volonté générale », – proclame-t-on dar les paragraphes 6 et suivants, et dans l'ensemble, elle fait toujours appel à la l pour établir les libertés particulières. Mais la *Déclaration* est encore plu proche des idées de Rousseau que cela, dans la mesure où elle lui emprun aussi sa définition de la liberté civile[231]. Dans le paragraphe 4 on peut lire e effet : « La liberté consiste à pouvoir faire tout ce qui ne nuit pas à autrui : ain l'exercice des droits naturels de chaque homme n'a de bornes que celles qu assurent aux autres membres de la société la jouissance de ces mêmes droit Ces bornes ne peuvent être déterminées que par la loi »[232]. On ne trouverait rie d'analogue dans les déclarations américaines, et certainement ce célèb passage, que l'on peut considérer comme la conséquence directe de la doctrin

vile que politique » (*C. S.*, L. III, p. 211 ; cf. *Lettres de la Montagne*, Lettre VI, *op. cit.*, Vol. III, 64 ; cf. aussi *C. S.*, L. III, Ch. IX, p. 254).

228 *Économie politique*, I, p. 314.

229 Cette idée novatrice est devenue le fondement de la conception de Kant sur le droit comme délim tation des sphères de la liberté individuelle selon le principe de la légitimité (cf. Kant, *Metaphys. der Sitten*, 1797, Teil I : *Rechtslehre, Einleitung in die Rechtslehre*, § C et B, pp. 35-36 (33-3 dans l'édition de F. Meiner. 1907)).

230 *Lettres écrites de la Montagne*, Lettre VI, *op. cit.*, V.III, p. 66.

231 *Économie politique*, I, p. 314 ; voir aussi la note précédente.

232 Cité d'après Duguit-Monnier, *op. cit.*, p. 2.

de Rousseau, s'inspire-t-il de lui. Avant Rousseau, personne n'avait posé la question dans ces termes ; personne n'avait proposé une telle définition de la liberté. Au fond, le paragraphe 4 de la *Déclaration* est le mérite exclusif de Rousseau. Utilisant la théorie rousseauiste de la loi, la *Déclaration* ne contredit pas plus son propre principe général – l'idée de droits imprescriptibles de l'individu – que ne le fait la doctrine de Rousseau sur le pouvoir suprême. Parce qu'il a surmonté le dualisme du droit et du pouvoir, le dualisme du droit positif et du droit naturel, et parce qu'il écarte ainsi la thèse d'une antériorité des droits naturels sur l'Etat, *Rousseau a donné une base nouvelle et solide à l'idée des droits naturels imprescriptibles de l'individu.*

Chapitre 3

La liberté de conscience et le droit de propriété

Après les remarques précédentes, nous pourrions considérer notre but atteint et notre thèse démontrée : l'idée principale de Rousseau consiste en un plaidoyer en faveur des droits naturels imprescriptibles. Il resterait toutefois une lacune importante dans le développement de notre propos si nous n'essayions pas de réfuter le troisième type d'arguments de nos adversaires. Il nous reste ainsi à prouver que Rousseau fut d'autant moins cet ennemi de la liberté de conscience qu'on se plait habituellement à l'imaginer qu'il n'a jamais nié le droit à la propriété privée ; au contraire même, il le considérait comme sacré et inviolable.

Certes, la question de la liberté de conscience, que l'on doit à juste titre envisager comme l'un des droits les plus essentiels et les plus fondamentaux pour la liberté civile, est particulièrement importante. Si Rousseau avait suivi Hobbes et qu'il niait la liberté de conscience *sur la base d'une défense de l'absolutisme illimité du pouvoir suprême*, alors il serait difficile de reconnaître en lui un partisan des droits naturels imprescriptibles de l'individu. Nous savons déjà que Rousseau ne fut pas un apôtre de l'absolutisme. Il pensait au contraire que le pouvoir est limité de tous côtés par le droit naturel raisonné. Nous verrons que Rousseau a néanmoins apporté de considérables réserves quant à la liberté de conscience. Pour étayer notre point de vue, il nous sera donc nécessaire de prouver qu'il y avait des raisons précises à cela dans le système de Rousseau, raisons qui n'ont rien à voir avec l'extension illimitée des compétences du pouvoir suprême. Quelles étaient ces raisons, et surtout jusqu'à quel point Rousseau a-t-il limité la liberté de conscience ? Pour répondre à ces questions, il nous faudra entrer le plus profondément possible dans les fondements de sa théorie de la religion civile.

Rousseau s'est maintes fois prononcé sur les problèmes de la liberté de conscience et de la religion civile. La première fois, il le fit dans une lettre adressée à Voltaire datée du 18 août 1756, puis dans une lettre à Usteri du 15 juillet 1763, ainsi que dans la première des *Lettre*[*s*] *de la Montagne*. Pour mieux juger la pensée de Rousseau, il convient d'étudier toutes ces lettres et de ne pas se limiter au seul chapitre 8 du L[ivre] 4 du *Contrat social*, « De la religion civile ». A défaut, le ton catégorique de sa formulation pourrait suggérer une idée fausse de la théorie rousseauiste.

Au premier chef, constatons que Rousseau, se distinguant ici de Hobbes admet que la liberté de conscience est un droit inaliénable de l'individu. Dan sa lettre à Voltaire de 1756, parallèlement à ses idées majeures sur la religio civile[233], nous lisons l'affirmation suivante, qui est aussi claire et précise qu possible : « Je suis indigné, comme vous, – écrit Rousseau à Voltaire – *que la foi de chacun ne soit pas dans la plus parfaite liberté, et que l'homme ose con trôler l'intérieur des consciences où il ne saurait pénétrer…* Non, tout gouver nement humain se borne, par sa nature, aux devoirs civils ; et, quoi qu'en ait p dire le sophiste Hobbes, quand un homme sert bien l'Etat, il ne doit compte personne de la manière dont il sert Dieu »[234].

Cette déclaration n'est pas fortuite. Elle reflète tout le système de la pensé de Rousseau. Elle est même organiquement liée à sa théorie de la conscienc *individuelle* comme source d'évidence morale. Si Rousseau y trouve l'argumen ultime pour prouver l'existence de Dieu, c'est à la foi indépendante, à la conscience individuelle qu'il revient, en matière de religion, de décider. Dans la religion, la conscience doit donc être libre, sinon la foi en tant que telle devien impossible. On ne saurait en déduire que Rousseau revient sur ses propos dan le chapitre sur la religion civile du *Contrat social*, car cette idée y est exprimé dans une forme moins compréhensible et moins claire. C'est cependan l'endroit précis où Rousseau signale les limites générales du pouvoir suprême « Le droit que le pacte social donne au souverain sur les sujets ne passe poin les bornes de l'utilité publique. Les sujets ne doivent donc compte au souverai de leurs opinions qu'autant que ces opinions importent à la communauté.. Chacun peut avoir, au surplus, telles opinions qu'il [lui] plaît, sans qu'il appar tienne au souverain d'en connaître : car, comme il n'a point de compétenc dans l'autre monde, quel que soit le sort des sujets dans la vie à venir, ce n'es pas son affaire, pourvu qu'ils soient bons citoyens dans celle-ci »[235].

Le principe de la liberté de conscience, propre à tout le système théorique de Rousseau, semble ici établi. Pour quelles raisons notre auteur voulait-il donc le borner ? Et où se trouve donc le chemin qui conduit à la religion civile ? Interrogeons Rousseau lui-même.

Premièrement, notons qu'en religion Rousseau distingue deux aspects *celui de la morale et celui du dogme*. « Je distingue – dit-il dans la premièr *Lettre de la Montagne*, – dans la religion deux parties… Ces deux parties son le dogme et la morale ». « Le jugement des premiers appartient à la raiso seule, – poursuit-il, – si l'erreur en cette partie est nuisible, c'est seulement à ceux qui errent … et dans ce domaine les tribunaux humains ne peuvent étendre

233 Notons qu'à l'époque où Rousseau écrivait cette lettre, il avait déjà formé l'ensemble de ses idée sur la religion civile puisque l'ébauche du chapitre VIII du L. IV du *C. S.* était prête et mise dan une forme qui n'a pas subi de changements sérieux dans la rédaction finale. Cette esquisse fai partie du manuscrit genevois – que tous les chercheurs datent d'avant 1754-1755 (cf. ci-dessus).

234 *Op. cit.*, IV, p. 245.

235 *C. S.*, L. IV, Ch. VIII, pp. 339-340.

eur compétence »[236]. Il en va autrement de la morale en religion – base sur aquelle tous les fondements de la vie commune sont érigés. En effet, tout nalentendu dans ce domaine mettant l'existence de l'Etat en danger, Rousseau ajoute à la morale « la justice, l'utilité publique, l'obéissance aux lois naturelles et positives, les vertus sociales et tous les devoirs de l'homme et du citoyen »[237], - autrement dit tout le système des commandements moraux dont la communauté politique a besoin d'avoir à la base. C'est pourquoi Rousseau classe la eligion parmi les fondements nécessaires de l'Etat : « jamais (un) Etat ne fut ondé que la religion ne lui servît de base »[238].

Nous savons que l'Etat, en tant qu'expression du droit, est fondé en définitive sur le droit naturel raisonné, lequel trouve sa force obligatoire dans la soumission des individus à la volonté générale inscrite en chacun d'eux. Pour que a volonté générale soit effective dans la vie politique et que les citoyens prennent leurs décisions en respectant ses commandements, Rousseau ajoute que l'Etat doit nécessairement s'occupe de la formation morale de ses citoyens. Voulez-vous que la volonté générale soit accomplie [?] – avance-t-il en établissant les règles fondamentales du gouvernement de l'Etat, – faites que toutes es volontés particulières s'y rapportent ... pour dire la même chose en un mot, aites régner la vertu ... le plus grand ressort de l'autorité publique est dans le œur des citoyens, et ... rien ne peut suppléer aux mœurs pour le maintien du ouvernement »[239]. Etant donné que le droit et la vertu – en d'autres termes 'état moral – sont indissolublement liés à la religion et à la foi en Dieu, alors, – onclut Jean-Jacques – l'Etat doit exiger de ses sujets un minimum de croyance eligieuse. « Or il importe bien à l'Etat que chaque citoyen ait une religion qui ui fasse aimer ses devoirs ; mais les dogmes de cette religion n'intéressent ni 'Etat ni ses membres qu'autant que [c]es dogmes se rapportent à la morale et ux devoirs que celui qui la professe est tenu de remplir envers autrui »[240]. De là ésulte la notion de religion civile (ou d'Etat) comme d'un ciment moral qui orme le socle de la totalité de l'Etat. En général, l'Etat n'est pas en droit 'intervenir dans les affaires religieuses de ses sujets. Le domaine de la liberté e conscience, dans la mesure où il est aussi celui du sentiment religieux inféeur, constitue la frontière infranchissable du pouvoir de l'Etat. Cependant, ousseau pense que l'Etat, pour qu'il puisse exister en tant qu'expression du roit fondée sur la domination de la volonté générale, doit forcer les hommes à econnaître (et c'est là une condition pour obtenir la citoyenneté) « un code ιoral, ou une espèce de profession de foi civile qui contient positivement les ιaximes sociales que chacun serait tenu d'admettre... Mais hors les principes e la morale et du droit naturel, elle doit être purement négative »[241]. Dans cette

6 *Op. cit.*, IV, p. 9.
7 *Ibid.*
8 *C. S.*, L. IV, Ch. VIII, p. 332.
9 *Economie politique*, II, p. 315.
0 *C. S.*, L. IV, Ch. VIII, p. 339.
1 Lettre à Voltaire de 1756, *op. cit.*, Vol. IV, p. 245.

mesure, « il appartient au souverain de fixer les articles … d'une profession c
foi civile …, *non pas précisément comme dogmes de religion, mais comm
sentiments de sociabilité sans lesquels il est impossible d'être bon citoyen,
sujet fidèle* »[242]. Parmi les dogmes négatifs de la religion civile, c'est-à-di
ceux dont il faut défendre l'exercice dans l'Etat, Rousseau mentionne, ent
autres, l'intolérance – c'est la première et la plus importante interdiction. Sel
Rousseau, la négation de la liberté de conscience annule complètement la poss
bilité de la vie commune dans la paix : « Il faut penser comme moi pour êt
sauvé. Voilà le dogme affreux qui dévore la terre. Vous n'aurez jamais ass
fait pour la paix publique, si vous n'ôtez de la cité ce dogme infernal. Qu
conque ne le trouve pas exécrable ne peut être ni chrétien, ni citoyen,
homme : c'est un monstre qu'il faut immoler au repos du genre humain »[243].

Tels sont les motifs qui conduisent Rousseau à constater la fausseté c
l'idée de borner la liberté de conscience au nom… d'une tolérance religieus
renforcée.

En tout cas, l'établissement de la religion civile ne touche pas les croyanc
religieuses des citoyens particuliers. Toutes les croyances sont admises à co
dition qu'elles ne contreviennent pas aux exigences de la religion civile. No
l'avons vu, Rousseau reconnaît que la tolérance constitue la base indispensab
de la vie sociale. Cependant, à juger de son attitude envers le *christianisme*,
devient clair qu'au fond de ses théories, il reste partisan de la liberté religieus
en dépit des errances liées à sa doctrine de la religion civile.

Jean-Jacques est convaincu que le christianisme est la religion la plu
parfaite et la plus élevée. Malgré sa perfection, elle s'avère pourtant inapte
constituer une base pour la totalité politique – c'est-à-dire pour l'Etat, c
dernier étant *une sociabilité limitée par certaines frontières*. Car le christia
nisme s'étend à toute l'humanité, au-delà de toute limite et de toute frontière
le christianisme « est favorable à la grande société, la société humaine en gé
néral »[244] ; il est « l'institution sociale universelle…, inspirant l'humanité plutô
que le patriotisme, et tendant à former des hommes plutôt que des citoyens. (
est) trop sociable, embrassant trop tout le genre humain, pour une législatio
qui doit être exclusive »[245]. C'est pourquoi « les sociétés particulières, les socié
tés politiques et civiles ont un tout autre principe, ce sont des établissement
purement humains »[246].

Le christianisme détourne ses adeptes des intérêts terrestres. Il les ren
indifférents à la vie politique : « La patrie du chrétien n'est pas de ce monde »
Or l'Etat dans son ensemble, à la fois comme expression politique et comm
institution terrestre basée sur les penchants humains, ne fonctionne que grâc

242 *C. S.*, L. IV, Ch. VIII, p. 340.
243 Cf. la première ébauche du chapitre IV du *C. S.* citée d'après *Le manuscrit genevois* édité pa
Alexeev, p. LXXXI.
244 Lettre à M. Usteri, 1763, *op. cit.*, Vol. IV, pp. 449-450.
245 *Lettres de la Montagne*, Partie I, L. I, *op. cit.*, Vol. III, pp. 14-15.
246 Lettre à M. Usteri, *op. cit.*, p. 450.

eux[247]. Parce qu'il s'approprie le rôle d'une religion civile, le christianisme « énerve [donc] la force du ressort politique,... rompt l'unité du corps moral »[248]. « La société des vrais chrétiens ne serait plus une société humaine »[249].

Que faut-il faire en ce cas du christianisme – cette doctrine si élevée et pourtant si peu adaptée à la vie politique ? – demande Rousseau dans ses *Lettres écrites de la Montagne.* Il répond de la manière suivante : *il ne faut pas faire intervenir le christianisme dans la vie civile mais le laisser à la conscience libre de chacun, ce qui libérerait pour toujours cette doctrine du joug de la loi et de l'Etat.* « La religion chrétienne est, du fait de la pureté de sa morale, toujours bonne et saine dans l'Etat, pourvu *qu'on n'en fasse pas une partie de sa constitution*, pourvu qu'elle soit admise uniquement comme religion, sentiment, opinion, croyance..., sans autre obligation que celle de la conscience... ; mais comme *loi politique*, le christianisme dogmatique est un mauvais établissement ». « Ceux donc, – conclut Rousseau, – qui ont voulu faire du christianisme une religion nationale et l'introduire comme partie constitutive dans le système de la législation, *ont fait deux fautes nuisibles, l'une à la religion et l'autre à l'Etat.* Ils se sont écartés de l'esprit de Jésus Christ, dont le règne n'est pas de ce monde ; et, mêlant aux intérêts terrestres ceux de la religion, ils ont souillé sa pureté céleste, ils en ont fait l'arme des tyrans et l'instrument des persécuteurs »[250]. A rentrer dans la profondeur de cette citation, il devient clair que cette rhétorique ne peut appartenir qu'au grand partisan de la liberté de conscience qui resta toujours fidèle à cette idée. En ce qui concerne le christianisme, Rousseau pousse le principe de tolérance jusqu'à son terme, demandant que l'église soit séparée de l'Etat. La foi doit être l'affaire de chacun – c'est la conclusion à laquelle aboutit son étude de la religion chrétienne, qui s'harmonise mieux que sa théorie plus générale de la religion avec sa problématique centrale, et bien que Rousseau y ait maintes fois dérogé : « que la foi de chacun soit dans la plus grande liberté ».

Nous avons déjà esquissé les grandes lignes des raisons qui président à ces exceptions. Il n'est pas difficile de voir dans ce qui a été dit plus haut que la doctrine rousseauiste de la religion civile atteste d'une mécompréhension *des conditions empiriques favorables à la réalisation de ses constructions idéales dans la vie humaine.* En posant une distinction assez vague entre le droit et la moralité, entre ces derniers et la foi religieuse, puis en supposant enfin que la formation morale et religieuse des citoyens est une condition empirique indispensable à la domination de la volonté générale, Rousseau se voit contraint de nuancer sérieusement le principe de tolérance qu'il défendait plus tôt. Sa

247 *Lettres de la Montagne*, L. I, *op. cit.*, p. 14 ; cf. aussi Lettre à M. Usteri, *op. cit.*, p. 450.
248 *Ibid.*
249 *C. S.*, L. IV, Ch. VIII, p. 336.
250 *Lettres de la Montagne*, L. I, *op. cit.*, pp. 14-15 ; cf. aussi Lettre à M. Usteri, *op. cit.*, Vol. IV, p. 450.

doctrine de la religion civile est l'expression de l'abandon de son principe favori (abandon auquel une nécessité mal comprise l'a contraint). Portant son attention sur *les défauts humains*[251] *et les conditions empiriques garantissant la réalisation de l'ordre légitime*, Rousseau s'est décidé à revoir à la baisse son exigence de liberté de conscience, qui habite pourtant toute sa pensée.

Se rendant compte que pour réaliser un idéal quelconque, il est impossible de faire l'impasse sur la situation concrète, les penchants et les émotions des hommes, Rousseau cherche à prendre en considération leurs conditions empiriques. Ainsi qu'il l'avoue lui-même au tout début du *Contrat social*, dans ses recherches il prend « les hommes tels qu'ils sont »[252]. Néanmoins, et comme nous l'avons déjà dit, les thèses de Rousseau quant aux conditions empiriques nécessaires à la réalisation de ses idéaux forment la partie la plus faible de sa pensée. Heureusement, ces idées ne représentent que la périphérie de sa théorie. De même que toutes ses considérations empiriques sont incorrectes, de même les conclusions que Rousseau en tire, comme dans le cas de sa doctrine de la religion civile. Parti de la nécessité de la formation morale des citoyens, il en conclut à la nécessité de la religion civile.

Ce faisant, Rousseau commet une double erreur. D'une part, il mêle de façon inadmissible le droit et la moralité en *obligeant juridiquement* les citoyens *à être moraux* ; d'autre part, il rétrécit arbitrairement le cercle des conditions de la formation morale par des limites religieuses qu'il interprète de manière restrictive en imposant aux citoyens des principes tout à fait dogmatiques. En fin de compte, la doctrine de la religion civile est une transgression évidente du principe de tolérance, une ingérence dans la liberté individuelle... Pourtant, si l'on doit rejeter cette théorie qui de toute évidence est intenable, il faut garder en mémoire le fait qu'elle ne forme pas le cœur de la pensée de Rousseau, mais qu'elle représente tout au plus un ajout empirique. « Aucune de ces idées, – pour reprendre les termes de Beaulavon – n'est un élément essentiel du système ; elles sont toutes des ajouts auxiliaires par rapport aux principes fondamentaux pour lesquels Rousseau cherchait une justification purement rationaliste »[253]. Admettons que Rousseau ne se soit pas donné pour tâche de réaliser ses projets et qu'il s'en soit tenu au seul domaine des « vrais principes du droit politique qui ne changent pas en fonction des passions humaines »[254]. Dans ce cas, il n'aurait pas construit sa malheureuse doctrine de la religion civile ; il aurait au contraire défendu en toute rigueur la liberté de conscience en puisant aux exigences du droit naturel raisonné, ce dernier

251 *Lettres de la Montagne*, L. I, *op. cit.*, pp. 14-15 ; cf. aussi Lettre à M. Usteri, *op. cit.*, Vol. IV, p. 450.

252 Cf. *Lettres de la Montagne*, *op. cit.*, p. 14 : « Tous les établissements humains sont fondés sur les passions humaines, et se conservent par elles ». « Il n'y a que les *vices* des hommes qui rendent ces établissements nécessaires, et il n'y a que les passions humaines qui les conservent » (Lettre à M. Usteri, *op. cit.*, p. 450).

253 Beaulavon, *op. cit.*, p. 56.

254 *Emile*, L. V, p. 295.

formant la base de tout Etat. C'est pourquoi, en écartant la doctrine de la religion civile qui repose sur de fausses prémisses en ce qui concerne les conditions de réalisation de l'ordre légitime, nous ne pouvons que mieux comprendre et expliquer les éléments essentiels (les « principes politiques » abstraits) de la doctrine politique de Rousseau, notamment sa conception originale de la liberté de conscience comme droit imprescriptible de l'individu.

Quoi qu'il en soit, il ressort clairement de ce que nous venons de dire que les regrettables réserves apportées par Rousseau au principe de tolérance *ne sont aucunement liées à sa conception fondamentale des rapports entre l'individu et l'Etat, pas plus d'ailleurs qu'à sa conception de l'essence du pouvoir suprême. Au contraire, ces réserves contredisent ses propres conceptions*, justement parce qu'elles proviennent d'autres sources[255]. C'est finalement la seule thèse que nous avons cherché à soutenir, et désormais nous pouvons considérer notre but atteint. Après notre exposé, il est impossible de trouver dans la doctrine de Rousseau sur la religion civile (contrairement à ce que soutiennent Constant, Janet, Tchitchérine, Jellinek et d'autres) une quelconque tendance absolutiste comparable à celles de Hobbes. Rousseau ne pouvait pas avoir de telles tendances. Entre sa doctrine et celle de Hobbes, il existe un abîme infranchissable – ainsi que Rousseau le déclare d'ailleurs lui-même avec tant de clarté dans sa lettre à Voltaire (citée ci-dessus)[256].

Ce constat fait, nous pouvons avancer dans notre recherche et nous consacrer au dernier argument de nos adversaires dans la dispute concernant les rapports entre les idées de Rousseau et les principes de la *Déclaration des droits* : Rousseau nie-t-il vraiment le droit imprescriptible de propriété ?

Il faut d'abord mentionner que même si Rousseau avait eu une telle idée et s'il fut, comme on le pense souvent, un précurseur du socialisme, il n'en résulte pas du tout qu'il niait les droits naturels imprescriptibles de l'individu. La

255 On pourrait en dire de même de l'hostilité de Rousseau envers les associations autonomes au sein de l'Etat (*C. S.*, L. II, Ch. III, pp. 163-164) – un fait que l'on mentionne parfois pour justifier l'existence d'une différence entre la pensée de Rousseau et la *Déclaration* (cf. Jellinek, *op. cit.*, 2° éd., traduction russe, p. 8). Cette attitude s'explique aisément par les idées fausses qu'avait Rousseau sur les conditions de réalisation de la volonté générale. Rousseau se réfère à ces conditions pour expliquer son hostilité à la liberté d'association (*ibid.*, p. 164). Comme nous l'avons déjà dit, Rousseau *croit* que plus la volonté individuelle est simple, plus elle est proche de la volonté générale. C'est sur cette idée absolument fausse, qui plus est périphérique à sa conception, que se fonde la limitation de la liberté des associations. Cette limitation n'a rien à voir avec l'essentiel de son systeme.

256 Si au Chapitre VIII du L.[ivre] IV Rousseau loue Hobbes pour avoir été le seul parmi les auteurs chrétiens à se rendre compte du malheur qui résulte de la soumission de l'individu aux deux pouvoirs hétérogènes (de l'Etat et de l'église) ainsi que pour avoir proposé une solution satisfaisante de ce problème (l'union de ces deux pouvoirs en un organisme unique – p. 331), nous pouvons conclure de ce qui précède que cet éloge n'est qu'une protestation contre le christianisme catholique (« religion du prêtre » – pp. 333-334) qui découpe l'unité de l'Etat en deux et qui cherche à établir un état dans l'Etat. En tant que telle, la religion civile de Rousseau n'a rien à voir avec le césaropapisme de Hobbes dont les formulation ne font que rétablir le catholicisme en faisant du christianisme la loi positive de l'Etat – c'est contre de telles formulations que Rousseau proteste avec tant d'ardeur.

nature du lien entre le droit de propriété et l'idée de liberté civile ou des droit imprescriptibles n'est pas telle que la négation du premier (que les penseur politiques et les déclarations du XVIII° siècle ont d'ailleurs mis au premie rang *uniquement à cause de circonstances purement historiques*) implique un renonciation à l'idée même de liberté individuelle. Déclarer le droit d propriété comme un droit imprescriptible de l'individu, voilà qui était le refle d'une époque particulière. Le droit de propriété était le symbole de la lutte pou le développement libre d'un nouvel ordre économique – le capitalisme. Le arguments idéologiques à l'appui de ce droit sont très discutables. Mais il n'y aucune raison de dire pour autant du socialisme *contemporain*[257] qu'il nie l'idé de liberté civile. Le socialisme est tout à fait compatible avec l'idée de droit imprescriptibles de l'individu, et nous pensons qu'il doit absolument en fair son point de départ[258] – il n'existe aucun socialisme en dehors de l'Etat d droit[259].

Ce que nous venons de dire a une portée très générale, et nous ne le dévelop pons ici que pour démanteler la vision erronée du problème de la doctrine rous seauiste sur le droit de propriété. Il ne faut pourtant y voir aucun rapport ave Rousseau lui-même. Nous essayerons de démontrer qu'en dépit de l'opinio générale[260], l'auteur du *Contrat social* fut un ardent défenseur du droit indivi duel et inaliénable de propriété[261] et qu'il n'avait aucune affinité pour le socia lisme. Nous verrons qu'en restant tributaire de son époque, Rousseau partageai aussi les thèses de la *Déclaration*.

Quand on traite Rousseau comme un adversaire du droit inaliénable de pro priété individuelle, deux raisons sont habituellement invoquées. D'une part référence est faite à son argumentation contre la propriété privée. D'autre part on évoque la doctrine du domaine réel, selon laquelle le contrat social suppose l'abandon inconditionnel des droits naturels individuels. Mais ce réflexe habi tuel est le fruit d'une mauvaise interprétation des pensées de Rousseau.

257 A la différence du communisme *antique* qui se fondait sur la négation indiscutable des droits in dividuels. Cf. S. I. Hessen, *La liberté politique et le socialisme* [en russe], 1917, pp. 25-28 ; cf également H. Michel, *L'idée de l'Etat*. 1896 (traduction russe – 1903), p. 225.

258 Cf. S. I. Hessen, *op. cit.*, pp. 28-34.

259 Cf. B. Kistiakovsky, *Les sciences sociales et le droit*, 1916, essai X, pp. 573-575, 580-581 [en russe].

260 Cf. par exemple Janet, *Les origines du socialisme contemporain*, 1883, pp. 119-122 ; Dietzel « Beiträge zur Geschichte des Sozialismus », *Zeitschrift f. G. und L. der Staatw.*, p. 25 ; Haymann *op. cit.*, pp. 316 et sq. ; Faguet, *op. cit.*, pp. 94-100 ; Rodet, *op. cit.*, pp. 214, 183-202 mais avec des réserves très importantes : pp. 216-222, 228-233.

261 Liepmann fut le premier à y avoir prêté attention (Liepmann, *op. cit.*, pp. 123-129 et 87-91), ce en quoi il fit une contribution très importante. De même, Gierke ne pense pas que Rousseau fut socia liste (*op. cit.*, p. 345, note 47). Cf. aussi Höffding, *op. cit.*, p. 141 et Hensel, *Rousseau*, 1907, pp 47, 45-46.

Au premier chef, les attaques que Rousseau lance contre la propriété dans sa deuxième thèse[262] (Liepmann a tout à fait raison sur ce point[263]) sont toutes inspirées par la croyance en un lien indéfectible entre la vie commune et l'ordre du droit. La propriété étant à son fondement[264], le réquisitoire contre la propriété vise donc l'ordre de droit historique. De même que la polémique contre l'ordre social existant ne mène pas Rousseau à un refus anarchiste de l'Etat en général mais fraye au contraire la voie vers l'établissement d'un Etat renouvelé, de même la polémique contre la propriété individuelle liée à l'ordre de droit existant ne mène pas Rousseau au socialisme mais le conduit à défendre l'idée d'un droit de propriété qui soit *égal pour tous*.

Aucune forme de la vie commune, aucun ordre de droit ne sont possibles sans propriété privée – c'est la thèse principale que Rousseau défend dans sa fougueuse polémique contre la propriété dans sa deuxième thèse. Dans son système, Rousseau développe cette idée en l'appliquant à l'Etat idéal, voire légitime. Dans son « Economie politique », Rousseau reconnaît sans le moindre doute que la propriété privée est un un droit individuel imprescriptible dont la sauvegarde est le but primordial de l'Etat en tant qu'*ordre légitime* : « Il est certain que le droit de propriété est le plus sacré de tous les droits des citoyens et plus important à certains égards que la liberté même ... *parce que la propriété est le vrai fondement de la société* [*civile*,] *et le vrai garant des engagements des citoyens* »[265]. Rousseau dit la même chose dans le *Contrat social*. Nous lisons qu'en entrant dans le contrat social, les individus acquièrent « la propriété de tout ce qu'ils possèdent »[266] et que le but premier de l'Etat est « de protéger les biens de chaque associé »[267]. Or en ce cas, que signifie la doctrine rousseauiste du domaine réel, qui (parallèlement à l'interprétation erronée des conditions du contrat social) embarrasse tant les exégètes de Rousseau ? Nous verrons que la négation absolutiste du droit imprescriptible de la propriété privée n'y est pour rien.

262 *Discours sur l'inégalité*, II, éd. Lahure, Vol. I. Comparer avec la phrase de Rousseau fréquemment citée : « Le premier qui, ayant enclos un terrain, s'avisa de dire [: C]eci est à moi, et trouva des gens assez simples pour le croire, fut le vrai fondateur de la société civile. Que de crimes, de guerres, de meurtres, que de misères et d'horreurs n'eût point épargnés au genre humain celui qui, arrachant les pieux ou comblant le fossé, eût crié à ses semblables : Gardez vous d'écouter cet imposteur ; vous êtes perdus si vous oubliez que les fruits sont à tous, et que la terre n'est à personne » (p. 105).

263 Liepmann, *op. cit.*, pp. 89 et 127.

264 Cette conception est évidente dès la première phrase de cette citation. En la développant, Rousseau dit explicitement que la naissance de la propriété est le résultat nécessaire de l'évolution économique et qu'elle est nécessairement liée à l'établissement de l'ordre juridique : « De la culture des terres s'ensuivit nécessairement leur partage, et de la propriété une fois reconnue les premières règles de justice » (*Discours*, p. 112). Dans les pages qui suivent Rousseau interprète cette idée en détail (pp. 112-115).

265 *Economie politique*, III, p. 318. Nous nous sommes déjà prononcés sur les essais d'Haymann qui cherchait à diminuer l'importance de cette affirmation résolue de Rousseau en accentuant le caractère immature de ce traité.

266 *C. S.*, L. I, Ch. VIII, p. 148.

267 *C. S.*, L. I, Ch. VI, p. 138.

« L'Etat, à l'égard de ses membres, est maître de tous leurs biens, par contrat social, qui, dans l'Etat, sert de base à tous les droits... le droit q chaque particulier a sur son propre fonds est toujours subordonné au droit q la communauté a sur tous »[268]. En référant à ces termes de Rousseau, Jellin lui impute d'avoir fait sienne la doctrine absolutiste du droit de propriété « q n'appartient à chaque individu que pour autant que ce droit soit admis p l'Etat »[269]. Il est évident qu'il ne peut pas s'agir ici des droits individue imprescriptibles de propriété. Mais est-ce que cette interprétation est juste Nous sommes résolus à le nier catégoriquement. En effet, sans même dire q cette interprétation contredit les passages explicites où Rousseau reconnaît propriété comme un droit sacré et imprescriptible de l'individu, on peut ra peler ce que nous venons de dire et affirmer que le sens de l'établissement domaine réel est complètement opposé à celui qu'on lui attribue. Car domaine réel ne signifie rien d'autre que la naissance du droit naturel individu raisonné sur la propriété au sein de l'Etat. Comme nous le savons déjà, da l'état de nature préexistant à l'Etat, il n'y a pas de place pour le *droit*. L'instin y domine en lieu et place du devoir, et l'homme est soumis à son *appétit*, non l'obligation morale. *De ce fait, dans l'état de nature, le droit de proprié n'existe pas et ne peut pas exister*[270]. L'usage des choses n'a aucun fondeme juridique tant qu'il a pour base la force et l'instinct. Dans les termes de Rou seau, il s'agit d'usurpation, d'un rapport de fait mais non de droit : « Il faut bi distinguer ... la possession, qui n'est que l'effet de force..., de la propriété »[27

L'état de nature est le règne du droit naturel instinctif. Ce droit se manifes par l'usage des choses comme « un droit illimité à tout ce qui ... tente qu'(on) peut atteindre »[272]. C'est-à-dire que les biens sont distribués selon principe de la force, mais non celui du droit. L'entrée dans l'Etat met un terr à l'état de nature. En passant le contrat social, les individus renoncent à leu instincts et à leurs penchants, à leur droit naturel instinctif. Ils se soumettent a droit raisonné pour faire valoir partout la volonté générale comme source de droit. Un des droits ainsi obtenu est le droit de propriété, – que Rousseau qu lifie constamment de droit « sacré et imprescriptible ». Aussi le domaine réel c l'Etat sur la propriété existe seulement parce que (nous le savons déjà) le dro naturel raisonné ne vaut que dans l'Etat. Les droits imprescriptibles et nature de l'individu n'existent pas en dehors de l'Etat. Ce n'est pas à *l'arbitraire* c l'Etat qu'il appartient de décider d'admettre ou non le droit de propriété et c

268 *C. S.*, L. I, Ch. IX, pp. 150, 153.

269 Jellinek, *Allgemeine Staatslehre*, 1905, pp. 468-469 ; *Erklärung*... p. 5.

270 A cet égard, la thèse de Liepmann selon laquelle chez Rousseau le droit de propriété précède l'Et s'avère complètement fausse (*op. cit.*, p. 124). Certes, Liepmann a de bonnes raisons pour oppos les doctrines de la propriété de Rousseau et de Hobbes. Or la différence entre ces doctrines r réside pas dans les diverses modalités des rapports entre l'Etat et le droit de propriété, mais da leurs conceptions tout à fait dissemblables des rapports entre l'Etat et le droit naturel (cf. c dessus).

271 *C. S.*, L. I, Ch. VIII, pp. 148-149.

272 *C. S.*, L. I, Ch. VIII, p. 148.

définir les limites de ce droit. En revanche, l'Etat ne peut exister en tant qu'expression légitime que si et seulement si ce droit imprescriptible et sacré (ainsi que les autres droits naturels raisonnés) est garanti aux citoyens. Toutefois, ces droits naturels ne valent que grâce au contrat social, qui soumet les instincts à la volonté générale et crée ainsi l'Etat. En dehors de l'Etat le droit de propriété (comme droit naturel raisonné et imprescriptible de l'individu) n'existe pas. Tel est le sens de la déclaration suivante de Rousseau : « l'Etat, à l'égard de ses membres, est maître de tous leurs biens, par le *contrat social*, qui, dans l'Etat, *sert de base à tous les droits* »[273]. « Loin qu'en acceptant les biens des particuliers, la communauté les en dépouille, elle ne fait que leur en assurer la légitime possession, *changer l'usurpation en un véritable droit* et la jouissance en propriété... leurs droits étant respectés par tous les membres de l'Etat et maintenus de toutes ses forces... *ils ont*, pour ainsi dire, *acquis tous ce qu'ils ont donné* »[274]. A vrai dire, ils en acquièrent encore plus, car en renonçant au droit instinctif, « à tout », ils s'assurent du droit sacré et imprescriptible de propriété privée que ni les citoyens ni l'Etat ne peuvent violer. « Le droit de propriété est le plus sacré de tous les droits des citoyens ... ce droit est celui qu'[il] (i.d. le pouvoir suprême) doit le plus respecter : il est inviolable »[275]. Telle est la conclusion finale de son « Economie politique » que Rousseau avait écrite après avoir achevé le chapitre intitulé « Domaine réel » dans la *Première Rédaction du Contrat social* (1754), et nous voyons que cette conclusion est tout à fait conséquente. Il n'est point nécessaire de dire que cette idée se rapproche du paragraphe 17 de la *Déclaration des droits*. Il suffit de lire le paragraphe suivant : « La propriété étant un droit inviolable et sacré, nul ne peut en être privé, sauf évidemment si la nécessite publique, légalement constatée, l'exige, et sous la condition d'une juste et préalable indemnité »[276].

Nous pouvons conclure notre critique de l'interprétation absolutiste de la doctrine rousseauiste du droit de propriété par ces remarques. Notre discussion aboutit à une idée que nous avions déjà formulée – la naissance du droit naturel raisonné a lieu dans l'Etat. Nous ajouterons ici encore une autre thèse. La reconnaissance de la propriété comme droit naturel et inaliénable de l'individu n'a pas empêché Rousseau de chercher des moyens de réformer les relations économiques. Au nom du principe d'égalité, ce fondement essentiel à tout ordre de droit en plus de la liberté, Rousseau protestait contre les inégalité des distributions des biens matériels. Il jugeait que l'abîme infranchissable existant entre les pauvres et les riches constituait un péril extrême pour l'Etat[277]. Néanmoins, ni cette protestation, ni sa demande de réformes ne l'ont conduit à défendre les

273 *C. S.*, L. I, Ch. IX, p. 150.
274 *C. S.*, L. I, Ch. IX, pp. 152-153.
275 *Economie politique*, III, p. 318. Cf. p. 320 : « Il faut se ressouvenir ici que le fondement du pacte social est la propriété, et sa première condition, que chacun soit maintenu dans la possible jouissance de ce qui lui appartient ». Cf. pp. 319 et 320. Cf. aussi L'*Emile*, L. V, p. 293.
276 Duguit-Monnier, *op. cit.*, p.3.
277 *Economie politique*, II, p. 317 ; III, pp. 321, 322.

idées socialistes. Le sens dans lequel il revendiquait une *égalité des biens étai celui d'assurer à chacun une quantité égale de propriété*[278]. Ainsi, Rousseau exprimait les espoirs de la classe moyenne des petits propriétaires qui hissent le droit de propriété « sacré et imprescriptible » au faîte de leur échelle de valeurs Dans la mesure où Rousseau voyait dans un mode de vie simple la garantie la plus efficace contre l'inégalité, pour assurer à chaque citoyen la propriété qu lui revient il recommandait la modestie en tout ce qui concerne l'acquisition de biens matériels. Heureux l'Etat où règne la médiocrité, car celle-ci garanti l'égalité des biens[279], c'est-à-dire la jouissance par chaque citoyen de son droi de propriété sacré et imprescriptible. Garantir la jouissance de ce droit à chaque citoyen – tel est l'idéal de Rousseau dans le domaine économique, et voilà qu atteste de la justesse de notre interprétation de sa doctrine du droit de propriété comme droit naturel et imprescriptible de l'individu.

278 *Economie politique*, III, p. 322 ; *Contrat social*, L. II, Ch. IX, p. 201 et la note suivante : « Voulez-vous... donner à l'Etat une consistance ? Rapprochez les degrés extrêmes autant qu'il est possible ; ne souffrez ni les gens opulents, ni des gueux. Ces deux états, naturellement inséparables, sont également funestes au bien commun ». Cf. « *Projet de constitution pour la Corse* » (dans les œuvres inédites compilées par Streckeisen-Moultou ; *op. cit.*, p. 72) et *Considérations sur le gouvernement de Pologne*, Ch. IX, pp. 369-371.

279 « Rapprochez insensiblement toutes les fortunes de cette médiocrité qui fait la véritable force d'un Etat » (*Economie politique*, III, p. 322 ; V. aussi les citations du paragraphe précédent).

Conclusion

Nous avons épuisé tous les arguments qu'il était possible de trouver pour justifier notre thèse. Il nous reste à compléter ce que nous avons dit plus haut par quelques remarques finales.

Dans sa célèbre recherche, *System der subjektiven öffentlichen Rechte*[280], Georg Jellinek reproche à l'école du droit naturel de ne pas avoir pu construire la notion de droit subjectif public autrement que comme une sorte de droits individuels précédant l'Etat. Jellinek nous dit pourtant qu'en dehors de l'Etat il n'existe ni ne peut exister aucun droit : tout le problème des droits individuels publics est de savoir comment les établir au sein de l'Etat[281]. La pertinence de ce reproche envers la plupart des théoriciens du droit naturel est indiscutable, mais est-il applicable à Rousseau ?

Après tout ce que nous venons de dire, il n'y a plus le moindre doute. La conclusion de notre recherche est que *Rousseau fut le seul parmi les théoriciens du droit naturel qui, en marge de cette école, a réussi à surmonter la doctrine des droits subjectifs publics précédant l'Etat. De même, il est parvenu à dépasser le dualisme entre le droit positif et le droit naturel, entre le pouvoir et le droit.* D'après Rousseau, les individus ne tirent pas les droits naturels imprescriptibles de l'état de nature. *Au contraire, ces droits ne naissent et n'acquièrent leur force obligatoire que dans l'Etat*, grâce à l'établissement du règne absolu de la volonté générale. A l'instar des théoriciens de la science contemporaine de l'Etat, Rousseau pense que le droit subjectif public n'existe pas en dehors de l'Etat (la différence capitale étant que, selon Rousseau, l'Etat est entièrement soumis au droit naturel raisonné, de sorte que la définition des droits subjectifs des citoyens ne dépend pas de l'arbitraire de l'Etat mais qu'elle résulte des commandements du droit naturel raisonné). Il est intéressant que Jellinek ait omis cette caractéristique de la théorie de Rousseau, pourtant la plus remarquable et originale de toutes, et qui le rapproche tant des idées contemporaines, y compris des idées de Jellinek lui-même – d'autant plus que c'est d'ailleurs sur ce point qu'il accusait Rousseau d'être absolutiste. Tout au long de cet ouvrage, nous avons essayé de démontrer que rien chez Rousseau ne justifie ce grief... Au lieu d'un renoncement aux droits individuels en faveur de l'Etat, le contrat social permet de les acquérir ; au lieu de l'arbitraire de la majorité populaire, Rousseau plaide en faveur de la souveraineté du droit naturel raisonné ; au lieu de l'absolutisme du pouvoir suprême – pour son indiscutable limitation par le droit ; au lieu de l'asservissement de l'individu par

280 1892, p. 1 ; cf. aussi Kelsen, *op. cit.*, pp. 567-570.
281 Jellinek, *op. cit.*, pp. 8, 13 et sq.

l'Etat – pour la soumission complète de celui-ci à son but ultime : assurer et sauvegarder les droits imprescriptibles de l'individu. C'est l'ultime conclusion de notre recherche.

Ceci dit, on ne saurait nier que le père de l'interprétation contraire de la doctrine de Rousseau, B. Constant, avait de bonnes raisons pour opposer rigoureusement l'individualisme, tel qu'il le concevait, à la doctrine de Rousseau. L'individualisme des Libéraux de la première moitié du XIX° siècle était tout à fait négatif. En opposant l'individu à l'Etat, ils ont rétréci la sphère de l'activité de l'Etat, qu'ils ont par ailleurs regardé d'un œil profondément méfiant[282]. A cause du désenchantement qui suivit la Révolution française, ils ont rompu le lien entre la liberté civile et la liberté politique, et ils ont pensé pouvoir garantir les droits imprescriptibles de l'individu en ignorant le principe de l'égalité. L'individualisme du XVIII° siècle, dont la doctrine de Rousseau est la parfaite incarnation, avait un autre caractère. Dans sa recherche sur l'histoire de l'idée d'Etat au XIX° siècle, Henri Michel a brillamment démontré la différence dans l'appréciation des rapports entre individu et Etat aux XVIII° et XIX° siècles. L'individualisme « sublime » du XVIII° siècle, pour faire écho aux termes de Michel, avait un caractère positif. Cet individualisme était loin de confronter l'individu à l'Etat de manière mécanique ; il croyait même ardemment en l'Etat et l'exhortait à intervenir pour affirmer les droits de l'individu[283]. Voilà pourquoi l'individualisme du XVIII° siècle fondait ses espoirs sur l'organisation politique, sur la liberté politique, sur l'égalité. Nous retrouvons ici à la fois le point de vue de la *Déclaration des droits*, qui, hormis les droits imprescriptibles de l'individu, a défendu la doctrine de la souveraineté populaire et le principe de l'égalité, ainsi que le point de vue fondamental de la doctrine de Rousseau.

A cet égard, Henri Michel pense que l'individualisme du XVIII° siècle était parvenu à un mariage très heureux de l'individu et de l'Etat, de la liberté et de l'égalité, de la liberté civile et de la liberté politique, en les unifiant en une synthèse suprême. En comparaison, l'individualisme du XIX° siècle représentait indiscutablement un pas en arrière[284]. Cependant, on ne peut partager cette opinion de Michel qu'à la condition d'admettre sans réserve qu'en achevant une telle synthèse, l'individualisme du XVIII° siècle représenté par Rousseau n'a pas assujetti l'individu à l'Etat, mais qu'il a garanti l'imprescriptibilité des droits de l'individu. Michel lui-même n'a pas suivi cette voie[285], ce pourquoi ses idées ne peuvent être acceptées, sinon notre démarche pour réhabiliter Rousseau des accusations d'absolutisme serait injustifiée. Ce n'est qu'en reconnaissant en Rousseau un défenseur des droits naturels inaliénables

282 Henri Michel, *op. cit.*, pp. 271, 278, 330-331 et sq.

283 *Ibid.*, pp. 69-90, 564 et sq.

284 Henri Michel, *op. cit.*, pp. 502, 376 et 571.

285 Il se rallie d'ailleurs à l'interprétation traditionnelle qui considère la doctrine de Rousseau comme une doctrine absolutiste (pp. 31-36, 37-38).

le l'individu qu'il est possible de parler d'une synthèse entre la liberté et 'égalité, entre l'individu et l'Etat dans son système.

En opposant l'individualisme sublime du XVIII° siècle aux constructions olitiques du XIX° siècle, Michel conclut en fin de compte qu'il faudrait en evenir au point de vue du XVIII° siècle. Il serait possible d'y puiser le fondenent stable d'une méthode aprioriste bien élaborée[286]. Une telle conclusion ne eut être acceptée que sous d'importantes réserves. La synthèse sur laquelle les onceptions du XVIII° siècle ont débouché, et qui s'incarne le mieux dans la loctrine de Rousseau, n'était qu'une synthèse *incomplète et simpliste*. Rousseau a conçu la liberté et l'égalité comme des faits métaphysiques. Dans sa loctrine, il les a harmonisées d'une manière trop naïve et trop simple. La rillante recherche de Novgorodtsev sur *La crise de la conscience juridique ontemporaine* fut l'occasion de démontrer comment ces deux principes ne essent de se heurter l'un l'autre dans le développement de la pensée politique, omment ils se trouvent dans une contradiction insoluble[287]. Aujourd'hui, la ynthèse de la liberté et de l'égalité, de l'individu et de l'Etat, des droits indiviuels et de l'organisation politique se présente comme une tâche beaucoup plus ifficile que ce n'était le cas au XVIII° siècle.

L'harmonie de la liberté et de l'égalité ne peut plus être traitée comme *un ait*, mais *comme un devoir infini* qui, dans son développement, soulève oujours de nouveaux problèmes. S'ils se rejoignent dans un idéal, la liberté et 'égalité, l'individu et l'Etat se heurtent en revanche dans les moments partiuliers de l'existence. Pour réunir ces phénomènes contradictoires, il faudrait uivre le chemin infini de la perfection. Le fait est indiscutable : il n'existe pas 'égalité sans liberté, et vice versa. Mais l'enjeu est que la liberté et l'égalité ne euvent jamais trouver leur expression la plus adéquate, vu qu'elles apparennent au monde des idées, et que par inhérence, elles ne peuvent être incarées complètement...

Pourtant, l'insuffisance de l'individualisme abstrait du XVIII° siècle a natuellement transpiré dans le développement de la pensée politique du XIX° iècle, dont le courant individualiste défendait les droits de l'individu en ne aitant celui-ci que comme une incarnation abstraite du genre humain[288]. Le éveloppement de la notion de liberté au XIX° siècle a soulevé la question de

6 Henri Michel, *op. cit.*, pp. 579-580, 586.

7 1909, cf. en particulier pp. 295, 358-359.

8 Du point de vue de la philosophie, le caractère abstrait et générique de l'individualisme chez Rousseau et Kant fut la séquelle, qui d'ailleurs reste encore à surmonter, des conceptions mécanistes des philosophes sociaux du XVII° siècle (cf. les précieuses analyses de ce système de pensée chez E. Spektorsky : *Le problème de la physique sociale au XVII° siècle*, Vol. I, 1910 ; Vol. II, 1917, en particulier p. 121 ; et chez N. N. Alexeev, *Les sciences sociales et naturelles*, 1° partie, en particulier pp. 36 et sq.). En philosophie, cette séquelle a été définitivement dépassée par l'idéalisme allemand classique qui lui a fait suite, notamment dans les systèmes de Fichte et de Hegel. Outre le livre de Lask cité ci-dessous, cf. B. Vyscheslavtsev, *L'éthique de Fichte*, 1914, notamment pp. 377-391, et I. A. Iljin, *La philosophe de Hegel comme doctrine sur le caractère concret de Dieu et de l'homme*, 1918, Vol. I, en particulier pp. 141-170. [NdT. : Tous ces ouvrages sont en russe].

l'individualisme concret qui se heurte d'une manière évidente à la notic d'égalité[289]. Pour achever la synthèse entre l'Etat et l'individu (celui-ci éta pris dans sa *totalité concrète*) il a eu besoin de nouveaux moyens, de nouvell notions philosophiques que le XVIII° siècle ne connaissait guère. Les seul notions capables de fournir des éléments pour une telle synthèse sont la notic de *système*[290] et de *totalité concrète de caractère axiologique*[291], voire de *sy tème concret*, qui sont toutes étroitement liées avec l'idée de naissance c l'individualité dans le système et avec l'idée du devoir infini, et qui s'illustre par une renaissance de l'idéalisme classique dans la philosophie actuell L'accomplissement d'une telle synthèse est le *devoir* de la philosophie conten poraine du droit[292] ; une tâche dont l'achèvement ne nous ferait pas revenir a point de vue du XVIII° siècle, mais qui serait un pas en avant dans le XX siècle. En faisant ce pas, on tiendrait compte de toute la profondeur et de tou la complexité des problèmes politiques que le XVIII° siècle avait décelés.

En tous les cas, le XVIII° siècle, dont l'incarnation la plus achevée e donnée dans la doctrine politique de Rousseau, gardera pour toujours le méri d'avoir essayé d'accomplir cette synthèse.

289 Cf. Novgorodtsev, *op. cit.*, pp. 280-309.

290 C'est Hermann Cohen (dans la 1° partie de son traité philosophique, *Logik der reinen Erkenntn* 1902, pp. 280 et sq.) qui a développé la notion de système avec une profondeur et une puissan d'esprit extrêmes. Malheureusement, en dépit des promesses explicites de Cohen (*op. cit.*, p.338), n'a appliqué cette notion que partiellement dans sa doctrine éthique, seulement à la base de notion d'« Allheit » qui absorbe l'individualité et qui tend de manière évidente à l'universalism Cf. *Ethik des reinen Willens*, 2° éd., 1907, pp. 5, 7, 238-241, 233, 237, 245, 258 et sq.

291 Avec une grande sagacité, Emil Lask a puisé du précieux trésor qu'est l'œuvre de Fichte la notic de « totalité concrète de caractère axiologique » – « konkrete Werttotalität ». Cf. E. Lask, *Ficht Idealismus und die Geschichte*, 1902, pp. 250-262, 13 et sq., 243 et ssq. Toutefois, le plus douteu dans cette conception est la notion de totalité (*Totalität*) qui présuppose le fait établi de l'existen de ses membres, mais non leur existence apriorique (cf. la critique de cette notion chez Cohen : *d. r. Erk.*, pp. 281-283). A notre avis, si l'on veut changer la notion de « totalité » par celle « système », il faut absolument introduire les idées de mouvement et de dialectique dans la co ception de « totalité concrète de caractère axiologique ». Autrement dit, il nous semble nécessai de synthétiser les principes de « système » et de « totalité concrète » dans la notion de « systèn concret ».

292 Le dernier ouvrage du prof.[esseur] Novgorodtsev adopte une démarche tout à fait intéressante da cette direction (cf. *De l'idéal social*, 1917, 1° partie). Or s'il rejoint en général la conception c « totalité concrète de caractère axiologique », Novgorodtsev ne débouche pas sur la synthès complète (qu'il cherche à achever) et fait prévaloir le principe individuel (cf. en particulier pp. 10 212, 30 et sq.).

L'idée des droits inaliénables de l'homme dans la doctrine politique des XVII° et XVIII° siècles (1922)

La recherche d'une vraie frontière entre les droits de l'Etat et les droits individuels constitue le plus grand et le plus intéressant des problèmes de la philosophie du droit. C'est le nœud gordien autour duquel s'enroulent tous les problèmes importants de chaque système politique. Or en prêtant attention à l'histoire des idées, on remarquera que les droits inaliénables de l'homme ont constitué la première formulation d'une limite fondamentale mise au pouvoir public.

Les pères fondateurs de l'idéologie qui a conduit à la fameuse *Déclaration des droits de l'homme et du citoyen* de 1789 sont très discutés. Il existe deux opinions qui traditionnellement s'opposent. Selon la conception classique allemande, l'idée des droits inaliénables vient du protestantisme. Le théologien suisse Doumergue[1] a reformulé cette thèse tout récemment. En France on fait habituellement découler l'idée des droits inaliénables de la philosophie française des Lumières du XVIII° siècle.

Dans leurs recherches, deux auteurs récents ont ravivé l'intérêt pour ce problème. Rejetant les deux thèses précédentes, Maxime Kovalevsky en 1892[2], puis Georg Jellinek en 1895[3], concluent que les pères fondateurs de l'idée des droits inaliénables furent les indépendantistes anglais du XVII° siècle. Il ne s'agit pas ici de la Réforme en tant que telle, qui, d'après la très juste remarque de Kovalevsky, a débouché sur l'intolérance religieuse de Calvin, sur l'obséquiosité de Luther face à l'absolutisme du pouvoir public, et dont on trouve la formulation politique dans les thèses absolutistes du Traité d'Augsbourg – *cujus regio, ejus religio*. C'est plutôt la lutte politique des indépendantistes anglais contre les persécutions religieuses du pouvoir public qui a donné naissance à l'idée des droits inaliénables de l'homme. Selon Kovalevsky, son véritable apôtre fut John Lilburne, chef des Levellers durant la première Révolution anglaise, et l'*Agreement of the People* que ses adhérents soumirent au Conseil militaire de l'armée de Cromwell fut le premier modèle d'une déclaration des droits.

Les idées de Jellinek portent une tout autre connotation. Sans écarter totalement les théories traditionnelles de ses compatriotes, Jellinek cherche la source

1 *Revue du droit public*, 1904.
2 Cf. son article : « Les pères fondateurs du radicalisme contemporain », *Russkaja mysl*, 1892 [en russe].
3 *Die Erklärung der Menschen- und Bürgerrechte*, 1895.

de l'idée d'une limite infranchissable que les droits individuels imposent au pouvoir public dans les conceptions religieuses des indépendantistes et des dirigeants congrégationnistes (ces partisans d'une communauté chrétienne libre basée sur le *Convenant*) – en particulier Robert Braun et Roger Williams. C'est dans leur idée d'une liberté religieuse absolue que Jellinek voit les véritables fondements du protestantisme. Il conclut ainsi que l'idée des droits inaliénables est d'origine religieuse et non politique, idée qui aboutira en fin de compte à la Réforme.

Les thèses de Kovalevsky et de Jellinek furent contestées non seulement en France[4], mais aussi en Allemagne, notamment sous la plume d'Otto von Gierke[5] et d'autres auteurs[6]. Ils ont critiqué Jellinek en préconisant la thèse d'un développement organique de l'idée des droits inaliénables à partir de la conception individualiste de l'école du droit naturel des XVII° et XVIII° siècles. Aujourd'hui comme hier, on est ainsi confronté à deux opinions, chacune d'entre elles disposant de partisans faisant autorité. Mais laquelle des deux est vraie ? Qui a raison ? J'essaierai de démonter que la vérité se tient, comme toujours dans les débats scientifiques, juste au milieu, et que ces deux opinions historiques qui s'opposent sont à la fois vraies et fausses.

A lire plus attentivement l'*Agreement of the People* des Levellers, et si l'on approfondit les motifs au noms desquels Roger Williams lutta pour la tolérance religieuse absolue, on constate d'emblée que les bornes imposées au pouvoir public ne sont que celles de la foi religieuse. Le domaine sacré de la foi et l'Etat « céleste », qui selon les indépendantistes réside en chaque homme, sont ici opposés à l'Etat « terrestre » de la même manière que les Catholiques ont opposé le pouvoir du Pape (comme successeur de Saint Pierre) au pouvoir des gouverneurs laïcs. La liberté religieuse limite le pouvoir public non pas parce qu'elle serait un *droit individuel* de participer au jeu politique dans l'Etat, mais parce que l'Etat « céleste » qui se trouve au fond de chacun de nous est supérieur à l'Etat « terrestre ». C'est pourquoi ce prêche religieux n'a pas conduit à la formulation abstraite d'autres droits – du moins pas au droit de liberté personnelle dont on voyait alors naître les principes en Angleterre. La liberté de conscience, symbole de l'intangibilité de l'Etat « céleste » dans l'âme individuelle, ne pouvait pas servir de base à la défense des droits individuels séculiers contre le pouvoir public « terrestre ». Les indépendantistes n'ont jamais pensé à l'idée abstraite de l'individualité. Leur doctrine des limites imposées au pouvoir public a certainement pu porter en germe l'idée des droits inaliénables, elle pouvait bien en catalyser la naissance, mais elle ne pouvait aucunement forger cette idée elle-même.

4 Sans compter l'article de Boutmy dans les *Séances et travaux de l'Académie de[s] sciences morales et politiques* (1903), un certain nombre d'auteurs se sont prononcés contre la thèse de Jellinek. Cf. les références bibliographiques de mon ouvrage, *Rousseau et la Déclaration des droits. L'idée des droits inaliénables dans la doctrine politique de Rousseau*, Petrograd, 1918, pp. 10-12.

5 Gierke, *Johannes Althusius*, 1913, pp. 381, 341.

6 Rehm, *Allgemeine Staatslehre*, pp. 247-248, 242 ; Wahl, *Historische Zeitschrift*, p. 105 et sq.

C'est Locke, non les indépendantistes, qui a réalisé la synthèse de leur doctrine avec l'atomisme des conceptions rationalistes du droit naturel du XVII° siècle. Et c'est aussi Locke qui fut le père fondateur de l'idée des droits inaliénables. Mais quelle nouveauté la conception du droit naturel a-t-elle apportée aux interprétations faites par ses coryphées – Hobbes et Spinoza ? Et pourquoi aucune de ces doctrines n'a-t-elle pu engendrer à elle seule l'idée des droits inaliénables de l'individu ?

Selon l'excellente définition de Spektorsky[7], l'épithète « naturel » qualifiant le droit avait trois significations au XVII° siècle. En premier lieu, il s'agit de la négation par les Protestants du surnaturalisme qui était prôné au Moyen-Âge. Ensuite, pour résoudre les controverses juridiques, il fallait se tourner vers la raison naturelle. Les philosophes de cette époque (Descartes et avant lui Grotius) étaient en effet globalement convaincus que la raison naturelle constituait le seul critère de vérité. Enfin, l'épithète « naturel » signifiait le rapprochement entre d'une part le droit sécularisé et rationalisé, et d'autre part les formules mécaniques par lesquelles la philosophie, d'après les rationalistes du XVII° siècle, s'accordait avec la nature.

De même que les naturalistes se sont inspirés de Galilée et Newton pour décomposer les corps en atomes identiques ou semblables, de même les théoriciens de l'école du droit naturel ont décomposé le corps social – l'Etat –, en divers éléments identiques. En lieu et place des atomes, il y avait des individus autonomes et semblables les uns aux autres. Ces individus vivaient dans l'état de nature, et l'on considérait qu'ils étaient soumis aux attractions et répulsions réciproques, exactement comme les atomes.

Après avoir établi de manière axiomatique les caractéristiques des individus-atomes, on en a déduit des lois naturelles de la vie sociale, celles-ci étant analogues aux lois de l'histoire naturelle.

Le droit naturel que l'on découvrait ainsi était donc pensé comme une puissance, une force à la fois physique et psychique de l'individu-atome social. De même que les naturalistes ont décomposé la nature en rapports de force causalistes, de même les théoriciens de l'école du droit naturel n'ont-ils trouvé entre les individus-atomes que des relations mécaniques de force. *Conatus sui tuendi et conservandi* : l'instinct de conservation – tel fut l'axe principal de l'action de ces forces. C'est ainsi que Hobbes a confondu le *jus naturale* avec la liberté des individus à utiliser leurs forces naturelles pour leur défense légitime[8] et qu'il l'a identifié au *jus ad omnia*[9]. Au contraire de Hobbes[10], Spinoza a

7 Spektorsky, *Les problèmes de la physique sociale au XVII° siècle*, tome 2, 1917, pp. 13-14, 57-64. Le professeur Spektorsky fut le premier à prêter attention aux rapports entre l'école du droit naturel du XVII° siècle et la science mécaniste de la nature. Nous utilisons ici ses analyses. Cf. aussi N. Alexeev, *Les sciences sociales et naturelles*, tome 1, part. 1. [NdT. :ces livre sont en russe].

8 Hobbes, *De Cive*, Cap. I, § 7.

9 Hobbes, *De Cive*, Cap. I, § 10.

0 Spinoza, *Tractatus theologico-politicus*, Cap. XVII ; *Tractatus politicus*, Cap. II, § 3-4.

identifié le droit naturel avec la force naturelle[11] de manière aussi résolue qu'évidente, sans admettre la moindre réserve pour un possible normativisme. Il illustre son idée ainsi : « Ayant reçu de la nature plus de puissance, les grands poissons ont le droit naturel de dévorer les petits »[12].

Les théoriciens de l'école du droit naturel du XVII° siècle ont eu une approche mécanique non seulement de l'état de nature, où les forces sont dispersées, mais aussi de l'Etat, où les forces sont cumulées et coordonnées. A suivre leur interprétation, l'Etat était une machine artificielle (*homo artificialis* selon l'expression de Hobbes) dont la possibilité de l'organisation reposait sur une compréhension mécanique des relations humaines. Les droits naturels, ces forces des atomes sociaux dispersés, s'enchaînent selon des lois mécaniques dans une force centrale de l'Etat-machine, dans le pouvoir public qu'exerce le *jus ad omnia* et dont les individus furent les détenteurs à l'état de nature.

En tant que force mécanique, le pouvoir public ne connaît d'autres limites que sa propre puissance artificielle, c'est-à-dire les forces des individus particuliers. La question des limites de cette puissance a provoqué diverses controverses parmi les philosophes dits mécanistes. Hobbes, devenu célèbre pour sa fervente apologie d'un absolutisme illimité, a même soumis à la puissance omniprésente du Léviathan le for intérieur de l'homme[13]. Il n'a vu d'autres limites factuelles au pouvoir public que la volonté qu'a chacun de sauver sa vie[14]. Connu pour sa défense de la liberté de conscience, Spinoza a développé cette vision mécaniste d'une façon encore plus cohérente que Hobbes. Il a surtout mis l'accent sur les limites artificielles que la force spirituelle de chaque individu impose au pouvoir public, – soit que cette force soit inaccessible d'un point de vue psychologique, soit qu'elle soit politiquement dangereuse pour le pouvoir au cas où on viendrait à la supprimer[15]. Mais malgré ce désaccord apparent, Hobbes et Spinoza ont tous deux reconnu que le droit du pouvoir public était limité par sa puissance. Etant donné que l'Etat est incomparablement plus fort que les individus-atomes particuliers, ces deux penseurs demandaient que l'individu se soumette absolument au pouvoir[16]. La comparaison entre les droits de l'individu et ceux de l'Etat comme s'il s'agissait de deux forces menait inévitablement à l'absorption de l'individu par l'Etat. Pour faire écho à la phrase très révélatrice de Spinoza, le grand poisson est en plein droit de manger le petit... S'ils ont créé pour la première fois dans l'histoire l'idée d'un individu abstrait doté de droits abstraits, les naturalistes du XVII° siècle se

11 Hobbes oppose le *jus naturale* à la *lex naturalis* (*De Cive*, Cap. II et IV), en investissant cette dernière d'un caractère normatif ayant trait au commandement divin. Sur l'importance de cette opposition, cf. mon livre, *Rousseau et la Déclaration des droits*, p. 34.

12 Spinoza, *Tr. theol. -pol.*, Cap. XVI.

13 Hobbes, *De Cive*, Cap. XII.

14 Hobbes, *De Cive*, Cap. VI, § 13.

15 Spinoza, *Tr. theol.-polit.*, Cap. XVII et XX ; *Tr. polit.*, Cap. III, § 8-10.

16 Hobbes, *De Cive*, Cap. V, § 7-8, Cap. VI, § 13 et sq.. Spinoza, *Tr. theolo.-pol.*, Cap. XVI et XIX ; *Tract. Pol.*, Cap. III, § 2-6, Cap. IV, § 1-5.

ont montrés incapables de construire un ensemble de droits inaliénables de 'homme opposés au pouvoir public et lui imposant des limites. Leurs ndividus-atomes n'étaient pas vifs, mais morts. Ces individus restaient toujours le simples atomes, sans jamais devenir des personnes. Or la méthode naturaiste et mécaniste a sévèrement puni ceux qui ont cherché à l'appliquer aux ciences sociales – individualistes au départ, les théoriciens du XVII° siècle urent ainsi conduits à l'absolutisme.

C'est pourquoi ni les doctrines libératrices des indépendantistes anglais, ni 'atomisme mécanique des théoriciens du XVII° siècle n'ont pu engendrer isoément l'idée des droits inaliénables de l'homme. En revanche, une fois que ces leux courants furent réunis, l'idée des droits inaliénables de l'individu a jailli omme une étincelle, éclairant pour longtemps le chemin de l'humanité.

La rencontre de ces deux courants s'est produite dans la doctrine politique e Locke. Les atomes morts des mécanistes se sont ici embrasés de l'ardente foi eligieuse des indépendantistes afin de réclamer que l'Etat respecte leurs droits riginaires. Reste à savoir sur quel terrain cette fructueuse rencontre a eu lieu. a réponse peut paraître quelque peu étrange. La voilà : grâce à la collusion du ationalisme pur et logique avec l'empirie.

Dans sa doctrine politique, Locke n'a que peu appliqué l'empirisme et le ensualisme qui lui ont apporté la gloire en philosophie. Au contraire, adoptant es principes rationalistes, il a admis la possibilité de découvrir les vérités iorales par le raisonnement mathématique[17], de sorte qu'il basait sa philoophie sociale sur les fondements éternels du droit naturel formulés par la aison[18]. Le sensualisme s'est néanmoins frayé un chemin dans sa doctrine poliique. Locke a converti l'atome social abstrait des rationalistes en un homme mpirique et concret, doué de toutes les capacités utilitaires et mondaines[19]. 'ette approche sensualiste de l'individu abstrait lui a justement permis de ombiner les constructions abstraites de l'école du droit naturel avec les idées eligieuses et politiques des indépendantistes.

Originaire des cercles indépendantistes, Locke a naturellement doté cet tome, ce sujet réel et psychophysique, de capacités à la fois mondaines et relieuses. Chez Locke, l'individu est non seulement chargé de soucis quotidiens, isons comme un marchand de la *City*, mais il apparaît aussi comme une ersonne religieuse, tel un soldat de l'armée cromwellienne exigeant de l'Etat respect de son for intérieur et qui est de surcroît farouchement hostile à

Cf. *An Essay concerning Human Understanding*, L. IV, Ch. III, § 18.

Two Treatises of Government, L. II, Ch. II, § 12 : « Yet it is certain there is such a law (of nature), and that too, as unintelligible and plain to a rational creature, and a studier of that law, as the positive laws of commonwealths ; nay, possibly plainer ; as much as reason is easier to be understood, that the fancies and intricate contrivances of men... ». Cf. aussi § 6.

Two Treatises of Government, L. II, Ch. VI, § 57 : « ... Liberty to dispose, and order as his lists, his person, actions, possessions, and his whole property, within the allowance of those laws under which he is, and therein not to be subject to the arbitrary will of another, but freely follow his own ». Sa théorie de la propriété du travail est également très révélatrice de l'approche sensualiste qu'avait Locke sur le problème de l'individu.

l'absolutisme. Cette combinaison a non seulement transformé l'atome mort d mécanistes en un sujet empirique, mais également en une personne qui défer ses droits contre les assauts du pouvoir public.

Ces éléments théologiques et indépendantistes, que Locke a surtout en pruntés au penseur religieux et puritain de la fin du XVI° siècle, Hooker, o complètement bouleversé l'idée naturaliste du droit. Au lieu de considérer droit comme une puissance ou une force, Locke le rattache à la capacité inh rente que l'homme a d'être libre et de jouir de tous les biens de la nature[20] capacité qui lui est octroyée par le commandement divin. L'état de nature est u état de liberté et d'égalité absolues établies par la volonté divine. Pourtant, af d'empêcher la velléité humaine (encline à enfreindre le droit naturel divin) d perturber la paix et afin de mieux défendre leurs droits naturels propres, l individus passent un contrat établissant l'Etat[21].

Suivant fidèlement les principes mécanistes, Locke considère le pouvo public ainsi établi comme le moteur central de la machine étatique. « Afin qu le corps de l'Etat bouge, dit Locke dans le chap.[itre] 8 du livre II de *Two Tre tises of Government*, il faut qu'il bouge dans la direction fixée par la forc majeure qui s'exprime à travers le consentement de la majorité »[22]. Aux ant podes des mécanistes, Locke soumet en revanche cette force, le pouvoir publi au but idéel de la conservation des droits naturels inhérents à l'homme, ce droits constituant, en tant que don divin, la limite infranchissable de c pouvoir[23].

En réinvestissant le droit d'un caractère religieux et normatif, Locke retro vait ainsi un terrain théorique à partir duquel il pouvait défendre les droits in liénables contre l'absolutisme du pouvoir public. Toutefois, les idées de Lock sur les rapports entre le pouvoir et le droit sont évidemment dualistes. Si po les naturalistes du XVII° siècle le droit et le pouvoir étaient tous deux de forces telles que la plus puissante – l'Etat – absorbait l'autre – le droit d l'individu –, Locke imposait au pouvoir (compris en tant que force) une limit claire : les droits naturels individuels (compris sous l'aspect religieux et no matif). Transposés de l'état de nature dans l'Etat[24], ces droits en constituent l frontière éternelle et infranchissable dont l'infraction équivaut au crime le pl grave qu'il soit. Il s'agit d'un crime qu'on ne laisse jamais impuni. Bien que c

20 *Two Treatises of Government*, L. II, Ch. VII, § 77 : « God having made man such a creature, that i its own judgement, it was not good for him to be alone… » ; § 87 : « Man being born… with a tit to perfect freedom, and an uncontrolled enjoyment of all the rights end privileges of the law c nature… ».

21 *Two Treatises of Government*, L. II, Ch. [VII], § 77 ; L. II, Ch. VII, § 87-88 et Ch. IX.

22 *Two Treatises of Government*, L. II, Ch. VIII, § 96 : « ...for that which acts any community, bein only the consent of the individuals of it, and it being necessary to that which is one body to mov one way ; it is necessary the body should move that way whither the greater force carries it, whic is the consent of the majority ».

23 *Two Treatises of Government*, L. II, Ch. XI, notamment § 135 et Ch. IX, en particulier § 124 131.

24 *Two Treatises of Government*, L. II, Ch. VII, § 87 et Ch. XI, § 135.

ne soit pas les individus particuliers, mais le peuple en tant que souverain suprême qui a le droit de s'insurger, cette insurrection peut néanmoins être menée même contre les représentants du peuple siégeant au parlement[25]. Les droits inaliénables de l'individu limitent ainsi le pouvoir législatif. Vaines sont donc les tentatives de Jellinek pour démontrer que dans la doctrine de Locke les droits inaliénables ne seraient pas des droits individuels abstraits mais les vestiges de libertés anciennes du peuple anglais établies par un contrat entre les citoyens et le pouvoir[26]. Tout au contraire, l'atomisme abstrait des rationalistes du XVII° siècle permit à Locke de formuler l'idée des droits inaliénables précisément comme des droits abstraits de l'homme, valables pour toutes les époques et pour tous les peuples. D'ailleurs les déclarations des Etats particuliers d'Amérique du Nord se sont inspirées de cette doctrine de Locke...

Ainsi, cette combinaison de l'atomisme rationaliste, des principes religieux des indépendantistes et du sensualisme dans la doctrine de Locke a-t-elle donné naissance à l'idée des droits inaliénables. Mais si elle était née, reposait-elle sur de bonnes bases ?

Il suffit de jeter un coup d'œil rapide aux éléments manifestement contradictoires du système de Locke pour justifier d'une réponse négative. Le rationalisme du XVII° siècle... et le retour à la conception théologique du Moyen-Âge, le droit naturel éternel et l'empirisme, l'élément surnaturel et le sensualisme – tous ces éléments de l'architecture théorique de Locke se contredisent clairement les uns les autres. En comparaison de la pureté des schèmes mécanistes classiques du XVII° siècle, la doctrine jus-naturaliste de Locke constituait une régression évidente, nuisant sérieusement au prestige de l'idée du droit naturel. Le grand théoricien empiriste que fut Montesquieu a pu complètement ignorer le droit naturel, n'y voyant que des revendications politiques. C'était tout à fait le cas de la doctrine de Locke. Cette idée très productive était née sur une base théorique extrêmement faible. Ce n'est donc pas dans la doctrine de Locke, comme on le pense habituellement, mais dans celle de J.-J. Rousseau (qui dans la tradition historique remontant à Constant[27] fut considéré à tort comme un absolutiste) que l'idée des droits inaliénables de l'homme a reçu sa première formulation théorique.

Après la réaction historique de Montesquieu, J.-J. Rousseau a réanimé le droit naturel en lui donnant une nouvelle base. Rousseau fut le premier à opposer le domaine du devoir moral au domaine de la causalité mécanique au sein duquel les naturalistes du XVII° siècle voulaient entièrement dissoudre l'être. Rousseau a opposé la *conscience* comme principe indépendant et équivalent à la *ratio*, à la raison théorique omniprésente, véritable idole des Lumières. La vérité et le bien ne sont pas la même chose. Le savoir ne conduit pas à la vertu.

25 *Two Treatises of Government*, L. II, Ch. XIX, § 221-231, 240.

26 Jellinek, *op. cit.*, p. 42 (trad. russe).

27 Pour plus de détails, cf. mon ouvrage : *Rousseau et la Déclaration des droits*, où l'on peut trouver une argumentation plus circonstanciée de ce qui suit dans cet article.

Tel fut le slogan par lequel Rousseau, dès sa première thèse, entamait son impitoyable lutte contre l'idole de l'intellectualisme[28]. « Conscience ! Conscience !, s'exclame Rousseau dans sa fameuse 'Profession de foi du vicaire savoyard', voix céleste et éternelle, guide fidèle des créatures ignorantes et bornées dans leur savoir, mais libres et raisonnables. En toi réside le critère de l'appréciation morale du comportement humain »[29]. « Il est impossible par la raison théorique seule, nous dit Rousseau dans un autre passage[30], d'établir aucune loi naturelle ; les règles de la vertu et de la justice ne s'ouvrent qu'à la conscience », par la seule connaissance du devoir. En donnant un fondement à l'indépendance et à l'autonomie du principe moral, puis en éclairant le monde de la liberté morale sous la nouvelle lumière de la conscience, Rousseau trouvait également la possibilité d'offrir un fondement nouveau et solide à la doctrine des droits inaliénables – celui de la moralité.

Chez Rousseau, l'idée de personne montre pour la première fois sa vraie nature en s'exprimant comme l'incarnation de la dignité morale de l'individu, ce dernier étant le sujet du devoir moral. Or la base principale de la philosophie politique de Rousseau est la liberté inaliénable de l'individu. Cette liberté constitue la prémisse nécessaire de la dignité morale de l'individu. Comme l'indique la célèbre phrase du *Contrat social* : « Renoncer à sa liberté, c'est renoncer à sa qualité d'homme, aux droits de l'humanité, même à ses devoirs. Il n'y a nul dédommagement possible pour quiconque renonce à tout. *Une telle renonciation est incompatible avec la nature de l'homme* ; [et] c'est ôter *toute moralité à ses actions* que d'ôter toute liberté à sa volonté »[31].

En quoi consiste donc la liberté individuelle, cette base primaire de tous les droits inaliénables ? Rousseau oppose la vraie liberté (qu'elle soit civile ou politique) à la liberté naturelle, à l'arbitraire[32]. Dans l'état de nature où prédominent les forces mécaniques[33], la liberté représente l'indépendance d'une force par rapport à l'autre. Dans l'Etat, qui incarne le devoir moral, la liberté constitue la soumission de la nature raisonnable et morale à la *volonté générale*, représentant quant à elle la conscience individuelle qui tend à la vie commune[34]. La transition de l'état de nature à l'état politique se produit après que l'individu renonce à ses instincts et ses penchants au nom de sa nature morale. Dans ce cas-là, la justice, selon l'expression de Rousseau, se substitue à l'instinct, de sorte que les comportements individuels acquièrent une connotation morale – connotation qui leur faisait auparavant défaut[35].

28 Cf. *Rousseau et la Déclaration des droits*, p. 46.

29 *Emile*, L. IV, p. 226, Rousseau, *Œuvres*, en 1 vol., 1826.

30 *Emile*, L. IV, p. 204.

31 L. I, Ch. IV.

32 *Contrat social*, L. I, Ch. VIII.

33 *Contrat social*, L. I, Ch. VI et Ch. VIII. Pour plus de détails sur les diverses formes de l'état de nature dans la théorie de Rousseau, cf. *Rousseau et la Déclaration des droits*, pp. 42-46.

34 Pour plus de détails sur cette interprétation de la « volonté générale », voir *Rousseau et la Déclaration des droits*, pp. 53-74. On y trouvera également les références nécessaires.

35 *Contrat social*, L. I, Ch. VIII.

De façon analogue à la distinction entre ces deux genres de liberté, Rousseau identifie aussi (comme il l'avoue explicitement dans la *Première Rédaction du Contrat social*[36]) deux genres de droit naturel : le droit naturel vrai ou raisonné, et le droit naturel instinctif. Le premier constitue le commandement de la conscience juridique (de la *volonté générale*) de l'individu, tandis que le second équivaut à la force qui règne dans l'état de nature[37].

Nombre d'exégètes de Rousseau furent embarrassés de ce que la renonciation absolue de l'individu à ses droits en faveur de la *volonté générale* soit la condition indispensable au contrat social. En réalité, cela n'implique pourtant que la renonciation de l'homme à ses penchants en faveur du droit naturel raisonné. En se soumettant à leur conscience juridique, à la *volonté générale*, les individus font valoir leurs droits naturels inaliénables[38] et les fondent sur leur dignité morale qui s'incarne dans la liberté. Contrairement à Locke, chez Rousseau les individus ne tirent pas leurs droits de l'état de nature, mais ils les établissent dans l'état politique ; c'est uniquement dans l'état politique que le droit devient possible[39]. Ainsi, les citoyens n'acquièrent leurs droits naturels ni comme un cadeau tombé du ciel, ni comme un héritage de l'état de nature, mais comme *conditio sine qua non*, comme base de l'ordre juridique dans l'Etat.

C'est ainsi que la loi étatique, en tant qu'expression de la *volonté générale* et en tant que règle abstraite, fait valoir ces droits en imposant à la liberté ses limites. En leur sein, l'usage que chacun fait de sa liberté ne transgresse pas celle des autres[40].

Dans sa doctrine, Rousseau n'oppose pas le pouvoir public au droit. Pour Rousseau, le pouvoir public n'est plus une force (contrairement à Locke[41]) ; il n'est plus la manifestation de l'arbitraire de la majorité du peuple, mais l'incarnation de la *volonté générale*, l'incarnation de la conscience juridique identique pour tous les citoyens. La volonté de la majorité du peuple n'est l'expression du pouvoir public que pour autant qu'elle suit les commandements de la *volonté générale*. Dès que la volonté de la majorité s'éloigne de la *volonté générale*, le pouvoir public perd aussitôt sa légitimité. L'état politique devient alors violence et les individus se libèrent de leur devoir d'obéissance[42]. C'est pourquoi Rousseau affirme dans ce célèbre passage : « Le souverain par cela seul qu'il est, est toujours tou[t] ce qu'il doit être ». Au fond cela signifie : le pouvoir ne devient ce qu'il est qu'à la condition de correspondre aux exigences

6 Elle fut d'abord publiée par A. S. Alexeev en 1887, ensuite par Dreyfus-Brisac en 1896.

7 *Contrat social* (*La Première Rédaction du*), L. II, Ch. VI, p. 66 du manuscrit.

8 *Contrat social*, L. II, Ch. IV. Rousseau reconnaît plusieurs droits inaliénables et en dresse une liste dans son traité d'économie politique (cf. *Economie politique*, I, p. 314 et II, pp. 316-137).

9 *Contrat social*, L. II, Ch. VI ; cf. plus en détail : *Rousseau et la Déclaration des droits*, p. 29.

0 Cette thèse est exprimée d'une manière très claire dans son traité, *Economie politique*, I, p. 314. On y trouvera également la brillante définition de la liberté comme délimitation des sphères de la liberté individuelle dont Kant fera la base de sa conception du droit (cf. Kant, *Metaphysik der Sitten*, Teil I, *Rechtslehre*, Einleitung, § C et § 13).

1 Cf. ci-dessus.

2 *Contrat social*, L. IV, Ch. I et II ; cf. *Rousseau et la Déclaration des droits*, pp. 56-59, 68, 74-78.

du droit naturel découlant de la *volonté générale*. Les droits subjectifs inaliénables des citoyens sont garantis par le fait même de l'existence du pouvoir et de l'Etat ; ceux-ci ne sont possibles que sur la base du droit naturel raisonné dont le contenu principal repose dans la défense de la liberté individuelle. Contrairement au dualisme de Locke, Rousseau parvient ainsi à formuler la doctrine de la souveraineté du droit, notamment celle du droit naturel inaliénable de l'individu. Le pouvoir se dissout dans ce droit[43].

Les droits inaliénables de l'individu ne sont plus un contrepoids mécanique à l'Etat. Ils se combinent désormais de manière synthétique à l'unité morale de l'Etat, dans le cadre d'un système complexe que couronne la grande idée de la souveraineté du droit.

Certes, la philosophie politique de Rousseau se caractérise par l'absorption du droit positif par le droit naturel, et il faut la considérer comme une pure métaphysique dogmatique. Certes encore, la réalité impitoyable (que Rousseau n'a jamais su prendre en compte) a grossièrement gauchi le superbe édifice de sa pensée, démontrant toute l'inanité d'une application pratique de sa conception. Mais la doctrine de Rousseau restera malgré tout un système parfaitement achevé, l'un des systèmes les plus sublimes que la philosophie du droit ait jamais connu. En tant que telle, cette doctrine peut et doit être utilisée comme une grande source d'inspiration. Et si l'on devait chercher une source d'inspiration, en voilà bien une des plus exemplaires, vu que Rousseau a su proposer et établir un lien organique entre l'idée des droits inaliénables de l'individu et l'idéalisme moral. Sous cet angle, on peut considérer que Kant et Fichte furent les héritiers directs de Rousseau.

L'idée des droits inaliénables ne se justifie que comme une prémisse indispensable à la dignité morale de l'individu. Du moment que l'on reconnaîtra l'importance réelle de cette idée, la renaissance de l'idéalisme éthique deviendra non seulement un grand enjeu théorique, mais encore un besoin pratique aussi puissant que vital[44].

43 *Contrat social*, L. I, Ch. VII ; cf. *Rousseau et la Déclaration des droits*, pp. 71-78.

44 Cet article était déjà rédigé et mis en page lorsque j'ai pris connaissance des profondes objections du prof.[esseur] Novgorodtsev dans la recension avec laquelle il honora mon ouvrage sur Rousseau (cf. *Russkaja kniga*, n° 4). Sans pouvoir répondre ici à ses précieuses remarques, je tiens néanmoins à observer les faits suivants : le prof.[esseur] Novgorodtsev a évidemment raison de parler de « l'absolutisme du droit qui réduit toute la vie réelle à une norme abstraite et générique » par laquelle Rousseau remplaçait l'arbitraire. Ce vice est pourtant le vice majeur de tout l'individualisme abstrait, et Rousseau commit cette faute aussi bien que Kant et même la *Déclaration des droits*. La conception abstraite de l'individualité a indubitablement enfermé les droits inaliénables dans un cercle très étroit. Mais pourquoi cette conception doit-elle éliminer l'idée elle-même ? En fin de compte, la notion de dignité morale a une portée universelle.

Textes originaux

Georges Gurvitch, (1915), « *Pravda Voli Monarshej* » *de Théophane Prokopovitch et ses sources européennes (Grotius, Hobbes, Pufendorf).* Juriev : Typographie K. Mattissen. [En russe].

Georges Gurvitch, (1918), *Rousseau et la Déclaration des droits. L'idée des droits inaliénables dans la doctrine politique de J.-J. Rousseau.* Petrograd : Wolf. [En russe].

Georges Gurvitch, (1922), « L'idée des droits inaliénables de l'homme dans la doctrine politique des XVII° et XVIII° siècles », *Les œuvres des savants russes à l'étranger*, 1 : 65-74. [En russe].

Rapport éditorial

« Pravda Voli Monarshej » de Théophane Prokopovitch et ses sources européennes (Grotius, Hobbes, Pufendorf) (1915)

Cet opuscule n'est pas un travail universitaire stricto sensu. Alors enseignant à Juriev, Taranovsky, avait ouvert un concours libre sur l'ouvrage principal de Théophane Prokopovitch (1681-1736), ecclésiaste ukrainien, ami de Pierre Le Grand et idéologue de ses réformes sur la monarchie absolue[1]. Le « manque d'une recherche particulière sur ce traité de droit public constitue une regrettable lacune de notre littérature historico-juridique. J'aurais moi-même souhaité la combler, mais diverses préoccupations m'ont empêché de faire ce que je m'étais proposé il y a longtemps. J'ai donc pris la décision de déléguer cette tâche à mes élèves, en inscrivant au concours de l'Université de Juriev, primé par une médaille, l'étude du texte et des sources de *Pravda Voli Monarshej* », précisait-il dans sa préface à la copie de Gurvitch, qui suivait ses cours depuis 1912. « J'espérais que parmi les travaux soumis au concours, il s'en trouverait un qui dépasse les limites de l'exercice scolaire et atteigne le niveau d'une recherche scientifique. Heureusement, mes espoirs ont été comblés. Avec mon appui, le travail de G. D. Gurvitch a non seulement remporté la médaille d'or de la Faculté de Droit, mais a également été publié dans *Les écrits scientifiques de l'Université de Juriev* » (ibid.).

Il existe ainsi deux textes de Gurvitch sur Prokopovitch. Le premier, intitulé *« Pravda Voli Monarshej » de Théophane Prokopovitch*, est un manuscrit gros de 261 pages dont l'original est conservé aux Archives Historiques d'Estonie, à Tartu. Déposé peu avant 1915, la médaille d'or lui fut attribuée à la veille de Noël, le 12 décembre 1914, par le sénateur von Bradke (Dossier Gurvitch, 402-13-502 – EAA). Un second texte de 111 pages porte un titre plus large : *« Pravda Voli Monarshej » de Théophane Prokopovitch et ses sources européennes (Grotius, Hobbes, Pufendorf)*. Il constitue une version remaniée du premier manuscrit et parut en 1915. La traduction ici présentée suit la version imprimée de 1915.

1 Pour plus de détails, nous renvoyons au petit chapitre qui lui est consacré dans l'*Histoire de la littérature russe* de Etkind (Etkind & alii, 1992 : 322-333), à l'introduction très précise de Lentin (Lentin, 1996), ainsi qu'à l'introduction du manuscrit de Gurvitch lui-même, dont la traduction est disponible dans les annexes qui suivent.

Initialement, Gurvitch prévoyait un remaniement important. Comme l'indique l'avant-propos de son manuscrit, le jeune homme regrettait « le caractère inachevé de cet ouvrage..., les événements extraordinaires (la guerre) [aya]nt momentanément interrompu les recherches de l'auteur sans lui donner la possibilité de réviser le texte » (Gurvitch, 1914 : I). Gurvitch se proposait notamment de comparer plus longuement la conception monarchique de Prokopovitch à la conception « légitimiste » afin de démontrer que la monarchie en Russie du XVIII° siècle ne fut jamais une monarchie légitime (ibid : I-II). « Faute de temps » (ibid.), Gurvitch dût y renoncer, de sorte que l'écart entre les deux textes fut minime. En guise de corrections, il s'en tint à supprimer la brève introduction biographique et historique sur l'époque de Pierre le Grand qui ouvrait son manuscrit, ainsi qu'à revenir sur l'orthographe.

L'importance de ce texte est triple. Tout d'abord, il permet de tenir compte de l'influence non négligeable qu'exerça Taranovsky sur sa pensée. En second lieu, il marquera une étape qui « décida de [l]a carrière académique » du jeune étudiant (Gurvitch, 1969 : 82). Enfin et surtout, ce texte révèle déjà la méthodologie pluraliste caractéristique de l'œuvre plus tardive de Gurvitch et peut être considéré comme la première ébauche de sa théorie du droit social.

L'influence de Théodore Taranovsky

Théodore Wassilievitch Taranovsky (1875-1936), l'un des plus éminents historiens du droit en Russie, avait été nommé à l'Université de Juriev juste après avoir soutenu sa thèse[2]. Gurvitch devenait son élève l'année suivante, en 1912. Les relations qui se tissèrent entre le maître et l'élève restent mal documentées. Le fonds Taranovsky, disponible aux Archives Nationales d'Estonie (Tallinn), ne comprend pas la moindre trace de Gurvitch. A première vue, si l'ouvrage que Gurvitch consacrait à Prokopovitch était placé sous le sceau d'une reconnaissance, il s'agit du « maître et ami, le très estimé et cher Monsieur Mikhaïl Andreevitch Schebuev », professeur de Gurvitch au Lycée Nicolas I de Riga et à qui le jeune homme dédiait son « premier ouvrage ». Toutefois Taranovsky lui-même ne fut pas en reste.

D'une part, en lieu et place de cette dédicace, Gurvitch avait choisi une devise sous laquelle il plaçait son manuscrit de 1914. En page de garde on peut y lire : « même si par le passé nous n'avions pas une dogmatique développée du droit public, cela ne signifie nullement qu'il n'existait aucune idée pour définir et légitimer les relations factuelles dans le domaine public ». Cette citation tirée

2 Taranovsky commença sa carrière académique à l'Université impériale de Varsovie en 1891. Il était alors disciple d'un autre historien russe, Théodore Ivanovitch Léontovitch (cf. Taranovsky, 2001a : 287-288). En 1897, comme Gurvitch à l'âge de 21 ans, il se distingue en remportant lui aussi sur concours une médaille d'or pour un mémoire consacré à l'histoire du droit allemand (cf. Taranovsky, 1897). Il soutient sa thèse, *La dogmatique du droit public positif en France sous l'Ancien Régime*, à la faculté de droit de Saint-Pétersbourg en 1911 (cf. Taranovsky, 1911).

de la thèse de Taranovsky, *La dogmatique du droit public positif en France sous l'Ancien Régime* (1911), n'est pas le seul indice qui atteste d'une influence intellectuelle profonde. D'autre part en effet, et bien que ces éléments soient égrenés au fil des pages d'une littérature peu volumineuse, trois premiers axes se distinguent.

Premièrement, Taranovsky n'avait pas seulement attiré l'attention de son élève sur la pensée de Soloviev ou de Tchitchérine. L'intérêt qu'il conserva sa vie durant pour l'ancien droit russe[3] se reflète également dans le choix du sujet qu'il mettait au concours. Ce traité de Prokopovitch était à la fois le premier essai visant à légitimer théoriquement l'ordre politique de la Russie (Gurvitch, 1914 : 12), mais encore le premier à ne pas recourir à l'état de fait pour y parvenir. Prokopovitch ne définissait pas le pouvoir du tsar comme un pouvoir de fait, mais le fondait sur le précepte moral de *salus publica*. Si Gurvitch y trouvait une base théorique permettant de distinguer les domaines du privé et du public (ibid. : 13), Prokopovitch lui permettait de remonter plus loin le fil de l'analyse des fondements collectifs du pouvoir dans la société. « Pour le jeune Gurvitch, le motif central de l'œuvre de Prokopovitch » était « le 'fait normatif' (c'est à cette date qu'[il] emploie ce terme pour la première fois) de la réalité sociale russe de l'époque de Pierre Le Grand [...] fondée l'intuition primordiale du 'Nous' » (Antonov, 2005 : 26). On retrouve ici l'un des motifs centraux de ses premiers travaux juridico-politiques, tel son mémoire de 1917, mais aussi de ses ouvrages plus tardifs, comme sur le droit social ou l'expérience juridique.

Deuxiemement, pour traiter son sujet, le jeune étudiant utilisait encore une méthode chère à son maître : l'histoire comparée des idées. Taranovsky mit toujours un point d'honneur à confronter les théories du droit russe avec celles de France ou d'Allemagne. Il s'agissait pour lui de mettre à jour leur complémentarité et de souligner la tradition démocratique de la théorie juridique russe. Alors que Gurvitch signait sa nécrologie en souvenir de son ancien professeur, il ne manquera pas de confier qu'il continuait de « beaucoup estimer » cette démarche – en soi, mais aussi le but qu'elle poursuivait (Gurvitch, 1936 : 458). Pour s'en tenir à 1915, Gurvitch l'appliquait à double titre, comparant les théories de Prokopovitch à l'école du droit naturel européenne, mais aussi en considérant son traité comme une tentative d'influencer l'opinion des Européens sur la Russie (cf. notamment Gurvitch, 1914 : 10-11). Quant au but de cette méthode comparative, nul doute que le jeune homme partageait avec Taranovsky son maître-mot : la démocratie. De fait, la problématique du jeune Gurvitch était loin de se limiter à une exégèse scolaire des pensées de Proko-

3 Cf. Taranovsky, *Introduction à l'histoire du droit slave*, Belgrade, 1922, 2° éd. 1933 [en serbe] ; *Histoire du droit russe*, Belgrade, 1925 [en serbe] ; *Histoire du droit des Slaves du Sud*, Varsovie, 1927 [en polonais] ; *Histoire du droit serbe dans l'Empire autrichien*, Belgrade, 1931-1935, en 4 tomes [en serbe]. Voir également la nécrologie que Gurvitch lui consacrait à sa mort, dont la traduction se trouve ci-après en annexe.

povitch, puisqu'elle prenait avant tout pied sur le terrain miné où s'opposaient alors les slavophiles et les occidentalistes. Pour les slavophiles, Théophane Prokopovitch se présentait comme l'un des philosophes politiques les plus importants, tandis que son ouvrage, *Pravda Voli Monarshej* (1722), était considéré comme le fondement d'une science politique « proprement russe » opposée aux doctrines politiques occidentales. Or par le biais de son analyse comparative, Gurvitch ne cherchait ni plus ni moins qu'à déconstruire cette thèse de la même façon que Taranovsky l'avait fait quant à la prétendue supériorité du droit russe. L'intuition du Nous dont le traité de Prokopovitch était une des premières formulations juridiques lui semblait être capable de débarrasser la discipline d'un Etat pensé comme personne morale simple et autoritaire.

S'approprier une référence monarchiste pour en déceler les influences européennes et conclure, contrairement aux occidentalistes, à la richesse de la tradition politique russe, – le défi était certes loin d'être neutre et dénué d'audace. Il est toutefois indissociablement lié à une autre influence importante que Taranovsky exercera durablement sur son élève : son intérêt pour la sociologie (cf. Gurwitsch, 1922/23a : 122). A Saint-Pétersbourg comme à Tartu, au début du XX° siècle, la sociologie était trop connotée pour pouvoir être enseignée en tant que telle. Il fallait s'inscrire en droit ou en économie pour en faire et en entendre, de sorte que les facultés de juristes furent longtemps des pépinières de sociologues[4]. Taranovsky fut un passeur d'autant plus important de cette discipline qu'il ne concevait pas l'histoire du droit sans assises sociologiques. Dans son *Encyclopédie du droit* (1917), que Gurvitch n'oubliera pas de recenser lors de sa seconde réédition, en 1923[5], Taranovsky attaquait ainsi longuement les conceptions positivistes et idéalistes du droit, leur reprochant une vision étroite de la réalité juridique – de même qu'il reprochera à L. Petrasizky de ne pas assez prendre en considération les éléments sociaux du droit (cf. Taranovsky, 2001b : 102 sq.). Gurvitch adoptera ces positions sans réserve, et leur sera durablement fidèle. C'est d'abord le cas de la critique que Taranovsky adressait à Petrasizky, et qu'on retrouve sous la plume de Gurvitch dans son *Idée du droit social*[6]. Sa dette intellectuelle envers Taranovsky, ce « juriste russe considérable » (Gurvitch, 1931a : 287), est encore plus palpable en ce qui concerne les quatre critères essentiels du droit que son maître différenciait. Il s'agissait du caractère impératif-attributif, de l'existence d'une autorité sociale qui impose les normes du droit dans le cadre social en question, du lien à l'idée

4 Cf. Sorokin (Sorokin, in : Allen, 1963 : 26). Dans ce contexte, il est intéressant de noter qu'en 1919, les réformes universitaires mises en place par les bolcheviques entérineront cet état de fait, notamment à Petrograd où la faculté de droit fut transformée en faculté de sciences sociales. Rapidement déçus de la sociologie, les bolcheviques la mirent toutefois à l'index dès 1922.

5 Cf. Gurvitch (Gurvitch, 1923a : 445 sq.). Cette recension est traduite dans les annexes qui suivent.

6 « Puisque M. Petrasizky n'a pas songé à délimiter la validité des sources selon la sorte de droit positif auquel ils s'appliquent, on comprendra l'objection d'un autre juriste russe considérable, M. F. Taranowsky, qui lui a reproché d'avoir cru découvrir de nouvelles 'sources' du droit dans des faits qui, en réalité, ne produisent qu'un changement dans les droits subjectifs, et non point un nouveau droit objectif » rappelait ainsi Gurvitch dans sa thèse secondaire (Gurvitch, 1931a : 287).

le justice et à l'effectivité du droit, puis enfin de la possibilité de recourir à la ontrainte. Or ce sont en effet les mêmes critères que Gurvitch utilisera pour léfinir le droit presque cinquante ans plus tard, dans son *Traité de sociologie* Gurvitch, 1960, 2 : 175). « *Pravda Voli Monarshej* » *de Théophane Prokopo-itch* convoque la sociologie déjà en ce sens, en proposant une approche socio-sychologique du droit comme phénomène social[7]. Mais la sociologie intervient ncore dans cet ouvrage à titre méthodologique. Entrecroisant principalement la hilosophie du droit (cf. 14-3-68460, n° 13 – CGIA), l'histoire du droit (angle ur lequel Taranovsky souhaitait mettre l'accent), la théorie générale du droit, t enfin la sociologie juridique, cet ouvrage livre ainsi les premiers linéaments 'une convergence des perspectives que Gurvitch stabilisera par la suite à avers le terme de pluralisme méthodologique.

Cette brève esquisse des influences de Taranovsky sur le jeune Gurvitch erait cependant incomplète si elle passait sous silence deux autres dimensions nportantes. Tout d'abord, si Taranovsky ne partageait pas les élans d'« opiniâ-eté » avec lesquels Gurvitch exerçait l'assassinat lapidaire, ici dans le cas de lobbes[8], il n'en reste pas moins que les influences qu'il avait laissées sur le eune homme étaient suffisamment fortes pour qu'il ait pu voir en lui un otentiel disciple. Taranovsky l'appuiera d'abord en signant une lettre de ecommandation afin que son protégé soit accepté à la faculté de droit de étersbourg (Lettre du 01.10.1915, 14-3-68460, n° 19 – CGIA). La poursuite de eurs échanges intellectuels malgré le départ de Gurvitch – Taranovsky, trop béral, ne pourra être muté dans la capitale qu'en 1917 (Schmid, 1936 : 658)[9] – confirme également. En note de son opuscule sur Rousseau (1918), Gurvitch emerciait ainsi Taranovsky qu'il avait « beaucoup consulté pendant la réparation du travail sur Rousseau et qui lui a donné de précieuses réfé-ences » (Gurvitch, 1918 : 35). Contraints tous deux à l'exil en 1920, Gurvitch our Berlin, Taranovsky pour Belgrade, les liens académiques demeurent. En 922, ils publient tous deux dans la revue *Les œuvres des savants russes à étranger*. L'article de Gurvitch, intitulé « L'idée des droits inaliénables de homme dans la doctrine politique des XVII° et XVIII° siècles » y parut à côté

Le traité de Prokopovitch, commentaire officiel de la loi sur succession du trône, fut par la suite intégré dans le système de la législation russe en tant que tel. A cet égard, l'étude que lui consacrait Gurvitch dépassait l'analyse historique, se profilant aussi comme une analyse des normes du droit en vigueur. De ce point de vue, on peut considérer les conclusions de cet ouvrage du jeune Gurvitch comme la première ébauche de sa théorie du droit social, ébauche qu'il continuera de développer dans sa recherche de 1917 sur les rapports entre la doctrine de Rousseau et la *Déclaration* de 1789.

La littérature secondaire est depuis revenue sur le jugement de Taranovsky contre Gurvitch sur ce point. Dans sa traduction commentée de *Pravda Voli Monarshej* de 1996, Lentin ajoutait ainsi que la thèse de l'influence de Hobbes sur Prokopovitch était plutôt « ténue », et que « Gurvitch défend de manière détaillée, et à [s]es yeux convaincante, la thèse opposée à celle qui fait de Hobbes une influence consciente du livre, malgré certaines ressemblances d'ordre général » (Lentin, 1996 : 101, note 181).

C'est précisément le 08.04.1917 que Taranovsky soumit sa candidature comme professeur ordinaire à la faculté de droit de l'Université de Petrograd (Dossier Taranovsky, 14-27-73 – CGIA).

de celui de son ancien mentor, qui portait sur « Montesquieu et la Russie Inversement, Gurvitch ne manquera aucune occasion pour rendre ses lauriers son maître, en publiant des recensions régulières, et ce bien au-delà de l'ex En juin 1933, Gurvitch cooptait Taranovsky dans l'*Institut International Philosophie du Droit et de Sociologie juridique* qu'il venait de fonder avec L Fur (Mnoukhine, & alii, 1995a : 444 ; Gurvitch, 2006b : 340). Et trois ans pl tard, lorsque la mort emportait Taranovsky, Gurvitch répondait encore prése Le 8 avril 1936, l'*Union Académique Russe de Paris* organise au 96 Bouleva Raspail une « réunion à la mémoire du Professeur Th. W. Taranovsky », to juste décédé. Gurvitch se joignait alors à Pavel Milioukov et Dmitrij Odinets e proposant une conférence intitulée « Taranovsky comme théoricien du droit historien du droit d'Europe occidentale » (Mnoukhine, & alii, 1995b : 186 Enfin, il signait une nécrologie très affectueuse dans les colonnes des *Annale contemporaines* qui lui était dédiée (cf. Gurvitch, 1936 : 458-460).

Bien que nous ne l'aborderons que brièvement, la dernière trace que Tar novsky devait laisser sur la pensée du jeune Gurvitch mérite un traitement part. Elle concerne, les rapports du savant au politique, un autre fil rouge de premiers écrits de Gurvitch, et qui comme les précédents, s'imposa bien a delà.

De la politique à la science

Nous avons déjà évoqué la charge critique que comportait la réévaluatio que Gurvitch proposait de l'œuvre de Prokopovitch. Gurvitch, qui voyait en c homme politique l'un des premiers introducteurs du droit naturel en Russi l'intronisait du même coup comme l'ancêtre de l'idéalisme en philosophi juridique, c'est-à-dire qu'il le plaçait à la racine d'un courant alternatif a positivisme strict (Gurwistch, 1922/23a : 117). Or il est permis de douter qu cet effort suivait l'esprit et la lettre du parti social-démocrate où il avait aupar vant milité. Au contraire même, il est possible de discerner un indéniable rev rement où la marque de Taranovsky se laisse aisément deviner, et ce à doubl titre.

D'une part, il s'agit d'une influence politique directe portant sur la défens des principes mêmes du libéralisme. « Membre du parti Social-Démocrat letton quand il était au lycée, il devient menchevik à l'université », résuma Gurvitch dans un entretien du 15 avril 1927 consigné par Boris Mirkine Guetzévitch (Archives des loges russes, Etoile du Nord (1924-1970), Dossie Gurvitch, XI, 2, notice du 15.04.1927, n° 5/211 – BNF). Au cours de sa licenc en droit, entre 1912 et 1915, Gurvitch rejoignait ainsi les couleurs politiques d son maître[10]. Il n'est d'ailleurs pas anodin de rajouter qu'hostiles et critique

10 Isakov a également mentionné un autre indice de ce revirement, attestant de la sympathie croissant de Gurvitch pour les mencheviks alors qu'il étudiait avec Taranovsky. Gurvitch était effectivemer

envers les lendemains des journées d'octobre et de la guerre civile, ils se retrouveront tous deux du côté des « blancs » un bref laps de temps à Ekaterinoslav (aujourd'hui Dniepropetrovsk, Ukraine)[11], avant que Gurvitch ne retourne à Petrograd, et Taranovsky à Kiev puis Simféropol.

D'autre part, c'est en tant que modèle de l'indépendance du savant que Taranovsky semble avoir laissé l'empreinte politique la plus durable sur le jeune Gurvitch. Les derniers paragraphes de l'hommage posthume qu'il consacrait à son ancien professeur en 1936 l'indiquent nettement, où Gurvitch ne cesse de louer le « courage » d'un homme se battant « à contre-courant » « contre l'importation de tout élément politique dans la vie académique ». Quant au terme d'« indépendance » du savant en matière de politique, il ne revient pas moins de quatre fois sous sa plume pour illustrer le mérite de ne pas confondre, ainsi que le préconisait Weber, la vocation du savant et celle du politique. Gurvitch ne manquera d'ailleurs pas de s'y plier lui aussi, délaissant son activité politique dès avant la Révolution, et s'affichant depuis lors comme socialiste hors parti (cf. Archives des loges russes, Etoile du Nord (1924-1970), Dossier Gurvitch, XI, 2, notice du 15.04.1927, n° 5/211 – BNF). Désormais, sa « passion dominante » ne serait définitivement plus la politique, mais « la science », Gurvitch faisant sienne l'hypersensibilité de son ancien maître au problème de la *Wertfreiheit* – et entrant de plain-pied dans la tradition sociologique naissante. Il est ainsi possible de comprendre en quoi la parution du Prokopovitch eut sur Gurvitch l'effet d'une révélation également en ce sens (Gurvitch, 1969 : 82). Jusque-là encore hésitant, il s'engageait désormais définitivement dans un long cursus universitaire « par vocation », pour reprendre un terme qui lui restera cher. Il achevait la troisième année de sa licence universitaire à Juriev en juin 1915, avec mention « très bien » dans toutes les disciplines (Dossier Gurvitch, Livret étudiant, 402-1-8003, n° 1.18 à 1.24 – EAA).

membre de la Société des étudiants russes de l'Université de Juriev, à laquelle il fera d'ailleurs parvenir un exemplaire dédicacé de son opuscule sur Prokopovitch (Isakov, 1995 : 27). S'il est impossible de dresser une liste exhaustive des membres de cette société dans la mesure où aucune inscription formelle n'était requise, les grandes figures qui acceptèrent de la patronner suffisent à rendre compte de son orientation politique : N. Mikhailovsky, A. Tchékhov, M. Gorki, ou encore V. Korolenko.

11 Les Archives d'Etat de Saint-Pétersbourg confirment en effet que Taranovsky fut envoyé en voyage professionnel au Sud de la Russie (Procès-verbal de la faculté de droit de l'Université de Petrograd du 17.09.1918, 7240-14-14, n° 42 – GIA). Ce fut d'ailleurs le cas d'un certain nombre d'enseignants qui finiront dans l'émigration, tels Boris Mirkine-Guetzévitch, Alexandre Kulisher, ou Oskar Nolde.

De Juriev à Petrograd

Pour la poursuite de ses études, son choix ne se porta toutefois pas sur l'Université de Juriev. Face à l'avancement du front et des troupes allemandes, les parents de Gurvitch envisageaient un repli familial à l'intérieur des terres[12]. A ce déménagement précipité s'ajoutait ensuite le départ de plusieurs professeurs importants de Juriev, dont Jazsenko et Grabar' (Isakov, 1995 : 28-29). Gurvitch adressait ainsi une première demande de transfert à la faculté juridique de Petrograd le 10 août 1915 (cf. 402-1-8003, n° 1.27 – EAA). Mais l'afflux des demandes de transfert était massif, et Gurvitch essuie un premier échec. Le jeune homme était refoulé « en dehors des murs de l'Université de Petrograd » (Demande du 10.09.1915, 14-3-68460, n° 5 – CGIA). Il semble peu probable que Gurvitch aurait pu rentrer dans la prestigieuse université sans l'intervention de son père, David N. Gurvitch, qui avait sollicité le ministre de l'Education nationale en tant que directeur de la Banque trans-asiatique dès le mois d'août 1915 (Lettre du 08.08.1915, 14-3-68460, n° 3 – CGIA). C'est ainsi à titre exceptionnel, ou plus exactement « au-delà de la limite », que le fils du grand banquier fut accepté dans la faculté de droit de la ville de Pierre le Grand, en octobre 1915.

Une fois admis à Petrograd, le jeune licencié y poursuit brillamment ses études. Il suit d'abord les cours de droit public étranger (Kovalevsky), de théorie du droit romain (Kozmninkov), de droit policier (Dukhornine), de droit canon et commercial (Torenkov), de droit international (Pilenko), de procès civil (Holmsten), de droit pénal (Tchubinsky), de procès pénal (Rosine et Ljublinsky), de droit romain (Seler), de droit civil (Tutrjumov), d'histoire de la pensée politique contemporaine (Boldyrev) et enfin d'histoire de philosophie du droit (Pokrovsky) (Livret étudiant, 14-3-68460, n° 23-31 – CGIA). Il recevra la mention 'très bien' dans chacune de ces matières (ibid.). Il ne lui restait plus qu'à achever la rédaction de son mémoire de diplôme consacré à la pensée politique de Jean-Jacques Rousseau.

12 C'est ce qu'indique la demande de transfert de Georges Gurvitch auprès de la faculté de droit de l'Université impériale de Petrograd soumise le 13.08.1915 par le Recteur de l'Université de Juriev à son confrère (Demande de transfert du 13.08.1915, 14-3-68460, n° 4 – CGIA).

Rousseau et la Déclaration des droits. L'idée de droits inaliénables de l'individu dans la doctrine politique de J.-J. Rousseau (1918)

Rousseau et la Déclaration des droits. L'idée des droits inaliénables de l'individu dans la doctrine politique de J.-J. Rousseau parut en 1918, dans le catalogue de la maison d'édition Wolf. Il s'agit d'une version considérablement remaniée du mémoire que Gurvitch avait déposé l'année précédente. La première curiosité que ce texte comporte est cependant tout autre : il n'aurait jamais dû paraître, – du moins pas tel quel.

De « La doctrine politique de J.-J. Rousseau » à « Rousseau et la Déclaration des droits »

Dirigé par Léon Petrasizky, dont Gurvitch suit en parallèle les séminaires, le mémoire de diplôme qui sanctionnait ses cinq premières années d'études s'intitulait « La doctrine politique de J.-J. Rousseau » (14-25-155 – CGIA)[13]. La date à laquelle Gurvitch déposa ce manuscrit de 112 pages reste incertaine, mais on sait que son jury[14] lui octroyait la mention « très bien » (ibid.) avant le mois d'avril 1917[15].

13 Déposé aux Archives de l'Université de Petrograd, ce manuscrit est classé comme anonyme et sans date, du fait de l'absence de page de garde. L'écriture ne semble pas être de Gurvitch, mais les raisons qui permettent de le lui attribuer sont nombreuses. Chronologiquement d'abord, les archives ne vont pas au-delà de 1918. De plus, hormis Petrasizky, les noms des autres professeurs figurant sur la première page enseignaient à la faculté de droit après 1910. A cette datation approximative s'ajoutent divers éléments formels. Les bordereaux précisent ainsi que ce mémoire fut, comme dans le cas de Gurvitch, dirigé et corrigé par Petrasizky. Enfin, hormis la congruence des sujets traités dans ce mémoire et l'ouvrage que Gurvitch signait en 1918, une brève autopsie du texte a permis d'établir que la similarité des thèses défendues comme du style de l'exposé est particulièrement marquante. Nous y revenons plus en détail au cours de ce rapport.

14 Hormis Petrasizky, son jury se composait notamment de I. Foinizky, I. Ivanovsky (futur directeur du cabinet auquel Gurvitch sera attaché en 1919), V. Lebedev, ou encore I. Dukhornine. Les bordereaux mentionnent également les noms de trois autres enseignants dont les signatures sont quasiment illisibles (14-25-155 : 1 – CGIA) .

15 Gurvitch affirme l'avoir « soutenu » à la veille de la Révolution, « le 10 octobre 1917 » (Gurvitch, Notice récapitulative, s.d., Dossier AJ[16] 6015 – A.N.). Les bordereaux du manuscrit ne comportant aucune date, ils ne permettent pas de le confirmer. D'autres matériaux d'archives enjoignent toutefois à prendre les dires de Gurvitch une fois de plus avec précaution. D'une part, les étudiants ne passaient pas de soutenance formelle à l'époque. Ils rendaient leur mémoire à leurs professeurs qui les lisaient et les notaient. Il n'y eut donc aucun oral. D'autre part, si le directeur de Gurvitch a bien accepté et corrigé le mémoire de Gurvitch, il quittait définitivement la Russie en septembre 1917. Les archives de la faculté de droit plaident d'autant plus en faveur d'un dépôt de mémoire avant l'été 1917 puisqu'elles précisent que Gurvitch avait officiellement décroché son diplôme le 13 avril 1917 (Livret étudiant, 14-3-68460, n°15 – CGIA). Il se peut donc que Gurvitch ait confondu entre les deux révolutions, précisant le 10 octobre 1917 au lieu du 10 février 1917.

Dans son mémoire, les objectifs que poursuivait Gurvitch sont en bien des points analogues à ceux de son ouvrage de 1918. Il s'agissait de trouver le fil directeur faisant défaut à la littérature secondaire, la plupart du temps « concentrée sur les principes particuliers de la doctrine de Rousseau, et donc incapable de donner une vision totale de la théorie politique du penseur genevois » (ibid. : 4). Sa réponse était claire : l'exigence de moralité de tous les contractants (ibid. : 5-7). Il esquissait ensuite les grands axes qui devaient structurer son *Rousseau* : le contrat social est l'expression du refus de l'arbitraire et de l'acquisition de la liberté juridique ; le droit, inexistant à l'état de nature, n'apparaît que dans l'état civil ; ou encore la distinction entre droit instinctif et droit positif.

Il existe cependant une première différence de taille qui sépare ces deux écrits. Bien qu'il arbore en première page une pompeuse citation tirée du *Faust* de Goethe – « Nous ignorons ce qu'il nous faut savoir, et nous savons ce qui ne nous sert pas » – le mémoire de Gurvitch restait très scolaire. La structure du manuscrit, composé de trois parties, l'indique clairement : une présentation de Rousseau et de sa pensée ; une description de ses principaux ouvrages politiques ; enfin, un exposé de l'Etat idéal selon Rousseau. Ce mémoire accusait ensuite d'importantes faiblesses de méthode, de sorte qu'il ne reçut aucun prix (ibid. : 1). Gurvitch était d'ailleurs pleinement conscient de ces deux lacunes. Il justifiait par exemple le caractère éminemment descriptif de sa recherche par le « refus » de vouloir analyser les critiques adressées à Rousseau en « répétant simplement les analyses justes » d'autres auteurs (ibid. : 23), sous-entendant qu'il ne restait à son mémoire que les vertus de l'exposé. Quant au problème de méthode, Gurvitch reconnaissait explicitement son parti-pris, admettant « avoir trié et arrangé arbitrairement » les idées de Rousseau, soit qu'il les ait « détournées » (ibid. : 109), soit que « parmi les idées contradictoires » du philosophe, il ait « choisi celles qui correspondaient [le mieux] à ses principes » (ibid. : 108).

La lucidité de cette auto-critique suffit à indiquer que pour tirer une publication de son mémoire manuscrit, Gurvitch devait effectuer de profondes révisions. Il est probable que Petrasizky lui ait conseillé dans un premier temps de publier un résumé des arguments principaux de son mémoire dans une revue. Le jeune homme suivit sa recommandation en rédigeant un « article » qui semble bien avoir été accepté par une « revue scientifique » – quand bien même il n'en ait pas précisé le nom dans les rares documents disponibles sur le sujet (cf. Gurvitch, 1918 : i). En parallèle, il approfondissait ses recherches et ses lectures, dans le but de publier ultérieurement un « ouvrage plus vaste sur Rousseau »[16]. Le tumulte de la Révolution devait cependant profondément

16 La note 217 de son ouvrage de 1918 le confirme partiellement. « Poursuivre ce parallélisme au fil du *Contrat social* », précisait Gurvitch à propos de l'intérêt général et de la volonté générale, « est une tâche aussi difficile qu'importante. Les limites et le but du présent ouvrage ne nous permettent pas de nous y engager ; l'auteur pense le faire dans un autre ouvrage plus vaste sur Rousseau. Nous ne choisirons ici qu'un exemple » (cf. ci-dessus : 172, note 217).

changer ses plans, car en lieu et place d'un article, c'est un livre de 100 pages qui paraissait quelques mois plus tard.

La préface qui introduit son *Rousseau* reste trop vague pour comprendre précisément ce revirement de dernière minute. « Seule l'interruption provisoire de la publication et une occasion inattendue ont poussé l'auteur à publier son ouvrage comme un livre à part », y précisait Gurvitch (ibid.). A quoi renvoie cette « occasion inattendue » ? Et le terme de « provisoire » signifie-t-il que la revue ait dû mettre la clef sous la porte ou qu'elle avait simplement perdu le manuscrit ? Si les données restent trop lacunaires pour se hasarder à une réponse définitive, cette préface traduit du moins sa profonde insatisfaction. Le jeune auteur n'y regrette pas seulement le grand nombre de fautes et d'erreurs de citations, « impossibles à éviter vu les conditions extrêmement difficiles de publication » (ibid.). Plus profondément encore, il allait jusqu'à s'excuser d'en avoir fait un ouvrage « à part entière », priant le lecteur de ne considérer ces 100 pages « que comme un article » (ibid.). Obligé de pallier au problème en présentant les brouillons de l'ouvrage « plus vaste » sur lequel il travaillait sans pourtant y avoir mis un point final, Gurvitch savait que son *Rousseau* était inachevé. Il n'abandonnait pas le philosophe genevois pour autant, parvenant à réaliser le projet d'article sur Rousseau qu'il s'était fixé[17]. Déçu, il ne reviendra en revanche jamais sur le livre qu'il avait commencé.

L'échec de février 1917

La seconde différence entre « La doctrine politique de J.-J. Rousseau » et *Rousseau et la Déclaration des droits* tient à quelques mois décisifs, séparés par l'abîme de l'échec de la Révolution de février.

Si « Lui, Gurvitch, il a aimé la révolution naissante autant que l'amour » (Duvignaud, 1995 : 137), le mémoire qu'il consacrait à Rousseau ne porte guère les stigmates des derniers événements politiques qui secouaient la capitale. Rien ne transparaît de cette « période proudhonienne et syndicaliste » (Gurvitch, 1969 : 84) dans laquelle la Révolution de février le surprit. S'agissait-il d'un silence de façade ? Les lacunes de son manuscrit laissent penser que Gurvitch avait opté pour une solution des plus formelles, qui, si elle obéissait aux standards pour qu'il décroche son diplôme haut la main, lui prenait peu de temps. Dans la littérature secondaire, l'hypothèse fut poussée bien plus loin, passant quelque peu le *Rousseau* à la trappe pour mieux insister sur l'engagement politique de Gurvitch. Selon Durry, Gurvitch avait délaissé son diplôme, et les premiers mois de 1917 furent loin d'être uniquement studieux. « Jeune assistant sans foi à l'université, il se lance dans la bagarre » dès février 1917,

17 L'article allemand qu'il signait en 1922, « Kant und Fichte als Rousseauinterpreten » peut être considéré comme la réalisation tardive de ce projet. Gurvitch reprit pour l'occasion de nombreux passages de son mémoire de 1917.

(Durry, 1966 : 184), s'engageant « avec passion » dans la Révolution (Rou 1994 : 49). Et même si, à l'ombre d'un engagement actif, certaines sources o maintenu le rôle important que la science continuait de jouer pour le jeur étudiant, la philosophie du droit fut totalement éclipsée au bénéfice de scienc à la réputation plus politique, comme la philosophie sociale[18] ou la sociologi « Comme je suis l'un des organisateurs des soviets russes de 1917, je peux e parler en connaissance de cause », confirmera Gurvitch en évoquant notamme les soviets de l'usine de Poutilov, en banlieue de Petrograd (Gurvitch, 1967 96). Ces confidences, réitérées à qui venait le voir « dans son petit apparteme encombré de livres et de manuscrits en vrac », au cours de « monologues » (B landier, 1977 : 245) toujours plus longs, ne font certes pas office de preuv Gorgés d'informations suspendues à une oralité difficile à vérifier, ces aveu demandent certaines nuances. On ignore encore tout du rôle de Gurvitch dar ces usines, qui appartenaient au fondateur de la banque pour laquelle travailla son père et où son ami Sorokin fut particulièrement actif. Mais ces précautio n'ôtent rien à l'intense « joie[19] » de Gurvitch au moment de la chute du régim galvanisé par l'idée que « son idéal démocratique et socialiste paraissait sur point de devenir une réalité » (Toulemont, 1955 : 7).

L'hypothèse de cet engagement n'est pas sans fondements, et le pathos de conclusion de son mémoire la renforce à plus d'un titre. « Rousseau est u tribun populaire qui proteste contre l'oppression, ses contradictions sont miroir des contradictions de la société dans laquelle il vivait ; Rousseau est défenseur de la perfection morale, un éveilleur des consciences endormies – e un mot : Rousseau est tout pour comprendre la vie réelle, mais il n'est rien d point de vue théorique » (14-25-155 – CGIA : 110). En somme : en 1917, Gu vitch s'intéressait au Rousseau pratique et politicien. Or, à comparer rapid ment cette thèse avec l'ouvrage de 1918, de sensibles divergences apparaissen Car si l'élan avec lequel Gurvitch continuait de défendre Rousseau reste un constante, ses conclusions sur l'intérêt de Rousseau étaient presque inversé en ce qui concerne le théorique et la vie réelle :

> « On a souvent mentionné que les critiques et interprètes de Rousseau n'ont pas pénétré ses desseins les plus profonds. C'est que la doctrine politique de Rousseau est si liée aux évènements de la Révolution française que les partis politiques l'ont longtemps employée dans leurs disputes – depuis si longtemps d'ailleurs, que même aujourd'hui l'intérêt principal des exégètes consiste à cerner les conséquences politiques de sa théorie plutôt que son essence propre. Toutefois, il est indiscutable que l'aspiration majeure de Rousseau, entre autres, fut bel et bien de construire une

18 Pour Gurvitch, la Révolution non seulement « rendu actif le peuple russe », mais elle avait aus créé la « nation russe en tant que réalité sociologique » (Gurvitch à Goldenweiser, Lettre du 08.1 1943 – CUL/BA/G).

19 « *J'ai pleuré de joie, ce qui m'est arrivé seulement deux fois dans ma vie* » la première fois s'éta produite « au moment de la chute du tzarisme, où j'ai été plus qu'actif » reconnaissait Gurvitch e 1961 (Gurvitch à Duvignaud, Lettre du 4.11.1961, Fonds Duvignaud, Correspondance, Dossi DVG2.C03 – IMEC).

théorie abstraite et non de formuler un programme politique. Rousseau a lui-même avoué qu'à la différence de Montesquieu, il cherchait avant tout 'les principes véritables du droit politique... et, n'étant intéressé que par le droit et par la raison, il ne discute pas des faits'. Rousseau n'est pas concerné par les questions de réalisation pratique de ses constructions théoriques. » (cf. ci-dessus : 128).

Divers indices attestent d'un revirement analogue à partir du mois d'avril 1917, c'est-à-dire durant le remaniement de son *Rousseau.* Hormis son dossier maçonnique, les entretiens entre Gurvitch et Duvignaud sont à cet égard très révélateurs. Ils précisent que dès avant la Révolution, Gurvitch était déjà un « terroriste défroqué[20] » (Duvignaud, 1969 : 183) qui s'était définitivement tourné vers la science, voire même la poésie. Retrouvant les traces de Wassilij Ulrich, alors « employé comptable à la gare de Petrograd », Gurvitch se souvenait ainsi que son vieil ami intime lui « reprochait de [s]'intéresser trop à la nouvelle poésie russe, à Block, Maïakovski, et de lire Stirner et Proudhon au lieu de continuer à commenter Marx » (Gurvitch, in : Duvignaud, 1959 : 24-25). De fait, tandis que de retour du front, Ulrich se rend « à Riga pour dépouiller les archives de la police secrète tzariste », insistant pour que Gurvitch le rejoigne (ibid. : 25), le jeune homme décline l'offre de son ami agent secret. Plutôt que de « laver le linge sale après la révolution » de février (ibid.), Gurvitch se consacrait à sa carrière et souhaitait rester sur place pour pouvoir rédiger son ouvrage. L'impact politique de l'échec de février 1917 sur la pensée de Gurvitch prend ainsi une dimension fortement théorique. Animé d'un « sentiment de la dignité de sa condition d'intellectuel » qui chez lui « arrivait à des extrémités plutôt espagnoles que russes ou françaises » (Freyre, 2005 : 158), Gurvitch n'était certes « pas indifférent aux problèmes politiques » (Archives des loges russes, Etoile du Nord (1924-1970), Dossier Gurvitch, XI, 2, notice du 15.04 1927, n° 5/211 – BNF). Son *Rousseau* indique bien que son plaidoyer en faveur d'une démocratie sociale reposait sur une pensée politique. Mais celle-ci ne débordait pas les frontières de la théorie, Gurvitch considérant ces problèmes de politique pratique « comme secondaires » face à la science (ibid.). Ses travaux juridiques ultérieurs en porteront les séquelles[21].

Le refus de « toute affiliation politique » et de « tout socialisme de parti » ne semble pas être au cœur de ce revirement, car Gurvitch a souvent précisé que c'était le cas dès « avant la Révolution » (ibid.). En revanche, l'échec de la Révolution de février s'est surtout traduit chez lui par une dévalorisation

20 Si nous l'employons ici dans un sens plus général, notons toutefois que l'expression est initialement de Duvignaud : « Ceux qui ont bien connu Trotsky m'ont dit que l'on trouvait des traits comparables [à Gurvitch ; NdT.] chez ce leader de 1917. Et au fond Gurvitch, professeur à la Sorbonne, était lui aussi un 'terroriste défroqué' » (Duvignaud, 14.12.1965).

21 « La théorie de G.[urvitch] n'est que trop restreinte à une théorie du *droit*. Il lui manque une sensibilité à l'Etat, au Politique, à leur influence sur la genèse, la formation, l'aménagement du droit », précisera Scheuner en 1933 à l'occasion de la parution de la thèse de Gurvitch (Scheuner, 1932/33 : 261). Sa conception anti-étatique du droit social est justement ce qui « refoule complètement la question du moment de la décision, le Politique » (ibid.).

complète de la figure de l'orateur politique. Tandis que naguère il louait en Rousseau ses vertus de tribun[22], Gurvitch mettait désormais en exergue le génie d'un pur théoricien, piètre orateur, et surtout éloigné des faits. On peut y lire en grande partie sa déception des hommes de la Révolution. Certes, Gurvitch fut enjoué du retour de Lénine auquel il assista personnellement. « Les nombreux spectateurs qui, en mai 1917, s'étaient massés à la gare de Finlande à Petrograd ne l'oublieront jamais ! » s'exclamait-il encore à près de quarante cinq ans d'intervalle (Gurvitch, 1962 : 5)[23], racontant volontiers ses entretiens avec lui (cf. Eisermann, 1968 : 93). Mais il avait perdu tout enthousiasme pour le mentor de la Révolution. S'il « reconnaissait chez le leader soviétique des qualités hors du commun de l'homme d'action », il n'en gardait « pas une forte impression d'intellectuel marxiste », affichant déjà systématiquement un « grand mépris » pour les hommes politiques, à ses yeux dépourvus du « détachement nécessaire » et de toute l'« austérité scientifique » qu'impose la juste compréhension des problèmes pratiques (Freyre, 2005 : 156-157 ; 152)[24]. Freyre ne fut d'ailleurs pas le seul confident auquel Gurvitch avouera cette prise de distance, et Staline ou Trotsky en prendront autant pour leur grade. Lorsque Duvignaud lui demandait s'il existait bel et bien un lien entre les événements de 1917 et sa propre pensée, Gurvitch répondait en s'exclamant : « Le rapport est très net ! Mes observations sociologiques les plus concrètes ont été faites sur le vif en constatant les désaccords fulgurants entre différents groupes et différents paliers en profondeur au moment même où une structure sociologique globale – celle du tzarisme – a été renversée et qu'une autre – celle de la Russie soviétique – était en train de se construire » (Gurvitch, in : Duvignaud, 1959 : 24). Les hommes de la Révolution n'avaient su ni s'unir, ni analyser la situation.

L'impact de l'échec de la Révolution de février, dont Gurvitch a tiré « le premier projet d'une sociologie qu'il composera et recomposera tout au long de sa vie » (Balandier, 1972 : 6), lui ouvrait ainsi une nouvelle dialectique, qui, de la participation à l'observation, le rapprochait de la sociologie. Au fil de son étude juridique des révolutions, de Rousseau à Proudhon et de 1789 à 1848, Gurvitch cherchait ainsi moins à identifier dans les événements de 1917 la réalisation des prophéties marxistes que « les formes d'une dynamique interne des formes sociales dans la société elle-même » (Duvignaud, 1970 : 38 ; cf. également Geldsetzer, 1965 : 293). D'autre part, il radicalisait l'idée d'un

22 Les poèmes que Gurvitch publia en 1911 indiquent également combien il aimait « haranguer les foules » (cf. certains extraits qui sont traduits en annexes).

23 Il « a vu Lénine, retour de Suisse, baisser la vitre de son compartiment et crier à l'adresse des marxistes de stricte observance qui l'accueillent : 'Tout le pouvoir aux soviets'. [...] Stupeur des intellectuels orthodoxes. Staline, dit-il, désorienté, se perd dans la foule et n'en ressortira que plus tard, maître d'un appareil et corrupteur de l'élan révolutionnaire » (Duvignaud, 1995 : 137-138).

24 Gurvitch précisera par exemple que les explications de Lénine sur « la situation 'coloniale' de la Russie et en faisant appel à l'esprit révolutionnaire du prolétariat exploité par les colonies » étaient loin de lui être « satisfaisantes, étant donné que la Russie n'était pas exploitée d'une manière coloniale par ses alliés qui se contentaient d'y placer leurs capitaux » (Gurvitch, in : Duvignaud, 1959 : 25).

socialisme scientifique dont il voyait dans « l'éthique, les impératifs moraux, le point de départ » (Archives des loges russes, Etoile du Nord (1924-1970), Dossier Gurvitch, XI, 2, notice du 15.04.1927, n° 5/211 – BNF). On retrouve ici toute la théorie de Petrasizky sur le droit et la moralité[25], base sur laquelle le vieux professeur asseyait lui-même sa propre position politique[26].

Gurvitch et l'école de Petrasizky

Le directeur de mémoire de Gurvitch, Léon Petrasizky (1867-1931), fut l'une des figures les plus célèbres de la faculté juridique de Saint-Pétersbourg où il occupait la chaire d'encyclopédie du droit. Rapidement après sa nomination, en 1897, ses cours attirent déjà une marée d'élèves de sorte que c'est souvent à mille qu'on venait l'écouter (cf. Walicki, 1987 : 219). Cela fait dix-neuf ans que Petrasizky enseigne lorsque Gurvitch en devient l'élève. On ignore si les deux hommes se lièrent. Ainsi que bien d'autres à Varsovie, où Petrasizky s'éteindra[27], ses archives personnelles ont brûlé en 1944 de sorte que l'existence d'une correspondance entre eux reste une hypothèse. Les vibrantes nécrologies en russe et en français que Gurvitch consacrait à son maître, après un suicide qui laissait toute une école en deuil[28], indiquent toutefois qu'il en fut durablement marqué[29].

La première trace de cette influence que trahit son *Rousseau* tient dans son sujet même. Bien qu'il ne semble pas avoir été imposé, le sujet que Gurvitch avait choisi obéissait en effet à une logique de recherches dirigée par Léon

25 « Bien qu'idéaliste, en tant que philosophe du droit russe, Gurvitch n'a pas manqué d'être considérablement influencé par la théorie positiviste du droit de Petrazycki. On le voit très clairement à propos de sa distinction entre la morale et le droit que Gurvitch a appliquée dans son volumineux ouvrage en français », *L'Idée du droit social*, affirmait dans le même sens son ancien camarade, Max Laserson (Laserson, 1932/33 : 317).

26 Sur la complexe position politique de Petrasizky, cf. Walicki (Walicki, 1987 : 262 sq.).

27 Aidé par l'un de ses disciples, Pitirim Sorokin, Petrasizky s'enfuit en Pologne en septembre 1917 (cf. Sorokin, 1991 : 81). Une chaire de sociologie lui est alors créée sur mesure à Varsovie.

28 Petrasizky se suicida en 1931 en se coupant les veines. Si les raisons exactes de cette mort restent encore mal élucidées, la montée des totalitarismes et la maladie mentale semblent avoir pesé sur son pessimisme grandissant. Selon Pitirim Sorokin, Petrasizky se « supprima à cause de cette époque de guerres et de révolutions, de l'anéantissement du bien et du triomphe du mal, ainsi que de la cruauté des âmes humaines » (Sorokin, 1991 : 81).

29 La nécrologie française est reproduite ci-après, en tenant compte des passages figurant dans la version russe. Hormis « Une Philosophie Intuitionniste du Droit : Léon Petrasizky » (Gurvitch, 1931c : 403-420) et « L. I. Petrazitsky, philosophe du droit » (Gurvitch, 1931b : 480-492), Gurvitch consacra également les textes suivants à son ancien mentor : 1) « La théorie du 'droit intuitif' et de la multiplicité infinie des sources du droit positif du savant russe Léon Petrasizky », (cf. Gurvitch, 1931a : 279-295) ; 2) « Petrazitsky, Lev Iosifovich (1867-1931) » (Gurvitch, 1934b : 188) ; 3) « Une philosophie intuitionniste du droit : Léon Petrazitsky » (Gurvitch, 1935 : 153-169).
Gurvitch tint également une conférence intitulée « La théorie du droit de L. I. Petrasizky » en mars 1932, au sein du séminaire de théorie du droit de l'Ecole des Hautes Etudes Sociales (Mnoukhine & alii. 1995a : 287).

Petrasizky centrée sur la question du droit sous la Révolution française. Une rapide comparaison avec les travaux d'autres condisciples et amis de Gurvitch à l'époque, tous inscrits chez Petrasizky, le confirme clairement. C'est notamment le cas de Pitirim Sorokin et de Sergius Hessen, qui dès 1917, publient respectivement *Des libertés. Les droits inaliénables de l'homme et du citoyen* aux éditions Revolutsionnaja mysl', et *Les idées politiques des Girondins. A propos de l'histoire des idées politiques à l'époque de la Révolution*, chez Rjabushinnsky à Moscou. Pour le cercle de ces jeunes savants regroupés autour de Petrasizky, la question était palpitante vu l'époque : quelles sont les sources de légitimation du pouvoir et du droit alors qu'un régime ébranlé s'écroule pour laisser place à un nouveau système politique ? Quels parallèles faire entre la mise en place du nouveau régime russe, qu'ils observaient *in statu nascendi*, et les lendemains de la Révolution française, deux expériences révolutionnaires que le temps et l'espace d'un continent séparaient ? Poursuivant les analyses sur le holisme politique du « *Nous* » qu'il déjà avait travaillées dans le cadre de son mémoire sur Prokopovitch, Gurvitch jetait son dévolu sur l'« énigme » de « la position de Rousseau » (Gurvitch, 1969 : 84). « J'étais très intrigué par ce concept de 'volonté générale' opposée non seulement à la volonté majoritaire, mais à celle de 'tous' et se retrouvant identique dans chaque individu, pour autant que celui-ci et la société renaissent à une nouvelle vie grâce au 'contrat social' » (ibid.), précisera-t-il dans son esquisse autobiographique.

Théorique plus que thématique, la seconde trace de l'influence de Petrasizky est certes indirecte. « Observateur participant »[30] des événements révolutionnaires en Russie, Gurvitch n'adoptait pas la même vision que celle de son maître. Tandis que Petrasizky considérait les jours de février comme une catastrophe nationale (cf. Walicki, 1987 : 297), Gurvitch était enjoué des premiers soviets. De même, tandis que le chef de file de l'école de Petrograd faisait des phénomènes psychiques la source première de légitimation du droit et de l'ordre social, Gurvitch la voyait quant à lui dans les totalités sociales. Le jeune étudiant ne faisait donc pas entièrement amende honorable aux théories de son professeur, ni en 1917, ni même d'ailleurs plus tard[31]. A ces indéniables dis-

30 L'expression est de Gurvitch. Il l'utilise dans une lettre à René König de 1963 : « Vous me reprochez mes termes d'*hyper-empirisme* et *sur-relativisme*. Ces termes, que je reconnais ne pas être très heureux, ont été exclusivement employés pour souligner que l'expérience ne se réduit, pour moi, ni à l'expérience sensible, ni à l'expérimentation dans le sens exact du terme, valable de préférence dan[s] les sciences de la nature. Je trouve l'expérience sociale bien plus riche et j'en ai fait moi-même 'l'expérience' par ma participation active à la première phase de la révolution russe (1917-1920) d'abord, à la résistance française ensuite. De ces deux expériences sociales décisives, viennent toutes mes orientations sociologiques fondées sur le principe de *l'observateur participant* » (Gurvitch à König, Lettre du 04.11.1963, Fonds König, 1671, n° 29 – HASK).

31 Dans les années trente, pour débarrasser les thèses de Petrasizky de leurs aspects psychologistes, Gurvitch ira jusqu'à les réinterpréter dans le sens du droit libre allemand, refoulant au passage toute l'animosité de son ancien maître pour l'école du *Freirecht* (Walicki, 1987 : 283-284), voire à les associer aux efforts d'un Bergson, d'un Proudhon ou des phénoménologues allemands – amalgame qui ne sera pas toujours du goût de ses collègues (cf. Laserson, 1932/33 : 318-319 ; 336).

:ances s'ajoutait encore une éloignement d'école, car en situant son écrit sur Rousseau dans la veine de l'idéalisme juridique plutôt que du positivisme juri-dique (cf. Gurwitsch, 1922/23 : 125), Gurvitch semblait d'autant plus s'opposer à Petrasizky que ce dernier était habituellement tenu pour un fidèle partisan de a méthode positiviste. Ces décalages méritent néanmoins d'être traités avec précaution pour mieux isoler l'influence que la pensée de Petrasizky exerça sur ui.

En effet, le reproche de psychologisme qui grevait l'approche de Petrasizky ne fut l'apanage ni de Taranovsky, auquel Gurvitch restait sur ce point fidèle, ni d'ailleurs de Gurvitch lui-même. De fait, Gurvitch ne fut pas le seul membre de 'école de Petrasizky à suivre de manière plus ou moins rigide la théorie de ce maître (cf. Laserson, 1947 : 678). Il partageait sur ce point les mêmes idées que d'autres élèves importants du cercle de Petrasizky, tels Timasheff ou Sorokin. Quand bien même leur mentor n'entreprit pas une révision en profondeur de sa héorie psychologique, ils étaient dans l'ensemble convaincus qu'elle contenait es germes qui devaient inéluctablement la conduire à un pluralisme plus mar-qué, notamment en tenant compte de la sociologie (cf. Gurvitch, 1935 : 162 ; 68). Il en va de même pour l'opposition structurante de la philosophie du droit usse de l'époque entre idéalisme et positivisme, – depuis largement nuancée. Les condisciples de Gurvitch la remirent du moins en cause avec autant, si ce n'est plus de radicalité[32]. Quant à Gurvitch, il n'est pas anodin de noter qu'il onsidérait les théories de Petrasizky comme relevant du courant idéaliste, ou du moins comme une synthèse réussie de ces deux approches[33] Il se rattachait donc explicitement à lui.

Ces nuances mises à part, il est possible de comprendre que Gurvitch ait alué en Petrasizky « le plus grand philosophe du droit contemporain de Russie t de Pologne » (Gurvitch, 1931c : 403) à travers deux influences cruciales qui narquèrent son *Rousseau*.

Premièrement, en dépolitisant la réception du *Contrat social* et d'extraire Rousseau de la gangue des controverses politiques dans lesquelles sa pensée tait enferrée, Gurvitch adoptait clairement la méthode de son maître. Cette néthode, qui le conduisait à voir le philosophe genevois non pas comme un dépte de l'absolutisme mais comme l'un des plus grands « promoteur[s] de la ynthèse démocratique » (Gurvitch, 1929 : 417), s'appliquait d'ailleurs à bien 'autres cas que celui de Rousseau. A travers elle, Gurvitch proposait avant out un plaidoyer scientifique, non politique, de la démocratie – une approche ont le vingtième siècle avait selon lui cruellement besoin. Dix ans après son némoire, et toujours en partant de l'enjeu de dépolitiser Rousseau, Gurvitch

Nous renvoyons ici à l'introduction que Timasheff fit en 1955 de *Law and Morality*, l'ouvrage phare de Petrasizky, ainsi qu'aux travaux de Walicki (cf. Walicki, 1987 : 213 sq. ; 679).

Pour les critiques adressées à Gurvitch sur ce point, cf. Laserson (Laserson, 1932/33 : 324 ; 335). On peut également renvoyer à l'article de Swedberg, qui définissait Gurvitch comme un « Positi-viste malheureux », bien qu'il traite de ce problème de manière plus générale qu'en suivant le seul axe de la philosophie juridique russe de l'époque (Swedberg, 1982b : 66-93).

était encore plus explicite dans un article intitulé « L'avenir de la démocratie « Mais qui a prouvé que la démocratie est un principe d'organisation exclusiv ment politique ? » interrogeait-il (Gurvitch, 1929 : 420). Il faut bien voir qu peut aussi être social, historique, religieux, total, bref, que « Le droit social e l'essence même de la démocratie », la base qui en fait le caractère « pol édrique » (ibid. : 429 ; 424). Néanmoins, afin de pouvoir jeter sur la démocrat et la souveraineté du peuple une « lumière toute nouvelle » (Gurvitch, 1932 87), il nous faut une autre langue, une langue qui puisse en rendre compte plu objectivement. Malgré certains écarts en comparaison de ses articles du déb des années trente[34], on constate toutefois qu'en 1918, la conclusion de sc ouvrage sur Rousseau reposait déjà sur le même discours. Pour avoir de démocratie une approche à la fois plus sociale et plus scientifique, po « achever la synthèse entre l'Etat et l'individu [...] on a besoin de nouveau moyens, de nouvelles notions philosophiques que le XVIII° siècle ne co naissait guère » (Gurvitch, 1918 : 100). Or, en affirmant que « L'accompliss ment d'une telle synthèse est la tâche de la philosophie contemporaine du droi tâche dont l'achèvement ne ferait pas revenir au point de vue de XVIII° siècl mais constituerait une avancée dans le XX° siècle » (ibid.), Gurvitch ne faisa pas mystère qu'il considérait la philosophie du droit – (russe) – comme cet nouvelle langue.

Cette seconde influence importante de Petrasizky sur la philosophie du dro comme langue scientifique à vocation universelle est d'ailleurs perceptible maintes reprises dans l'ouvrage que Gurvitch consacrait à Rousseau. Ajouta catégoriquement en conclusion que « Les seules notions qui peuvent fournir de éléments pour une telle synthèse sont les notions de *système* et de *totalité con crète de caractère axiologique*, voire de *système concret* » (ibid.), Gurvitc recourait explicitement à la théorie des faits normatifs de son maître. Autr indice encore : selon Gurvitch, les erreurs du projet de Rousseau, le mécan cisme ou l'atomisme du concept de volonté générale, se laissaient réduire à u problème terminologique ou de *vocabulaire*. Or c'est notamment aux écrits d Léon Petrasizky qu'il puisait pour pallier à ces formulations maladroites d'u problème sur lequel Rousseau avait mis le doigt sans parvenir à l'énonce clairement. Gurvitch différenciait alors entre « droit naturel intuitif (instinctif) et « droit naturel positif (raisonné) », un distinguo qu'il reprenait à son prc fesseur pour mieux rendre compte de l'ambivalence du concept de droit natur chez Rousseau.

Ce plaidoyer en faveur du droit de la philosophie juridique russe à fair entendre sa voix et ses concepts dans le concert des sciences humaines eurc

34 On pourrait étendre cette conviction bien au-delà. Ainsi, dans un article de 1942 intitulé « Dem cracy as a sociological problem », Gurvitch écrivait : « A true democratic ideology was born on after Rousseau succeeded for the first time in synthesizing liberty and equality, to be achieve through popular community rule, guided and guaranteed by the sovereignty of law » (Gurvitc 1942 : 47-48). La communion – ce que Gurvitch voyait dans la volonté générale – comme synthès de la liberté et de l'égalité.

péennes dépasse certes la seule influence de Petrasizky. Malgré la prééminence des emprunts faits à son maître, pour parvenir à proposer d'autres formulations, Gurvitch puisera à d'autres juristes russes, comme Taranovsky, Novgorodtsev ou Hessen, et même plus généralement à divers concepts de la philosophie religieuse russe comme ceux de « *Sobornost'* » et de « *Vseedinstvo* » (cf. Antonov, 2005 : 23-31). Bien que Gurvitch se référait aussi à diverses sources allemandes ou françaises, on peut remarquer ici une tendance tout à fait générale de la scène philosophique russe d'alors, qu'elle fut juridique ou non : la revendication d'une spécificité « russe » dont la vocation, à la fois nationale et universelle, s'inscrivait dans l'ombre de la révolution bolchevique. Dans son ensemble, la philosophie russe avait pour « mission d'indiquer les ferments d'un nouvel ordre socio-politique » pour la Russie comme pour l'Europe entière, ordre nouveau dont les bolcheviques n'avaient pas le monopole[35].

Cette remarque nous permet d'aborder une troisième influence de Petrasizky sur Gurvitch. En affirmant que le droit et la moralité formaient les deux phénomènes les plus élevés de la sphère de l'éthique, Petrasizky ne proposait pas seulement une approche sociologique de la réalité juridique capable de renvoyer dos-à-dos le jusnaturalisme et le positivisme juridique (Gurwitch, 1922/23 : 112 ; 115). Loin de s'opposer au matérialisme historique, il pensait encore que son approche lui était nécessairement complémentaire (cf. Walicki, 1987 : 245 ; Laserson, 1932/33 : 355). Gurvitch, qui pratiquait déjà « une attaque tournante du marxisme en tentant de le déborder » (Balandier, 1977 : 247), partageait ainsi la même conviction que son maître, ce qui n'était pas sans le rapprocher des libéraux plus que des bolcheviques. De même que la rhétorique sociologique assurait en Allemagne, sans être directement politique, la fonction de démocratiser un Etat conformément à la situation socio-politique qui lui était propre, de même, la rhétorique de la philosophie du droit de Petrasizky assurait dans le contexte russe le rôle de promoteur d'une conscience ou d'une culture juridique sans laquelle le régime naissant ne pouvait s'asseoir. Laquelle ?

Si telle était la question que Gurvitch cherchait à clarifier dans son *Rousseau*, on notera que le nouveau régime ne manqua pas non plus de se la poser – ni d'y répondre. Réduit au rang de « conscience juridique révolutionnaire », le droit s'éclipsait. Les normes juridiques antérieures furent réduites à néant, sans que d'autres normes écrites ne les remplacent. Pourtant, les idéologues du « nouveau droit socialiste », tels Mark Reisner ou Jakob Magasiner, continueront de se référer au fondateur de l'école juridique de Petrograd. L'école de Petrasizky prédominera ainsi jusqu'aux années trente, lorsque l'idéologue de la constitution stalinienne, Andrej Vychinski, en donne une formulation stable. On s'éloignait toutefois de l'intuition du droit social que Gurvitch pressentait dans la théorie de son maître, puisque Vychinski entérinait un positivisme étatique où l'Etat était l'unique créateur de la réalité juridique. Mais avant que ces décalages avec l'idéologie officielle ne mettent Gurvitch dans une position

35 Sur ce point, nous renvoyons au stimulant article de Steila (Cf. Steila, 2001 : 647-672 ; ici 672).

difficile, et comme jusqu'aux années vingt la théorie de Petrasizky continuait d'avoir le vent en poupe, pourquoi son texte sur Rousseau eut-il une presse des plus discrètes ?

Une réception discrète

Comme de nombreuses publications qui suivirent le mois d'octobre 1917, le *Rousseau* reçut une attention tardive, en grande partie une fois que Gurvitch entrait dans l'exil[36]. Dans l'ensemble, le souci novateur de Gurvitch à vouloir dépolitiser la réception du *Contrat social* fut largement et durablement salué. Mais si en 1961 Philonenko continuait d'avouer à son ancien professeur toute l'admiration qu'il avait pour ses travaux sur Rousseau (cf. Gurvitch, 2006a : 326-327, note 8), les réserves furent cependant nombreuses. Nous en mentionnerons deux.

Tout d'abord, l'« indubitable identité textuelle » (Gurvitch, 1971 : 393, note 3) que Gurvitch prétendait démontrer entre l'article « Droit naturel », paru dans le volume XI de l'*Encyclopédie* de Diderot, et divers passages de la *Première Rédaction du Contrat social* suscita de « véhéments » reproches (Léon, 1934 : 214, note 2). Dans un article de 1928 intitulé « J.-J. Rousseau et la Démocratie » qui parut dans l'*Annuaire de l'Université de Sofia*, Bizzilli précisait : « L'article sus-dit n'est pas, à proprement parler, 'anonyme' : il est précédé d'un astérisque. Or dans 'l'Explication' des rédacteurs de l'Encyclopédie nous lisons : 'presque tous les articles qui n'ont point de lettres à la fin ou qui ont une étoile au commencement sont de M. Diderot : les premiers sont ceux qui lui appartiennent comme étant un des Auteurs de l'Encyclopédie, les seconds sont ceux qu'il a suppléés comme éditeur' » (Bizzilli, 1928 : 20). Si l'hypothèse que Diderot aurait pu reprendre et amender un brouillon de Rousseau n'est donc pas saugrenue, il en va bien autrement de l'identité textuelle à laquelle prétendait Gurvitch. Littéralement « stupéfait » des « procédés » de comparaison de son collègue russe – inversions, passages omis –, il devait constater après vérification que « la découverte de M. Gurwitsch prouve ... tout juste le contraire de ce qu'il croit avoir prouvé : [1)] l'auteur de l'article de l'Encyclopédie n'est pas Rousseau ; 2) c'est cet article qui est la 'source' du chap.[itre] II du C.[ontrat] Soc.[ial] et non *vice versa* » (ibid. : 22 ; 23). Ces deux conclusions ont depuis largement été entérinées[37].

36 Certaines de ces recensions sont traduites dans les annexes qui suivent.

37 Plus pudiques dans leurs remarques critiques que ne le fut Bizzilli envers Gurvitch, Vieillard-Baron et Ferrari signalaient néanmoins la même chose en note de la traduction qu'ils proposaient de son « Kant und Fichte als Rousseauinterpreten », en 1971. « Si *Le Discours sur l'Économie politique* est bien de Rousseau, celui sur *Le Droit naturel* est aujourd'hui attribué à Diderot. La similitude des textes relevée par Gurvitch peut s'expliquer par la collaboration étroite entre les deux écrivains » (Gurvitch, 2006a : 30, note 41).

Le refus de Gurvitch à traduire le terme de « volonté générale » et les multiples synthèses dont il voyait les premiers linéaments en Rousseau, synthèses entre Etat et individu, droit et pouvoir, etc., suscitèrent une seconde ligne de critiques. La recension que Novgorodtsev signait en 1921, bien qu'elle soit empreinte de sympathie, l'indique clairement. « L'auteur n'a pas réussi à soutenir cette deuxième thèse de son livre, tout simplement parce que c'est impossible. [...] L'auteur juge que le mérite de Rousseau est d'avoir dépassé le dualisme entre droit positif et droit naturel, entre droit et pouvoir. Par essence, ce dualisme est toutefois sans issue, et l'idée des droits inaliénables n'en est d'ailleurs que l'une des formes »[38]. Novgorodtsev ne fut pas le seul à éprouver ce malaise. Recourant à un discours scientifique caractéristique des mencheviks et des cadets, Gurvitch cherchait à faire un plaidoyer, certes aucunement bolchevique, mais qui restait, à la différence de la position de ses professeurs, dans une veine syndicaliste qui leur était surprenante. Au lendemain de la Révolution d'octobre, le jeune Gurvitch devait toutefois épouser encore plus nettement leurs convictions.

Octobre 1917 – Septembre 1920 : l'agrégation

Une fois son diplôme en poche et son *Rousseau* paru, Gurvitch espérait pouvoir se préparer à l'agrégation[39], alors nécessaire pour briguer un poste d'enseignant. A cette fin, il cherche d'abord à intégrer un laboratoire de recherche. Dans une lettre de 1921 à l'un de ses anciens professeurs, A. S. Jazsenko, il rapportait ainsi que ses « devoirs académiques à Pétersbourg étaient : enseignant à l'Université et à l'Institut pédagogique d'Etat, [puis] assistant au sein du cabinet des sciences du droit public à l'Université de Petrograd » (Gurvitch à Jazsenko, Lettre du 07.03.1921, Collection B. Nikolaevsky. Boîte 24 Chemise 56 – HIA). Divers curricula de Gurvitch semblent en donner la confirmation, où Gurvitch mentionne relativement systématiquement avoir exercé entre 1918 et 1919 en tant qu'« Assistant Professor of Political Science » (Notice autobiographique du 04.04.1944, Fonds Gurvitch, 1) ou en tant qu'« assistant à l'Institut de Philosophie sociale de l'Université de Petrograd (1918) » (Notice du 14.02.1932, Dossier F^{17} 28495 – A.N.). Le fait qu'un tel

On se souviendra également de l'auto-critique que Gurvitch émettait quant à son propre mémoire de 1917 : subjectivité excessive, sélection et arrangement arbitraire des idées et citations de Rousseau afin qu'elles correspondent mieux à ses principes (cf. 14-25-155 : pp. 108-109 – CGIA).

38 Cf. les annexes ci-jointes pour la traduction intégrale de cette recension, ainsi que pour celle du manuscrit inachevé et inédit que Kareev consacrait au livre de Gurvitch.

39 Le terme d'agrégation n'existait pas dans la nomenclature académique russe de l'époque, qui la définissait comme « Magister ». Dans la mesure où cet examen ouvrait la voie à l'enseignement et que ce fut la traduction française que Gurvitch lui donna à maintes reprises, nous adoptons ici cette équivalence (cf. Gurvitch, Notice du 14.02.1932, Dossier F^{17} 28495 – A.N. ; Gurvitch, notice autobiographique, s.d., Fonds Gurvitch, 1). Précisons que c'est aussi le terme que Bosserman choisira en anglais pour qualifier ce diplôme (cf. Bosserman, 1968 : 13).

institut n'ait jamais existé sous cette dénomination n'ôte rien à la véracité des aveux de Gurvitch[40], qui fut effectivement rattaché au laboratoire de recherche de la faculté de droit (Liste des membres rattachés à la faculté de droit de l'Université de Petrograd pour l'année 1917, s.d., 14-27-660, n° 63 – CGIA).

Ce rattachement lui permit de décrocher une bourse pour la période du 2 octobre 1917 au 1er janvier 1919 (ibid.)[41]. Gurvitch pouvait ainsi se consacrer entièrement à la rédaction de son article et de son livre sur Rousseau tout en poursuivant ses recherches. Toutefois, la chute du gouvernement Kerensky face aux bolcheviques devait rendre ces deux années de préparation à l'agrégation particulièrement chaotiques. A partir de mars 1918, Gurvitch se sépare définitivement « des grands chefs, de Lénine et de Trotsky, en protestant dans un article courageux contre le projet du traité de Brest-Litovsk et en préconisant la [poursuite de la] guerre » (Durry, 1966 : 184 ; Bosserman, 1968 : 13 ; Balandier, 1993 : 229)[42]. Or si aucune trace de cet article n'a pu jusqu'ici être retrouvée[43], la rupture avec les bolcheviques n'en fut pas moins réelle, à la fois géographique et politique. Gurvitch, qui « Au début de la Révolution se considérait comme 'blanc' », mais sans adhérer à leur parti, quitte le Petrograd bolchevique au cours de l'été 1918 (Archives des loges russes, Etoile du Nord (1924-1970), Dossier Gurvitch, XI, 2, notice du 15.04.1927, n° 5/211 – BNF)[44]. Il vit pendant un an loin du tumulte de Petrograd, à Ekaterinoslav, qui était « alors dominée par Skoropadsky. Il y avait été invité comme enseignant en encyclopédie du droit » (ibid.). Mais l'idylle ne dure pas. Le jeune homme découvre la guerre civile aux côtés des gardes blancs, dont il s'éloigne à peine un an plus tard : « après avoir pris connaissance des 'blancs' au Sud de la Russie, il est revenu à gauche » précisait-il ainsi dans l'un de ses entretiens maçonniques (ibid.). C'est ainsi qu'il retourne à Petrograd l'été 1919, sans qu'il y ait là de volte-face

40 Les bolcheviques regardaient le droit d'un mauvais œil. Pour réduire le nombre d'étudiants en droit et supprimer la filière de cette « science bourgeoise », ils renommeront les facultés de droit en facultés de sciences sociales. Ce fut le cas à Petrograd en 1919, ce qui a certainement contribué aux confusions d'appellations de ces laboratoires et instituts.

41 D'autres sources concordent avec celles-ci. Ainsi le Doyen de la faculté de droit confirmera au Recteur de l'Université de Petrograd que Gurvitch bénéficiera de sa bourse jusqu'en 1919 (Lettre du 30.05.1918, 7240-14-14, n° 39 – GIA). Les étudiants qui étaient admis à préparer une agrégation « recevaient une bourse d'excellence », rappelle également Elena Sorokin (Sorokin, 1975 : 9).

42 On trouve une interprétation sensiblement analogue sous la plume de Cramer : « Son opposition au traité de Brest-Litovsk et ses prises de position en faveur de l'autogestion le poussent à quitter l'union Soviétique dès 1920 » (Cramer, 1986 : 458).

43 Nos recherches dans de nombreux périodiques de l'époque sont restées infructueuses, laissant penser que si Gurvitch a publié cet article, il ne l'ait peut-être pas signé.

44 Faye le suggérait également dans une recension de 1959 : « Il est significatif que Georges Gurvitch ait été présent à la Révolution russe aussi longtemps qu'elle est restée *soviétique*, c'est-à-dire pluraliste, République des conseils ouvriers et des conseils de soldats. (C'est l'époque, d'octobre 1917 à l'été 1918, où, au Conseil Exécutif Central des Soviets, le gouvernement Lénine s'appuie sur une majorité comprenant, auprès des bolcheviks, les socialistes-révolutionnaires de gauche, les anarchistes et des formations politiques émanant de groupes syndicalistes – face à l'opposition des S.R. de droite et des menchéviks) » (Faye, 1959 : 25). A partir de l'été 1918, Gurvitch n'aurait donc plus soutenu la Révolution bolchevique.

najeure, car Gurvitch « ne participera aucunement à la vie politique » pour ıutant (ibid.). Sans poste, et alors que sa bourse avait touché à sa fin, Gurvitch :herchait surtout à passer coûte que coûte son « agrégation de philosophie et de lroit public » pour renouer avec son ancienne affiliation.

Gurvitch a prétendu avoir décroché ce diplôme haut la main – « mention très ›ien » – le « 15 juin 1919 » (cf. Gurvitch, Notice du 14.02.1932, Dossier F^{17} :8495 – A.N. ; Notice récapitulative, s.d., Dossier AJ^{16} 6015 – A.N.). Mais à 'rai dire, après un an d'absence, sa réintégration au sein du « cabinet des scien-:es de droit public » fut bien plus difficile. D'une part, lorsque Gurvitch postule :omme « assistant[45] » auprès de l'ancienne chaire de droit public, en juillet 919, les tensions étaient vives (cf. 7240-14-85, n° 95 – GIA). Son caractère uerelleur semble avoir déplu à ses collègues, premier signe d'une réputation ui ne se démentira plus par la suite. En témoignent les procès-verbaux de son lection du 09.08.1919, vu qu'à la différence de Serguei Krylov, autre assistant lu le même jour à l'unanimité du jury, Gurvitch remportait tout juste 13 voix ur 20 (ibid.). D'autre part, si Gurvitch pouvait se considérer comme membre lu corps enseignant de la faculté dès le semestre d'hiver 1919/1920[46], on peut louter qu'il ait déjà passé son agrégation. Bien que la précision des documents ans lesquels Gurvitch l'évoque permettrait d'y faire foi[47], cette date rentre en ontradiction avec de nombreuses autres données.

Premièrement, en vertu des décrets bolcheviques du 01.10.1918 et du 01.01. 919, les grades universitaires ainsi que tous les titres et examens classiques vaient été éliminés. Ils ne furent restaurés qu'en 1922. Durant ce laps de emps, quiconque pouvait devenir professeur avec l'approbation du parti sans voir à passer les anciens examens de qualification. Officiellement, Gurvitch 'a donc jamais pu obtenir son « agrégation ». En revanche, et c'est là un xcellent exemple du rôle du droit inofficiel dans la théorie du droit social que : jeune Gurvitch élaborait dans ces années révolutionnaires, il en passa malgré out les épreuves. A l'encontre des prescriptions étatiques, la communauté cientifique et académique continuait en effet de perpétuer la tradition, con-ervant ses règles, ses droits et ses devoirs – voire même les renforçant. Les eunes diplômés devaient ainsi passer leurs examens, quand bien même on ne ur attribuait plus de grades spécifiques. L'astuce consistait simplement à ouver d'autres dénominations. Intitulées « colloques » jusqu'en 1922, les preuves de l'agrégation avaient lieu comme auparavant, à la différence près

Cf. Balandier, (Balandier, 1972 : 6). L'analogue français que choisira Gurvitch pour décrire son statut après avoir été élu fut « chargé de cours » (Gurvitch, 1969 : 83 ; cf. également Gurvitch, Notice du 14.02.1932, Dossier F^{17} 28495 – A.N.). Notons pourtant que les assistants n'étaient aucunement chargés d'enseigner. Les deux seuls cours que Gurvitch proposa avant de quitter la Russie furent ses « leçons probatoires ».

Le « Conseil du département politico-juridique de la faculté des sciences sociales de l'Université de Petrograd », pour reprendre le nouvel intitulé que portait désormais la faculté de droit depuis le 24.01.1919, entérinera l'élection de Gurvitch le 06.10.1919 (7240-14-85, n° 96 – GIA).

Cf. Gurvitch (Notice récapitulative, s.d., Dossier AJ^{16} 6015 – A.N.).

que la formule convenue était sensiblement modifiée. En lieu et place d « constat que la soutenance est passée avec succès et que le grade de Magiste est attribué au candidat », on reconnaissait simplement que « le colloque ava été réussi » (7240-14-85, n° 66 – GIA). Or cette situation ambivalente soulèv une deuxième série de données qui remettent en cause non seulement l mention, mais aussi la date à laquelle Gurvitch affirme avoir obtenu son « agré gation ».

Cet examen était de fait un processus difficile. Ainsi que le rappell Sorokin, à l'époque, réussir son agrégation à l'Université de Petrograd éta bien plus ardu que décrocher un doctorat aux Etats-Unis ou en Allemagne (c Sorokin, 1991 : 69-70)[48]. De plus, le tumulte des réformes bolcheviques e rallongeait considérablement la durée. Dans le cas de Gurvitch, la procédur dura plus de six mois, et le Conseil du département politico-juridique ne fixa l programme de ses examens que le 8 mars 1920 (7240-14-85, n° 51 – GIA)[49] Son premier « colloque » portait sur le droit public et eut lieu le 29 mars 192(De même que celle de son collègue Krylov, la prestation de Gurvitch fut « con sidérée comme réussie » (ibid., n° 53 – GIA). Le second « colloque », dédié a droit international, se tint le 5 juillet 1920 (ibid., n° 66 – GIA). Gurvitch l passa également avec succès, de sorte qu'il ne lui restait plus qu'à passer le deux épreuves finales : deux conférences d'essai portant sur un sujet libre. Gur vitch soumit le titre de sa première conférence dès le 26 juillet 1920 : « L'idé des droits inaliénables de l'homme dans la doctrine politique des XVII° e XVIII° siècles » (ibid., n° 69 – GIA). Nous reconnaîtrons aisément ici le suje qu'il traitera dans l'article clôturant les traductions comprises dans ce volume Le 6 septembre 1920, Gurvitch présenta sa deuxième conférence probatoir qu'il intitulait « La révision des lois constitutionnelles » (ibid., n° 68 – GIA) Elles furent toutes deux acceptées avec la « mention bien » par le Conseil d département. Le 21 septembre 1920, il obtenait ainsi son « agrégation » – o pour le formuler plus exactement, il était « définitivement rattaché à l'Univer sité de Petrograd » (ibid., n° 70 – GIA).

« Agrégé », Gurvitch pouvait désormais briguer le poste de « professeu non-titulaire en droit public » de la faculté de droit de Petrograd (Bosserman 1968 : 13). D'après les archives de l'Université, on peut toutefois douter qu'i ait jamais obtenu ce poste. A la différence de Timasheff, Sorokin ou Laserson aucun bordereau ne mentionne le nom de Gurvitch parmi les enseignants, n

48 Les candidats « devaient faire une analyse très précise de leur sujet, passer un examen rigoureux, e soutenir une conférence publique sur leur sujet » ajoutera Elena Sorokin dans ses souvenirs. « Piti rim avait par exemple choisi comme sujet le droit pénal et la procédure. Son professeur de dro pénal lui donna plus de 500 ouvrages à lire, en russe comme en langues étrangères ; à cela se rajou taient 250 ouvrages pour la procédure pénale et 150 en loi constitutionnelle. Certains ouvrages comme la *Vergleichende Darstellung* de droit pénal et de procédure, comprenaient cent volumes. I fallait lire et assimiler tous ces livres en trois ou quatre ans » (Sorokin, 1975 : 9).

49 D'autres sources mentionnant la date de 1920 trouvent ici leur confirmation (cf. Archives des loge russes, Etoile du Nord (1924-1970), Dossier Gurvitch, XI, 2, notice du 15.04. 1927, n° 5/211 - BNF ; également Serkov, 2001 : 282).

sous le titre de professeur, ni même sous celui de simple Dozent (cf. Programme d'enseignement de la faculté des sciences sociales pour l'année 1919-1920, s.d., 7240-14-85, n° 29-36 – GIA)[50]. C'est loin de Petrograd, au sud-est de la Sibérie occidentale, que Gurvitch obtiendra une nomination comme professeur de philosophie sociale, à la fin de 1920. On ignore toutefois s'il prit ses fonctions à l'Université de Tomsk. Tandis que selon Durry et Bastide, Gurvitch aurait refusé ce poste « qu'il jugeait au-dessus de ses mérites » (Durry, 1966 : 184 ; cf. Bastide, 1965-1967), d'autres sources secondaires précisent au contraire qu'il l'occupera quelques mois (cf. Toulemont, 1955 : 6 ; Willems, 1961 : 114 ; Eisermann, 1968 : 93). Difficilement fiables, les dires de Gurvitch ne permettent guère de trancher la question. Au gré de ses curricula officiels, soit il reconnaîtra « (n'a[voir] pas exercé) » ses fonctions de professeur à Tomsk vu qu'il avait déjà quitté la Russie[51] (Gurvitch, curriculum vitae, s.d. [env. janvier 1932 ; NdT.], Fonds Gurvitch, 1), – soit au contraire avoir accepté sa nomination (cf. Notice du 14.02.1932, Dossier F^{17} 28495 – A.N.). Les archives de Tomsk restent également muettes à cet égard. Elles ne comportent pas la moindre trace d'un éventuel passage de Gurvitch, laissant une série de questions en suspens. Gurvitch rechignait-il à accepter sa mutation[52] ? En déclinant l'offre, perdait-il son statut privilégié d'universitaire qui l'exemptait du service militaire[53] ? Et pourquoi avoir déposé au Conseil scientifique de son département à Petrograd une demande pour effectuer « un voyage scientifique à l'étranger d'une durée de deux ans à partir du 15.08.1920 » alors qu'il n'avait même pas encore fini de passer les épreuves de « l'agrégation » (Demande du 26.07.1920, 7240-14-85, n° 69 – GIA) ? Dans cet imbroglio de données, le fait le plus tangible est encore le suivant : en octobre 1920, le jeune « agrégé » de tout juste vingt-cinq ans décidait de quitter la Russie.

50 Certain de l'équivalence entre le titre de chargé de cours ou de maître de conférence et celui de « professeur à Petrograd », Gurvitch regrettera ainsi que MacIver refuse de le considérer comme professeur, le traitant de simple Privat-Dozent (Gurvitch à Goldenweiser, Lettre du 04.01.1939 – CUL/BA/G).

51 Si l'on s'en tient à la chronologie, Gurvitch n'aurait eu qu'un mois pour occuper ce poste, du 21.09.1920 au mois d'« octobre 1920 », date à laquelle il quittait définitivement sa patrie d'origine (Gurvitch, 1969 : 85). Que la nomination à Tomsk ait été antérieure à l'automne 1920 semble peu probable, étant donné son rattachement à l'Université de Petrograd et les fréquents examens qu'il devait y passer.

52 Notons que le contact principal dont Gurvitch bénéficiait à l'Université de Tomsk, Sergius Hessen, avait lui-même déjà quitté son poste du fait « des conditions très dures de travail et de vie » (Rogatchevsky, 1994 : 132).

53 La traduction d'un certificat d'exemption au service militaire suggère du moins la question. Elle stipule en effet que Gurvitch avait obtenu un sursis « jusqu'à l'âge de 30 ans [en vue de la] préparation d'une carrière académique/de professeur sur la chaire du droit constitutionnel à l'Université de Petrograd » – à condition qu'il poursuive son travail universitaire (Dossier Gurvitch, Certificat de comparution pour l'accomplissement du service militaire du 27.10.1917, Petrograd, Dossier 14877X29 – A.N.).

*
* *

Les raisons qui président à l'exil de Gurvitch restent obscures. Dans la littérature secondaire, deux grandes thèses se concurrencent, l'une mettant l'accent sur la parution d'une directive du gouvernement visant « à limiter l'action et les pouvoirs des soviets » (Roux, 1994 : 50), l'autre sur la répression des gardes blancs qui commençait à battre son plein au même moment.

La première de ces deux thèses eut indéniablement l'avantage, bénéficiant d'une meilleure presse. Gurvitch quitta la Russie « régulièrement » (Durry, 1966 : 184) et « officiellement » (Roux, 1994 : 50). Sous la ligne commune de cette thèse, on remarquera toutefois qu'il existe deux variantes suffisamment distinctes pour s'interroger sur l'éclipse de la seconde interprétation qu'elle a suscitée. Dans sa première variante, Gurvitch rêvait d'une autre révolution, une révolution capable de conduire à un Etat vraiment pluraliste et décentralisé basée sur les soviets, de sorte qu'il « se sentit obligé de quitter » son pays natal parce que « la révolution bolchevique lui semblait dévoyée » (Balandier, 1977 : 246 ; cf. également Bosserman, 1968 : 13). Une seconde variante mit par contre à mal l'obligation personnelle ou éthique de ce départ précipité. Irrité de la réduction du pouvoir des soviets, Gurvitch « proteste, et de plus en plus bruyamment » avancera Yvonne Roux (Roux, 1994 : 50), évoquant non pas une obligation, mais un conseil d'ami. Dans un premier temps, les avertissements auraient été empreints de clémence envers le « jeune bourgeois révolutionnaire » (Schuhl, 1967 : 331) ; les « autorités universitaires tentent de le calmer, et finalement lui conseillent [...] de quitter la Russie officiellement tant qu'il en a la possibilité » (Roux, 1994 : 50). S'appuyant sur des confidences personnelles de Gurvitch, Edward Tiryakian ira encore plus loin, transformant le conseil en menace, et les autorités universitaires en la personne même de Lénine. Au cours d'un entretien houleux, Lénine, dont la patience était à bout[54], lui aurait proposé une alternative radicale. A défaut de son silence, le jeune homme qui clamait haut et fort que « le communisme est essentiellement contre-révolutionnaire » (Gurvitch, 1934a : 448) pouvait choisir soit la fusillade, soit l'exil « volontaire » (Tiryakian, Conférence AISLF, Tours, 5-7.07.2004 ; cf. également Roux, 1994 : 50)[55].

54 Les souvenirs dont Julliard faisait part plus récemment indiquent le même agacement de Lénine envers le « socialisme scientifique » du jeune juriste. « De Gurvitch, qui fut un obscur révolutionnaire russe avant de devenir un illustre sociologue français, Lénine avait dit un jour : '*Le professeur Gurvitch est à gauche. Il est très à gauche. Il est même à gauche du bons sens...*' » (Julliard, 26.09.2002).

55 Tiryakian a maintes fois couché sur le papier cette confidence que Gurvitch lui avait faite. En 1985, dans son article pour *The Social Science Encyclopedia*, on peut lire que Gurvitch « had to flee after criticizing Lenin » (Tiryakian, 1985 : 348), et en 1990 encore, il présentait Gurvitch comme « l'ami et le compatriote de Pitirim Sorokin, lui aussi exilé par Lénine » (Tiryakian, 1990 : 20). Cazeneuve a également suggéré cette hypothèse, précisant que c'est son engagement en faveur de l'auto-gestion ouvrière qui l'avait « contrai[nt] à l'exil » (Cazeneuve, 1966 : 6). Voir enfin les

Le fait qu'aucune trace n'a été retrouvée de cette protestation, qu'elle ait pris la forme d'article(s) ou de conférence(s), n'est pas le seul argument pour attirer l'attention sur une seconde thèse qui fait de la répression des gardes blancs la raison principale de l'exil de Gurvitch. Négativement d'abord, force est de constater que le nom de Gurvitch n'est pas mentionné une seule fois dans les œuvres complètes de Lénine, et rien ne perce de mesures le visant personnellement, – à la différence de Sorokin par exemple[56]. A cela s'ajoutent ensuite diverses questions qui restent encore en suspens, la plus épineuse de toutes étant certainement la suivante : pourquoi Gurvitch est-il resté si secret sur les raisons de son exil, comme s'il craignait le regard de l'émigration russe ? Mais il existe également des éléments positifs en faveur de cette seconde thèse. Bien qu'elle reste elliptique, l'enquête sur Gurvitch incluse dans son dossier maçonnique apporte ainsi un premier indice. Une fois « nommé professeur à l'Université de Tomsk... » – et les points de suspension sont éloquents – Gurvitch « part pour Riga à la fin de cette même année [1920], en tant que réfugié letton », avançait Mirkine-Guetzévitch qui enregistrait ses réponses (Archives des loges russes, Etoile du Nord (1924-1970), Dossier Gurvitch, XI, 2, notice du 15.04.1927, n° 5/211 – BNF). A la « régularité » de son départ souvent avancée dans la première thèse ne s'oppose pas seulement ici une clandestinité déguisée et d'autant plus surprenante que la direction de son département universitaire de Petrograd lui avait accordé sa demande de partir à l'étranger pour deux ans, jusqu'en août 1922 (Dossier 7240-14-85, n° 69 – GIA). En passant par Riga, Gurvitch revenait encore sur les terres de son vieil ami Wassilij Ulrich, à qui il « étai[t] uni par une affection partagée » (Gurvitch, in : Duvignaud, 1959 : 25). Ulrich a-t-il, directement ou par intermédiaire, conseillé à Gurvitch de s'éloigner un moment de la Russie, le temps que les règlements de compte se fassent, lui facilitant même son départ ?

Certes, l'idée qu'Ulrich ait pu l'avertir des risques auxquels l'acrobatique de ses affiliations politiques l'exposait, notamment auprès des mencheviks puis aux côtés des gardes blancs, reste une hypothèse. « La guerre civile est venue et j'ai appris qu'Ulrich était nommé à un tribunal où l'on jugeait les gardes blancs » (ibid.), confiait laconiquement Gurvitch, prenant soin de rappeler qu'il l'avait déjà « perdu de vue » (ibid.). De plus, si Ulrich était depuis 1919 à la tête du Tribunal militaire pour les armées navales du Sud, recueillant déjà matériaux et informations afin de préparer la répression des officiers blancs de

remarques de Zanfarino : « En 1920, son opposition au gouvernement soviétique prenant la forme d'un contraste toujours plus criant, il dut abandonner son enseignement à l'Université de Tomsk et quitter la Russie » (Zanfarino, 1965 : 579).

56 Sorokin attaqua vigoureusement Lénine ainsi que les bolcheviques. Il fut arrêté le 3 janvier 1918, passant plusieurs mois en prison (Sorokin, in : Allen, 1963 : 8). Lors de sa seconde arrestation, il fut condamné à la peine de mort. Il put être libéré sur l'intervention de Lénine (Sorokin, 1975 : 14-15), mais à condition de reconnaître ses torts publiquement. Lénine écrivit pour l'occasion un fier article, se vantant d'avoir forcé Sorokin à « admettre ses fautes » (cf. Lénine, 1970 : 188-197). D'autres articles dirigés contre lui suivirent en 1922 dans les colonnes des *Izvestia* (Sorokin, 1975 : 22). Sorokin quittait la Russie peu après.

Crimée, celle-ci ne commença pourtant qu'en 1922. Divers indices étayent toutefois le probable rôle d'Ulrich dans l'exil de Gurvitch, à commencer par les propres souvenirs du jeune « agrégé ». Gurvitch fut du moins catégorique sur l'antériorité du rôle d'Ulrich dans cette répression : « avant que je quitte la Russie en 1920, on m'a dit qu'il avait été nommé Président du Tribunal révolutionnaire militaire », d'abord pour juger les gardes blancs, puis ensuite « ses anciens camarades bolcheviks » (ibid.). Après le zèle qu'il avait mis à Riga puis Moscou pour dépouiller les archives de la police politique, Ulrich était en bonne place dans les arcanes du pouvoir. Marié à l'une des secrétaires de Lénine, Anna Davidovna Kassel (1892-1974), dont Gurvitch reconnut avoir parfois « reç[u] la visite » (ibid.), il disposait en outre d'informations sûres s'il avait dû convaincre son ami de partir.

Les données manquent pour établir définitivement si l'une de ces deux hypothèses l'emporta, auxquelles il faudrait ajouter le rôle de la faim, de la misère et des conditions de vie extrêmes (cf. Sorokin, 1975 : 18-21). Il n'est toutefois pas anodin que les rares confidences explicites de Gurvitch mêlent à la fois l'une et l'autre. Sa dénonciation du tournant que prenait le régime en direction d'un Etat « policier » reposait autant sur une conviction politique personnelle[57] que sur sa condamnation de la répression des gardes blancs. On peut voir clairement le rôle conjoint de ces deux axes dans son intervention lors du colloque Proudhon organisé à l'Institut de Sociologie de Bruxelles en 1965, à la veille de sa mort. Gurvitch y précisait avoir été à l'époque furieux que « Trotsky et Staline, qui en ce temps là étaient des amis, [aient forcé] la main à Lénine au cours de la guerre contre les 'gardes blancs' et de l'amener à supprimer 'temporairement' – je connais très bien le texte, ajoutait-il en aparté – les conseils de base sous prétexte qu'ils empêchaient une productivité suffisante de l'armement » (Gurvitch, 1967 : 96-97). Gurvitch déplorait ainsi que les mentors de la Révolution faisaient non seulement entorse au « second programme du parti communiste » de mai 1917, profondément proudhonien, mais qu'ils repoussaient aussi aux calendes grecques « ce par quoi avait commencé la révo-

57 Le terme de « policier », tiré de la série de questions-réponses que Gurvitch avait préparées pour sa soutenance de thèse de 1932, donne une idée assez précise de la virulence de sa contestation. Question : « Pourquoi dans mon livre il n'est pas tenu compte de l'expérience des Conseils d'Usine en Russie Soviétique ? ». Réponse : Les conseils d'usine « sont nullement liés au bolchevisme. [...] tout ce qu'on pu faire les communistes c'est remplacer les fonctionnaires, chargés de missions policières, par d'autres personnes, chargées des même fonctions. Et comment pourrait-il en être autrement si l'essence même de l'idéologie communiste, de cette glorification de la police, de ces 'fanatiques du pouvoir' qui veulent faire résulter l'organisation du travail de la force centrale, (je cite les caractéristiques de Proudhon) exclut toute autonomie juridique des groupements, toute idée de droit social, toute idée du pluralisme juridique et au fond les idées du droit et de la démocratie en elles-mêmes. Comment peut-on honnêtement parler de la démocratie industrielle, en niant la démocratie en général, on voit clairement que les conseils d'usine, dans le sens où je les ai pris et dont j'ai étudié l'idéologie, n'ont absolument rien à voir avec cette mascarade où l'absolutisme policier et le capitalisme de l'Etat se travestissent en cachant l'action des agents policiers de la sûreté sous les noms de syndicats et de conseils d'usine » (Gurvitch, env. 1932, *Carnet Sociologie II*, Fonds Gurvitch, c.p.).

ution sociale : l'autogestion ouvrière » (ibid.). « Avec lui et ses pairs » affirmera König dans ses souvenirs, « la Révolution aurait été meilleure, et ils auraient épargné bien des malheurs à leur Russie bien aimée » (König, 1999, Bd. 18 : 369). Pour l'heure, c'étaient Prague et Berlin qui s'offraient à lui.

L'idée des droits inaliénables de l'homme dans la doctrine politique des XVII° et XVIII° siècles (1922)

Bien qu'en « quittant en octobre 1920 [s]a patrie d'origine, [il] emportai[t] avec [lui], pour tout bagage, les projets de trois livres : l'un sur *Fichte*, l'autre sur *l'Idée du droit social* et le troisième sur les *Echelles et Couches de la réalité sociale* » (Gurvitch, 1969 : 85), c'est pourtant à de tout autres sujets que Gurvitch dévoue sa plume lorsqu'il arrive à Berlin « à la mi-décembre » 1920 (Archives des loges russes, Etoile du Nord (1924-1970), Dossier Gurvitch, XI, ., notice du 15.04.1927, n° 5/211 – BNF ; Gurvitch à Jazsenko, Lettre du 07.03.1921, Collection B. Nikolaevsky, Boîte 24 Chemise 56 – HIA)[58]. Il traduit d'abord en russe le best-seller que Spengler vient de signer en 1919 : *Preußentum und Sozialismus* (cf. Spengler, 1922 ; N. N., 1921 : 15). Gurvitch pensait pouvoir s'atteler ensuite à la traduction des *Grundfragen der Soziologie* de Georg Simmel (1917), ainsi qu'à celle du premier volume du *System der Philosophie* de Heinrich Rickert (1921) (Gurvitch à Jazsenko, Lettre du 07.03.1921, Collection B. Nikolaevsky, Boîte 24 Chemise 56 – HIA). Les deux projets resteront dans ses tiroirs, apparemment du fait de la concurrence entre les marchés de l'édition russe et allemande[59]. En revanche, un petit article vit rapidement le jour.

58 La confusion autour du séjour berlinois de Gurvitch est importante. Gurvitch n'y a lui-même pas peu contribué, évoquant être à Prague dès 1921, voire 1920 – c'est-à-dire avant la création de la faculté russe de droit. Pour plus de détails sur la période berlinoise de Gurvitch, nous renvoyons au premier volume de ses écrits allemands (cf. Gurvitch, 2006a).

59 En ce qui concerne la traduction du *System der Philosophie* de Rickert, il semble que ce soit l'ami de Gurvitch, Sergius Hessen, qui en fut initialement chargé. Bien que l'hypothèse puisse être vraisemblablement retenue, on ignore s'il avait prévu de travailler à quatre mains avec Gurvitch. On sait du moins qu'il suivit assidûment les séminaires que Hessen proposa sur Fichte à Petrograd (Doykov, 1996 : 143) et qu'ils partagèrent un temps le même appartement à Berlin.
Une lettre de Hessen indique que le projet ne vit pas le jour parce que les deux maisons d'édition concernées, Mohr et Siebeck pour le côté allemand et Slowo pour le côté russe, furent incapables de trouver un accord : « Peu après mon arrivée à Berlin, la maison d'édition 'Slowo' m'a demandé de me charger de la traduction russe du dernier livre du Prof. H. Rickert, 'System der Philosophie', vol. 1, qui est paru dans votre maison. J'ai accepté avec plaisir car le Prof. Rickert est mon maître, je me sens obligé envers lui [...]. Cependant le directeur de la maison d'édition 'Slowo' m'a récemment confié qu'il est impossible de commencer ce projet car les négociations avec votre maison n'ont débouché sur aucun marché satisfaisant » (Hessen à Mohr & Siebeck, Lettre du 02.03.1922, n° 670C – AMS). Les tractations de Hessen n'y changeront rien.

« L'idée des droits inaliénables de l'homme dans la doctrine politique d‹ XVII° et XVIII° siècles » parut en 1922, dans les colonnes d'une revue c l'émigration dépendant de la maison d'édition berlinoise Slowo : *Les œuvre des savants russes à l'étranger*. Bien qu'hétéroclite et varié, le numéro faisa la part belle aux sciences juridiques[60]. Ce texte constitue une étape théorique symbolique importante de l'intégration de Gurvitch dans les cercles de l'ém gration académique russe. Au-delà de la thématique de ce bref essai, qui ren bien compte de la fidélité de Gurvitch pour la philosophie du droit russe l'histoire des idées, il comporte également une discussion avec Pavel Novg rodtsev. Ce second aspect permet non seulement d'inscrire Gurvitch dans l polémiques de l'époque, mais aussi au sein d'un réseau de sociabilité dont soutien fut déterminant pour le jeune exilé.

Les droits inaliénables

Ce thème révèle tout d'abord la forte continuité des recherches que Gurvitc conduisait en philosophie du droit depuis ses travaux universitaires de 1915 de 1917 puisqu'on y retrouve les schèmes de son *Prokopovitch* comme de so mémoire sur Rousseau. Plus précisément, Gurvitch analyse ici de manièr critique les trois grandes conceptions existantes sur la genèse de l'idée de droits inaliénables – la conception allemande, qui défend la thèse d'une parent entre cette idée et le protestantisme, la conception française qui en cherche le racines dans la philosophie rationaliste des Lumières, et enfin la conception d Kovalevsky et Jellinek, qui relient tous deux cette idée aux doctrines religieuse des indépendantistes anglais. Quant à l'influence de l'école du droit nature pour qui la société est composée d'individus atomisés que la force mécaniqu de l'Etat tiendrait ensemble, Gurvitch la dénie tout aussi fermement[61]. L première tentative de fonder véritablement l'idée des droits inaliénables revier à Locke, malgré son échec à réconcilier deux éléments hétérogènes – le rationa lisme et l'intuitivisme religieux. Rousseau y parviendra avec plus de succès, e reliant le problème des droits inaliénables à l'idéalisme moral. Gurvitch repre nait ici l'idée de son ouvrage précédent. Malgré le regrettable lest méta physique des théories de l'auteur du *Contrat social*, son mérite fondament

60 La Table des matières se composait des articles suivants : A. Braunstein, L'encéphalite létha gique ; D. Grimm, Le problème des droits matériel et personnel dans l'ancien droit romain ; C Gurvitch, L'idée des droits inaliénables… ; G. Zlotkovitch, La terrasse de la rivière Aidar ; A Kaminka, Sur l'histoire de papier-monnaie en Russie ; P. Léon, Le problème de l'Etat de droit dar l'interprétation anarchiste de Mikhaïl Bakounine ; P. Novgorodtsev, La théorie politique d marxisme ; B. Nolde, Le droit de collision dans le droit d'héritage en Russie ; Th. Taranovsk Montesquieu et la Russie. A propos de l'histoire avec le *Nakaz* de l'impératrice Catherine II ; deu articles mathématiques de S. Timoshenko, enfin un article de A. Tchuprov sur L'espérance math matique.

61 Pour la reprise des critiques que Gurvitch adressait à ces deux courants, cf. *L'Idée du droit socia* (Gurvitch, 1932 : 91 ; 165-166).

consiste à avoir jeté le premier un pont entre les droits inaliénables et la morale idéaliste, une démarche que Kant et Fichte ne feront que poursuivre.

La continuité de cette thématique, que Gurvitch avait alimentée depuis 1918 de réflexions et de matériels nouveaux lors de sa préparation pour « l'agrégation », marque cependant une « césure » relative, ou du moins une distance. A la différence de ses écrits précédents, ce texte est en effet étrangement muet sur la spécificité de la contribution de la philosophie du russe sur le sujet. Ce point ne passera d'ailleurs pas inaperçu auprès de ses collègues, et dans la recension qu'il lui consacrait, Delevsky reprochera à Gurvitch, outre un simplisme extrême, de ne pas payer la moindre attention aux sources non-européennes de l'idée des droits de l'homme (Delevsky, 1922 : 390-391). Dans la mesure où Gurvitch n'abandonnait aucunement cette réflexion, ainsi qu'en attestent des articles plus tardifs des années vingt[62], on ne saurait voir dans ce silence de circonstance ni une sorte d'« auto-censure » due à l'exil, ni un véritable éloignement de la philosophie du droit russe. Il semble ainsi possible de l'expliquer de la manière suivant : depuis 1920, Gurvitch avait déplacé ses intérêts sur Fichte.

L'ouvrage sur Fichte auquel il travaillait déjà et qui devait lui servir plus tard de thèse exigeait de nombreuses recherches d'archives ou de lectures en langue allemande, par ailleurs toujours plus centrées sur le XIX° siècle. En 1922, Gurvitch avait ainsi tourné la page de ses recherches juridiques sur la période précédente : à la question des droits de l'homme succédait définitivement celle du droit social. La plupart des articles et des ouvrages qu'il publiait en 1922 étaient d'autant plus subsumés à la priorité de son *Fichte* que les conditions de survie dans le Berlin russe étaient difficiles. La course aux conférences, aux honoraires de publication ou après les postes de chargés de cours laissaient peu de temps à l'écriture. Les publications qui ne portaient pas directement sur Fichte étaient ainsi tirées de brouillons plus anciens ou de ses cours. C'est notamment le cas de « L'idée des droits inaliénables de l'homme dans la doctrine politique des XVII° et XVIII° siècles ».

Le 25 juillet 1920, alors que Gurvitch devait annoncer le thème de sa première conférence probatoire en vue de l'obtention de son « agrégation », il avait en effet déjà proposé « L'idée des droits inaliénables de l'homme dans la doctrine politique des XVII° et XVIII° siècles » (7240-14-85, n° 69 – GIA). Près de 8 mois plus tard, le 10 mars 1921, Gurvitch tiendra une autre conférence au sein du *Groupe Académique Russe de Berlin* (*GARB*), l'une des nombreuses associations russes dont regorgeait Berlin[63]. Or si elle ne fut peut-être

62 Hormis les nécrologies consacrées à ses anciens professeurs, on peut référer ici à trois articles emblématiques (cf. Gurwitsch, 1922/23a : 111-125 ; Gurwitsch, 1922/23b : 80-102 ; Gurvič, 1926 : 254-272).

63 Fondée en juin 1920, plus de 50 professeurs et savants en faisaient partie. L'association parviendra à mettre sur pieds un lycée russe et un comité d'allocation de bourses pour les étudiants russes (Cf. Usakarov, in : Schlögel & alii, 1995 : 132-133). A l'automne 1923, elle troque son nom pour celui d'*Union académique russe* et sera active à Berlin jusqu'à la fin de 1934.

pas exactement identique, on remarquera qu'elle portait le même titre (Schlögel, 1999 : n° 431). De plus, la revue qui devait accueillir son article l'année suivante en proposera un compte-rendu dans le cadre d'un rapport sur les activités du *GARB*[64]. Si ces deux conférences ont indéniablement stimulé Gurvitch à en tirer un article (cf. Gurvitch à Jazsenko, Lettre du 07. 03.1921, Collection B. Nikolaevsky. Boîte 24 Chemise 56 – HIA), il est néanmoins difficile d'en conclure avec certitude qu'elles servirent à elles seules de base à son article de 1922. Ce thème lui était particulièrement cher à l'époque, comme l'indique le séminaire que Gurvitch proposait à l'*Union des Etudiants Russes* de Berlin (*UER*)[65] à partir du 7 mai 1921, sur « L'histoire des idées politiques » (Schlögel, 1999 : n° 642). Or si ces éléments indiquent clairement le caractère pragmatique voire peut-être secondaire que Gurvitch donnait en 1922 aux publications qui ne portaient pas sur Fichte, cet article révèle une autre facette importante de ses premiers pas dans l'exil. Il s'agit de son intégration au sein de la nouvelle faculté de droit de l'Université russe de Prague ainsi que des contacts de Gurvitch avec son doyen, une autre figure marquante de la philosophie du droit russe, Pavel Ivanovitch Novgorodtsev.

De Berlin à Prague

Parmi les liens de Gurvitch aux juristes et philosophes de l'émigration russe, ceux qui l'unissaient à Novgorodtsev, chef de file de l'école juridique dite « de Moscou »[66], occupent une place à part dans les années 1921 à 1923. Lorsque Novgorodtsev arrive à Berlin, en 1921, Gurvitch pouvait rapidement trouver auprès de lui un soutien de poids pour continuer, malgré l'exil, son chemin académique. Leurs activités communes dans la métropole allemande sont multiples. Mais s'ils fondent ensemble un « Club de philosophie et de droit » dès 1921 (Archives des loges russes, Etoile du Nord (1924-1970), Dossier Gurvitch, XI, 2, notice du 15.04.1927, n° 5/211 – BNF) la hiérarchie restait de mise. Novgorodtsev modèrera le débat qui suivait la conférence de Gurvitch au

64 Cf. « Compte-rendu de l'activité du Groupe académique russe à Berlin », *Les œuvres des savants russes à l'étranger*, Berlin, 1922, Vol. 2, p. 273 [en russe]).

65 L'association fut fondée le 10.08.1920 à Berlin. Début 1921, lorsque Gurvitch commence à y enseigner et que la *YMCA* finance une partie des besoins de l'*UER*, elle comportait environ 1000 membres (cf. Usakarov, in : Schlögel & alii, 1995 : 131 ; 136). Durant quatre ans, l'association parviendra à aider les étudiants russes qui étaient dans une situation matérielle des plus misérables. Fin 1923, la *YMCA* et les soutiens de l'*UER* se détachent, la crise aidant, et l'association est contrainte de se dissoudre – un sort caractéristique de bien des organisations de l'émigration russe à Berlin.

66 De 28 ans son aîné, Pavel Ivanovitch Novgorodtsev (1866-1924) avait une grande aura sur la scène de la philosophie du droit russe. Depuis 1903, date à laquelle il avait soutenu sa thèse sur le droit selon Kant et Hegel, il était professeur de droit à l'Université de Moscou, au sein du département de l'encyclopédie juridique. De 1906 à 1918, il exercera ensuite les fonctions de recteur de l'Institut de Commerce de Moscou.

sein du *GARB* sur les droits inaliénables (Schlögel, 1999 : n° 431) et lui ouvrira les portes de nombreux organes de la presse de l'émigration russe à Berlin.

Cependant, Novgorodtsev avait surtout les yeux rivés sur la Tchécoslovaquie. Depuis le mois d'octobre 1921, il espérait fonder une faculté de droit russe à Prague grâce au programme de l'« Action russe » mis en place par Masaryk (5765-1-4, n° 12 – GARF). Son objectif était d'offrir aux étudiants russes émigrés la possibilité d'achever leurs études, souvent interrompues du fait des révolutions et de la guerre civile (ibid.). Lorsque la faculté de droit de l'Université russe de Prague ouvre ses portes, le 17 mai 1922, Gurvitch était l'un des premiers à être enrôlé dans le personnel enseignant, en tant que Privat-Dozent de droit international.

Pour Gurvitch, cette nomination était une double aubaine. D'une part, il pouvait côtoyer les plus grands noms de la discipline au sein de cette nouvelle institution, exercer ses fonctions dans le sens plein du terme[67], et enfin bénéficier d'émoluments non négligeables vu sa situation financière[68]. D'autre part, Gurvitch trouvait un titre et une position stable qui ont beaucoup contribué à son intégration dans les milieux académiques de l'émigration comme des pays d'accueil de son exil. Il se présentera ainsi comme étant rattaché à l'Université russe de Prague dans quasiment tous ses curricula jusqu'aux années trente – avant sa thèse de 1925 comme chargé de cours, après comme professeur. Malgré l'immense avantage que représentait Prague, Gurvitch hésitait cependant à quitter définitivement la scène berlinoise. « Ayant besoin des richesses littéraires de la Bibliothèque impériale de Berlin, en particulier des manuscrits inédits de Fichte, pour mener à bien [s]a thèse sur la philosophie du droit de Fichte », le 26 juin 1922 Gurvitch sollicite une premier détachement auprès de Novgorodtsev, alors doyen de la faculté (5765-2-231, n° 8 – GARF). Il obtient une permission d'absence du 15 août au 15 octobre 1922. De retour de Berlin, Gurvitch reprend son enseignement pour l'année scolaire 1922/23. Il en tirera un ultime livre en russe, *Introduction à une théorie générale du droit international* (cf. Gurvitch, 1923b). Désireux de retourner à Berlin, Gurvitch demande un second congé pour l'année scolaire 1923/24 – jusqu'au 01.10.1924 précisément – quitte à ce que son salaire ne lui soit plus versé (Demande du 08.10. 1923, 5765-2-231, n° 9 – GARF). Elle lui sera accordée sans que son solde n'en pâtisse. Gurvitch reprend ensuite un enseignement en pointillés à Prague, qu'il entrecoupe de séjours en Allemagne, en Belgique et en France. Grâce « à l'aide de Milioukov » (Timasheff/Gurvitch à Milioukov, Lettre du 29.09.1927, 5856-

67 En plus de son enseignement, il prit au début une part active à la vie interne et administrative de la faculté. Ainsi, le 25.07.1922 Gurvitch fait-il partie du jury de thèse (Magister) de Gennadij Mikhailovsky, futur enseignant de la faculté, aux côtés de Novgorodtsev, Struve et Alexeev (5765-1-4, n° 55-56 – GARF).

68 En 1927, alors que Gurvitch n'y enseignait plus depuis longtemps, il reconnaissait encore « touche[r] 900 francs par mois comme traitement de l'Université Russe de Prague » (Archives des loges russes, Etoile du Nord (1924-1970), Dossier Gurvitch, XI, 2, notice du 27.04.1927, n° 1/207 – BNF)

1-203 – GARF), il décide finalement de s'établir à Paris « pour un an » (Gurvitch, 2006a : 331), adressant une troisième demande de congé à l'automne 1925 (Demande du 27.10.1925, Dossier 5765-2-4, n° 224 – GARF). Bien qu'il continuait officiellement de dépendre de Prague et de percevoir son salaire Gurvitch n'y remettra plus jamais les pieds. Dans ces circonstances, on comprend que le jeune juriste conservera une grande reconnaissance pour Novgorodtsev qui lui avait offert ce poste. Entre autres documents, en atteste la nécrologie qu'il lui consacrait à sa mort, en 1924.

Toutefois, certaines divergences éloigneront les deux hommes. S'ils partageaient la même distance à la Révolution d'octobre, leurs points de vue sur celle de février étaient bien différents puisqu'à l'enthousiasme de l'un répondait le scepticisme de l'autre. Cette divergence, qui se traduisit dans les affiliations politiques concrètes des deux hommes, prendra aussi forme au niveau théorique. Gurvitch considérait ainsi l'approche juridique de Novgorodtsev comme étant trop libérale à son goût, et inversement Novgorodtsev se méfiait de la synthèse démocratique que Gurvitch espérait construire sur la base de la tentative de Rousseau. L'article que le jeune homme signait en 1922 l'indique d'ailleurs explicitement. D'une part, en se taisant délibérément sur la spécificité de la contribution de la philosophie du droit russe à la théorie des droits inaliénables, Gurvitch exprimait clairement sa distance critique aux dérives religieuses que Novgorodtsev accusait les dernières années de sa vie, mais sans pour autant faire de vagues[69]. D'autre part, si dans son article de 1922 Gurvitch n'eut pas la possibilité de répondre explicitement aux critiques que son aîné avait émises dans une recension de 1921 sur son *Rousseau*[70], la dernière note qu'il fit ajouter en plein processus de publication révèle qu'il n'entendait pas rester muet pour autant. « Cet article était déjà rédigé et mis en page lorsque j'ai pris connaissance des profondes objections du prof.[esseur] Novgorodtsev dans la recension avec laquelle il honora mon ouvrage sur Rousseau », avançait-il (Gurvitch, 1922 : 74). Or Gurvitch ne put toutefois s'empêcher d'« observer les faits suivants » : « La conception abstraite de l'individualité a indubitablement enfermé les droits inaliénables dans un cercle très étroit. Mais pourquoi cette conception doit-elle éliminer l'idée elle-même ? En fin de compte, la notion de dignité morale a une portée universelle » (ibid.).

Ainsi Gurvitch revenait-il une fois encore sur le problème crucial de son époque : comment définir les sources de légitimation d'une société ? Mais à l'inverse de ses précédentes réponses, il gagnait en indépendance, ne craignant plus de s'opposer à l'un des philosophes russes les plus célèbres.

69 En revanche, Gurvitch soulignera bien plus explicitement son désaccord sur ce point dans la nécrologie qu'il consacrait à Novgorodtsev en 1924 (cf. Gurvitch, 1924 : 389-393).

70 Cf. la traduction de cette recension, incluse dans les annexes ci-jointes.

Annexes

Ces annexes comportent la traduction d'extraits de poèmes que Gurvitch publia en 1911, l'introduction de la version manuscrite de son ouvrage sur Prokopovitch, puis divers textes consacrés aux professeurs de philosophie du droit qui marquèrent sa formation intellectuelle. Le lecteur y trouvera également deux recensions du Rousseau, *ainsi que des éléments biographiques extraits de son dossier maçonnique. Hormis la majeure partie du texte que Gurvitch dédiait en 1931 à Petrasizky et un formulaire d'initiation maçonnique, ces documents sont traduits du russe. Ils sont classés par ordre chronologique.*

Georges Gurvitch (1911)

Les étincelles instantanées
(Extraits de poèmes*)

[*sans titre*]

Toute ma vie j'ai habité parmi des gens,
En qui demeurait la Colère,
Et le venin de leurs paroles saintes
Fut ma pitance régulière

Leur Dieu sacré fut la Sainte Vengeance,
Elle seule remplissait leurs cœurs et leurs âmes,
Elle attendit leurs sacrifices dans l'impatience ; –
Je m'agenouillais aussi devant cette infâme

De plus en plus souvent, ses chants me rappellent
L'air des funérailles, les sons malades et tristes,
Dans mes paroles je laisse couler ma peine,
Dans le fleuve du chagrin où je et ils existent

Toute ma vie j'ai habité parmi des gens,
En qui demeurait la Colère,
Et le venin de leurs paroles saintes
Fut ma pitance régulière

* In : Gurvitch, G., (1911) *Les étincelles instantanées.* Varsovie. [aucune maison d'édition précisée ; en russe].

Les étincelles instantanées

Le défilé où l'on voit des falaises sombres
Qui se cachent sous une montagne,
Un jour la foule des maçons entre dans l'ombre,
Ils crient et ils y font du vacarme

Un marteau tombe, d'une force bruyante,
Ebranlant partout les voûtes tordues,
Et un faisceau inattendu d'étincelles volantes
S'allume pour un moment, puis s'exténue

Encore et encore... on entend bruire
Le fracas qui dans les coins retentit,
L'écho répond par un gros rire
Sortant de l'ombre qui s'en méfie

Le marteau déchire toujours les seins
Des falaises, et les étincelles en brûlent,
Tombe la nuit, il n'est plus la peine
De continuer, et les gens reculent

Ils sont partis, mais une de ces falaises
Reste encore intacte, et cette géante attend
Avec impatience, mais bien à l'aise
Les maçons qui reviendront au matin

Elle les attend aussi, ces étincelles instantanées,
Celles qui illumineront ces ténèbres humides,
Celles qui font déjà briller une lueur d'or ensoleillée
Dans le silence de ce tombeau encore si triste

Que le bruyant marteau s'y abatte sans cesse,
Que toujours il déchire les seins de cette falaise,
Elle sacrifierait aux étincelles sa vie avec allégresse
Pour cette lumière inattendue et miraculeuse.

Au-dessus des forces

1.

Porté par une foi flamboyante en la justice, en la beauté, en la bonté,
Dans la foule bruyante j'ai apporté mes paroles et ma volonté,
J'y suis entré avec des mots de sagesse pour éveiller la raison intrépide,
Pour allumer le feu de la fierté dans leurs cœurs alors si pauvres et si timides,
Pour jeter le salutaire venin du scrupule dans leur esprit ligoté,
Et dans leurs cœurs d'esclaves réveiller la soif de liberté,
Oh, j'ai connu tout l'amour et toute la pitié jusqu'au bout,
J'avale mes sanglots, mais dans mon âme ils sont tous.

2.

Un jour je passe le long portail d'un ancien temple de païens,
Où dans les ténèbres la foule des idoles a trouvé soutien,
Aveugles et nonchalants, ils regardent fixement dans le vide,
Ici des prières, des espoirs, des reproches – n'est ce pas stupide ?
Ici on se jette par terre en se courbant devant eux,
On y arrive de toutes parts – les malades et les malheureux,
Les martyrs qui prient pour tout le monde, ont fait ici leurs vœux,
Comme ceux qui cachent depuis longtemps un crime monstrueux,
Comme ceux qui attendent fidèlement un salut miraculeux,
Ou ceux qui n'y sont venus que pour un oubli scrupuleux,
Je les regarde et d'un coup j'en suis indigné,
Car même si mon cœur garde toujours l'amour et la pitié,
Devant la bêtise des esclaves, les raisons de l'amour sont si drôles –
Dans cette fange, dans cette stupidité se perdront toutes mes paroles,
Ces esclaves humiliés, à plat ventre devant leurs dieux,
Ils tomberont sur le prophète avec pierres et pieux,
Jamais tes mots n'influenceraient la foule timorée,
Si tu ne détrônais toi-même leurs idoles de papier.
Casse-les, et que le fer tonne – tu ne te le reprocheras jamais,
Leur chute sera saluée par le rire heureux de l'homme régénéré.

3.

Mon marteau lourd a bien détruit les dieux et le temple païens,
Toutes les forces de mon âme se sont jointes dans mes mains,
Et le lendemain je suis revenu, plein d'espoir et heureux,
Ayant imprudemment oublié la répugnante bêtise de ces gueux,
Je me suis dépêché pour remettre la grande vérité du réel
En lieu et place du mensonge divin des idoles réduites en poussière,
En vain ; et je vois un autre temple pompeux
Au lieu de celui où hier j'ai cassé et humilié les dieux,
Comme l'ancien, le nouveau semble éternel et secret,
Et comme naguère, les pèlerins s'y prosternent,
Fatalement, au centre de ce temple j'aperçois leur nouveau dieu –
Mon fort marteau qui gouverne seul dans l'ombre, mystérieux,
Et je vois pleurer devant lui la foule craintive et frémissante,
Comme si avant le supplice elle attendait la mort poignante,
Oh, j'ai connu tout l'amour et toute la pitié jusqu'au bout,
J'avale mes sanglots, mais dans mon âme ils sont tous.

Un défi

Bonnet d'âne dont les grelots tintent,
Et l'oripeau de mes habits criants,
Bouffon libre, je mène mon combat
Contre la bouffonnerie des servants

Mon rire sardonique vous donne des coups maudits
Qui vous font couler le sang sur les joues,
Je vous connais bien et quand la salle m'applaudit,
Je me retire troublé, sans me réjouir du tout

Mais si, pleins de haine, vous cherchez par un cri
A couvrir mon rire qui vous gène,
Je suis heureux, tellement fier, de ce succès ravi
Que je ne veux plus quitter la scène

Je suis leur maître, et contre ces servants impies
Je mène à bien mon combat ; Ô mes grelots,
Chantez plus fort l'éloge profond à leur anarchie,
A vous, esclaves ! A votre liberté d'oripeau !

J'ai peur

Ne me regarde pas dans les yeux avec amour,
Je suis si impuissant devant cette arme,
Je me suis habitué aux tempêtes alentour,
Aux tourbillons dont j'entends le vacarme.

Je sais comment il faut parler
Telles les tempêtes colériques,
Et par un sourire méchant culbuter
Les regards des ennemis frénétiques

Et comment casser leur colère de fer
Par ma haine toute d'acier,
J'aime les étouffer et garder mon sourire,
Cracher sur leurs tombeaux avec un rire

Mais j'ai peur de ces larmes tendres et belles
Qui peuvent faire fondre le glacier éternel,
Ne me regarde pas dans les yeux avec amour –
Je n'ose m'attacher au sacré pour toujours

A la mémoire de S. A. Mouromtsev

Des fleurs apportées au tombeau du guerrier,
Des fleurs – l'ultime présent des vivants,
Peut-être avec lui ont-ils aussi enterré
Notre rêve caressé des autres jours d'antan ?

Ceux à qui l'on préparait des couronnes d'épines
Apportent leurs larmes chaudes tel un tribut sacré
Le mémoire saint des malheurs de leurs destinées
Dans leurs cœurs, à côté de lui, est bien gardé

Nous portons son lourd cercueil si gravement,
Mais nos cœurs sont-ils vraiment gros maintenant ?
Si lâchement nous avons laissé tomber sa croix
Si lourde que jusqu'à sa fin il la porta de bonne foi.

Pour lui nous offrons tristement nos prières,
Nos génuflexions et nos pleurs d'hommage,
Comme il était loin des passions guerrières,
Comme il était vaillant dans les tempêtes et les orages !

Des fleurs apportées au tombeau du guerrier,
Des fleurs – l'ultime présent des vivants,
Peut-être dans son tombeau ont-ils muré
Notre rêve inquiet des autres jours d'antan ?

Georges Gurvitch (1914)

« *Pravda Voli Monarshej* » *de Théophane Prokopovitch.* Introduction du manuscrit original*

THÉOPHANE PROKOPOVITCH

Théophane Prokopovitch, originairement baptisé du nom d'Eliasar, est né à Kiev, le 8 juillet 1681. Le jeune garçon perdit ses parents très tôt et fut élevé par son oncle, le recteur de l'Académie spirituelle de Kiev. C'est au sein de cette Académie qu'Eliasar suivit sa formation élémentaire. Après l'avoir achevée, il poursuivit ses études à l'étranger, en compagnie d'autres brillants étudiants. Comme c'était l'habitude à l'Académie, le jeune homme partit pour la Pologne. Afin d'être accepté dans les écoles polonaises, Prokopovitch s'était converti à l'uniatisme de sorte qu'il put entrer au monastère de St. Basile à Vitebsk.

Grâce à ses talents, Prokopovitch fut tôt remarqué. Il fut envoyé à Rome où le jeune homme avait été accepté au collège de St. Athanase. Grégoire XIII l'avait fondé à la fin du XVI° siècle pour les Grecs et les Slaves afin de propager le catholicisme. Dans ce collège, Prokopovitch étudia la rhétorique, la poésie, la philosophie, l'histoire antique, ainsi que les œuvres des pères fondateurs de l'Eglise et la scolastique. Incroyablement doué, assoiffé de savoir, Prokopovitch devint un grand érudit. Les Jésuites insistèrent pour qu'il reste en Italie et qu'il rentre dans leur ordre, mais en vain. Le penseur russe avait bien pris note des principes de l'organisation catholique et désapprouvait profondément le « papisme ». Au lieu d'un ami, l'Eglise catholique et les Jésuites firent de lui un adversaire d'autant plus puissant qu'il était armé de toutes les astuces intellectuelles du catholicisme. Rome avait élevé un dangereux opposant.

De retour en Ukraine, en 1702, Prokopovitch se reconvertit à l'orthodoxie et troque son nom de baptême pour celui de Théophane. Il entra comme enseignant à l'Académie spirituelle de Kiev où il proposa successivement des cours de poésie, de rhétorique, de philosophie et ensuite de théologie. Malgré sa formation scolastique, Théophane cultivait un esprit très sceptique et critique envers toutes les formes d'autorité intellectuelle.

* Gurvitch, G. D., 1914, « *Pravda Voli Monarshej* » *de Théophane Prokopovitch.* Introduction du manuscrit original, pp. 18-30. (402-13-502 – EAA). [En russe].

Dans ses ouvrages Prokopovitch se définit comme un « ennemi mortel d l'esprit catholique dans son ensemble, comme un défenseur des idées progre sistes afin de les libérer des pièges de la scolastique, comme un admirateur d la science européenne créée par Descartes et Bacon »[1].

On dispose de témoignages directs sur l'intérêt de Prokopovitch pour le idées de Descartes, Bacon et d'autres penseurs européens – le jeune savar passera ainsi de nombreuses soirées à Kiev avec son ami Jacob Markovic à dis cuter de leurs idées[2]. C'est aussi à cette époque que Prokopovitch écrivit le vers suivants en l'honneur de Galilée : « Cur naturae agilem vexas, papa impie mystum »[3]. Dans son *Traité sur la rhétorique* (1706)[4] et ses ouvrages théolc giques, Prokopovitch développe une approche historique et critique qu' oppose à la tradition scolastique. Le penseur exigeait que tout théologien con naisse l'Ecriture Sainte et les œuvres des pères fondateurs, mais sans obéi aveuglément à l'autorité des théologiens. Toutefois, cette manière de voir s'ins crivait en porte-à-faux avec celle de l'Académie de Kiev, où la scolastique avai une forte emprise. C'est ainsi que Prokopovitch devait trouver un appui tou naturel dans les thèses des théologiens protestants. Combattant les influence catholiques, Théophane fit sien l'argumentaire protestant car il coïncidait ave ses propres desseins. Selon Jury Samarine, *Le système de théologie* de Proko povitch (1712-1716) porte d'ailleurs « la marque d'une influence unilatérale d protestantisme ». Et de fait, Théophane gagnera la sympathie des protestants entretenant même une correspondance avec le grand théologien Buddeus.

Les nombreux adversaires et ennemis de Prokopovitch s'en serviront pou l'accuser « d'hérésie luthérienne ». En réalité, Théophane restait fidèle l'orthodoxie. Même si quelque chose de « luthérien » émanait de sa théologie c'était plutôt d'un point de vue politique, non d'un point de vue propremen théologique.

Dans tous ses ouvrages, même ceux datant des années passées à Kiev, Pro kopovitch s'oppose radicalement aux traditions des Anciens et se positionn comme un « ami des Lumières n'épargnant ni l'ignorance qui se cache sous une apparente sérénité, ni l'hypocrisie, ni l'arrogance » (selon Pekarsky). Ce humour satirique et ce dévouement aux principes des Lumières ne sont pas san rappeler les premiers activistes de la Réforme. Au fond, Théophane n'a jamai été philosophe – l'art dans lequel il excellait était la pratique. Samarine nous di ainsi que « l'intérêt de Prokopovitch pour la réalité même, sa capacité de com prendre et d'agir dans cette réalité sont à la base de son talent d'orateur public ». Prokopovitch suivit son destin. Pierre le Grand fit la connaissance de Théophane en 1706, dans la cathédrale Ste. Sophie de Kiev. Le brillant ecclé

1 Morozov, *Théophane Prokopovitch écrivain*. Saint-Pétersbourg, 1880, p. 159.

2 Titlinov, « Théophane Prokopovitch », in : *Dictionnaire biographique russe*, p. 402 ; Morozov, *op. cit.*, p. 129.

3 Morozov, *op. cit.*, p. 157-158.

4 Dans ce chef d'œuvre, Prokopovitch cite entre autres J. Bodin.

siastique avait alors très probablement déjà attiré l'attention de l'Empereur en quête de cadres pour ses réformes. En 1709, deux semaines après la bataille de Poltava, Théophane saluait Pierre le Grand dans une homélie mettant en relief toute l'importance politique de cette victoire. La carrière de notre prêtre en fut décidée. En 1711, Prokopovitch suit l'aventure de Pierre le Grand sur le fleuve Prout, puis il est invité à Saint-Pétersbourg en 1716. En dépit des calomnies de ses adversaires regroupés autour de Stephan Javorsky, Théophane est introduit dans le haut clergé et devient évêque de Pskov. Malgré cette nomination, Prokopovitch ne se rendra jamais à Pskov, restant à Pétersbourg afin de « lutter aux côtés de Pierre le Grand pour la transformation de la Russie ». Désormais, chaque grand évènement politique s'accompagnera d'une homélie ou d'un livre de Théophane.

« En commentant les principes des réformes de Pierre le Grand, Théophane lance ex cathedra de vrais discours politiques »[5], devenant pour ainsi dire le publiciste officiel auquel on s'adresse chaque fois qu'il faut étayer ou expliquer les démarches du gouvernement. Prokopovitch fut sans doute un partisan sincère des réformes, d'autant plus que leurs principes recoupaient les siens. Mais l'importance de Prokopovitch ne se réduisit pas à celle d'un chroniqueur. Il participera également très activement aux transformations de l'Eglise. Le *Règlement spirituel* de 1720, qui impulsa une réorganisation de l'Eglise russe, fut écrit par Théophane, et en général cette réforme peut être associée au nom de Prokopovitch.

Le principe de cette nouvelle organisation que Pierre le Grand introduisit dans l'Eglise avec le concours de Prokopovitch consistait à en faire un ministère dirigé par des fonctionnaires d'Etat. Les ecclésiastiques furent ainsi réduits au rang de fonctionnaires et l'Empereur l'emportait sur le pouvoir spirituel. L'Eglise elle-même était ainsi absorbée par l'Etat, et subordonnée à un monarque omnipotent. Cette organisation de l'Eglise, le césaro-papisme, est caractéristique des protestants, surtout chez les anglicans et les luthériens. Pierre le Grand et Prokopovitch s'inspiraient incontestablement de la tradition protestante (et aussi byzantine) quand ils établirent ce nouvel ordre. Dans plusieurs ouvrages (avant comme après le *Règlement spirituel*) Théophane justifie d'ailleurs l'intervention de l'Etat dans les questions de liberté de conscience de même qu'il attribue le pouvoir spirituel aux monarques. Selon sa définition, « le monarque est un gouverneur absolu, suprême et omnipotent, c'est-à-dire qu'il dispose de tous les pouvoirs pour juger et punir les sujets, qu'ils soient laïcs ou religieux »[6]. C'est pourquoi il est possible de considérer les monarques non seulement comme des évêques, mais aussi comme des archevêques.

De cette façon, l'idéologue de l'absolutisme russe devint aussi le théoricien du césaro-papisme. Il n'y a là rien d'étonnant puisque l'absolutisme de l'Etat et

5 Tchistovitch, *Prokopovitch et son époque*, p. 131.
6 Cité d'après Titlinov, *op. cit.*

le césarisme de l'Eglise sont des phénomènes de même rang[7], ainsi qu'on peut le voir à travers les exemples des empereurs romains et byzantins, des Tudor et des premiers Steward en Angleterre, de Pierre le Grand en Russie ou des monarques protestants à l'époque de la Réforme. On peut encore évoquer les exemples des monarques catholiques comme Louis XIV ou Joseph II qui ont subordonné l'Eglise sans rompre avec le Saint-Siège. Ainsi, malgré son orientation catholique et réactionnaire (avec, par exemple, l'abolition de l'Edit de Nantes), Louis XIV a réussi à subordonner le clergé français. Pour reprendre les termes de Hitier, « avec le reste de la France, le clergé courbe la tête devant le roi ». La Déclaration des libertés octroyée à l'Eglise gallicane (1682) a fait de l'Eglise catholique française une église nationale et l'a placée sous la tutelle du monarque. Comme dit Jurieu, « Les rois de France se sont fait papes, grands pontifes et princes sur les choses sacrées »[8]. On peut dire la même chose de Joseph II et de sa politique ecclésiastique, le « joséphisme »[9].

L'absolutisme et le césaro-papisme sont indissociables non seulement dans la pratique, mais encore théoriquement. L'absolutiste le plus cohérent, Hobbes, attribue délibérément le pouvoir spirituel au monarque. Selon lui, « idem est quod Ecclesia christiana ... et is homo vel coetus, qui summum habet imperium caput est et civitatis et Ecclesiae » (Cap. XVII, § 21, 28).

Prokopovitch joua le noble rôle d'un défenseur des réformes et des Lumières, mais aussi de l'ordre politique existant ; il exprimait ainsi l'opinion des intellectuels progressistes de l'époque (comme Kantemir, Tatizhev ou Pososhkov). Mais la situation change aussitôt que Pierre le Grand meurt. Les traditionalistes russes se révoltèrent et le système politique fut sérieusement ébranlé sous le règne des premiers successeurs de Pierre le Grand. Les priorités de la politique étatique furent remplacées par celles des intérêts des gouverneurs, et la Russie entrait dans la dure époque des Menchikov et des Biron. Pourtant, Prokopovitch resta l'idéologue officiel, se séparant ainsi des intellectuels progressistes. Théophane se mêle alors aux intrigues et s'y consacre énergiquement. « Ayant compris que ses connaissances et ses talents ne lui servent à rien, Prokopovitch se jette dans le tourbillon des intrigues sophistiquées de cette époque de l'histoire russe »[10]. Pour lutter contre ses ennemis, Prokopovitch recourt à tous les moyens, se rapprochant de la police secrète en diffamant ses adversaires politiques. Ainsi Prokopovitch donna de lui une image négative dans cette deuxième moitié de sa vie.

Mais force est de constater que jusqu'à ses derniers jours Théophane sut rester un grand ami des Lumières. Il est mort en 1735, à l'âge de 56 ans.

7 Kovalevsky, *De la démocratie directe à la démocratie représentative, et de la monarchie patriarcale au parlementarisme*. Vol. II, p. 5.

8 Hitier, *La doctrine de l'absolutisme*, p. 170 ; Kareev, *La monarchie absolue en Europe de l'Ouest*. 1908, p. 234-236.

9 Kareev, *op. cit.*, p. 369-373.

10 Pekarsky, *La science et la littérature sous Pierre le Grand*. 1862. Vol. I, p. 482.

Quelle que fut la moralité de Prokopovitch, nous devons admettre avec Pekarsky que Théophane a été « l'une des personnalités les plus célèbres et les plus remarquables de l'histoire russe au cours de la première moitié du XVIII° siècle »[11]. Les contemporains de Prokopovitch, en Russie comme à l'étranger, ont porté sur lui le même jugement. Antioche Kantemir lui a ainsi consacré l'un de ses poèmes satiriques : « le prêtre magnifique à qui la Sagesse divine a révélé tous les secrets de la vie ..., qui a su tout ce que peut savoir la sagesse humaine ». De même, l'académicien Bayer l'a caractérisé comme l'homme « le plus intelligent, le plus intéressant, doué d'une mémoire incroyable, d'une force intellectuelle remarquable et d'un esprit des plus vifs »[12]. Le Danois von Haven verra en Prokopovitch « une personne dont les connaissances sont supérieures à celles de ses contemporains, surtout parmi les Russes. Excepté l'histoire, la théologie et la philosophie, il est très compétent en mathématiques et même doué pour cette science »[13]. Tatizhev lui attribue aussi les mêmes qualités : « il est fort en philosophie moderne et en théologie comme personne en Russie ». Enfin, Novikov parlera de Prokopovitch comme d'un orateur « dont l'éloquence était tellement remarquable que certains de ses contemporains le traitaient de Chrysostome russe ».

1 Pekarsky, *op. cit.*, p. 481.
2 Tchistovitch, *op. cit.*, p. 619-620.
3 Tchistovitch, *op. cit.*, p. 627.

Nikolaï Ivanovitch Kareev (1918)

Une nouvelle interprétation de la doctrine politique de Rousseau[*]

1.

En 1918 a paru un ouvrage d'une centaine de pages, incontestablement très important, par M. Georges Gurvitch et intitulé *Rousseau et la Déclaration des droits. L'idée des droits inaliénables de l'homme dans la doctrine politique de Rousseau*. Cet ouvrage mérite une grande attention de la part des historiens des idées politiques ainsi que des historiens de la Révolution française. Le but de Gurvitch consiste à démontrer que l'opinion des auteurs qui parlent de contradictions internes dans la doctrine politique de Rousseau est fausse. Cette doctrine est au contraire très harmonieuse et unifiée, et l'on a tort de nier son influence sur la création de *Déclaration des droits de l'homme et du citoyen* puisque ce document célèbre fut directement influencé par la doctrine politique de Rousseau. Les pensées de M. Gurvitch sont d'ailleurs très pertinentes en ce qui concerne l'analyse du *Contrat social* et des autres ouvrages de Rousseau. L'auteur montre aussi une très bonne connaissance de la littérature sur ce sujet, bien que l'on pourrait lui reprocher certaines lacunes.

Dire que la théorie exposée dans le *Contrat social* est contradictoire repose sur le fait que Rousseau postule le caractère apriorique et l'imprescriptibilité de la liberté individuelle (dont le contrat social représente le garant) et qu'en même temps il déduit de ce même contrat une conception du pouvoir public (que Rousseau attribue au peuple) qui rend la liberté nulle et qui ôte à l'individu tous ses droit sur l'Etat. Les Jacobins ont beau avoir tiré leur conception de la doctrine de Rousseau pendant la Révolution. En tant que patriotes, ils ont vu dans l'individualisme une menace pour « la république unie et indivisible » ainsi qu'une stratégie inadmissible par rapport au citoyen, lequel devait rester dans une soumission absolue à l'Etat. Se basant sur la doctrine rousseauiste de la religion civile (voire celle de l'Etat), la Convention a décrété le culte de l'Être Suprême comme religion civile. Cela contredisait le principe de la liberté de conscience, et la « déchristianisation » de la France sous le régime des admi-

[*] Kareev, Nikolai Ivanovitch, « Une nouvelle interprétation de la doctrine politique de Rousseau : Recension de l'ouvrage de Georges Gurvitch, *Rousseau et la Déclaration des droits* ». Manuscrit non daté (119-43-13 – RGB ; en russe). Le catalogue indique toutefois la date de septembre 1918. Les crochets renvoient aux adjonctions que Kareev a lui même effectuées dans les marges de son manuscrit.

rateurs de Rousseau n'était que la réalisation pratique de l'idée d'absolutism étatique (quoique sous la forme républicaine) dans la vie religieuse de citoyens.

Analysant la doctrine politique de Rousseau, plusieurs auteurs y ont vu u absolutisme, et de ce fait ont critiqué Rousseau – les uns pour raison d'abso lutisme, les autres pour la contradiction entre cet absolutisme et les principe individualistes de sa théorie. Les partisans de ce premier point de vue on surtout insisté sur l'incompatibilité entre la conception du pouvoir illimité et caractère nettement individualiste de la *Déclaration des droits*.

Cette unanimité, tant chez les adhérents de Rousseau souhaitant mettre cett théorie en pratique que chez ses détracteurs, est très révélatrice : elle n'exis terait pas si dans le *Contrat social* il n'y avait divers éléments permettan d'interpréter ce traité dans un sens absolutiste et de constater des contradiction entre le point de départ et la conclusion finale de cette théorie. Dans son livre M. Georges Gurvitch démontre que Rousseau n'a jamais été absolutiste ; a contraire, ce penseur est toujours resté un défenseur de la liberté individuelle ce pourquoi sa doctrine ne fut aucunement contradictoire. Pourtant, mêm Gurvitch y trouve « des contradictions fictives… qui ne sont que d'ordre termi nologique » (p. 12, 30, 34 et sq.) notamment quand [il constate « une con tradiction évidente dès la première page » (p. 24) ou quand] il repère une « con tradiction apparemment sans issue » (p. 26), etc. De cette façon, Gurvitc admet « l'ambiguïté des termes » de Rousseau, une ambiguïté « barrant irrémé diablement la voie à une bonne compréhension de son système » (p. 34 et sq. De surcroît, ce nouvel exégète de la doctrine de Rousseau trouve que le penseu a « tissé » au fil de ses réflexions des éléments qui « touchent à la compré hension des fondements mêmes de sa théorie » (p. 72), or ceux-ci font qu'il es « difficile de saisir le sens pur de cette doctrine » (p. 74). Notre auteur expliqu la raison de cette incompréhension par sa « grande particularité » (p. 77), dor la forme la plus manifeste est l'ambiguïté des termes du *Contrat social*. Pa ailleurs, Gurvitch estime que « l'idée de la religion civile était compromise » (p 23), supposant qu'elle n'aurait rien à voir avec la conception selon laquell l'Etat dispose du droit d'imposer une religion aux citoyens, mais qu'elle serai plutôt due à « une nécessité mal comprise » (p. 86). En fin de compte, M Gurvitch ne conteste pas que « la doctrine de la religion civile constitue un transgression apparente du principe de tolérance » (p. 87) ou, comme il faudrai mieux dire, celui de liberté de conscience.

Une fois ce constat fait, j'aimerai dire que c'est Rousseau lui-même qui fu coupable d'avoir été mal interprété. Ainsi, même quand M. Gurvitch pense qu c'est Benjamin Constant qui fut à l'origine de cette erreur de compréhensio (pp. 45 et 40), il ajoute que, *dans une certain mesure*, ce dernier avait raiso d'opposer nettement l'individualisme à la doctrine de Rousseau (p. 97).

Néanmoins, M. Gurvitch propose une révision critique de cette interpré tation devenue classique. Pour le dire en reprenant ses termes, Gurvitc

« cherche à démontrer que la doctrine politique de Rousseau ne nie aucunement les droits naturels et imprescriptibles de l'individu, mais que cette doctrine leur offre au contraire un fondement très fort et absolument nouveau en comparaison des précurseurs de Rousseau » (p. 12). Enfin, il cherche « à s'engager sur la voie d'une reconstruction de la totalité systématique des théories de Rousseau » (p. 20). Poursuivant ce but, M. Gurvitch oublie pourtant, pourrait-on dire, la signification de la théorie rousseauiste pour la Révolution française, et il ne prend en considération que son contenu abstrait. « La doctrine politique de Rousseau, dit-il, fut tellement proche des événements de la Révolution française, fut si souvent utilisée dans la lutte des partis politiques, que de ce fait, l'intérêt principal des chercheurs s'est toujours porté sur les développements historiques de cette théorie et non sur son contenu abstrait ». Malgré cela, l'auteur ne doute pas que « l'objectif principal de Rousseau était de formuler une théorie abstraite, non un programme politique concret » (p. 13). Concentrant son attention sur « la théorie abstraite », M. Gurvitch analyse non seulement le *Contrat social* dans ses diverses rédactions, d'autres ouvrages de Rousseau [absolument authentiques], ainsi que l'article anonyme de l'*Encyclopédie* de Diderot sur le droit naturel qui fut écrit par Rousseau lui-même, comme le suggère à juste titre M. Gurvitch.

2.

A travers cette révision critique, M. Gurvitch analyse trois points principaux.

Premièrement, l'opinion générale est que la doctrine de Rousseau sur le contrat social et ses conditions contient en soi la négation des droits naturels imprescriptibles de l'individu, tandis que M. Gurvitch cherche à étayer l'opinion contraire.

Deuxièmement, l'auteur se propose de « démentir l'opinion générale » selon laquelle le pouvoir suprême dans la doctrine de Rousseau serait illimité.

Troisièmement, l'auteur de ce livre défend l'opinion que « dans l'esprit de sa doctrine », Rousseau fut un ardent partisan de la liberté de conscience (de la tolérance religieuse, dans les termes de l'auteur), et que contrairement à l'opinion commune, Rousseau reconnaissait le droit de propriété privée.

A travers ces points, M. Gurvitch donne un cuisant démenti à la thèse que Rousseau ne fut pas un idéologue de la *Déclaration des droits de l'homme et du citoyen* ; bien au contraire, les plus grands défenseurs de la liberté individuelle, tels Mirabeau, considéraient Rousseau comme un prophète de la liberté pendant la Révolution.

A lire attentivement le *Contrat social*, chacun peut voir une contradiction criante : le contrat [qui dans les théories du XVIII° siècle était pensé comme l'origine de l'Etat] est conclu afin de garantir les droits de l'individu ; or l'individu reste [autant] libre qu'il ne l'était avant le contrat, et en même temps, ce contrat exige de chacun l'abandon irrévocable [et absolu] de ses droits en faveur de la totalité. M. Gurvitch souligne que Rousseau lui-même demandait que l'on ne l'accuse pas ici de contradiction ; le penseur n'avait pas pu éviter cette « contradiction dans les termes »[,] comme il le dit explicitement, mais ses continuateurs ont négligé ses paroles. Aussi notre auteur demande-t-il que nous « croyions » Rousseau à la lettre (p. 24 et 27) et, faisant une combinaison de diverses pensées de Rousseau, M. Gurvitch offre sa propre vision de la théorie de ce penseur. Dans les grandes lignes, Gurvitch pense que dans l'état de nature, donc avant le contrat social, l'individu n'a aucun droit ou devoir ; c'est le contrat social qui lui octroie ses droits en le soumettant au droit. Pour autant qu'il n'existe aucun droit (y compris le droit naturel) dans l'état de nature, alors la soumission absolue et irrévocable de l'individu à la totalité sociale ne se présente que comme l'abandon de ses instincts et penchants, non comme l'abandon de ses droits. De cette manière, le droit naturel n'établit sa force obligatoire que grâce au contrat social (pp. 28-29). Le problème est qu'il faut distinguer deux notions du droit naturel dans la doctrine de Rousseau (comme celui-ci le dit expressément) : le droit naturel « raisonné » et le droit « naturel au sens propre », c'est-à-dire le droit instinctif basé sur les penchants. Le contrat social institue le droit naturel « raisonné » en soumettant à la « volonté générale » et à son expression ultime, la loi, les individus qui n'étaient auparavant soumis qu'à leurs penchants instinctifs (p. 31). Dans un autre ouvrage, Rousseau évoque aussi ce droit naturel « raisonné » comme un ensemble d'impératifs destinés aux êtres doués de raison et de volonté libre ; le penseur trouve le principe fondamental du droit dans l'interdiction absolue d'abandonner sa liberté individuelle. Dans l'interprétation de M. Gurvitch, Rousseau exigeait donc seulement l'abandon du droit naturel instinctif, mais non celui du droit naturel raisonné – l'individu n'acquérant ce dernier qu'après le passage du contrat social (p. 32). Selon les expressions de Rousseau lui-même, l'individu devient homme en même temps qu'il devient citoyen ou membre de la société, c'est-à-dire quand il acquiert ses droits d'homme.

Ainsi, à travers son interprétation, M. Gurvitch dépasse la contradiction généralement attribuée à la théorie de Rousseau et précise que dans certains cas, Rousseau utilise le terme de « puissance » ou de « force » au lieu du terme de « droit » quand il parle du droit naturel instinctif (p. 35). Par ailleurs, l'opposition entre le droit et la force est très caractéristique du traité de Rousseau. Ce n'est qu'après être entré dans le contrat et avoir abandonné ses penchants et instincts en faveur de sa nature raisonnable que l'individu se soumet au droit [droit qui est principalement distinct de la force] et qu'il acquiert ses droits d'homme (p. 36). Ensuite, le seul but du contrat social consiste à garantir le caractère imprescriptible des droits naturels de l'individu, du moment qu'il renonce à ses penchants et ses instincts (p. 37). Rousseau dresse la liste de ces droits dans son traité sur l'économie politique ; il s'agit de la vie, de la liberté, de la propriété et de la sécurité civile (p. 98). Partant de cette liste, M. Gurvitch conclut qu'il n'y a pas le moindre désaccord entre les idées de Rousseau et les principes de la *Déclaration des droits* (pp. 39-40). Au passage, notre auteur précise la différence entre les idées de Locke et de Rousseau : selon Locke, l'individu jouit de tous ses droits naturels dans l'état de nature et il y renonce quand il entre dans le contrat social, tandis que pour Rousseau l'individu renonce à ses instincts irrationnels et obtient ainsi des droits naturels raisonnés.

L'auteur nous dit que « l'écheveau des contradictions sans issues où la doctrine de Rousseau s'était perdue dès la racine, est ainsi complètement débrouillé » (p. 37). On appréciera certes la finesse d'esprit avec laquelle M. Gurvitch a résolu cette énigme, mais il faut toutefois dire que si telle était la pensée de Rousseau (c'est bien probable), alors celui-ci n'a pas su l'exprimer dûment, et que le sens littéral des termes de Rousseau quant à l'abandon des droits ne pouvait que provoquer des accusations de contradictions essentielles contre lui – surtout que les passages qui ressemblent à la *Déclaration des droits* ne se trouvent pas dans le traité principal de Rousseau, mais dans son traité secondaire.

J'ai déjà mentionné plus haut que M. Gurvitch exploite également les idées de Rousseau dans son article « Droit naturel » qui, selon l'opinion de notre auteur, fut écrit par Rousseau. Cette thèse de M. Gurvitch est très vraisemblable, puisque non seulement les idées de cet article, mais aussi ses phrases, ressemblent à la *Première Rédaction du Contrat social* (pp. 49-50). Par ailleurs, on y constate aussi le caractère réciproque du droit naturel raisonné.

Or une nouvelle question s'impose ici : quels étaient les motifs qui ont poussé Rousseau à employer le même terme de « droit naturel » pour désigner deux principes si différents – la grandeur de la raison et les penchants instinctifs ? Notre auteur rappelle l'aphorisme de Rousseau : « Tout est bien sortant des mains de l'auteur des choses » ainsi que l'affirmation selon laquelle l'homme, en tant que création divine, est doué de bonté naturelle (p. 42). Cependant nous savons que selon Rousseau la nature humaine et ses instincts sont corrompus. On connaît bien la lutte de Rousseau contre l'intellectualisme qui le poussait à chercher les vrais fondements de la morale et du droit naturel raisonné dans la conscience, cette sorte d'évidence morale toute différente de la raison et de l'évidence logique. Dans la doctrine de Rousseau, la conscience est l'instinct (la voix) de l'âme. L'innocence primitive n'a existé que tant que le droit naturel n'était pas nécessaire ; le droit naturel et raisonné ne s'adresse qu'aux hommes dont les instincts sont déjà pervertis (p. 47). Cette idée est également tout à fait vraisemblable.

3.

Analysons le deuxième point de la position de Gurvitch.

On interprète d'habitude la doctrine de Rousseau ainsi : ôtant à l'individu tous ses droits naturels par le biais du contrat social, ce penseur le soumet ensuite à la domination illimitée du pouvoir public, à savoir à l'arbitraire de la majorité populaire. On dit encore que Rousseau investit le pouvoir public de droits à ce point illimités qu'il n'est même pas obligé de se plier au contrat social. A cet égard, M. Gurvitch conteste une fois encore les interprétations traditionnelles. Il réfute cette seconde thèse en citant Rousseau lui-même. L'auteur nous dit que même si Rousseau admet que le contrat social n'est pas obligatoire pour le souverain, c'est seulement à la condition que les citoyens (dont la totalité constitue le souverain) puissent à tout instant renoncer au contrat et mettre ainsi un terme à l'existence de l'Etat et du pouvoir public. La liberté du souverain par rapport au contrat social s'explique donc comme le droit des citoyens à revenir à l'état de nature, mais n'implique pas du tout l'absolutisme du pouvoir. Voilà pourquoi M. Gurvitch parle d'un « individualisme unilinéaire et maximaliste où l'unité morale* est annihilée par la volonté d'un individu particulier » (p. 53).

Plus significative encore est la façon dont Rousseau présente cette « volonté générale » à laquelle les hommes se sont soumis d'une manière directe et absolue, abandonnant, selon l'interprétation de M. Gurvitch, leurs droits instinctifs en faveur de droits raisonnés[1]. En analysant cette question, M. Gurvitch préfère éviter de traduire le terme de « volonté générale » parce que sa traduction russe, « la volonté commune » suggère « des associations empiriques avec lesquelles le terme français n'a rien à voir » (p. 51).

Notre auteur juge que dans la doctrine de Rousseau la conception du pouvoir public se base entièrement sur la conception de la « volonté générale ». En même temps, il constate que ces deux conceptions (à savoir celle du pouvoir public et de la volonté générale) ne coïncident aucunement, malgré l'opinion des exégètes de la doctrine de Rousseau. Selon Rousseau, la volonté générale ne dirige le pouvoir public que dans la mesure où elle fait office pour lui « de *règle* de fonctionnement », de simple « *fondement* de sa légitimité ; le pouvoir public est la *force* dirigée par la volonté générale, un principe suprême tout différent de la force » (p. 55). En passant le contrat social, les citoyens combinent leurs forces particulières dans une « force commune ». En tant qu'ingrédient du pouvoir public, cette force commune a pour base le peuple, ce porteur vivant et réel du pouvoir public qui n'exerce sa force publique qu'en votant au sein de l'assemblée populaire (p. 56). Pourtant, Rousseau souhaite que ces plébiscites soient accomplis sous le règne complet et absolu de la volonté générale

* [NdT. : Dans le Rousseau, Gurvitch parle ici de l'Etat].

1 Compte tenu des remarques de M. Gurvitch, nous utiliserons ce terme en russe. [NdT. : il s'agit du terme *obszaja volja* (*общая воля*)].

puisque sans son accomplissement réel, l'Etat périt en tant que sociabilité juridique. Rousseau opère une distinction entre la volonté générale et la volonté de tous, cette dernière se manifestant par les plébiscites unanimes. Ainsi, la volonté de tous n'est que l'une des formes de la force publique, tandis qu'entre celle-ci et la volonté générale il y a le même hiatus qu'entre le corps et l'âme, pour faire écho aux termes de Rousseau (p. 57). L'une peut correspondre à l'autre par son contenu, mais elles ne peuvent jamais coïncider l'une avec l'autre. Une fois qu'il y a divergence entre la volonté de tous (ou de la majorité) et la volonté générale, alors « la domination de la majorité perd immédiatement son caractère légitime et devient une pure violence à laquelle les citoyens sont forcés d'obéir (sans y être obligés) » (p. 59).

Autrement dit, d'après M. Gurvitch « le contenu même de toute la doctrine de Rousseau consiste à *écarter l'arbitraire de la majorité populaire* par la soumission de la volonté du peuple au *déterminisme propre* de la volonté générale » puisque celle-ci, à la différence de la volonté de tous, et tout comme la conscience, forme la base du droit naturel raisonné (p. 60). Pour autant que le droit naturel soit éternel de par son principe, la volonté générale ne peut donc pas ne pas l'être également. Le *Contrat social* ne livre pas une telle formulation [de la volonté générale comme base du droit naturel], mais notre auteur la trouve dans l'article mentionné ci-dessus, article qui est, selon lui, de la plume de Rousseau (p. 61). Mais le *Contrat social* parle en ce sens du caractère perpétuel, invariable, incorruptible ainsi que de la vérité éternelle de la volonté générale. La volonté de tous s'exprime par le plébiscite et se présente comme « l'incarnation de la probabilité empirique », tandis que la volonté générale est « l'incarnation de l'absolu qui est indépendant de l'empirique » (p. 62). Dans la doctrine de Rousseau, la volonté générale et la conscience coïncident dans toutes leurs caractéristiques sauf une : la conscience est un principe purement personnel, le composant de l'âme, l'absolu dans l'individu, tandis que la volonté générale se présente (« au moins *dans un premier et rapide coup d'oeil* », ainsi que le précise M. Gurvitch) comme un principe supra-personnel (p. 63).

Ce n'est toutefois le cas qu'au premier regard. En effet, Rousseau affirme lui-même que n'étant soumis qu'au contrat établissant le règne de la volonté générale, les individus ne sont soumis qu'à leur propre volonté. Par ailleurs, le problème central pour ce penseur était de « trouver une forme d'association ... par laquelle chacun s'unissant à tous n'obéisse pourtant qu'à lui-même». Aussi Rousseau, afin d'« *être conséquent, ne pouvait qu'accorder à la volonté générale un caractère supra-individuel.* Dans la *Première Rédaction du Contrat social*, Rousseau remarque d'ailleurs '*Que la volonté générale soit dans chaque individu* un acte pur de l'entendement, *qui raisonne dans le silence des passions* sur ce que l'homme peut exiger de son semblable et sur ce que son semblable est en droit d'exiger de lui, nul n'en disconviendra' ». Nous trouvons la même pensée dans l'article « Droit Naturel ». M. Gurvitch nous dit qu'ici Rousseau considère évidemment la volonté générale comme un principe individuel inscrit dans chaque individu, de la même manière que la conscience (pp. 63-64). Selon l'opinion de notre auteur, Rousseau oppose cette volont générale non pas à la volonté individuelle, comme on le suppose habituell ment, mais à la volonté particulière. Tel est le sens de cette phrase d Rousseau : « en tant qu'homme, chaque individu peut avoir une volonté part culière contraire ou dissemblable à la volonté générale qu'il a en tant qu citoyen ». Selon Rousseau, deux volontés, l'une générale et l'autre particulièr se combinent donc dans le vouloir humain, mais seule la première fait de membres de la société des citoyens libres. Cette première volonté est absol ment la même dans chaque individu, et de ce fait on peut lui attribuer l'adject de « générale », exactement comme on attribue cet adjectif aux notions gén riques. M. Gurvitch explique que c'est notamment « le principe abstrait d chaque individu qui est identique pour tous les citoyens », tandis que la volont particulière est l'élément empirique toujours changeant dans le vouloir d chaque individu et qui ne coïncide jamais, même chez deux individus. P ailleurs, de cette constance de la volonté générale Rousseau déduit une aspir tion à l'égalité (car tous ont la même force), tandis que la volonté particulièr tend aux préférences (pp. 64-65).

Rousseau comprend ainsi l'individualité comme l'incarnation de principe abstraits et pour lui la force commune n'est pas une valeur éthique supr personnelle (p. 65). Partant de cette interprétation de la volonté générale, M Gurvitch explique certains passages du *Contrat social* que la plupart de chercheurs ont auparavant caractérisés comme étant vagues et sophistiqués. P exemple, Rousseau affirme que si l'on force un citoyen à obéir à la volont générale, c'est pour le forcer à être libre. A suivre l'interprétation de M. Gu vitch, le sens de ce sophisme se comprend aisément. Pour Rousseau, les pl biscites importent seulement en tant que moyen de savoir si les proposition votées correspondent au « principe personnel abstrait inscrit dans la volont individuelle de chaque électeur » : « si la majorité prend une décision différent de celle d'un individu particulier, cela prouve que celui-ci se trompe et qu' prend les éléments particuliers et empiriques de sa volonté pour des élément absolus ». Toutefois, nous pourrions nous demander pourquoi en ce cas l volonté de la majorité est-elle considérée comme vraie, et la volonté des diss dents comme fausse ? A vrai dire, M. Gurvitch est loin de penser que Roussea ait lié d'une manière absolue la volonté empirique de la majorité avec l volonté générale supra-empirique : Rousseau lui-même admet qu'une dive gence entre ces deux principes est tout à fait possible « lorsque la majorité per les traits caractéristiques de la volonté générale » (p. 68). Le fait est qu Rousseau a partagé la croyance du XVIIIe siècle en l'harmonie des intérêts e dans leur concordance avec les droits naturels.

M. Gurvitch propose d'envisager la conception que Rousseau se fait de l volonté générale de la manière suivante. Nombre de chercheurs ont interprété l volonté générale comme la moyenne arithmétique des volontés particulière empiriques, cette moyenne devenant évidente après élimination des opinions dissidentes. Un des passages de l'ouvrage de Rousseau en est la cause. On a l'habitude de le comprendre comme suit : pour autant que la volonté générale est séparée des volitions particulières par un abîme infranchissable, alors on ne peut pas composer la volonté générale en sommant les volitions empiriques (p. 59).

Il faut saluer la certitude avec laquelle M. Gurvitch constate que dans la doctrine de Rousseau, la volonté générale est avant tout un principe métaphysique inné et non acquis. De plus, ce principe est une règle, une norme, une idée et en tant que norme, ce principe est l'un des guides [ou l'un des aspects] de la conscience : Rousseau déduit le droit naturel raisonné de la conscience ainsi que de la volonté générale. Pour ce penseur, la différence du droit naturel raisonné par rapport aux autres commandements moraux réside dans « la réciprocité des droits et des obligations » qui devient possible à travers le contrat social. Ainsi, la volonté générale « exprime cet aspect de la conscience qui s'oriente vers la construction de la vie commune » (pp. 70-71). Afin d'aboutir à cette conception de la volonté générale, M. Gurvitch, pour reprendre ses propres termes, devait « éliminer les éléments étrangers, empiriques et utilitaires ... qui ont pénétré la conception de Rousseau du fait de sa croyance à l'identité de l'intérêt et de la justice, du droit et de l'utilité, et plus généralement à l'harmonie des intérêts ». Ce sont ces éléments utilitaristes et empiristes qui « empêchent de comprendre les fondements de la doctrine de Rousseau dans toute leur pureté » (pp. 71-74).

L'ambiguïté terminologique n'est donc pas la seule cause des opinions erronées que M. Gurvitch réfute à travers sa critique – il existe aussi d'autres explications.

4.

Quel est, d'après notre nouvel exégète, le pouvoir souverain dans la doctrine de Rousseau ?

M. Gurvitch suppose que dans la doctrine de Rousseau le pouvoir souverain comprend deux éléments : la volonté générale en tant que règle conductrice, et la force publique, cette dernière se manifestant à travers les plébiscites et se soumettant entièrement à cette règle. « Si la volonté générale, poursuit M. Gurvitch, est l'essence du pouvoir suprême, *alors le trait caractéristique de ce pouvoir est qu'il est entièrement pénétré par le droit naturel raisonné*. Les commandements du souverain tirent leur force obligatoire de leur correspondance aux exigences du droit naturel raisonné ». Dès que les commandements du souverain s'éloignent de ces exigences, alors ils ne sont plus juridiques puisque tout commandement qui n'est pas pénétré par le droit naturel n'est plus légal mais arbitraire. « L'essence du pouvoir suprême ne permet pas d'enfreindre les normes du droit naturel, de violer les droits naturels subjectifs des citoyens, car il est pouvoir pour autant qu'il est soumis au droit ». C'est pourquoi pour Rousseau aucun droit positif divergeant du droit naturel n'est possible ; autrement dit, il n'y a aucun dualisme entre eux et entre le droit et le pouvoir (pp. 74-75). « *Les droits subjectifs imprescriptibles des citoyens sont garantis par le fait même de l'existence du pouvoir comme de l'Etat, et ceux-ci ne sont possibles que sur la base du droit naturel raisonné dont le contenu principal est la défense de la liberté individuelle... Toute la doctrine du pouvoir suprême que Rousseau propose se laisse réduire à la défense des droits naturels imprescriptibles de l'homme...* C'est pourquoi Rousseau ne trompe pas l'individu quand il lui promet, en échange de ses droits naturels instinctifs, la liberté de jouir de droits naturels raisonnés dans l'état politique ; pour entrer dans la société, l'individu doit s'en défaire » (p. 76). Si Rousseau fait montre d'un certain absolutisme, il s'agit de « *l'absolutisme du droit naturel raisonné auquel le pouvoir est totalement soumis. Son idée force est la souveraineté du droit comme droit naturel et imprescriptible de l'individu* ». M. Gurvitch mentionne la parenté de cette approche avec les nouvelles idées de la science politique contemporaine (p. 77). Il ajoute qu'à la différence de ses précurseurs, l'auteur du *Contrat social* pense que les droits naturels imprescriptibles ne proviennent pas de l'état de nature, mais qu'au contraire ils *ne voient le jour* en étant munis de leur force obligatoire que dans *l'état politique* ; c'est « la conséquence de la domination de la volonté générale et de son expression extérieure – la loi » (p. 78). L'importance de la loi pour la défense de la liberté civile constitue « l'innovation la plus originale de Rousseau ». La *Déclaration des droits* lui a emprunté sa conception de la loi comme expression de la volonté générale ainsi que sa conception de la liberté et de ses limites définies par la loi. La *Déclaration des droits* proclame : « La liberté consiste à pouvoir faire tout ce que ne nuit pas à autrui : ainsi l'exercice des droits naturels de chaque homme n'a d'autres bornes que celles qui assurent aux autres membres de la société la jouissance de ces mêmes droits. Ces bornes ne peuvent être déterminées que par la loi ». On ne trouve ni cette conception de la loi, ni cette conception de la liberté dans les déclarations américaines qui servirent de modèle à la déclaration française (p. 79). C'est la loi en tant qu'expression de la volonté générale qui établit les bornes dans lesquelles les individus peuvent jouir de leur liberté sans intervenir dans la liberté des autres. M. Gurvitch réfute ici au passage l'opinion généralement admise que Rousseau n'a pas su distinguer la liberté civile (individuelle) de la liberté politique (comme participation au pouvoir). A cet égard, M. Gurvitch se réfère aux obligations du pouvoir que Rousseau a formulées : le pouvoir doit défendre d'une manière égale la liberté civile et la liberté politique (p. 78).

J'ajouterais que certains chercheurs voient en Rousseau non seulement un absolutiste, mais aussi un anarchiste – idée contre laquelle M. Gurvitch s'érige dans certains passages (pp. 20 et 75).

5.

Parmi les libertés [imprescriptibles] on compte la liberté de conscience. M. Gurvitch se réfère à une citation qui ne laisse aucun doute – Rousseau a reconnu cette liberté. L'auteur nous assure qu'il ne pourrait en aller autrement puisque cette liberté « se reflète dans tout le système théorique de Rousseau. Elle est d'ailleurs si organiquement liée à sa doctrine de la conscience *individuelle* comme source d'évidence morale que Rousseau la considère comme l'argument ultime pour prouver l'existence de Dieu ; c'est à la foi indépendante, à la conscience individuelle qu'il revient, en matière de religion, de décider » (p. 81). Ensuite M. Gurvitch nous montre la différence que Rousseau fait entre les formes religieuses : les première étant morales, les autres purement dogmatiques. Pour la société, seule la première importe : « c'est sur elle que tous les fondements de la vie commune sont établis » de sorte que « les malentendus dans ce domaine mettent en danger l'existence de l'Etat » (p. 82). Notre auteur explique la religion civile de Rousseau (qui contrevient absolument à la liberté individuelle – on peut se rappeler des sanctions de cette religion, telles l'exil ou même la peine de mort) par ceci que pour exprimer complètement la volonté générale dans le domaine politique, l'Etat doit s'occuper de l'éducation morale des citoyens. Pour autant que dans la doctrine de Rousseau le droit et la morale soient indivisiblement liés à la croyance en Dieu, celui-ci conclut que l'Etat doit exiger des citoyens « un certain minimum de croyance religieuse ». Ce minimum est la condition *sine qua non* d'obtention de la citoyenneté, « non pas précisément comme dogme religieux, mais comme sentiment de sociabilité sans lequel il est impossible d'être bon citoyen, ni sujet fidèle » (pp. 83-84). M. Gurvitch admet que la doctrine de Rousseau sur la religion civile constitue un « manquement à son principe favori ». Notre auteur l'explique par une « nécessité politique qu'il a mal comprise », par « une fausse idée *des conditions empiriques de réalisation de son système idéal dans la vie des citoyens* » (p. 86). M. Gurvitch trouve d'ailleurs que chez Rousseau l'idée de ces conditions empiriques « est erronée, qu'elle échoue et qu'elle est mal fondée », qu'il s'agit là de « la faiblesse principale de toute sa doctrine » (p. 87). Mais, selon M. Gurvitch, ce constat ne vaut que « pour la périphérie de la doctrine de Rousseau ; il ne touche pas au cœur de cette doctrine » (pp. 87-89). Il faut pourtant bien voir que la volonté générale n'est que l'un des aspects de la conscience et que Rousseau la considère uniquement sous l'aspect religieux. Je me permets de constater que pour Rousseau, la religion représente l'une des expressions du principe qui constitue la nature même de la volonté générale ; la religion en est l'un des ingrédients. Je ne donne pas de solution à ce problème, mais je doute seulement de l'explication que M. Gurvitch donne à cette contradiction [à ses yeux] apparente dans la doctrine de Rousseau. Pour ma part, je pense que cette contradiction est superflue…

Pavel I. Novgorodtsev (1921)

Georges Gurvitch : *Rousseau et la Déclaration des droits*[*]

Le but de cet essai, extrêmement intéressant et dont l'auteur est particulièrement doué, consiste à démontrer l'imposture qu'il y a à ranger Rousseau parmi les adeptes de l'absolutisme étatique – la doctrine de Rousseau ne s'oppose pas à la Déclaration des droits mais en constitue au contraire le fondement. Une excellente connaissance des ouvrages de Rousseau comme de la littérature critique sur l'œuvre de cet auteur politique, une analyse détaillée des textes, une contestation permanente des opinions traditionnelles et une indépendance totale de pensée – tels sont les mérites de ce petit livre riche en contenu.

L'auteur est sans doute parvenu à démontrer combien il est faux de prétendre que « Rousseau aurait transposé dans le pouvoir illimité du peuple les droits du monarque absolu » de sorte que « dans le système de Rousseau l'autocrate absolu aurait changé de nom mais pas de nature », ainsi que le pense Jellinek. Cette opinion néglige le fait que l'Etat, auquel Rousseau soumet totalement l'individu, est un Etat de droit soumis lui-même à la volonté générale. Et dans le système de Rousseau, celle-ci est une substance constante, immuable et pure du vouloir humain raisonné.

Cela signifie-t-il que la doctrine de Rousseau n'exclut pas, mais favorise au contraire les droits inaliénables de l'individu ? L'auteur n'a pas réussi à soutenir cette deuxième thèse de son livre, tout simplement parce que c'est impossible. Par nature, les droits inaliénables sont indépendants de l'Etat. Ils appartiennent aux individus comme tels en tant qu'ils s'opposent à la société, et la volonté générale n'exerce aucun pouvoir sur ces droits. Cela veut notamment dire que ces droits sont inaliénables, imprescriptibles. Pourtant, selon Rousseau, l'homme soumet à la volonté générale « sa personnalité et toute sa puissance ». Il s'agit d'une soumission « sans aucune réserve », absolue et totale. Certes, ce n'est pas là un absolutisme de l'arbitraire, mais un absolutisme du droit. Mais c'est de l'absolutisme quand même. Cet absolutisme de l'Etat de droit absorbe les droits inaliénables ; il institue la domination d'une norme impersonnelle et abstraite sur ces droits. Toute la vie est réduite à la norme abstraite de la raison du genre humain. C'est une rationalisation absolue de la vie où l'unité, l'harmonie et l'ordre absorbent l'hétérogénéité, l'originalité

[*] Novgorodtsev, Pavel Ivanovitch, « Georges Gurvitch, *Rousseau et la Déclaration des droits. L'idée des droits inaliénables dans la doctrine politique de Rousseau*. Petrograd, 1918, 100 pages », *Le Livre Russe*, 1921, 4 (Avril), p. 5. [En russe].

et l'individualité. Dans cette perspective, le fameux chapitre sur la religio civile dans le *Contrat social* de Rousseau ne constitue pas un complémen secondaire à la doctrine de la volonté générale ; il en forme l'élément orga nique. Rousseau ne cherche qu'à fixer des fondements généraux et rationnel de la sociabilité, qu'à édifier une harmonie totale résultant de l'unité et de l pureté de la volonté générale, et il ne se préoccupe que de la possibilité d réaliser rationnellement cette volonté dans la vie concrète et empirique.

L'auteur juge que le mérite de Rousseau est d'avoir dépassé le dualism entre droit positif et droit naturel, entre droit et pouvoir. Par essence, c dualisme est toutefois sans issue, et l'idée des droits inaliénables n'en est qu l'une des formes. Quoique dans la doctrine de Rousseau le pouvoir se confond avec le droit, – et le droit positif avec le droit naturel –, dans l'harmonieus synthèse que Rousseau propose cela équivaut pourtant à l'absorption de l moralité par le droit, de l'individu par l'Etat. L'auteur admet d'ailleurs qu « Rousseau part d'une distinction assez imprécise entre d'une part le droit et l moralité, et d'autre part entre eux deux et la foi religieuse » de sorte que l synthèse de Rousseau est forcément « imparfaite et simpliste ». C'est pourquc l'auteur esquisse des directions plus précises pour le développement de se idées.

Georges Gurvitch (1923)

Th. W. Taranovsky – *Encyclopédie du droit**

La première édition de ce superbe ouvrage du prof.[esseur] Taranovsky a vu le jour à la veille même de la Révolution – en février 1917. A cause du délabrement du monde de l'édition qui suivit les événements révolutionnaires, ce livre n'a pas pu gagner l'attention qu'il méritait, alors que la parution de cet ouvrage a marqué une étape importante dans la littérature didactique sur la théorie du droit. Heureusement, la seconde édition de ce livre donne l'occasion de revenir à son analyse.

Le manuel du prof.[esseur] Taranovsky pallie à une lacune qui existait depuis longtemps dans la littérature russe, vu le manque de manuels faisant un bilan des derniers développements de la science du droit. Or ce manque n'a été comblé ni par *Le cours de théorie générale du droit* de Korkunov – ouvrage classique pour son époque, mais réédité sans changements depuis les années 90, et donc extrêmement désuet depuis un quart de siècle, – ni par d'autres manuels plus récents. Le remarquable ouvrage en deux volumes du prof.[esseur] L. I. Petrasizky s'avère être un exposé exhaustif de la théorie de l'auteur, inaccessible aux étudiants. *Le cours* du prince E. N. Troubetskoï est si élémentaire qu'il ne donne qu'une vision trop généraliste de l'état de la science du droit, et ce d'une manière abrégée et incomplète. Les brefs *Essais* du prof.[esseur] P. G. Vinogradoff ne constituent qu'une introduction au droit comparé et sont écrits exclusivement dans le style de la jurisprudence anglaise. Le nouveau *Cours de théorie générale du droit* du prof.[esseur] N. N. Alexeev (Simféropol, 1919) ne couvre pas toutes les questions du programme. Enfin, le manuel le plus complet, *La théorie générale du droit* du prof.[esseur] Scherschenevitch, se fonde sur le socle très étroit du positivisme dogmatique dont les adeptes ne sont guère nombreux dans la science contemporaine. Scherschenevitch envisage le domaine juridique de façon unilatérale et subjectiviste et offre une perspective générale quelque peu pervertie. Célèbre historien du droit et spécialiste de l'histoire de la science du droit (Taranovsky a rédigé ses principaux ouvrages dans ces deux domaines), le prof.[esseur] Taranovsky était dans la meilleure des situations pour combler ce manque. Il expose toutes les grandes théories de ces dernières décennies avec goût et en suivant une perspective historique

* Gurvitch, G., (1923a), « Professeur Th. W. Taranovsky, Encyclopédie du droit. 2e édition corrigée et augmentée. 1923, 425 pp., *Les œuvres des savants russes à l'étranger*, 4, Editions Slowo », *Annales contemporaines*, 16 : 444-447. [En russe].

large. Il étudie chacune de ces théories par rapport aux questions majeures de la discipline et les situe dans le cadre de l'évolution du droit. La compétence de l'auteur n'a pas manqué de s'exprimer dans la richesse toute particulière des matériaux historiques exposés dans son livre. Ces matériaux sont articulés très habilement et avec une grande originalité. Ils offrent beaucoup de nouvelles perspectives pour l'étude de certains problèmes, bien qu'ils soient parfois redondants, comme c'est le cas dans la deuxième partie du livre – « La doctrine générale de l'Etat » (pp. 273-419).

Le prof.[esseur] Taranovsky adopte une perspective où la notion du droit est directement insérée dans la sphère causale et empirique de la réalité sociale. Mais l'auteur s'efforce néanmoins de dépasser « le positivisme unilatéral et nonchalant » qui s'exprime dans le recours aux méthodes des sciences naturelles pour traiter des phénomènes sociaux. Taranovsky se rallie explicitement à la doctrine de Rickert et de son école, laquelle range les phénomènes socio-historiques dans le royaume de la culture, non dans celui de la nature, de sorte qu'ils ne sont pas soumis aux lois de la causalité mécanique. En tant qu'espèce des normes sociales, le droit se caractérise en fonction de quatre critères : 1) une action bilatérale, impérative et attributive, sur le psychisme humain (L. I. Petrasizky) ; 2) son implantation dans un milieu social par une autorité hétérogène ; 3) il s'accompagne, dans certaines circonstances, de la contrainte ; 4) l'objectivité – « la garantie de la liberté individuelle au nom de l'accomplissement des intérêts reconnus par le droit ».

A côté du droit positif, le prof.[esseur] Taranovsky admet aussi l'existence du droit naturel. Suivant ici les principes de Stammler, Taranovsky considère ce droit comme le résultat de l'appréciation du droit positif en fonction de sa compatibilité avec l'idée de la justice. A cet égard, le prof.[esseur] Taranovsky esquisse un excellent essai sur l'histoire de la doctrine jusnaturaliste (§ 19). En plus de l'importance scientifique de cet essai, il faut mettre en relief d'autres passages remarquables de l'ouvrage : la très exhaustive réfutation historique de la théorie étatique du droit (chap. 13 et pp. 308 et sq., pp. 420 et sq.) ; un chapitre original sur la classification des Etats s'appuyant sur de longues recherches sur la doctrine de Montesquieu (chap. 12) ; un brillant essai sur « l'origine et l'importance de l'analyse historique du droit » (chap. 9) et enfin, une revue très riche de toutes les grandes théories portant sur la distinction entre le droit public et le droit privé (chap. 4).

L'objection la plus importante qu'on peut adresser à la conception théorique de Taranovsky est qu'il reste dépendant d'un positivisme sociologique unilatéral, malgré tous ses efforts pour le surmonter. Afin de comprendre le droit en tant qu'élément du royaume de la culture, il faut avoir une notion philosophique a priori du droit. Parce qu'il investit trop d'empirisme dans la notion de culture, le prof.[esseur] Taranovsky exclut la possibilité de prendre en compte le caractère *normatif* du droit dans toute son envergure et dans toute son importance. Cela explique l'approche nettement psychologique qu'il a de la structure de la norme du droit, structure dont il identifie le contenu objectif, idéel et supra-temporel à l'action de cette norme sur le psychisme individuel – suivant en cela les thèses de Petrasizky. D'où également ce syncrétisme de normes, de règles techniques et hypothétiques, caractéristique du positivisme, et qui s'exprime dans le fait de prêter à ces normes et ces règles certains buts, alors que par nature elles ont justement une valeur autonome et que leurs impératifs sont absolus. Le but que le prof.[esseur] Taranovsky attribue aux normes juridiques s'explique par leur contenu et leurs fonctions. Je pense qu'en remettant en cause la notion d'intérêt on confond ici les perspectives normative (juridique) et sociologique – perspectives que le prof.[esseur] Taranovsky a su distinguer si soigneusement en ce qui concerne la doctrine de l'Etat, y compris celle du pouvoir public (cf. ses objections critiques contre Korkunov et Duguit : pp. 291 et sq.). Si on le comprend correctement, le problème du but du droit est le problème de la justification morale du droit, le problème des rapports entre le droit et la moralité. Le prof.[esseur] Taranovsky l'a étudié en profondeur même s'il ne l'a pas mis au premier plan où ce problème doit pourtant être situé si l'on veut contribuer à mieux formuler la notion de droit.

Plus particulièrement, il nous est impossible d'accepter la négation du droit « intuitif », autonome et indépendant de l'autorité hétéronome. Nous pensons qu'une telle négation rend inutile la reconnaissance du droit naturel en tant que source concurrente du droit positif. Le droit naturel n'est possible que comme élément idéel du droit « intuitif », sinon on ne peut parler que d'une critique *morale* du droit *positif* et il ne s'agit pas ici d'un *droit naturel* autonome.

Dans le cadre d'une petite recension, il est difficile d'exposer entièrement et d'apprécier de manière critique ce manuel du prof.[esseur] Taranovsky, un manuel extrêmement riche de contenu. Les partisans des différentes écoles reconnaîtront tous la valeur unique de cet ouvrage, valeur qui résulte de l'envergure si large de sa conception historique, ainsi que d'un exposé de toutes les théories dignes d'intérêt dont l'objectivité et l'ampleur sont étonnantes. La qualité du manuel du prof.[esseur] Taranovsky a beaucoup tiré profit de la tendance de l'auteur à combiner les perspectives idéaliste et positiviste – combinaison que nous avons d'ailleurs critiquée d'un point de vue philosophique. Le manuel du prof.[esseur] Taranovsky est vierge de toute allusion étroite ou due à un manque d'objectivité. Le livre de Th. W. Taranovsky mérite d'être largement diffusé comme le plus important manuel de théorie du droit dans la littérature russe.

Georges Gurvitch – Dossier maçonnique[*] (1927 – Extraits)

Notice n° 8/214 – Entretien du 12 avril 1927 (Georges Gurvitch – Manuïl Margoulies)

Caractéristiques du profane G. D. Gurvitch :
Né le 20/10/1896. Scolarité dans l'un des lycées de Riga. Etudia les sciences juridiques à l'Université de Juriev. Etudiant à Heidelberg et à Leipzig. Admis à l'Université de Pétersbourg. Passa ses examens de Maîtrise à cette université. Enseigna à Prague de 1921 à 1923. Thèse soutenue en 1924. De 1924 jusqu'à aujourd'hui, enseigne la philosophie du droit à Paris. Marié en 1917, sans enfants.

Impression générale :
C'est un homme audacieux, très actif, il se lance volontiers dans les bagarres, il décide de tout ou presque, sur ce qui le concerne lui et son environnement. Il expose ses pensées d'une manière claire et compréhensible. Son intellect l'emporte sur son affectivité. Son aplomb est indissociable de sa sincérité, bien que sa politesse n'en compense pas assez la rigueur.

Ses réponses :
Il voudrait entrer dans la communauté maçonnique pour trois raisons : 1) il trouve dans la franc-maçonnerie la possibilité d'une synthèse entre l'individualisme et l'universalisme, cette synthèse faisant défaut à toutes les autres formes de communautés ; 2) il a beaucoup travaillé sur la philosophie de Fichte et s'intéresse maintenant aux idées de Proudhon. Gurvitch est étonné que ces deux penseurs furent francs-maçons ; 3) il considère la franc-maçonnerie comme la prémisse d'une union morale pour l'émigration russe. Celle-ci souffre énormément à cause du manque d'une telle union.

Le profane n'est pas seul spirituellement – il est très heureux dans son mariage.

D'un point de vue politique et social, le profane est absolument seul parce qu'il n'a jamais partagé les principes politiques de ceux avec qui il travaillait, et que par contre il n'a jamais travaillé avec ceux dont il partageait l'opinion. Politiquement, il se définit comme un socialiste neutre – très proche du Labour Party anglais. Il n'a jamais été un politicien actif. Il n'a pas de soucis religieux. Il est

* *Archives des loges russes*, Etoile du Nord (1924-1970). Boîte XI, Chemise 2. Dossier Georges Gurvitch. Grand Orient de France – Bibliothèque Nationale de France. [En russe].

théiste, mais, tout comme dans le domaine politique, avec des accentuatior peu visibles pour les non-spécialistes. Il ne pratique aucune religion.

Ma conclusion – c'est une pierre dure, riche en métaux précieux, cependa trop difficile à tailler. Mais notamment pour cette raison, je considère qu l'admission du profane serait très souhaitable.

Notice n° 5/211 – Entretien du 15 avril 1927
(Georges Gurvitch – Boris Mirkine-Guetzévitch)

Le profane ~~est une personne absolument extraordinaire~~ est né à Novorossisk e 1894, il a passé son baccalauréat à Riga en 1912, date à partir de laquelle il su ses cours aux Universités de Juriev, Heidelberg et Leipzig. En 1917, l'année d la Révolution, il achève son cursus à l'Université de Petrograd. Je constate qu le profane est toujours en nomade. Il ne reste pas longtemps à la même plac Sa passion dominante – la science. Membre du parti Social-Démocrate letto quand il était au lycée, il devient menchevik à l'université, mais juste avant l Révolution il laisse de côté toute activité politique ; désormais il est socialist hors partis (il l'est jusqu'à présent). Après le commencement de la Révolutior il ne participe plus du tout à la vie politique. Attaché à l'Université de Petrc grad pour se préparer au professorat, en 1918 il quitte le Petrograd bolchevique pour Ekaterinoslav, alors dominée par Skoropadsky. Il y avait été invité comm enseignant en encyclopédie du droit. L'été 1919 il revient à Petrograd e devient directeur du cabinet des sciences publiques à l'Université de Petrograc Au début de 1920 (à l'âge de 26 ans) il passe son Magister et devient Privat Dozent, il est élu comme professeur de l'Université de Tomsk et... à la fin d cette même année il part pour Riga comme réfugié letton. A la mi-décembre i est déjà à Berlin. Ensuite, avec le Professeur Novgorodtsev, il fonde le Club d philosophie et de droit. Un an plus tard, (à la fin 1921) il part, toujours ave Novgorodtsev, à Prague, où il est attaché à la Faculté juridique russe – il l'es jusqu'à présent. En parallèle, il est Dozent à l'Institut scientifique russe d Berlin, où il soutient sa thèse en 1924.

J'en parle en détail, principalement pour démontrer : 1) le trait caractéristiqu du profane – son attachement à la science ; 2) la vie nomade du profane.

Le profane n'est pas indifférent aux problèmes politiques, mais il les considèr comme secondaires. Il était menchevik ; au moment de la Révolution il s'es rapproché des droites. Au début de la Révolution il se considérait comm 'blanc' ; après avoir pris connaissance des 'blancs' au Sud de la Russie, il es revenu à gauche. Il est socialiste, sans être ni marxiste, ni narodnik ; il se définit comme 'socialiste de la guilde', à la manière anglaise. Le point de départ de son socialisme est l'éthique, les impératifs moraux. En tant que socialiste, il est républicain.

Le profane n'accepte aucune religion positive. Mais il n'est pas athée et pense que l'athéisme est une conception naïve. Il se dit adversaire de toute persécution ou campagne contre les religions, quelles qu'elles soient. Il trouve que le Relatif ne peut pas exister sans l'Absolu et qu'il doit exister quelque chose d'absolu au-dessus de toute la relativité. Le profane estime n'être accepté ni dans le camp de droite ni dans le camp de gauche parce que l'athéisme serait l'une des caractéristiques symptomatique de la gauche, la droite étant théiste.

Le profane n'a pas eu d'amis au lycée. Il s'est engagé très tôt dans l'abstraction, ce qui a entravé ses contacts avec les autres enfants de son âge. Il n'eut d'amis qu'à l'université. Ensuite, le profane s'est mis à voyager. Naturellement, il s'est fait des connaissances, mais principalement dans le domaine de la science ; il n'a pas eu de véritables relations d'amitié. Le seul ami du profane est sa femme (il est marié depuis dix ans). Le profane admet que son caractère explique ce manque d'amis. Il pense que l'homme doit être sincère, ce pourquoi taire son opinion équivaut à s'humilier, à humilier son âme. Cette posture constitue probablement la base de sa solitude (excepté sa femme). Il espère trouver dans le milieu maçonnique des personnes avec qui faire société, ce qui lui « manque ». Comme il entre dans une organisation qui se fonde sur l'éthique en ayant de bonnes intentions, le profane pourrait trouver le contexte qu'il recherche encore aujourd'hui.

Mon impression est la suivante. Le profane a trop bien réussi dans la science pour son âge – 33 ans. Sans doute a-t-il un grand aplomb, mais il éprouve cependant un inassouvissement. S'il a de vastes connaissances théoriques, le profane connaît peu la vie réelle. C'est une pierre brute, mais précieuse. Une fois taillée, cette pierre peut donner de brillants résultats. Mais pourra-t-on la tailler ? Je ne suis pas juge en la matière. Néanmoins, j'estime qu'on ne devrait pas le lui refuser avant l'entretien sous le cordon. Compte tenu de l'impression qu'il a produite sur moi, je n'hésiterais pas à voter en sa faveur. Mais le profane est rude, et sa dureté peut conduire à des effets contraires. Je proposerais donc d'admettre le profane à l'entretien sous le cordon : il vaut mieux courir le risque d'écarter le profane après, plutôt que la Loge encoure celui de ne pas avoir une personnalité si extraordinaire parmi ses membres. Je pense que l'entretien sous le cordon devra être très sérieux et circonstancié ; il est souhaitable que les frères s'y préparent à l'avance. Il m'a fallu presque deux heures d'entretien pour me forger une impression quant à la personnalité du profane – impression que je ne suis pas sûr d'avoir suffisamment exposée ci-dessus.

Notice n° 1/207 – Formulaire d'initiation du 27 avril 1927[*]

Nom : Georges Gurvitch

Profession actuelle : Professeur à l'Institut Franco-russe et à l'Université Russe de Prague. Chargé d'un cours libre à la Sorbonne

Professions antérieures : Ancien chargé de cours à l'Université de Petrograd

Domicile actuel : 4, rue du Commandant Léandri (Paris – XV)

Domiciles précédents : Prague et Berlin

Lieu et date de naissance : Noworossisk (Russie), le 20/X/1894

Où et chez qui travaillez vous ? : à la maison

Dans quels endroits avez-vous vécu et combien de temps avez-vous séjourné dans chaque localité ? : 1) Pétersbourg (1915-1918) ; 2) Ekaterinoslaw (1918-1919) ; 3) Berlin (1920-1922 ; 1924-1925) ; 4) Prague (1922-1923, 1924) ; 5) Paris (1926-1926[*])

Où avez-vous été élevé et où avez-vous fait vos études ? 1) J'ai fait mon baccalauréat à Riga et 2) mes études universitaires à Juriew (Dorpat), Leipzig, Heidelberg et Pétersbourg (1912-1916)

Jusqu'à quel âge les avez-vous poursuivies et quels titres universitaires, honorifiques ou autres, possédez-vous ? Depuis l'âge de 23 ans je possède les titres universitaires suivants : 1) Maître (Master) en droit public et en philosophie du droit, 2) Diplômé du 1er grade de la Faculté de Droit de l'Université de Pétersbourg

Quelle est votre situation militaire et où avez-vous fait votre service ? Libre de service

Êtes-vous célibataire, marié ou en ménage, veuf, divorcé ? Marié

Votre épouse sait-elle que vous demandez à faire partie de la Franc-maçonnerie ? Qu'en pense-t-elle ? Oui, elle approuve mon désir

Avez-vous des enfants ? Non

A quelle religion appartenez-vous ou avez-vous appartenu ? Officiellement, à la religion israélite, mais au fond à aucune particulière

Quelle religion partage votre femme ~~et vos enfants~~ ? la même que moi-même

A quels groupements, professionnels, politiques ou autres (comités électoraux, syndicats, coopératives, mutualités, ligues, associations, etc.) appartenez vous ou avez-vous appartenu ? 1) Union Académique russe en France (Boulev.[ard] Raspail, 96) ; 2) Groupe Académique russe en Tchécoslovaquie ; 3) Je suis un sympathisant de la Conf.[édération] Génér.[ale] du Travail et de la SFIO sans y appartenir officiellement

* [NdT. : à la différence de tous les autres entretiens que nous traduisons ici, l'original de ce formulaire est en français].
* [NdT. : Gurvitch voulait probablement écrire 1925-1926].

Quels sont vos moyens d'existence ? 1) Je touche 900 francs par mois comme traitement de l'Université Russe de Prague ; 2) Ma femme est employée dans un bureau à Paris et gagne 850 francs

Où et quand peut-on vous rencontrer ? Tous les jours à mon domicile, de 5 à 7 heures du soir

L'assiduité étant obligatoire, pouvez-vous vous engager à assister régulièrement aux réunions maçonniques ? (Minimum 2) « 2 » *présences mensuelles*). Oui, je m'engage

Quelles sont les raisons pour lesquelles vous désirez être admis dans la Franc-maçonnerie ; *quelle est votre opinion sur la Franc-maçonnerie et sur l'instruction qui précède ce questionnaire ?* C'est surtout la pratique réelle de la solidarité qui m'attire vers la Franc-maçonnerie : il est très facile d'affirmer en principe la solidarité, il est encore plus difficile d'apprendre à la réaliser véritablement. J'espère l'apprendre chez les Francs-maçons. Les principes formulés dans l'instruction sont aussi les miens ; j'y adhère complètement. Seulement, je ne voudrais pas qu'on interprète la « raison » uniquement comme « science », c'est-à-dire comme « intelligence ». La volonté et le sentiment ont leurs propres « raisons que la raison (intelligence) ne connaît pas » (Pascal) : ils ont leurs intuitions et leurs vérités propres. Il est aussi indispensable que la morale soit autonome non seulement de la religion, mais aussi de la science ; elle se fonde avant tout sur l'intuition volitive et sentimentale...

Je, soussigné (Nom, Prénom, Profession, Domicile)
Gurvitch, Georges,
Professeur russe, agréé à l'Université de Paris,
4, rue du Comm.[andant] Léandri

affirme sur l'honneur ne m'être jamais présenté, ni avoir jamais adressé de demande en vue d'obtenir l'initiation maçonnique, dans aucune Loge de France, des colonies ou de l'étranger. Et par la présente, je donne à qui de droit l'autorisation de faire procéder à des enquêtes sur ma moralité, mon caractère, mes ressources pécuniaires, ma situation sociale, en résumé sur ma vie présente et passée, et de publier à cet effet, si besoin est, l'annonce de ma candidature dans le Bulletin Maçonnique.

Paris, le 27 avril 1927

Signé : Georges Gurvitch

Notice n° 7/213 – Entretien du 3 mai 1927
(Georges Gurvitch – Jan Gourovitch)

« Données biographiques : né le 20/10/1894 à Novorossisk, il passe son baccalauréat en 1912 à Riga, entre à la faculté de droit de l'Université de Pétersbourg en 1917 ; il obtient le titre de magister en 1925 à Berlin (auprès du Groupe Académique russe de Berlin) après avoir soutenu sa thèse sur le système de l'éthique collective de Fichte ; professeur à la Faculté de droit russe à Prague (il le reste jusqu'à présent) ; à Paris il est professeur à la Faculté de droit russe de la Sorbonne où il enseigne la théorie générale du droit ; il est aussi professeur à l'Institut franco-russe, sur la chaire d'histoire des idées politiques. Marié en 1917. Sans enfants.

Après deux heures d'entretien, j'ai tiré les conclusions suivantes.

Le profane Gurvitch est un homme de grand esprit, d'une intelligence très élevée, extrêmement doué et possède apparemment de vastes connaissances scientifiques. Il parle avec plaisir et enthousiasme. Il est même un peu bavard. Je pense que la volubilité du profane peut s'expliquer par l'habitude de chercher des formulations exactes pour ses pensées – ce qui n'est pas toujours possible du premier coup. Par ailleurs, cette habitude est naturelle chez tous ceux qui se sont entièrement dévoués aux idées abstraites.

Je n'ai constaté aucune trace de susceptibilité exagérée (bien que j'aie posé des questions assez provocantes). Il m'est difficile de dire si c'était le résultat de l'ambiance et de la sérénité de notre discussion ou non. La plupart de l'entretien fut consacrée à l'« isolement » du profane. Selon Gurvitch, il n'a jamais eu d'amis et il n'en a toujours pas (du moins, pas de vrais amis). Auparavant, le profane n'y accordait pas d'attention, mais actuellement (pour reprendre ses termes : « avec l'âge ») cette situation est devenue très accablante pour lui.

Le profane Gurvitch pense qu'il y a trois raisons à son « isolement » :
1) les recherches approfondies sur des sujets abstraits, et partant, la nécessité de concentrer son intellect sur la théorisation – elles l'ont inévitablement conduit à la solitude et à l'isolement ;
2) les principes philosophiques du profane Gurvitch sont considérés dans les milieux de l'émigration comme des principes de droite (d'après Gurvitch, c'est une grande erreur). Ainsi, les émigrés de gauche se sont distanciés de lui, tandis que ceux de droite s'en sont encore plus méfié, puisqu'il est juif et socialiste (bien qu'il soit anti-marxiste) ;
3) enfin, une fois que le profane s'est libéré du despotisme de son travail intellectuel et après avoir éprouvé plus profondément la nécessité de se rapprocher des autres, il a dû constater que tous ceux qui lui sont proches, intellectuelle-

ment, politiquement ou psychologiquement, étaient déjà organisés dans des cercles plus ou moins clos. A reprendre l'expression de Gurvitch, il était tout simplement « en retard ».

Ensemble, nous avons étudié ces trois arguments.

Pour ma part, j'ai estimé que ces arguments étaient insuffisants pour expliquer cette situation. Le seul argument important est le premier, qui explique cet isolement par un travail intellectuel intensif. Or ce ne fut jamais une situation permanente. Ensuite, il est rare qu'une différence de principes philosophiques ou politiques puisse devenir un obstacle à une amitié vraie et sincère. En ce qui concerne le « retard » et les barrières de cercles déjà existants, il est évident que cette explication est outrée.

J'ai donc demandé au profane Gurvitch s'il y avait d'autres circonstances obstruant ses rapports amicaux et qui tenaient à sa propre personnalité. L'interrogé a franchement admis avoir une attitude très pessimiste envers les autres, il a constaté que ses exigences pouvaient être trop élevées, il a également admis sa nervosité, qu'il expliquait dans une certaine mesure par une mauvaise hérédité génétique (pour autant que j'aie compris, les maladies psychiques sont courantes dans sa famille).

D'après le profane, toutes ses tentatives d'établir un rapport amical, pour nombreuses qu'elles furent, se sont soldées par le même échec et ont suivi les mêmes phases. Au début, c'était avec plaisir et espoir qu'il s'ouvrait à une personne qui lui semblait sympathique et proche. Mais au fur et à mesure, il devait nécessairement constater qu'elle avait des défauts (principalement, des vices moraux) qui lui étaient insupportables. Ainsi Gurvitch rompait-il aussitôt, et souvent brutalement, les rapports qu'il venait de mettre en place. Gurvitch avoue franchement qu'il a eu plusieurs conflits sur ce terrain, et c'est *toujours* lui qui en a pris l'initiative.

Répondant à mon étonnement – dans ces milieux académiques très qualifiés de Berlin, Prague et Paris où Gurvitch a vécu, comment se fait-il qu'il n'ait pu trouver d'âme sœur ? –, il constate, et c'est là sa conviction la plus profonde, que toutes les facultés de droit, partout et dans tous les pays, sont très loin d'être des institutions fondées sur une coopération amicale. En règle générale c'est au contraire le repli sur soi, la bassesse et l'envie, les mauvais tours que l'on joue aux collègues etc. qui sont la norme. Gurvitch a d'ailleurs connu tout cela à Prague, où il a subi la haine, les persécutions et les intrigues de toute la faculté de droit.

Dans la franc-maçonnerie, Gurvitch espère combler ce manque désespérant d relations amicales et d'unité spirituelle. Il s'imagine que la loge maçonnique es une communauté bien intégrée et harmonieuse. Que cette communauté sera capable de lui donner ce qu'il cherchait dans la vie profane. Que dans le milie maçonnique, Gurvitch aurait assez de force pour être tolérant et vraiment bien veillant envers chacun, en dépit des différences scientifiques, religieuses e politiques.

Tels sont les résultats de l'entretien.

Je dois remarquer (c'est d'ailleurs évident vu ce que je viens de dire) que l question de l'isolement du profane Gurvitch, des raisons de cet isolement et de possibilités de le surmonter (intérieurement aussi bien qu'extérieurement) fu constamment au centre de notre entretien. A tort ou à raison, c'est ici que j pensais trouver un obstacle à l'intégration du profane dans la Loge. Ses autre défauts ne pouvaient pas poser de problèmes, car les qualités de Gurvitch nombreuses et indubitables, l'emportent sur eux.

Voici mes conclusions.

Le profane Gurvitch me semble être une sorte de personnalité extraordinair qui, comme Faust (bien sûr, toutes proportions gardées), après avoir sacrifié la science abstraite les meilleures années de sa jeunesse, toutes les forces d son esprit et tout le pathos de son imagination, a compris qu'il n'avait jamai vécu réellement sa vie, et qu'il n'a jamais connu ce bonheur qui est l'un de bonheurs les plus sublimes de l'existence humaine – la joie d'avoir des rela tions amicales aux autres. C'est avec épouvante qu'il ressent ce vide glacia autour de lui. Il frémit à l'idée d'avoir probablement perdu la capacité même d découvrir ces joies, et que cela soit entièrement de sa faute. Dans ce triste éta d'âme, il se raccroche à la possibilité d'un changement, qu'il pense trouve dans la franc-maçonnerie »

[...]

« Pressé d'exposer mes impressions fraîchement tirées de l'entretien avec l profane Gurvitch, j'ai oublié de mentionner un trait très caractéristique que j'a relevé dans notre discussion. C'est pour l'objectivité et l'intégrité de mo exposé je me vois obligé d'en parler.

Stupéfait du ton catégorique avec lequel le profane affirmait avoir été absolu ment isolé et n'avoir jamais eu d'amis tout au long de sa vie, je lui ai demand si dans ses années d'études au lycée et à l'université (généralement, c'est l période où l'on commence le plus fréquemment et le plus aisément à tisser de relations amicales vraies) il n'avait pas eu quelques amis dont il aurait conservé un clair souvenir dans son âme.

J'admets que *dans le ton* de ma question, Gurvitch a entendu quelque chose qui allait au-delà des limites d'un entretien formel. Je crois qu'il a senti dans ma question non seulement un étonnement, mais aussi ma sincère pitié. Il est devenu écarlate, et après avoir réfléchi un moment il m'a répondu confusément que ses constatations sur son manque complet d'amis ne sauraient être comprises mot à mot. Il avait sûrement dû avoir quelques amis dans son enfance et son adolescence, etc.

Ne nous arrêtons pas sur les raisons de cette réponse, que ce soit une répulsion instinctive d'envisager qu'il soit insensible et indifférent, ou bien l'angoisse de chances perdues. Ce qui m'importe dans cette situation est que ce coup a produit dans son cœur (qui n'est pas entièrement sec) une petite étincelle prometteuse. Serons-nous en mesure d'en faire une flamme, ou s'évanouira-t-elle définitivement pour telle ou telle raison ? Je laisse à la Loge le soin de se prononcer là-dessus. Quant à moi, je ne peux pas cacher que ce fait m'a touché jusqu'au fond de mon cœur.

Je me permets de résumer ce que je viens de dire par une analogie triviale. En acceptant le profane Gurvitch dans notre milieu, nous entrons dans un jeu dont nous pourrons sortir en grands vainqueurs. Mais la défaite peut s'avérer tout aussi importante (probablement encore plus que le gain). Nous risquerons-nous à ce jeu ? »...

Georges Gurvitch (1931)

L. I. Petrasizky, philosophe du droit*

[Les plus brillants représentants de la science universitaire russe de ces dernières décennies décèdent les uns à la suite des autres. Après P. I. Novgorodtsev, P. Vinogradoff, A. I. Vvedensky, N. I. Kareev et E. N. Presniakov on vient de perdre L. I. Petrazitsky, qui fut indéniablement le théoricien russe du droit le plus important et le plus original. Je dis « russe », car même si Petrasizky a commencé son activité académique en Allemagne et l'a terminée en Pologne (son pays d'origine), il fut néanmoins profondément attaché à l'Université de Petrograd. Les vingt années durant lesquelles il enseigna au sein de cette université constituent d'ailleurs la période la plus brillante et la plus fructueuse de sa vie]*

L. I. Petrasizky appartient à ce type de penseurs de premier ordre[, à ces innovants pionniers qui regardent si loin qu'on n'apprécie la vraie valeur de leurs conceptions que bien plus tard, même si ces conceptions eurent du succès de leur vivant]*. Ainsi, la [théorie]* du droit de Petrasizky ne peut être appréciée, en toute sa véritable portée et valeur, que dans la perspective des profonds changements caractéristiques pour la pensée philosophique et juridique [de l'époque post-révolutionnaire d'après-guerre]*.

* Ce texte reproduit le chapitre IV de *L'Expérience juridique et la philosophie pluraliste du droit*, intitulé « Une philosophie intuitionniste du droit. Léon Petrasizky » (Gurvitch, 1935 : 153-169). Gurvitch en avait publié une version originale en russe quatre ans auparavant, sous forme d'article (cf. Gurvitch, 1931b : 480-492). La version russe comporte divers passages s'éloignant de la version française. Ces passages ont été traduits en français et sont signalés entre crochets, directement dans le corps du texte. Les passages français correspondants se trouvent en note, entre crochets et précédés de la lettre **F**. Les soulignements, alinéas et notes de bas de pages suivent cependant l'original russe, non la version française.

* **F** : [Le 15 mai 1931 est décédé à Varsovie le plus grand philosophe du droit contemporain de Russie et de Pologne : L. Petrasizky. D'origine polonaise, il a enseigné pendant plus que vingt ans à l'Université de Petrograd avec un brillant succès et il a eu une profonde influence sur la science du Droit en Russie. Revenu en Pologne après la Révolution communiste, il a occupé jusqu'à sa mort la chaire de philosophie du Droit à l'Université de Varsovie. Les lignes qui vont suivre sont pieusement dédiées à sa mémoire].

* **F** : [dont les idées novatrices devancent tellement leur époque que leur véritable signification n'apparaît qu'après un certain recul du temps].

* **F** : [philosophie].

* **F** : [contemporaine].

1.

La philosophie du droit de L. I. Petrasizky est incomparablement plus profonde et originale que ne l'ont cru ses disciples et adversaires [en Russie]. Les uns comme les autres n'apercevaient en lui qu'un positiviste conséquent, qui a appliqué les principes de la logique de J. S. Mill à l'étude du droit et qui a abouti ainsi à trouver le fondement de la réalité juridique dans la psychologie empirique de l'homme. Cependant, la méthode de la description pure du « vécu » correspondant à l'expérience juridique (méthode qui a conduit Petrasizky à [l'idée]* *d'une intuition émotionnelle* à laquelle s'offrent les données du droit et de la morale) se rapproche beaucoup de celle de Bergson dans *Les données immédiates de la conscience*, et des phénoménologues allemands contemporains (Husserl, Scheler et autres) dans leurs efforts pour l'élargissement de la notion de l'expérience et pour son extension [du monde des phénomènes empiriques au monde des idées]*.

Petrasizky, d'accord avec toute une série de penseurs [intuitivistes]*, cherchait à dépasser l'opposition entre l'empirisme et [l'idéalisme]* dans l'idée d'une métaphysique expérimentale qui serait fondée sur une description [et une contemplation] directe*. D'où son hostilité pour le néokantisme, en particulier pour la « méthode des postulats dans la logique » et le [normativisme]* dans la théorie du droit, hostilité qui a été prise [en Russie] par erreur, comme une manifestation du positivisme*.

On peut vérifier à quel point Petrasizky était éloigné des conceptions positivistes, déjà dans ses premiers travaux, écrits en langue allemande* : *Die Fruchtverteilung beim Wechsel der Nutzungsberechtigen* (1892) et *Die Lehre vom Einkommen* (I v., 1893 ; II v., 1895)*. Dans ces écrits, Petrasizky soumet à une rude critique le projet du nouveau Code allemand « [dont les auteurs paraissent]* avoir oublié qu'après le droit romain, il y a eu [Jésus Christ et] l'Evangile de l'amour » (1er v., p. 340) [et qui dans leur fidélité aux principes de l'égoïsme individualiste « considèrent l'âme humaine comme une machine à calculer »]* (2e v., p. 544) et réduisent tous les motifs des actions humaines à

* F : [la découverte].
* F : [de la sphère sensible à la sphère spirituelle].
* F : [modernes, dont en France il faut citer avant tout Frédéric Rauh et Bergson].
* F : [le spiritualisme].
* F : [des données de l'intuition].
* F : [« normativisme »].
* F : [de Petrasizky].
* F : [et consacrés au droit civil].
* F : en note : [Ces travaux ont attiré en France l'attention de M. Edouard Lambert, qui les expose et les critique dans *Fonction du droit civil comparé*, 1903, pp. 830, 832-871].
* F : [qui, selon son expression, paraît].
* F : [pour lui ce projet doit être rejeté puisque dans sa fidélité aux principes de l'égoïsme individualiste, il commet la faute énorme « de considérer l'âme humaine comme une machine à calculer »].

des facteurs utilitaires et hédonistes* (p. 545). Cependant le véritable fondement du droit, autant qu'il ne se transforme pas en son contraire : la force, ne peut être trouvé que dans l'amour, pour cette raison seule, que « là où l'amour ne s'exerce plus, la raison elle-même ne peut s'affirmer » (2e v., p. 477) et que « toute la [culture]* humaine, dans toutes ses acquisitions positives, n'est qu'une cristallisation de l'amour » (p. 477). L'amour, précise Petrasizky, n'est pas un simple sentiment empirique, il est une espèce toute particulière de la raison. « L'amour, sous un certain aspect, s'affirme comme raison et la raison, sous un certain aspect, s'affirme comme l'amour » (2e v., pp. 468-469). Ces mots de Petrasizky rappelant la phrase célèbre de Pascal, « Le cœur a ses raisons que la raison ne connaît pas », et qui [posent les balises d'un intuitivisme émotionnel] *, pourraient être pris comme épigraphe de tout son système.

En insistant sur l'impossibilité de dissocier complètement l'Amour et la Justice, Petrasizky était logiquement conduit à se séparer des [anciennes] théories individualistes et rationalistes, qui détachent absolument le droit de la morale, en tant que règle de conduite extérieure s'opposant à l'intériorité du motif [– et ce sujet est devenu l'un des axes centraux de sa nouvelle théorie du droit]. D'autre part, l'affirmation de la liaison entre la Justice et l'Amour le conduisait à reconnaître la nécessité d'apporter, du point de vue de l'idéal de l'amour, des correctifs continuels dans la vie du droit caractérisé par la tendance au formalisme et à la stagnation.

C'est [l'idée d'une science]* toute particulière que la « politique juridique », dont Petrasizky a commencé à faire la propagande dès ses premiers ouvrages [en travaillant studieusement au perfectionnement du droit selon l'idéal de l'amour]*. Le but de la « politique juridique » est [le]* « rapprochement continuel du droit et de l'amour, de l'ennoblissement de la conduite humaine dans la vie sociale » (2e v., p. 541). Cette nouvelle discipline, qui s'appuie d'une part sur la contemplation de l'idéal de l'amour et d'autre part, sur l'observation des facteurs psychiques de conduite humaine dans un milieu social donné [(d'où proviennent les moyens d'aboutir à l'idéal)], est appelée, selon Petrasizky, à remplacer la vielle [idéologie]* du droit naturel. Les anciens théoriciens voyaient juste en posant le problème du droit naturel, mais ils avaient tort dans leur manière de le résoudre. Le positivisme juridique ayant, dans sa lutte contre le droit naturel, rejeté le problème même du perfectionnement méthodique du droit selon un idéal, [doit être absolument condamné]*. Ces considérations de

* F : [, en oubliant celui de l'amour].
* F : [civilisation].
* F : [faisant pressentir l'idée de l'intuition émotionnelle].
* F : [une discipline].
* F : [et qui doit, selon lui, « guider l'action consciente vers le perfectionnement du droit selon l'idéal de l'amour »].
* F : [d'étudier « les moyens de].
* F : [théorie].
* F : [est tombé dans une erreur énorme qui ne peut plus être acceptée].

Petrasizky, qu'il a énoncées dès 1892-1893, c'est-à-dire plusieurs années avant que Stammler en Allemagne, Gény en France, et P. Novgorodtsev en Russie aient proclamé le « renouveau du droit naturel », ont servi de premier signal comme aimait à le souligner Petrasizky lui-même, à tout le mouvement qui s'en est suivi. Il est vrai que ce mouvement en faveur du droit naturel renouvelé a pris une direction assez différente de celle qu'envisageait Petrasizky* ; cependant, pour autant que ce courant a pris la forme de l'école du droit libre (*Frei recht*) il s'est de nouveau beaucoup rapproché des vues initiales de Petrasizky.

*

* *

Ces remarques préliminaires suffisent, croyons-nous, pour préparer le lecteur à la compréhension de la véritable signification philosophique [1] de sa *Théorie du droit et de l'Etat* (1re éd., 1er v., 1907, 2e v., 1908), fondée sur « la psychologie des émotions », théorie qui représente l'œuvre principale de sa vie[2]. La « psychologie émotionnelle », que Petrasizky oppose à la psychologie artificielle des sentiments, de la volonté et de l'intelligence, est avant tout appelée, [comme il l'a toujours lui-même souligné], à combattre et à réfuter les théories hédonistes de la conduite humaine ([Intr.], pp. 173-174, 164 et suiv. 165). « Une des erreurs les plus nuisibles pour une diversité de sciences est la théorie hédoniste et égoïste de la nature humaine et de sa conduite, théorie selon laquelle la volonté se détermine par les plaisirs et les souffrances » ; elle n'est cependant qu'un résultat nécessaire « des prémisses fondamentales de la psychologie contemporaine [: la doctrine de la constitution tripartite de la vie psychique : le savoir, le sentiment (tous deux étant unilatéralement passifs) et la volonté (unilatéralement active)]* » (Intr., p. 173). Mais ces prémisses ne sont nullement obligatoires et, en effet, on peut retrouver dans la vie psychique des éléments « actifs-passifs » à la fois, où le fait de pâtir et l'impulsion motrice sont inséparablement liés. Ces éléments irréductibles à tous les autres doivent être désignés comme émotions et ce sont eux qui régissent principalement la conduite humaine ; les sentiments de la douleur et du plaisir ne sont que des phénomènes accessoires qui accompagnent la satisfaction ou l'insatisfaction des émotions. Dans la sphère émotionnelle générale, qui comprend la partie la plus vaste de la vie psychique, trouvent leur place des émotions d'espèce très différente : depuis les émotions primitives, liées directement au fonctionnement p[h]ysiologique de l'organisme, comme, par exemple, la faim et la soif, l'ins-

* F : [dans sa « politique juridique »].

1 [Cette signification fut habilement saisie par N. N. Alexeev dans ses *Principes de philosophie du droit*, Prague, 1924, pp. 60-67].

2 [Cf. aussi L. I. Petrasizky, *Introduction à l'étude du droit et de la morale. Principes de psychologie émotionnelle* (1re éd., 1906)].

* F : [, selon laquelle toute la vie physique se distribue entre des éléments unilatéralement passifs, comme les sentiments et les structures intellectuelles, et unilatéralement actifs comme la volonté].

tinct sexuel (Petrasizky désigne ces émotions comme « spéciales », puisqu'elles provoquent des actions prédéterminées d'avance), en passant par des émotions d'un type plus élevé qui sont liées à la vie de l'esprit, comme la joie et la peine, la sympathie et l'antipathie, les émotions morales et juridiques, jusqu'à l'expression la plus haute de la vie émotive dans *l'amour* et la *haine* (toutes ces émotions sont désignées par Petrasizky comme « blanquettes » puisque les actions qu'elles peuvent provoquer ne sont pas déterminées d'avance).

La théorie émotionnelle des motifs exclut non seulement les conceptions hédonistes, mais encore, comme le souligne Petrasizky, les conceptions intellectualistes (« théories idéologiques des motifs », pp. 171-174), selon lesquelles la volonté humaine est directement régie par des représentations intellectuelles, en particulier par des buts fixés d'avance par l'intelligence. Il insiste sur le fait que les motifs téléologiques, autant qu'ils agissent réellement, ont un fondement émotionnel et que, d'autre part, leur champ d'application est extrêmement restreint. « La masse prédominante d'actions humaines n'a pas de buts, ne s'accomplit pas pour réaliser une fin » ([Théorie du droit], 1er v., p. 17), mais s'effectue grâce à une attraction ou une répulsion émotive directe pour certains événements, objets ou actes de conduite. En particulier, les motifs des actions morales et juridiques ont ce caractère immédiatement émotif et non point téléologique et [idéologique]*.

Nous ne croyons pas qu'après ce qui vient d'être dit on puisse encore mettre en doute que toute la théorie émotionnelle de Petrasizky entre dans les cadres d'une psychologie interprétative et descriptive, psychologie « compréhensive de sens idéaux » (« verstehende, sinndeutende Psychologie ») comme disent [maintenant] les Allemands, et non point d'une psychologie explicative et empiriste, c'est-à-dire déterministe. Au centre de la psychologie émotionnelle de Petrasizky est un principe directement contraire à la psychologie associationniste ordinaire, à savoir que dans la vie psychique, il est inadmissible d'expliquer le supérieur par l'inférieur, le complexe par le simple, le tout* par ses parties. Ainsi les émotions dans leurs totalités complexes sont irréductibles aux émotions plus primitives, les émotions dominent sur les autres éléments psychiques grâce à leur caractère de totalités, où sont inséparablement liées la passivité et l'activité. D'autre part, le principe métaphysique de l'amour est pris pour guide dans la découverte des émotions, et la question fondamentale à laquelle est appelée à répondre la psychologie de Petrasizky est de savoir comment l'amour, en dépit des théories hédonistes et intellectualistes, peut régir d'une façon immédiate la conduite humaine. Enfin, l'opposition même entre les émotions élémentaires (spéciales) et les émotions supérieures (blanquettes) a pour prémisse la croyance à la réalité de la vie de l'esprit, à laquelle elles correspondent.

* **F** : [intellectuel].
* **F** : [« tout »].

La psychologie émotionnelle de Petrasizky est évidemment fondée sur une méthode qui n'a rien à voir avec le positivisme et le déterminisme. On ne peut l'accepter seulement qu'en rompant complètement avec la psychologie [explicative]* et en se plaçant au point de vue de la description directe des données immédiates de la conscience, ce qui est précisément la caractéristique de la psychologie métaphysique et interprétative d'aujourd'hui.

Mais Petrasizky va plus loin encore. S'il est vrai que sa psychologie émotionnelle ait un caractère anti-positiviste et anti-déterministe très prononcé, cela est doublement juste en ce qui concerne l'application qu'il a donnée à sa théorie des émotions quant à l'étude des phénomènes moraux et juridiques. Ces phénomènes sont, selon Petrasizky, attachés à une espèce toute particulière d'émotions qui représentent des réactions immédiates provoquées par la perception d' « action », de la conduite humaine, « laquelle est approuvée ou réprouvée, non point comme un moyen pour la réalisation d'un but, mais en elle-même, comme telle ».

« [Nous désignons l]*es motifs fondés sur des relations émotionnelles immédiates, consécutives aux actions qui provoquent des impulsions et des répulsions directes en faveur ou contre une espèce particulière de conduite,* comme les motifs indépendants ou autonomes » (v. 1, p. 20) ; ce sont eux précisément qui constituent le domaine des motifs « éthiques » dans le sens large du terme. « [Nous désignons l]*es jugements fondés sur cette jonction des perceptions d'action avec des émotions attractives ou répulsives* comme des jugements normatifs, et leur contenu comme règles de conduite ou normes » (p. 21). La sphère du droit et de la morale est ainsi irréductible à toute autre région, un domaine spécifique de « motifs autonomes » et d'« émotions normatives » présentant des réactions [émotionnelles]* immédiates consécutives aux actions [perçues]*. « Si l'on propose à un honnête homme de faire pour de l'argent ou un autre bénéfice, un faux témoignage, une calomnie, commettre un empoisonnement, etc., la représentation même de telles actions dites vilaines ou mauvaises, dégage chez lui des émotions répugnantes. La représentation d'autres actions, dites bonnes ou sympathiques, provoque en lui, au contraire, des émotions attractives à l'égard de cette espèce de conduite (c'est pourquoi, précisément, elle est qualifiée comme « bonne », de même que l'épithète de vilaine, mauvaise, etc., est une manifestation des émotions répulsives par rapport à une autre conduite) » (v. 1, p. 20).

* **F** : [sensualiste].
* **F** : [L].
* **F** : [peuvent être désignés].
* **F** : [L].
* **F** : [doivent être désignés].
* **F** : [impulsives ou répulsives].
* **F** : [(v. 1, pp. 25 et suiv.)].

Nous avons à dessein reproduit de longues citations de Petrasizky, puisque les définitions qu'il donne* [jusqu'aux exemples qu'il en offre,] ont une signification décisive pour la compréhension du sens philosophique véritable de ses théories. En effet, que peut désigner d'autre, une émotion attractive ou répulsive immédiate, provoquée par la perception d'une autre action, sinon l'intuition émotionnelle de sa valeur positive ?

Il est évident, avant tout, que « l'action dont la représentation provoque des émotions morales et juridiques immédiates, motivant d'une façon autonome la conduite, se distingue des simples objets et des événements, dont la représentation ne peut donner naissance qu'à des motifs utilitaires et téléologiques », parce qu'elle a un certain sens spirituel spécifique. « L'action », la conduite humaine, dont la représentation est seule capable, [selon Petrasizky], de provoquer des émotions normatives [autonomes] ne peut, dans aucune mesure, être identifiée* avec de simples mouvements corporels de l'homme et encore moins d'un animal qui peuvent comme tels provoquer des émotions de peur, de sympathie, mais dans aucun cas des émotions éthiques.

Les exemples « d'actions » que donne Petrasizky (faux témoignage, calomnie, [aide à autrui]*, etc.), certifient de la façon la plus claire qu'il s'agit d'actes d'une espèce toute particulière, dont la nature se détermine par leur portée au point de vue des sens spirituels spécifiques. [Ensuite], ce sont précisément ces actes, pénétrés des sens spirituels et constituant ainsi la « conduite », qui sont appréciés, d'une façon positive ou négative, [et qui sont perçus comme « vilains » ou « bons »] par la réaction émotionnelle immédiate qu'ils provoquent ; en d'autres termes, [on saisit intuitivement et émotionnellement les valeurs positives ou négatives incarnées dans ces actes]*.

Ainsi la doctrine des émotions normatives et autonomes de Petrasizky conduit [directement]* à la théorie de l'intuition émotionnelle des valeurs développée récemment avec éclat et succès par le penseur allemand Max Scheler, selon les principes de la philosophie phénoménologique[3]. [La]* théorie émotionnelle de Petrasizky, dans son application à l'étude du droit et de la morale, conduit au-delà de toute psychologie, non seulement de la psychologie empi-

* F : [ici].

* F : [, par exemple,].

* F : [fidélité au contrat].

* F : [ce sont eux qui se présentent comme des supports des valeur positives ou négatives, suivies d'une façon immédiate et directe par l'intuition émotionnelle.].

* F : [logiquement].

3 [Remarquons que L. I. Petrasizky et Max Scheler ont puisé à la même source – l'école psychologique autrichienne de Franz Brentano. Cf. en particulier : Fr. Brentano, *Vom Ursprung sittlicher Erkenntnis*, 1re éd., 1889, où il développe pour la première fois une théorie du caractère « intentionnel » de l'amour.]

*F : [Cf. sur M. Scheler notre exposé dans *Les tendances actuelles de la philosophie allemande* (éd. Vrin, pp. 67-152).]

* F : [Au fond, la].

rique, mais aussi de la psychologie interprétative*, puisque de la sphère du vécu subjectif, elle s'élève à la région de la conscience juridique et morale « ouverte » et des données objectives [saisies intuitivement dans les « actes intentionnels » (pour employer les termes de la phénoménologie contemporaine) qui sont dirigés directement vers les essences indépendantes]*.

Mais ici, précisément, se manifestent les limites, que n'a pas réussi à dépasser des ses recherches Petrasizky ; car s'étant élevé jusqu'à une théorie de l'intuition [émotionnelle, il n'a pas compris que cette théorie conduit] au-delà de la psychologie, et au lieu d'avoir développé sur ce fondement une doctrine des valeurs objectives, comme l'a fait Max Scheler, il est retombé dans le subjectivisme. Ainsi L. Petrasizky, ayant concentré son attention principale sur les « fantasmes » et les « projections » subjectives, qui accompagnent les émotions normatives, a, en réalité, laissé pendante la question de savoir si les qualifications du mal et du bien, du juste et de l'injuste, du droit et du délit, ne représentent elles-mêmes que des « fantasmes » ou bien si elles ont une validité objective. Cependant, l'identification de l'amour avec la raison, la reconnaissance du principe métaphysique de l'amour comme l'idéal suprême, enfin, l'entraînement avec lequel le regretté savant combattait toute espèce d'hédonisme et les « théories très répandues qui fondent le droit sur l'intérêt, en donnant ainsi une direction cynique et basse à la science du droit » (v. 2, p. 335), tout cela ne peut laisser aucun doute qu'il croyait à l'objectivité du bien et de la justice.*

2.

La méthode de la description pure des données immédiates de la conscience juridique et morale a permis à Petrasizky d'arriver à une définition très pénétrante des critères de distinction entre le droit et la morale, le premier s'affirmant comme structure « impérative-attributive » et ainsi « bilatérale », la seconde comme structure uniquement impérative et ainsi « unilatérale ». Dans le domaine du droit, les devoirs des uns sont strictement rattachés aux prétentions des autres, tandis que dans la sphère morale, cette correspondance des devoirs et des prétentions n'existe pas. Au devoir juridique d'observer un

* F : [et métaphysique].

* F : [qui sont indépendantes des actes psychiques qui les saisissent].

* F : [Alinéa : Remarquons, pour conclure cette partie de notre exposé, que si Petrasizky, à certains égards, est un devancier de Scheler, largement dépassé par celui-ci, son intuitionnisme émotionnel doit être, à d'autres points de vue, considéré comme supérieur à la théorie schélerienne. En effet, tandis que pour Scheler l'intuition émotionnelle a toujours un caractère purement passif, pour Petrasizky au contraire, elle a un caractère beaucoup plus actif et recouvre ainsi non seulement la vision purement affective, mais aussi la vision volitive, l'intuition-action. C'est pourquoi Petrasizky, avec beaucoup de raison, a rattaché l'intuition des données morales et juridiques à la vision des actions, alors que pour Scheler l'action ne joue aucun rôle dans la connaissance des valeurs et est réduite à une situation complètement subalterne et secondaire.].

contrat correspond l'exigence de l'autre partie que ce devoir soit suivi. Par contre, au devoir moral d'aimer son ennemi comme son prochain ou [«]de présenter sa joue gauche quand la droite est frappée[»], il ne peut évidemment correspondre aucune espèce de prétention de l'ennemi ou de l'agresseur à une pareille conduite*.

Le grand avantage de cette définition du rapport du droit et de la morale, consiste en ce qu'elle arrive à une distinction précise entre les deux sphères, sans les détacher complètement l'une de l'autre [comme le fait Kant dans sa définition,] et [souligne]* ainsi une certaine liaison entre l'amour et la justice. En effet, il est facile de remarquer que, selon cette conception, le même précepte, par exemple, « ne tue pas », « ne vole pas », etc., peut recevoir tantôt un sens moral, tantôt un sens juridique [plus étroit], selon qu'il est interprété comme une exigence à contenu limité et circonscrite dans des limites strictement déterminées. Ainsi, la règle morale « ne tue pas » est valable non seulement dans les cas où le droit permet de tuer (état de légitime défense, nécessité absolue, [commandement étatique,] guerre, répression des émeutes, exécution capitale, etc.), mais plus largement encore pour tous les actes qui peuvent devenir une cause indirecte de mort : depuis le refus d'aider dans des circonstances graves,* jusqu'aux [chagrins qui affligent le prochain]*. On peut voir clairement par cet exemple que, selon la conception de Petrasizky, l'élément moral est toujours immanent [à la structure du]* droit en se manifestant [pour ainsi dire]* sous une forme amoindrie et limitée par certaines conditions.

Ce résultat, auquel Petrasizky est arrivé par une description des données immédiates de l'intuition, peut être vérifié, en fondant la distinction entre droit et morale, en tant que structures impératives-attributives et simplement impératives[,] sur une conception [éthique et] philosophique plus large qui regarde le droit comme un moyen essentiel, une condition absolument nécessaire, une étape indispensable et donnée a priori vers la réalisation de l'idéal moral comme une rationalisation du bien, une rationalisation de la qualité morale irrationnelle]. * De ce point de vue, le caractère bilatéral* des règles juridiques découle directement de la substitution de normes juridiques générales aux valeurs et] préceptes strictement individualisés de la morale, ainsi que de la

* F : [de sa victime].
* F : [conserve].
* F : [: depuis le refus d'aider dans les circonstances graves,].
* F : [paroles blessantes qui peuvent abréger la vie du prochain...].
* F : [au]
* F : [cependant].
* F : [Le droit est considéré alors comme une ambiance nécessaire de la morale ; il brille de sa lumière par réverbération ; il l'entoure comme une enveloppe apriorique dont l'abri seul permet à la morale de développer ses riches et complexes tissus d'éléments d'individualité concrète. Le droit se présente comme la logicisation de la morale, la quantification et la rationalisation des éléments purement qualitatifs et irrationnels, et le refroidissement de la chaleur de l'activité créatrice dans un schématisme intellectuel.].
* F : [ou plutôt multilatéral].

substitution de types communs aux sujets non comparables les uns aux autres d'une certaine stabilité quantitative au mouvement créateur. Ce n'est précisé ment que dans la sphère logicisée et généralisée d[u] droit qu'il est possibl d'établir une correspondance strictement déterminée entre les devoirs des uns e les exigences des autres, qui est exclue par l'essence même de la morale. Le définitions de Petrasizky peuvent donc [*] être intégrées [*] dans une doctrin philosophique plus vaste concernant le rapport entre le droit et la morale[4]. Cett constatation, non seulement fait ressortir une fois de plus toute la profondeur e l'ingéniosité des conceptions de Petrasizky, mais encore peut servir en mêm temps de confirmation éclatante à la thèse selon laquelle l'intuition et l réflexion, la description pure des données et la recherche systématique, loin d s'exclure, se supposent et se soutiennent en se servant réciproquement de bas pour la vérification de leurs résultats.

De sa définition du droit comme structure bilatérale impérative-attributive Petrasizky a tiré toute une série de conséquences essentielles, caractérisant trè nettement la sphère juridique. De la structure impérative-attributive du droit, i a conclu à la possibilité de son exécution par la contrainte qui rétablit la corres pondance rompue entre les devoirs et les prétentions ; dans la morale, où cett correspondance ne peut être établie, la contrainte est exclue, tandis que dans l droit elle est admise en certains cas, sans cependant être exigée nécessairement D'autre part, la même correspondance entre les devoirs des uns et l'exigenc des autres a pour effet la tendance du droit à se « positiver » et à « s'unifier » c'est-à-dire à déduire la validité des règles juridiques [de certains modèles] similaires – les « faits normatifs » dont il sera encore question. Cependant Petrasizky n'a pas tiré de sa définition du droit certaines autres conséquence qui, semblerait-il, devaient s'ensuivre nécessairement.

Ainsi le caractère bilatéral ou plutôt multilatéral de la sphère juridiqu conduit directement à la pensée que le droit est avant tout un ordre, un ordr objectif [total] de paix (ce qui n'exclut guère qu'il puisse y avoir une multi plicité infinie des ordres). La correspondance des prétentions et des devoirs que les règles juridiques sont appelées à instituer, n'est possible que s'il y a liaison réelle entre les sujets [considérés comme étant][*] englobés dans le mêm tout [juridique], dans le même ordre. Une règle impérative-attributive, isolée e détachée de l'ordre dont elle n'est qu'un rayonnement[,] ne peut précisémen réaliser sa structure multilatérale. D'autre part, le même caractère du droi conduit, avec une nécessité absolue, vers le problème de la « réalité des autre moi », puisque l'intuition émotionnelle de la liaison de ses propres devoirs avec les exigences des autres sujets est d'une façon évidente unie à l'intuition de la

* **F** : [(ou plutôt elles l'exigent)].

* **F** : [sans aucune difficulté].

4 Ce que nous avons essayé de faire dans (**F** : [la partie systématique de]) notre livre [qui verra le jour cet automne] (**F** : [précité sur]) *L'idée du droit social*, pp. 99-[153] (**F** : [113]).

* **F** : [des autorités qualifiées].

* **F** : [conscients d'être].

réalité d'une totalité des moi, distincte du moi propre. Mais ici nous touchons de nouveau aux limites que n'a pu dépasser Petrasizky. Des restes de subjectivisme et d'individualisme dans sa pensée l'empêchèrent de profiter suffisamment de ses remarquables analyses et intuitions.

3.

Dans le domaine des constructions juridiques concrètes les résultats les plus considérables des recherches de Petrasizky[, qu'on ne peut apprécier que dans le contexte des changements récents de la pensée juridique et de la réalité socio-juridique,] ont été les suivants : la libération de la notion du droit positif de sa liaison, prétendue nécessaire, avec l'Etat ; l'élargissement des sources du droit positif allant jusqu'à reconnaître leur nombre illimité en principe ; [la] démonstration du grand rôle que joue dans la vie juridique le « droit intuitif », faisant concurrence au droit formel ; enfin, la substitution, à la classification traditionnelle du droit en public et privé, de celle de droit « de service social » et « de liberté individuelle ».

La critique dirigée par Petrasizky contre toute théorie voulant définir le droit, en particulier le droit positif, en fonction de l'Etat et plus largement de la contrainte, appartient par sa forme dialectique et sa profondeur, au nombre de[s] textes classiques de la littérature juridique mondiale. Il a vigoureusement fait ressortir le cercle vicieux qu'impliquent toutes ces théories, et a, en particulier, donné la preuve impressionnante que toute définition du droit en fonction de la contrainte, conduit à une superposition à l'infini des règles l'instituant, puisque le précepte aménageant une sanction, ne peut, selon cette conception, être considéré lui-même comme règle de droit que s'il s'appuie sur une troisième règle assurant la même besogne et ainsi de suite à l'infini. [Après cette preuve, dis-je, on ne peut soutenir ces théories que par malentendu]*.

La libération de la notion du droit positif de la liaison nécessaire avec l'Etat a conduit Petrasizky à [l'opposition très importante entre le droit « officiel » reconnu par l'Etat et le droit « non-officiel » plus ou moins ignoré par l'Etat et agissant de toute façon en dehors de l'Etat]*. « Le nombre des cas et des problèmes de conduite qui sont réglés par le droit officiel représente une quantité absolument microscopique par rapport à la multiplicité infinie des cas

* F : [Ainsi s'impose à Petrasizky la conclusion que, non seulement la contrainte n'est pas une marque indispensable du droit, mais encore que tout droit sanctionné par une contrainte doit s'appuyer nécessairement sur un droit non sanctionné.].

* F : [cette constatation importante que la plus grande partie de ce droit, non seulement ne dérive pas de l'Etat, mais encore n'a pas de « caractère officiel » et n'est pas reconnue par celui-ci, qui loin de l'appliquer par ses tribunaux l'ignore généralement. Le « droit inofficiel », dont l'Etat ne soupçonne même pas l'existence, se manifeste partout et a une place prépondérante dans la vie juridique ; il règle de multiples rapports interindividuels et intergroupaux, dans le commerce par exemple ; il s'impose à l'intérieur de différents cercles, associations, corporations, communautés religieuses, il régit des secteurs importants de la vie internationale.].

et des problèmes régis par le droit inofficiel » ([« Théorie du droit »], v. 1, pp. 99 et suiv.).

Faut-il dire à quel point après la guerre le développement de multiples institutions juridiques extra-étatiques, dans la vie nationale aussi bien que dans la vie internationale, a [parfaitement] confirmé ces vues de Petrasizky [sur l'importance du droit inofficiel]*. L'épanouissement de la création extra-étatique du droit par les conventions collectives du travail, par le droit syndical coutumier, par les institutions de la démocratie industrielle, où chaque cellule économique (par exemple l'entreprise) s'affirme comme un centre d'engendrement d'un droit propre, l'éclosion des nouvelles institutions du droit international comme la Société des Nations, l'Organisation Internationale du Travail, etc., qui créent, par leur activité, un nouveau droit positif, non seulement indépendant des Etats particuliers, mais encore supérieur au droit étatique. Tous ces faits ont poussé la pensée juridique contemporaine à [suivre le développement que Petrasizky pressentait depuis longtemps[5]]*.

[Ayant libéré le droit positif de la liaison nécessaire avec l'Etat, Petrasizky est confronté à la question de la nature de la « positivité » du droit]*. Il définit le droit positif comme un droit tirant sa force obligatoire * des « faits normatifs » *. Au « droit positif » * s'oppose le « droit intuitif » qui * tire sa force obligatoire de soi-même et non point des « faits normatifs ».

Il y a, selon Petrasizky, infiniment plus de « faits normatifs », sur lesquels peut s'appuyer le droit positif, qu'on ne le suppose d'ordinaire. * A titre d'exemple, Petrasizky cite [dix-huit]* espèces de « faits normatifs »*, parmi lesquels il faut noter [notamment les précédents non-judiciaires, la reconnaissance, le contrat, les programmes et les déclarations (des syndicats, des partis politiques, des leaders, etc.)]* [– sources qui jouent un rôle particulier dans le

* F : [, si parentes d'ailleurs des conceptions d'une série d'autres juristes modernes].

5 [Cf. sur ce sujet notre livre qui verra le jour cet automne, *Le temps présent et l'idée du droit social*, (Paris, 1931, édition Vrin), et en particulier pp. 279-294.

* F : [la reconnaissance de ce « droit inofficiel », sur l'existence duquel insistait tant Petrasizky].

* F : [La notion du droit positif ne pouvant être définie ni en fonction de l'Etat, ni en fonction de la contrainte, quelle est donc, selon Petrasizky, la marque de distinction de ce droit ?].

* F : [des éléments extérieurs à la règle elle-même,].

* F : [, dont la représentation dégage la conviction de la validité du droit].

* F : [qui est ainsi un droit hétéronome].

* F : [est un droit autonome, puisqu'il].

* F : [La spécification de ces « faits normatifs » qui doivent remplacer la notion plutôt ambiguë de « sources » de droit, ne peut être entreprise, selon lui, qu'à titre provisoire et approximatif. Toujours de nouveaux « faits normatifs » peuvent être trouvés ; en principe, il peut y en avoir une multiplicité infinie.].

* F : [vingt].

* F : [jusqu'à présent observés].

* F : [comme les plus originaux : les *promesses unilatérales* (par exemple, d'octroyer une constitution, d'établir un nouveau régime dans la fabrique, etc.), les *programmes et les déclarations* (par exemple, les programmes annoncés par les partis politiques ou des syndicats, les *edicta* du préteur à Rome, les déclarations des Etats dans la vie internationale), *la reconnaissance* (par exemple, la reconnaissance des prétentions d'un syndicat ouvrier par le syndicat patronal, ou, dans le passé, la

« droit de service social »]. En combattant toute conception qui érige la loi en source suprême du droit, Petrasizky insiste sur l'équivalence complète de tous les « faits normatifs » et prépare ainsi la route au pluralisme juridique, vers lequel [tend]* si fortement la pensée * [juridique contemporaine[6]]*.

D'autre part, selon Petrasizky, la multiformité du droit positif se complète, autant dans le domaine du droit officiel que dans celui du droit inofficiel, par une large application du « droit intuitif », qui joue, selon les circonstances historiques, tantôt un rôle progressif, tantôt un rôle rétrograde. Dans les époques précédant les révolutions, le droit intuitif de la population s'affirme comme infiniment plus progressif que le droit positif ; au contraire, aux époques des réformes, il reste souvent très en arrière de celui-ci (par exemple, aux Etats-Unis, après la suppression de l'esclavage par le droit positif, le droit intuitif de certains milieux de population est resté encore longtemps imbu de l'esprit esclavagiste, etc.). En corrigeant les exagérations de « l'école du droit libre », dont il était au fond un des plus remarquables représentants, Petrasizky s'opposait, avec la plus grande raison, à un engouement trop grand, soit pour le « droit intuitif », soit pour le « droit positif » ; à son avis, les deux espèces sont équivalentes et tendent vers un équilibre dynamique.

Il n'est pas difficile de remarquer quels vastes horizons ouvraient à la science [contemporaine] du droit ces conceptions ; elles contribuaient à élargir, jusqu'à ses vraies limites, l'expérience juridique, et à détruire radicalement le dogmatisme d'une technique juridique en stagnation. Cependant, ici comme ailleurs, s'est fait sentir chez Petrasizky l'influence destructive des préjugés subjectivistes et [individualistes]*. Ceux-ci l'ont empêché d'établir une distinction entre le droit intuitif d'un individu et le droit intuitif d'un groupe, droit qui joue un rôle essentiel dans la vie juridique. C'est de là également que provient son interprétation des « faits normatifs » comme représentations subjectives, individuelles, tandis qu'en réalité, il s'agit des autorités qualifiées, reconnues dans un milieu social donné et effectivement efficient en lui, c'est-à-dire ayant la capacité de motiver la conduite du groupe. Tout cela a eu pour résultat d'empêcher Petrasizky d'arriver à la distinction extrêmement importante entre les sources primaires, et les sources secondaires du droit, ou plus précisément entre les « faits normatifs » proprement dits et les procédures techniques et formelles de leur constatation. [A travers cette distinction, par ailleurs bien élaborée dans la doctrine juridique française contemporaine (Gény, Hauriou et Duguit dans sa

reconnaissance d'une dynastie, par une dynastie concurrente), enfin les *précédents non judiciaires*, qui jouent un rôle tout particulier dans des cercles restreints ou fermés (par exemple, dans les corporations diverses, corps de noblesse, syndicats, compagnies d'actionnaires)].

* F : [tendent].

* F : [et la réalité].

6 [Pour plus de détails sur le « pluralisme juridique », cf. nos deux ouvrages précités sur *Le droit social*.].

* F : [juridiques contemporaines].

* F : [psychologistes].

dernière période), on voit clairement qu'il est au fond inexact d'opposer le droit intuitif et le droit positif]*.

En effet, le « droit intuitif » s'affirme en fin de compte comme une autre manière, immédiate et indépendante des procédures techniques, de constater les mêmes sources primaires qui sont visées dans le droit formel. De ce point de vue, le droit intuitif se présente lui-même comme une variété du droit positif qui se différencie en deux espèces : droit positif intuitif constaté d'une façon immédiate et droit positif formel, constaté par des procédures techniques.

De la théorie propre de Petrasizky sur le caractère bilatéral, impératif-attributif du droit découlait, au fond, l'impossibilité pour le droit de s'affirmer en dehors du recours aux « faits normatifs » (qui garantissent la correspondance entre prétentions et devoirs), c'est-à-dire de se présenter autrement que comme un droit positif. L'interprétation du « droit intuitif » comme un droit purement autonome, n'est que la conséquence des survivances de subjectivisme dans la théorie de Petrasizky, lesquelles ont en même temps empêché l'inventeur du terme si heureux et si énergique de « faits normatifs » d'approfondir jusqu'au bout son véritable sens. Celui-ci ne peut être saisi et réalisé que si l'on se fonde sur une sociologie [spiritualiste]*, qui se proposerait d'étudier l'incarnation des valeurs * dans les faits sociaux objectifs .

*

* *

La libération de la notion du droit positif de sa liaison avec l'Etat et la reconnaissance du rôle prédominant du droit extra-étatique et inofficiel* conduisaient nécessairement Petrasizky à la révision de la classification traditionnelle du droit en public et privé. En effet, cette classification n'ayant d'autre critère que la volonté changeante de l'Etat, mettant, selon les époques historiques, tantôt les uns, tantôt les autres secteurs du droit dans une situation privilégiée, ne peut être appliquée qu'à la sphère étroite du droit officiel*, droit soumis à la suprématie juridique de l'Etat.

L'opposition réellement exhaustive des espèces du droit est, selon Petrasizky, celle du « droit de service social » et du « droit individuel et libre ». Le

* **F** : [On sait qu'en France, Gény, par sa différentiation si suggestive du donné et du construit dans le droit, Hauriou, par sa théorie si profonde opposant « l'institution objective » aux règles qui s'y greffent, Duguit, enfin, par sa distinction entre les règles normatives et les règles constructives, sont tous arrivés, par des voies différentes, à poser le problème du rapport entre les sources primaires et les sources secondaires du droit positif. En approfondissant cette distinction, il doit devenir clair qu'il est au fond inexact d'opposer le droit intuitif et le droit positif, comme l'a fait Petrasizky.].

* **F** : [idéal-réaliste].

* **F** : [extratemporelles].

* **F** : [« inofficiel »].

* **F** : [« droit officiel »].

droit de service social* unit, organise et centralise, le droit individuel et libre, divise, délimite et distribue. Le droit individuel régit non seulement les rapports interindividuels, mais aussi les rapports intergroupaux, les groupes agissant dans leurs relations extérieures comme des individus. Le droit de service social est infiniment plus large que le droit public, puisqu'il intègre tous les groupes en général, en tant que ceux-ci réglementent eux-mêmes leur vie intérieure par voie autonome (par exemple, les syndicats, les églises, les entreprises, les associations particulières, etc.).

Il faut distinguer entre le droit de service social de caractère commun et le même droit de caractère particulariste ou spécial, selon qu'ils servent l'intérêt commun (par exemple, l'intérêt commun politique, l'intérêt commun économique, [l'intérêt commun religieux], etc.), ou l'intérêt particulier (par exemple de tel ou tel syndicat, de tel ou tel groupe économique, etc.).

D'autre part, le droit de service social engendre une espèce toute particulière de pouvoir, essentiellement différent du « pouvoir de domination », le « pouvoir social » s'effectuant exclusivement dans l'intérêt des assujettis et sous leur contrôle. Le pouvoir de domination, par contre, découle d'un débordement anormal de l'action du droit individuel sur des domaines qui ne lui appartiennent pas [(dans ce cas – le droit de la propriété)] et il s'effectue dans l'intérêt personnel de ses détenteurs, comme par exemple le pouvoir du maître sur ses esclaves, du patron sur les ouvriers dans une entreprise capitaliste, et, nous pourrions ajouter, le pouvoir autoritaire ou dictatorial, non seulement dans l'Etat patrimonial, mais aussi dans tout Etat anti-démocratique en général.

Ainsi de la théorie de Petrasizky sur le droit de service social découle non seulement l'affirmation de la plénitude de l'autonomie juridique de divers groupements et organisations extra-étatiques [(surtout dans le cas où elles représentent l'intérêt commun et non celui des particuliers)], mais encore la démonstration que cette autonomie conduit le plus souvent à l'organisation des associations, selon le type démocratique et égalitaire de collaboration et de coopération. Il est intéressant de noter à quel point les conceptions de Petrasizky s'approchent ici des théories de Gierke sur le droit social et le droit individuel et l'opposition entre les associations de collaboration (*Genossenschaften*) et les associations de domination (*Herrschaftsverbände*), quoique Petrasizky critique toujours très sévèrement Gierke, en lui reprochant tout particulièrement son organicisme. Ce qui distingue, en effet, très avantageusement, ces conceptions de Petrasizky de celles de Gierke, c'est que le savant russe considérait l'ordre juridique des associations de domination, non pas comme une manifestation du droit social, mais comme une perversion de ce droit par son asservissement au droit individuel. Ainsi Petrasizky préparait la route aux théories récentes du droit social, comme droit de pure intégration, aussi différent du droit de coordination que du droit de subordination*. Toutes les constructions du droit écono-

* F : [« droit de service social »].
* F : [, qui n'est qu'une déformation anormale du droit de service social].

mique autonomes, caractéristiques pour les doctrines socialistes anti-étatique d'aujourd'hui, de même que toutes les théories récentes du droit ouvrier, n font que rechercher, pour parler le langage de Petrasizky, « le droit inofficiel (extra-étatique) de service social, de type commun[7]. D'autre part, toutes le institutions de la démocratie industrielle ne sont que des méthodes pour libére le droit « de service social particulariste » aménageant chaque cellule écono mique, de son asservissement [anormal] au droit individuel du patron, asservis sement qui transforme [l'entreprise capitaliste]* en [association]* de domi nation.

[Toute la pensée juridique contemporaine a pris ici le chemin indiqué pa Petrasizky. Il ne nous reste qu'à admirer la clairvoyance géniale de ses cons tructions juridiques, d'autant plus qu'il est arrivé à sa doctrine du « droit d service social » malgré ses préjugés subjectivistes et individualistes. On noter aisément que cette doctrine implique la réalité des totalités sociales, et qu'ell conduit en dehors de la subjectivité, dans la perspective encore plus large qu toutes ses autres conceptions]*.

*

* *

L'héritage intellectuel de Petrasizky contient de très grandes richesses[!] [La largeur exceptionnelle des horizons juridiques qu'il a entr'ouverts rend au jourd'hui ses théories encore plus pertinentes qu'à l'époque de leur création]* Il nous paraît indiscutable que la traduction de son magistral ouvrage sur *La théorie du droit et de l'Etat*, dans [diverses langues européennes]*, [ferait dat dans la littérature juridique mondiale]*.

7 Le droit international moderne que Petrasizky a [malheureusement] eu tort d'exclure de la sphèr du « droit de service social » possède le même caractère.

* **F** : [ces cellules].

* **F** : [associations].

* **F** : [Petrasizky avait, avec une perspective vraiment géniale, pressenti la direction que devait pren dre le développement de la philosophie et de la science du droit d'aujourd'hui. Ce penseur de pre mier ordre arrivait à des conclusions vraies, même là où les survivances dans sa doctrine des préju gés subjectivistes et psychologistes, l'empêchaient de reconnaître les fondements véritables de se propres conceptions, dont l'aboutissement logique serait une théorie des valeurs spirituelles, saisie dans l'expérience émotive immédiate, de même que l'admission de la réalité subjective des totalité sociales constituées par des institutions collectives.].

* **F** : [.].

* **F** : [Il a entr'ouvert, devant la pensée juridique moderne, des horizons d'une largeur exceptionnelle Aussi l'œuvre de Petrasizky, par ses acquisitions comme par ses erreurs, reste d'une actualité tout particulière.].

* **F** : [une langue accessible aux juristes européens plus spécialement en français].

* **F** : [serait tout à fait souhaitable].

Georges Gurvitch (1936)

A la mémoire du Professeur Th. W. Taranovsky*

Le décès subit de l'ancien professeur des Universités de Petrograd et de Juriev, Th. W. Taranovsky, historien moderne du droit russe et slave des plus éminents, a porté un coup irrémédiable aux sciences russe et européenne. Ce n'est pas seulement la Yougoslavie, (où Th. W. Taranovsky occupait la chaire d'histoire du droit slave à l'Université de Belgrade et le poste honoraire de membre de l'Académie des Sciences tout en dirigeant l'Institut scientifique russe), ni seulement la Pologne (Taranovsky participa très activement à la vie scientifique polonaise), ni seulement l'émigration russe (ce chercheur infatigable lui a donné son temps précieux sans compter), mais aussi la science de l'Europe occidentale qui va pleurer cette mort prématurée.

Dans son travail scientifique, Th. W. Taranovsky s'était fixé pour but de lutter contre la tradition slavophile de l'histoire russe ainsi que d'étudier de manière comparative les formes juridiques russo-slavonnes et celles de l'Europe occidentale. Voilà pourquoi après ses premiers travaux audacieux – *Le féodalisme en Russie* (à propos de Pavlov-Silvansky) et *La théorie normande des origines de l'Etat russe* –, Th. W. Taranovsky s'est avant tout consacré à l'étude de l'histoire du droit de l'Europe occidentale. Dans ses deux monumentales thèses, d'ailleurs extraordinairement originales – *La méthode juridique. Essai sur son développement en Allemagne*, 1907 (thèse de maîtrise) et *La dogmatique du droit positif en France sous l'Ancien Régime*, 1911 (thèse de doctorat) –, Th. W. Taranovsky a brillamment démontré que la méthode constructiviste dans la science du droit n'est qu'une technique de légistes. Il critiquait en particulier l'équation réductrice entre le droit positif et la notion d'Etat, thèse que les théoriciens allemands de la seconde moitié du XIX° siècle ont surtout cherché à imposer comme étant la logique immuable du droit. Or cette technique doit son existence à une situation historique précise, où la monarchie absolue fut pour la première fois limitée par des tribunaux compétents pour juger des litiges relevant du droit public (les parlements de l'Ancien Régime en France, le *Kammergericht* en Allemagne).

Ces conclusions ont amené Th. W. Taranovsky à réviser une série d'a priori traditionnels de la théorie du droit. Dans son manuel *Encyclopédie du droit* (1re éd. 1917, Juriev ; 2ème éd. 1921, Berlin), Th. W. Taranovsky lance, au nom de l'histoire du droit et de l'histoire de la science juridique, un défi audacieux au

* Cf. Gurvitch, G., (1936), « A la mémoire du Professeur Th. W. Taranovsky », *Sovremennye zapiski*, LX : 458-460.

dogme de la théorie *étatiste* du droit ainsi qu'à l'approche unilatérale que la technique constructiviste donne de la réalité juridique. Il adopte en particulier la doctrine de Petrasizky sur la pluralité des origines du droit positif, tout en limitant le caractère individuel et psychologique de cette conception par une vision historique et sociologique de la réalité juridique. Le manuel de la théorie juridique de Th. W. Taranovsky, qui est sans aucun doute le meilleur guide dans ce domaine, étonne par la fraîcheur et l'envergure de ses idées.

Pendant les années d'émigration, de 1920 à 1936, Th. W. Taranovsky met à exécution l'objectif principal qu'il s'était déjà fixé d'avance – l'étude comparative de l'histoire du droit des peuples slaves et l'analyse des parallèles dans le développement des institutions juridiques d'Europe de l'Ouest et des pays slaves. En 1923, il sort son *Introduction à l'histoire du droit slave*, 2ème éd. (en serbe), puis en 1931-1935 son chef d'œuvre en trois tomes, *L'histoire du droit serbe* (en serbe) – un ouvrage qui fit date dans ce domaine. Peu avant, il avait publié en polonais quelques essais plus brefs : *L'histoire du droit russe Les institutions d'Etat* (1925) et *L'histoire du droit des peuples slaves du Sud* (1927). Dans tous ces travaux, il continua d'ouvrir des perspectives nouvelles et originales qui restent encore d'actualité. Se basant sur une étude approfondie de sources primaires, Th. W. Taranovsky a établi, sans nier l'originalité du droit slave, l'existence de parallélismes entre son évolution et les institutions juridiques d'Europe occidentale. Parmi les historiens contemporains du droit, personne n'a réussi à appliquer la méthode comparative avec une aussi grande profondeur que ce défunt penseur.

Une mort impitoyable a interrompu son travail alors que Taranovsky était au faîte de sa carrière. Elle nous prive ainsi des résultats synthétiques auxquels il avait travaillé toute sa vie avec une étonnante patience et un dévouement complet : une *Histoire générale et comparée du droit russe*.

Taranovsky n'était pas seulement un éminent scientifique, aussi original qu'endurant. Ce fut également un excellent professeur, un brillant orateur, un conférencier admirable, et surtout un grand homme, indépendant et digne.

Les cours de Th. W. Taranovsky étonnaient toujours par leur pertinence et leur vivacité, mais aussi par une surprenante sincérité doublée d'une grande fraîcheur. Le défunt professeur a su intégrer ses élèves dans son laboratoire de recherches scientifiques en soulignant toujours les problèmes et les questions litigieuses, en remettant sans arrêt en question les opinions courantes, sans épargner sa critique et sans jamais masquer ses propres erreurs. L'enseignement de Taranovsky incitait ses auditeurs à penser, leur suggérant de nouvelles voies.

D'un point de vue politique, Th. W. Taranovsky était un libéral modéré. Il savait défendre ses idées et lutter pour elles avec une conviction inhabituelle, un grand courage et avec indépendance. Dans sa vie professionnelle, Taranovsky fut toujours à contre-courant. Pendant la dure époque de Kasso, à Juriev, il s'imposa comme le meneur de la lutte pour l'autonomie de l'université. Quand au début du régime de Kasso, le ministère lui proposa un poste à l'Université de Petrograd, Taranovsky déclina de façon brusque et catégorique cette nomination, risquant sa chaire à l'Université de Juriev. Il fut nommé à l'Université de Petrograd aussitôt après la Révolution de février. Taranovsky fit également montre de la même indépendance et de la même fermeté à Belgrade où, malgré toute la modération de ses idées, il était de nouveau à contre-courant. Il protestait alors contre l'importation de tout élément politique dans la vie académique. C'est justement pour cette raison qu'il s'est éloigné du Groupe Académique russe et qu'il prit la tête de l'Union Académique russe.

La science russe n'oubliera jamais cet éminent savant, cet excellent professeur, ni cet homme vaillant aussi bien qu'indépendant.

Sigles et Bibliographie

Sigles

AISLF : Association Internationale des Sociologues de Langue Française.
AMS : Archiv Mohr & Siebeck, Tübingen.
RGB : Bibliothèque Nationale de Russie, Moscou.
AN : Archives Nationales de France, Paris.
BNF : Bibliothèque Nationale de France, Paris.
BDIC : Bibliothèque de Documentation Internationale Contemporaine, Nanterre.
CGIA : Archives Nationales Historiques Centrales, Saint-Pétersbourg.
CUL/BA/F : Columbia University Libraries, Bakhmetteff Archive, Collection Frank, New York.
CUL/BA/G : Columbia University Libraries, Bakhmetteff Archive, Collection Goldenweiser, New York.
EAA : Archives Historiques d'Estonie, Tartu.
GARB : Groupe Académique Russe de Berlin.
GARF : Archives Nationales de la Fédération de Russie, Moscou.
GIA : Archives d'Etat, Saint-Pétersbourg.
HASK : Historisches Archiv der Stadt Köln, Cologne.
HIA : Hoover Institution Archives, Stanford.
IMEC : Institut Mémoires de l'Edition Contemporaine, Abbaye d'Ardenne, Caen.
NdT. : Note des traducteurs.
s.d. : Sans date.
SD : Sociaux-Démocrates.
SR : Socialistes-Révolutionnaires.
UER : Union des Etudiants Russes de Berlin.

Bibliographie

Allen, P. J., (1963), *Pitirim A. Sorokin in Review*. Durham : Duke University Press.
Antonov, M., (2005), « Gurvitch et l'influence russe », *Anamnèse*, 1 : 23-31.
Balandier, G., (1972), *Georges Gurvitch*. Paris : PUF.
Balandier, G., (1977), *Histoire d'Autres*. Paris : Stock.

Balandier, G., (1993), « Evocation de Georges Gurvitch », *Cahiers Interna tionaux de Sociologie*, 40, 94 : 229-230.
Bastide, R., (1965-1967), « In Memoriam. Georges Gurvitch (1894-1966) » *L'Année sociologique*, troisième série : ix-xii.
Bastide, R., (2001), « La sociologie de Georges Gurvitch », *Bastidiana*, 35/36 69-95.
Bizzilli, P., (1928), « J. J. Rousseau et la Démocratie », *Annuaire de l'Univer sité de Sofia*, 24 : 1-41.
Bosserman, P., (1968), *Dialectical Sociology. An Analysis of the Sociology o Georges Gurvitch.* Boston : Porter Sargent.
Cazeneuve, J., (1966), « La sociologie de Georges Gurvitch », *Revue française de sociologie*, vol. 7 : 5-13.
Cramer, R., (1986), « Éléments biographiques et bibliographiques pour une étude de l'apport de Georges Gurvitch à la théorie de la sociologie du droit » *Droit et Société*, 4 : 457-467.
Delevsky I., (1922), « Les œuvres des savants russes à l'étranger, Berlin, 1922 vol. 2 », *Annales contemporaines*, 11 : 390-391 [en russe].
Doykov, Y. V., (1996), « Georges Gurvitch, sociologue de la première vague de l'émigration », *Recherches sociologiques*, 23, 2 : 142-147 [en russe].
Durry, M., (1966), « Nécrologie : Georges Gurvitch (1894-1965) », *Annales de l'Université de Paris*, 66, 2 : 183-186.
Duvignaud, J., (1959), « Entretien avec Georges Gurvitch », *Les Lettres nouvelles*, 7 : 23-25.
Duvignaud, J., (14.12.1965), « Mort du Professeur Gurvitch », *Le Monde* : 24.
Duvignaud, J., (1969), *Georges Gurvitch. Symbolisme social et sociologie dynamique*. Paris : Seghers.
Duvignaud, J., (1970), *Anthologie des sociologues français contemporains* Paris : PUF.
Duvignaud, J., (1995), *L'oubli ou la chute des corps*. Arles : Actes Sud.
Eisermann, G., (Hrsg.), (1968), *Bedeutende Soziologen*. Stuttgart : Ferdinand Enke Verlag.
Etkind, E., & alii, (1992), *Histoire de la littérature russe. Des origines aux Lumières*. Paris : Fayard.
Farrugia, F., (2000), *La reconstruction de la sociologie française (1945-1965)* Paris : L'Harmattan.
Faye, J.-P., (1959), « Socialismes décentralisés et totalitaires », *Les Lettres nou velles*, 7 : 25-26.
Freyre, G., ([1972] 2005), « Mon ami Gurvitch », *Anamnèse*, 1 : 149-162.
Geldsetzer, L., (1965), « Nachwort ». In : Gurvitch, G., *Dialektik und Sozio logie*. Neuwied, Luchterland : 291-320.
Gurvitch, G., (1911), *Les étincelles instantanées*. Varsovie. [Aucune maison d'édition précisée ; en russe].

Gurvitch, G., (1914), « *Pravda Voli Monarshej* » *de Théophane Prokopovitch.* Manuscrit déposé aux Archives Historiques d'Estonie, (Tartu) (402-13-502 – EAA) [en russe].
Gurvitch, G., (1915), « *Pravda Voli Monarshej* » *de Théophane Prokopovitch et ses sources européennes (Grotius, Hobbes, Pufendorf).* Juriev : Typographie K. Mattissen [en russe].
Gurvitch, G., (1918), *Rousseau et la Déclaration des droits. L'Idée des droits inaliénables de l'homme dans la doctrine politique de J.-J. Rousseau.* Petrograd : Wolf [en russe].
Gurvitch, G., (1922) « L'idée des droits inaliénables de l'homme dans la doctrine politique des XVII° et XVIII° siècles », *Les œuvres des savants russes à l'étranger*, 1 : 65-74 [en russe].
Gurwitsch, G., (1922/23a), « Übersicht der neueren rechtsphilosophischen Literatur in Russland », *Philosophie und Recht*, 2 : 111-125.
Gurwitsch, G., (1922/23b), « Die Zwei Grössten Russischen Rechtsphilosophen: Boris Tschitscherin und Wladimir Ssolowjew », *Philosophie und Recht*, 2 : 80-102.
Gurvitch, G., (1923a), « Professeur Th. W. Taranovsky, Encyclopédie du droit. 2e édition corrigée et augmentée. 1923, 425 pp., *Les œuvres des savants russes à l'étranger*, 4, Editions Slowo », *Annales contemporaines*, 16 : 444-447 [en russe].
Gurvitch, G., (1923b), *Introduction à une théorie générale du droit international. Abrégé de cours.* Prague : Editions de la faculté de droit de l'Université russe à Prague [en russe].
Gurvitch, G., (1924), « Le professeur P. I. Novgorodtsev, philosophe du droit », *Annales contemporaines*, 20 : 389-393 [en russe].
Gurvič, G., (1926), « La philosophie russe du premier quart du XX° siècle », *Le Monde Slave* (N. S.), 2 : 254-272.
Gurvitch, G., (1929) « Le Principe démocratique et la démocratie future », *Revue de Métaphysique et de Morale*, 36 : 403-431.
Gurvitch, G., (1931a), *Le Temps présent et l'Idée du droit social.* Paris : Vrin.
Gurvitch, G., (1931b), « L. I. Petrasizky, philosophe du droit », *Annales contemporaines*, 47 : 480-492 .
Gurvitch, G., (1931c), « Une Philosophie Intuitionniste du Droit : Léon Petrasizky », *Archives de Philosophie du Droit et de Sociologie Juridique*, 1 : 403-420.
Gurvitch, G., (1932), *L'Idée du droit social. Notion et système du droit social.* Paris : Recueil Sirey.
Gurvitch, G., (1934a), « Libéralisme et communisme – Une Réponse à M. Ramon Fernandez », *Esprit*, 2 : 448-452.
Gurvitch, G., (1934b), « Petrazitsky, Lev Iosifovich (1867-1931) ». In : Edwin R. A. & alii, *Encyclopaedia of the Social Sciences*, Vol. XII : 188.
Gurvitch, G., (1935), *L'Expérience juridique et la philosophie pluraliste du*

droit. Paris : Pédone.
Gurvitch, G., (1936), « A la mémoire du Prof.[esseur] Th. W. Taranovsky », *Annales contemporaines*, 60 : 458-460 [en russe].
Gurvitch, G., (1942), « Democracy as a Sociological Problem », *Journal of Legal and Political Sociology*, 1, 1/2 : 46-71.
Gurvitch, G., (1956), « Sociologie du théâtre », *Les Lettres nouvelles*, 35 : 196-210.
Gurvitch, G., (1960, 2), *Traité de Sociologie*, Publié sous la dir. de Georges Gurvitch. Tome 2. Paris : P.U.F.
Gurvitch, G., (1962), « L'effondrement d'un mythe politique : Joseph Staline », *Cahiers Internationaux de Sociologie*, 33 : 5-18.
Gurvitch, G., (1967), « Proudhon et Marx ». In : *L'actualité de Proudhon. Colloque des 24 et 25 novembre 1965*. Bruxelles : Editions de l'Institut de Sociologie, 89-97.
Gurvitch, G., (1969), « Mon itinéraire intellectuel ou 'L'exclu de la horde' ». In : Jean Duvignaud, *Georges Gurvitch. Symbolisme social et sociologie dynamique*. Paris, Seghers : 79-98.
Gurvitch, G., (1971 [1922]), « Kant et Fichte interprètes de Rousseau », *Revue de métaphysique et de morale*, 76, 4 : 385-405.
Gurvitch, G., (2006a) *Ecrits allemands – I. Fichte*. Paris : L'Harmattan.
Gurvitch, G., (2006b) *Ecrits allemands – II. Philosophie du droit, philosophie sociale et phénoménologie*. Paris : L'Harmattan.
Hessen, J. V., (1937), *Entre deux siècles*. Berlin : Petropolis-Verlag, Archives de la révolution russe, vol. 22 [en russe].
Isakov, S, (1995), « La jeunesse d'un grand sociologue : Un article retardataire pour un jubilé », *Raduga*, 8/9 : 24-30 [en russe].
Janne, H., (1990), « Comment et pourquoi est née, en 1958, l'Association Internationale des Sociologues de Langue Française », *Bulletin de l'Association Internationale des Sociologues de Langue Française*, 6 : 25-32.
Julliard, J., (2002), « L'Europe, c'est le moment », *Le Nouvel Observateur*, n° 1977 du 26.09.2002.
König, R., (1999), *Gesamtausgabe, Bd. 18, Autobiographische Schriften. Leben im Widerspruch – Versuch einer intellektuellen Autobiographie*. Opladen : Leske + Budrich.
Laserson, M., (1932/33), « Die russische Rechtsphilosophie », *Archiv für Rechts- und Wirtschaftsphilosophie*, 26 : 289-358.
Laserson, M., (1947), « La sociologie russe ». In : G. Gurvitch, W. E. Moore (éd.), *La Sociologie au XX° siècle, tome II : Les études sociologiques dans les différents pays*. Paris : PUF, 674-703.
Lénine, V. I., (1970), « Les précieux aveux de Pitirim Sorokin (1918) ». In : Lénine, V. I., *Œuvres complètes*, volume 37. Moscou, Politizdat : 188-197 [en russe].

Lentin, A., (1996), « Preface » ; « Introduction ». In : Prokopovitch, T., *Peter the Great: His Law on the Imperial Succession in Russia, 1722. The Official Commentary*. Headstart History : Oxford, 1-71.
Léon, P., (1934), « Rousseau et les fondements de l'État moderne », *Archives de Philosophie du Droit et de Sociologie juridique*, 4 : 197-238.
Mnoukhine, L. A., & alii, (1995a), *L'émigration russe. Chronique de la vie scientifique, culturelle et sociale en France. Tome 2, 1930-1934*. Paris-Moscou : YMCA Press [en russe].
Mnoukhine, L. A., & alii, (1995b), *L'émigration russe. Chronique de la vie scientifique, culturelle et sociale en France. Tome 3, 1935-1940*. Paris-Moscou : YMCA Press [en russe].
N. N., (1921), « Georg Gurwitsch », *Le livre russe*, 1, (Janvier) : 15 [en russe].
Novgorodtsev, P. I., (1921), « Georges Gurvitch, *Rousseau et la Déclaration des droits. L'idée des droits inaliénables dans la doctrine politique de Rousseau*. Petrograd, 1918, 100 pages », *Le Livre Russe*, 4 (Avril) : 5 [en russe].
Reiss, F., (1957), « En marge des cours publics à la Sorbonne – Les Maîtres de la Faculté des Lettres (VI) : M. Georges Gurvitch », *Combat*, Mercredi 23.01. 1957 : 7.
Renard, G., (1934), « Thomisme et droit social », *Revue des Sciences Philosophiques et Théologiques*, 23 : 40-81.
Rogatchevsky, A., (1994,) « Curriculum vitae du Professeur Hessen ». In : *La judéité russe à l'étranger*. Vol. 3. Moscou/Jérusalem : [pas de maison d'édition], 132-141 [en russe].
Roux, Y., (1994), « Le choix de Gurvitch », *Bulletin de l'AISLF*, 10 : 49-56.
Scheuner, U., (1932/33), « Gurvitch, Georges, Le Temps présent et l'idée du droit social », *Archiv für Rechts- und Wirtschaftsphilosophie*, 26 : 259-262.
Schlögel, K. (Hrsg.), (1995), *Russische Emigration in Deutschland 1918 bis 1941. Leben im europäischen Bürgerkrieg*. Berlin : Akademie Verlag.
Schlögel, K. (Hrsg.), (1999), *Chronik russischen Lebens in Deutschland 1918-1941*. Berlin : Akademie.
Schmid, H. F., (1936), « Germanistische Chronik – Nekrolog Taranowskijs », *Zeitschrift der Savigny-Stiftung für Rechtsgeschichte, Germanistische Abteilung*, 56 : 657-662.
Schuhl. P.-M., (1967), « Nécrologie : Georges Gurvitch (1894-1965) », *Revue philosophique de la France et de l'Etranger*, 92, 157 : 331-332.
Serkov, A. I., (2001), *La franc-maçonnerie russe, 1731-2000. Dictionnaire encyclopédique*. Moscou : Rosspen [en russe].
Simirenko, A., (1973), « Social Origin, Revolution and Sociology : the Work of Timasheff, Sorokin and Gurvitch », *The British Journal of Sociology*, 24 : 84-92.
Sorokin, E., (1975), « My Life with Pitirim Sorokin », *International Journal of Contemporary Sociology*, 12, 1/2 : 1-27.
Sorokin, P. A., (1991), *Un long chemin*. Syktyvkar : Shipas [en russe].

Spengler, O., (1922), *L'idée de Prusse et le socialisme* (trad. de G. D. Gurvitch). Berlin : Efron [en russe].
Steila, D., (2001), « La storiografia filosofica russa nei primi anni venti del novecento », *Studi storici*, 42, 3 : 647-672.
Swedberg, R., (1982a), *Sociology as Disenchantment. The Evolution of the Work of Georges Gurvitch.* Atlantic Highlands : Humanities Press.
Swedberg, R., (1982b), « Georges Gurvitch : The Unhappy Positivist », *Journal of the History of Sociology*, 4, 1 : 66-93.
Taranovsky, Th. W., (1897), *Revue des documents du droit de Magdeburg dans les villes de Russie occidentale à l'époque lituanienne*. Varsovie : Editions universitaires de Varsovie [en russe].
Taranovsky, Th. W., (1911), *La dogmatique du droit public positif en France sous l'Ancien Régime*. Thèse. Juriev : Typographie K. Mattissen [en russe].
Taranovsky, Th. W., (2001a), « Th. V. Léontovitch ». In : *Dictionnaire biographique russe*, Vol. 9. Moscou : Norma, 287-288 [en russe].
Taranovsky, Th. W., (2001b), *Encyclopédie du droit*. Saint-Pétersbourg : Lan' [en russe ; rééd. du livre de 1923].
Tiryakian, E. A., (1985), « Gurvitch, Georges (1894-1965) ». In : Kuper, A., Kuper, J., (Ed.), *The Social Science Encyclopedia*. London, Routledge : 348.
Tiryakian, E. A., (1990), « Gurvitch et Parsons : Maître et maître d'école », *Sociologia internationalis*, 28 : 19-25.
Toulemont, R., (1955), *Sociologie et pluralisme dialectique. Introduction à l'œuvre de Georges Gurvitch.* Paris-Louvain : Nauvelaerts.
Walicki, A., (1987), *Legal Philosophies of Russian Liberalism.* Oxford : Clarendon Press.
Weill, C., (1979), « Les étudiants russes en Allemagne 1900-1914 », *Cahiers du Monde russe et soviétique*, 20, 2 : 203-225.
Weill, C., (1996), *Etudiants russes en Allemagne – 1900-1914. Quand la Russie frappait aux portes de l'Europe*. Paris : L'Harmattan.
Werner, C., (1923), « Georg Gurtwisch – Kant und Fichte als Rousseau-Interpreten », *Annales de la Société Jean-Jacques Rousseau*, 15 : 376.
Willems, E., (1961), *Dictionnaire de sociologie*. Paris : Marcel Rivière.
Zanfarino, A., (1965), « Ricordo di Georges Gurvitch », *Rassegna Italiana di Sociologia*, terza serie, 6, 1 : 579-590.

Index des noms

www.ingramcontent.com/pod-product-compliance
Lightning Source LLC
LaVergne TN
LVHW011450061026
849535LV00004BA/1026